리더의 의사소통

박용한 · 임도한 · 정재민 공저

보무각

리더의 의사소통

초판발행 2018년 9월 4일
초판인쇄 2018년 8월 27일

지은이 박용한 · 임도한 · 정재민
펴낸이 이호동
발행처 보문각
블로그 http://bomungak.blog.me/
e-mail bomungak@naver.com
주소 서울시 서초구 바우뫼로7길 8 세신상가
등록번호 302-2003-00085
전화 02) 468-0457
팩스 02) 468-0458

값 20,000원

ISBN 978-89-6220-355-4 93320

책을 내며

의사소통이 중요하다는 사실은 널리 알려져 있다. 개인과 개인, 개인과 조직, 조직과 조직 사이에서 다차원적으로 복잡하게 이루어지는 의사소통은 개인의 행복한 삶은 물론 조직의 성패를 좌우하는 필수적인 요소이다. 따라서 의사소통 능력이 뛰어난 사람일수록 타인과의 관계가 원만하고 매끄럽다. 아울러, 의사소통이 잘 되는 조직일수록 구성원 사이의 의견교환이 원활하여 업무수행이 물 흐르듯 자연스럽다. 조직 구성원 사이의 원활한 의사소통은 궁극적으로 조직이 지향하는 목적을 달성하는 데 크게 기여할 뿐만 아니라, 조직 구성원들의 내적 갈등을 줄여줌으로써 한 가족 같은 분위기를 형성하는 데도 크게 기여한다.

원활한 의사소통 능력은 리더가 갖추어야 할 필수적 핵심 역량이다. 조직을 이끌어 가는 리더는 '통해야' 하고, 또한 '통하게' 만들어야 한다. 잘 통하는 조직은 살아있는 생명체와 같다. 이런 조직에서는 창의적인 의견이 샘솟아 기대 이상의 생산적이고 가치 있는 결과를 성취한다. 이와 반대로, 잘 통하지 않는 조직은 죽은 생명체와 다름없다. 구성원들의 사기는 저하되고 분위기는 침울하여 무엇 하나 제대로 일구어 내지 못한다. 리더는 조직의 중심점으로서 원활한 소통이 이루어지도록 주도하는 역할을 담당해야 한다.

리더는 조직 관리자로서 상급자, 하급자, 동료들과 다양한 방법을 통해 끊임없이 소통해야 한다. 리더는 언어적 수단과 비언어적 수단을 두루 사용하여 자신의 생각과 견해, 주장과 평가를 논리적으로 표현할 줄 알아야 한다. 때로는 상대방의 감정에 호소하여 자신의 견해를 따르도록 다른 사람들을 설득해야 한다. 훌륭한 리더는 공적 상황에서 개인 또는 집단을 상대로 하여 정확하고 논리적이고 효과적이며 품위 있게 말하고 들을 줄 아는 능력을 갖춘 리더이다.

책을 내며

사관학교에서도 이러한 의사소통의 중요성을 인식하고 1980년대부터 화법 또는 커뮤니케이션 과목을 개설하여 현재까지 교육하고 있다. 과거에는 주로 화자로서의 의사전달 능력을 길러주는 데 중점을 두었다. 이는 의사소통 과정의 일방향적 흐름을 중시하면서 자신의 생각을 말이나 글로 표현하는 능력을 함양하는데 집중했기 때문이다. 그러나 지금은 의사소통 과정의 쌍방향적 흐름을 중시하면서 상대방과의 협업적 의사교환을 통해 통합적으로 소통을 주도하는 능력을 구비시키는 데 중점을 두고 있다. 이를 위해 의사소통이 이루어지는 정황적 맥락을 분석하여 이를 적시적절하게 활용할 줄 알고, 나아가 타인의 말을 경청하고 이를 효과적으로 환류시킬 줄 아는 자질까지 함께 교육하고 있다.

이와 더불어, 최근에는 첨단 정보통신기술의 발달에 힘입어 컴퓨터와 영상기기, 통신기기가 하루가 다르게 진보하고 있다. 이에 따라 요즘에는 거의 모든 조직이 전산망으로 연결되어 있으며, 첨단 수준의 업무용 컴퓨터와 영상기기가 구비되어 있다. 장교들 역시 이러한 전산기기와 프로그램을 활용한 의사소통에 이미 익숙해져 있다. 미래에는 지금보다 더 다양한 정보통신 기기와 프로그램이 개발될 것이며, 이들을 활용한 의사소통 역시 더욱 활발해질 것으로 예측된다. 이와 같은 환경 변화를 고려하여 사관생도들에게 컴퓨터 기술과 영상기기를 활용한 프레젠테이션 능력을 향상시키기 위해 노력하고 있다.

이 책은 최근 사회와 군의 변화를 고려하여 육·해·공군 사관학교 국어과 교수들이 공동으로 집필한 의사소통 및 화법 지도서이다. 사관학교 교육은 핵심적인 원리를 가르치면서 동시에 군사적 실용성을 갖추는 것이 바람직하다. 따라서 의사소통의 핵심이론을 이해하는 것도 중요하고, 또한 이를 군사적으로 적용하여 응용하는 것도 중요하다고 하겠다. 이렇게 두 마리 토끼를 한꺼번에 잡기 위해서 이 책은 크게 총론, 핵심이론, 응용실습으로 삼분하여 구성하였다.

제1부 총론에서는 의사소통의 원리와 개념, 군 조직 내에서의 의사소통의 중요성을 함께 다루고 있다. 의사소통의 원리는 정의와 모델, 구성요소 등과 관련된 대표적인 이론들을 요약하여 제시하는 한편, 리더에게 있어 의사소통 능력이 왜 중요한지 살펴본다. 아울러, 딱딱한 상명하복 체계를 중시하는 군 조직에서 이루어지는 의사소통 문화의 특수성을 고찰하고, 군과 같은 특수한 조직체에서 더욱 원활한 의사소통이 필요한 까닭을 제시한다. 이를 통해 장교의 기본자질 중 하나로서, 그리고 리더가 갖추어야 할 필수역량 중 하나로서 의사소통능력의 중요성을 강조한다.

제2부 핵심이론에서는 의사소통의 계획과 준비과정, 프레젠테이션 자료 작성과 실행 기법, 효과적인 경청의 방법을 다룬다. 계획과 준비과정은 시간과 여건을 활용하여 효율적으로 의사소통을 준비하는 절차를 설명한다. 프레젠테이션 자료 작성과 실행 기법은 최근 보편화된 컴퓨터와 영상기기를 활용한 말하기 기법을 다양한 측면에서 종합적으로 정리한 것이다. 이로써 듣기만 하는 의사소통이 아니라 다채로운 화면 구성과 실감나는 동영상, 흥미를 샘솟게 하는 애니메이션 등을 활용하여 들으면서 보고, 동시에 생각하면서 느끼는 의사소통의 실용적인 기법을 제시한다. 아울러, 효과적인 경청 능력을 길러 주기 위해 듣기의 단계와 유형, 경청하는 방법과 방해요소 등을 제시한다.

제3부 응용실습에서는 다양한 의사소통 유형 중에서 리더 또는 장교들이 자주 사용하는 실제적인 말하기 유형들을 중점적으로 다루고 있다. 특정한 과업이나 과제에 대한 분석결과와 자신의 견해를 피력하는 주제발표, 어떤 사안이나 문제점에 대한 다수의 의견을 수렴하는 토의와 토론, 짧은 시간 안에 다량의 정보를 전달하여 상대를 이해시키거나 설득하는 브리핑, 어떤 행사나 모임에서 수십 명 또는 수백 명의 대중을 정서

적으로 고무시키는 연설과 의식사, 몇몇 사람에게 핵심정보를 전달하거나 건의하는 구두보고, 다른 사람의 생각이나 내면의 고충을 자연스럽게 이끌어내 청취하는 상담, 중요한 안건을 논의하거나 심의하는 회의 등 매우 실용적인 의사소통 유형들을 심도 있게 개별적으로 고찰한다. 따라서 응용실습 편은 원론적이거나 개념적인 내용보다 조직구성원으로서 현장에서 곧바로 적용할 수 있는 실질적이고 실제적인 내용을 위주로 구성하였다.

의사소통 교육은 균형 잡힌 이론과 실습을 통해 교육효과를 거둘 수 있다. 왜냐하면 의사소통은 로고스만으로 이루어지는 것이 아니다. 에토스와 파토스가 함께 어우러질 때 진정한 소통이 이루어졌다고 할 수 있다. 다시 말해서, 화자에 대한 신뢰를 밑바탕으로 하여 체계적이고 논리적인 설명, 진정성이 느껴지는 감정적 호소가 병행되어야 한다는 말이다. 그래야만 선입견에 사로잡힌 상대방의 생각을 바꿀 수 있고, 합리적이면서도 효율적인 의사결정을 내릴 수 있다. 이러한 능력은 학술적 이론을 숙지하는 것만으로 습득할 수 없다. 몸과 마음을 통하여 직접 체험해 보고, 이런 체험학습을 통해 자신만의 실용적 기법을 찾아내 숙달하는 것이 더욱 중요하다. 이런 시각에서 이 책은 한 학기 동안 이론교육과 실습을 겸할 수 있도록 구성해 두었다.

이 책에는 다섯 개의 실습 사례를 수록하였다. 남 앞에 나서서 처음 발표하는 학습자에게 적용하기 적합한 첫 번째 실습 사례부터 이 책의 이론 부분을 종합적으로 적용하고 개인만의 발표에 그치지 않고 팀을 이뤄 진행하는 다섯 번째 사례까지 점차 심화되도록 구성하였다. 각 사례의 위치도, 이 책을 활용한 실제 학과의 진행 상황을 고려하여 실습 내용과 관련성 깊은 내용을 다루는 특정 장과 장 사이로 결정하였다. 실제 교육 현장에서는 각 현장의 여건에 따라 다양한 실습 방식이 시행될 것이며 어느 것이 최선인지 섣불리 제시하기 힘들다. 여기에 제시한 사례들을 그대로 시행하기보다는 저

책을 내며

마다의 현장에서 보다 효과적인 실습 방식을 구상하고 시행하는데 참고가 되기를 소망할 뿐이다.

이 책의 내용은 처음 구상하고 집필을 계획했을 때에 비하면 많은 부분이 부족한 편이다. 자료를 수집하고 초고를 쓰면서 출판 시기를 좀 더 늦추어 내용을 완벽하게 하자는 의견도 있었다. 그러나 무한정 시일을 지연시킬 수 없어서 지금 출판하기로 했다. 향후 실제 교육현장에서 이 책을 활용해 보면서 미비한 내용들을 점차 보완해 나갈 예정이다. 출판계의 사정이 여의치 않음에도 불구하고, 여러 모로 부족한 책을 흔쾌히 출판해주신 출판사와 편집부 여러분께 머리 숙여 감사를 드린다.

박용한, 임도한, 정재민

차례

Part 01 현대 사회와 의사소통

Part 02 의사소통의 이론

차례

차례

Communication of the Leader

현대 사회와 의사소통

Part

01

Chapter

01 의사소통의 원리와 개념

1. 의사소통의 정의와 특성

의사소통은 영어로 communication이라고 한다. 이 말의 어원과 관련되는 라틴어의 'communis'는 '공동' 혹은 '공통성'을 의미하는 것이다. 이를 통해 볼 때 의사소통은 발신자와 수신자 간의 공동 작업을 통해 이루어지는 것으로 인식되어 왔음을 알 수 있다. 의사소통에 대한 정의는 많은 학자들에 의해 이루어져 왔는데 몇몇 예를 들면 다음과 같다.

> 의사소통이란 본래의 의미에 근접한 의미를 청자에게 전달되도록 하는 과정이다. 자신의 지식이나 관심, 태도, 의견, 생각을 다른 사람과 공유할 수 있게 시도하는 과정이다.
>
> (Kennth G. Hance, David C. Ralph and Milton J. Wiksel, 1969)
>
> 의사소통이란 어떤 사람이 전언이라는 수단을 이용하여 다른 사람의 마음에 의미가 떠오르도록 자극을 주는 과정이다.
>
> (James C. McCroskey, 1978)

학자에 따라 약간의 차이가 있기는 하지만 의사소통에 대한 대부분의 정의는 송신자와 수신자 사이의 의미의 전달과 이해를 언급하고 있다. 간단하게 말하면 의사소통이란 송신자가 수신자에게 의미를 전달하고 이해시키는 과정을 의미하는 것이다. 여기서 '의미'는 '정보'와 유사한 개념이지만 송신자의 주관적 의도, 판단, 가치관 등이 가미된 상태를 말한다. 그렇기 때문에 의사소통의 목적은 단지 '정보의 전달'에 두어서는 안 되며 '의미의 이해'에 두어야만 한다.

최근에는 이러한 의미의 이해를 좀 더 적극적으로 보는 입장이 제기되고 있다. 즉 의사소통의 목적을 의미의 창조에 두는 견해이다. 이때의 의사소통은 무의미한 자료를 의미 있는 정보로 바꾸는 과정을 말한다. 사람은 자신의 세계에서 일어나는 사건에 의미를 부여하고 상대방에게도 자신과 유사한 의미가 부여되기를 바라면서 상대방에게 자극이나 실마리를 제공한다. 그렇게 함으로써 자신과 상대방이 의미를 공유하기를 기대하는 것이다. 결국 의사소통은 의미를 창조하여 상대방과 함께 그것을 공유하고자 하는 시도라고 할 수 있다.

또한 의사소통은 일방적인 것이 아니라 쌍방향적인 것이다. 송신자로부터 수신자에게로의 공급과 수용 혹은 자극과 반응의 역학관계로 끝나는 것이 아니라, 수신자에서 다시 송신자로의 환류(feedback)까지 포함하는 상호교섭적인 관계인 것이다. 이때 수신자가 보내는 환류는 의사소통의 적절성을 평가할 수 있는 잣대가 된다. 따라서 의사소통이란 "한 사람이 다른 사람에게 생각, 사실, 감정, 경험, 가치관 등 의도하는 바를 의미 있게 전달하고 이해시키는 상호 교섭적인 과정"이라고 할 수 있다.

이러한 의사소통은 일반적으로 다음과 같은 몇 가지 특성을 지니고 있다. 첫째, 의사소통은 일회성으로 끝나는 단순한 과정이 아니어서 중단되지 않는 의미 교환의 흐름이라는 것이다. 의사소통을 단순한 인과관계에 입각한 자극과 반응, 작용과 반작용, 송신과 수신, 시작과 끝으로만 받아들여서는 안 된다. 자신에게 원인으로 생각되는 것이 상대방에게는 결과로 인식될 수도 있으며, 이는 다시 원인으로 작용한다. 따라서 의사소통은 일회적으로 끝나는 것이 아니라 지속적으로 의미를 전달하는 상호 교섭의 과정이라고 할 수 있다.

둘째, 의사소통은 내용 층위와 관계 층위의 둘로 이루어진다는 점이다. 내용 층위는 전달하려는 정보 자체를 의미하며, 관계 층위는 화자와 청자 사이의 상호관계를 규정해 주는 층위를 말한다. 관계층위는 의사소통 당사자들이 서로에게 어떠한 태도를 취해야 하는지를 알려 주는 역할을 한다.

셋째, 의사소통은 사람들 사이의 관계를 전제로 하고 있다는 점이다. 사람들은 사회 속에서 서로 동등한 관계와 동등하지 않은 관계를 동시에 복잡하게 형성하고 있다. 다시 말해 사람들 사이에는 다양한 수평적 그리고 수직적 관계들이 형성되어 있다. 결국 사람들 사이의 이러한 관계들은 그들의 의사소통 방식이나 태도 등에 많은 영향을 주며, 이러한 관계가 전제되지 않은 상황에서 벌어지는 의사소통은 존재하지 않는다고 할 수 있다.

2. 의사소통 모델과 구성 요소

인간은 살아가는 동안 개인의 의지와는 무관하게 다양한 의사소통 상황에 노출된다. 타인을 만나서 대화를 하는 상황은 물론이고 혼자 있는 경우에도 텔레비전, 라디오, 인터넷 등의 매체를 통해 타인과 많은 시간 동안 연결되어 있다. 이렇듯 인간은 의사소통이라는 거대한 사회적 체계 안에서 생각하고 말하며 행동하게 되는 것이다. 의사소통은 다양한 매체가 발달하고 인적 네트워크가 복잡해지면서 효율적인 정보 교환의 필요성이 증가하게 되면서 학문적 관심의 대상으로 떠오르게 되었다. 여러 학자들은 의사소통에 대한 상이한 관점과 해석을 통해 여러 가지 의사소통 모델을 제시하였는데 여기에서는 대표적인 세 가지 모델을 간략히 살펴보도록 하겠다. 이 모델들의 특성을 검토해보는 것은 의사소통의 원리를 파악하는 데 큰 도움이 될 것이다.

가. 라스웰 모델

라스웰은 미국의 커뮤니케이션 연구가로 이 분야에서 초기 단계의 대표적인 모델을 제시한 선구자라고 할 수 있다. 라스웰은 "누가, 누구에게, 어떤 경로를 통해, 어떤 효과를 가져왔는가?"라는 간단한 언급으로 의사소통의 과정을 정리한다. 그는 개인이 의사소통을 통해 특정한 메시지를 타인에게 전달하고, 이로써 일정한 영향을 미치는 것이 의사소통의 목적이라고 주장했다. 다음의 그림은 이러한 단선적 의사소통 과정을 간략하게 요약해 준다.

그림 1 | 라스웰 모델

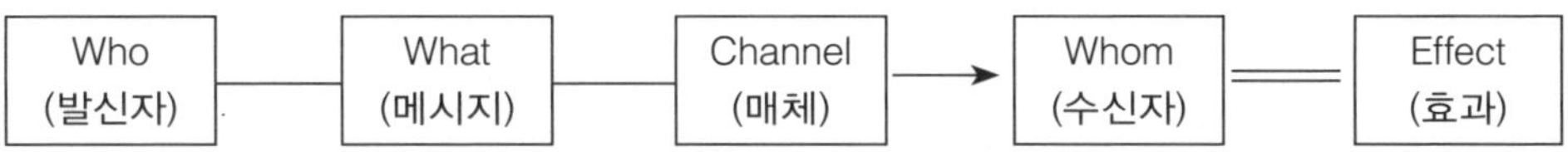

라스웰의 이론과 모델은 초기 의사소통 연구에 크게 기여하였다. 특히 복잡한 의사소통의 과정을 부분별로 나누고 그 부분들을 독립적으로 연구하는 데 유용한 지침을 제시했다. 의사소통을 일방향의 선형적 과정으로 단순화하여 설명하는 라스웰의 모델은 위의 그림에서 보듯이 복잡한 의사소통 현상을 발신자, 메시지, 매체, 수신자, 효과라는 5대 요소로 단순화함으로써 의사소통에 대한 이해를 돕고 있다.(김병철 외, 2007, 30~33쪽.) 이후에 등장하는 의사소통 모델과 이론들은 대부분 여기서 출발하여 보충과 비판 과정을 거치면서 다양한 관점들을 제시하고 있다. 하지만 라스웰의 모델은 직선적이고 일방향적인 과정으로 단순화함으로써 의사소통이 다양한 상황과 요인에 의해 그 모습이 무수하게 변형되어 나타날 수 있다는 점을 놓치고 있으며, 의사소통이 일방통행적 전달에 머무르지 않고 쌍방향적인 정보와 의견의 교환이라는 '순환과정'으로 발전되어야 한다는 사실을 간과하고 있다. 그로 인해 최첨단 통신 기기와 매체가 발달하고 지위나 신분에 관계없이 자유로운 의견들이 실시간으로 오고가는 현대 정보화 사회의 의사소통을 설명하기에는 부족한 면이 있다. 특히 수신자를 수동적인 존재로만 파악하여 의사소통에서의 '환류(feedback)' 요소를 등한시했다는 것은 큰 문제라는 평가를 받고 있다.

나. 섀논과 위버의 수학 모델

20세기 후반에 접어들면서 의사소통에 대한 연구가 본격적으로 이루어졌다. 섀논과 위버가 제시한 '의사소통의 수학적 이론(Mathematical Theory of Communication)'은 이 분야의 연구를 더욱 과학적이고 체계적으로 발전시키는 결정적인 역할을 하였다.

이들이 제시한 수학 모델은 기본적으로 '신호 전송 이론'이라고 할 수 있다. 발신자가 보내는 메시지는 일정한 변형을 거쳐 신호의 형태로 전송되고 수신자는 그 신호를 받아 이를 다시 메시지로 재생하는 과정을 의사소통 과정에 적용한 것이다. 이를 간단히 설명하면, 먼저 정보원은 전달할 메시지를 선택하고, 송신기는 이 메시지를 보내기 위해 그것을 채널에 적합한 하나의 '신호'로 변환한다. 이때 애초의 메시지 형태는 없으며 오로지 채널에 적합한 신호만이 존재한다. 신호는 채널을 통해 수신기로 전해지는데 이 과정에서는 잡음원이 장애로 작용하여 정보원이 의도한 정보의 전달을 방해한다. 수신기는 이를 거쳐 전달된 신호를 받아서 이를 다시 메시지의 형태로 재생하게 된다.(김병철 외, 2007, 33쪽.) 이 과정을 그림으로 간단히 나타내면 다음과 같다.

그림 2 | 셰논과 위버 모델

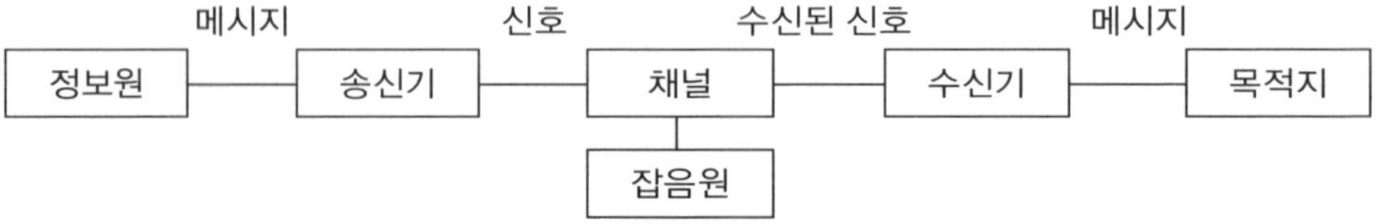

이 모델은 위의 그림에서 보듯이 의사소통의 과정을 '정보원, 송신기, 채널, 잡음원, 수신기, 목적지' 등 6개의 요소로 나누어 설명한다. 가장 큰 특징은 잡음의 개념을 도입하고 있다는 점이다. 이는 의사소통 과정에서 최초의 메시지가 중간 채널을 거치면서 장애를 받아 수신자에게 수신될 때에는 차이를 가져올 수 있다는 것을 보여준다. 의사소통이 보낸 사람의 의도대로 해석되는 기계적인 과정이라는 통념을 바꾸기 시작한 것이다. 이 모델은 불확실성을 증가시키는 잡음원의 개념을 통해 송신된 신호와 수신된 신호 사이의 간극, 다시 말해 의미의 왜곡 가능성을 제시하고 있다. 하지만 이러한 생각이 더 발전하여 '환류'를 통해 왜곡된 의미를 바로 잡아 주는 순환적 과정으로 나아가지 못한 것이 한계이다.

다. 슈람의 순환 모델

위에 제시된 모델들이 의사소통 과정에 대해 설명하면서 공통적으로 드러낸 한계점은 그것을 일방향적 과정으로 파악했다는 점이다. 이러한 한계점을 보완하기 시작한 것이 바로 슈람이 제시한 순환 모델이다.

그림 3 I 슈람의 모델

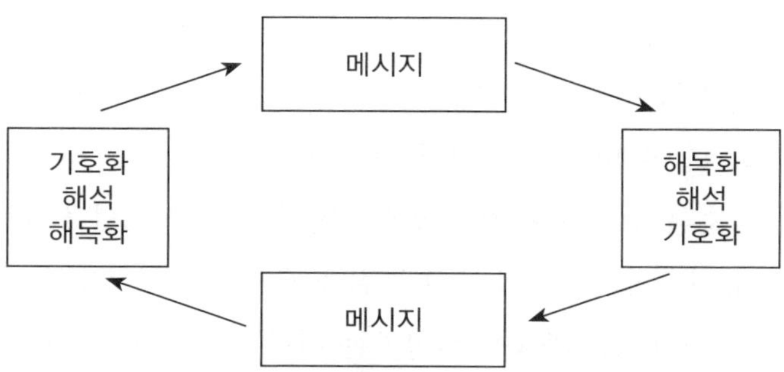

슈람은 위의 그림과 같이 의사소통의 과정을 발신자와 수신자가 메시지를 기호화(encoding), 해석, 해독화(decoding)하고 전송 및 수신하는 상호작용으로 파악한다.

기호화는 우리 머릿속에 있는 생각이나 감정을 언어와 같은 전달 가능한 형태로 바꾸는 것을 가리킨다. 메시지는 전달자의 생각이나 감정을 언어와 같은 상징으로 기호화한 것을 말한다. 그리고 해독화는 언어와 같은 상징으로 처리된 메시지를 그것이 의미하는 내용으로 다시 바꾸는 것을 말하며, 해석은 메시지에 담긴 의미 즉 전달자의 머릿속에 있는 그림을 정확하게 이해하는 것을 말한다.

이 모델이 의미 있는 것은 라스웰의 모델이나 섀논과 위버의 모델과는 달리 의사소통 과정을 선형적인 것으로, 그리고 일방향적이지 않은 것으로 보았다는 것이다. 슈람은 의사소통의 과정 속에 '환류(feedback)'의 개념을 추가하여 의사소통을 발신자와 수신자 사이의 순환적인 상호작용으로 보는 새로운 시각을 제시한다. 섀논과 위버의 모델에서는 잡음원을 추가하여 발신자의 의도가 수신자에게 그대로 전달될 수 없는 가능성을 인정했지만 그에 대한 해결책은 제시하지 못했다. 슈람은 이렇게 잡음이나 여러 요인에 의해 발생할 수 있는 의사전달의 문제를 해결하기 위해 '환류'가 반드시 필요하다고 보았다. 수신자가 발신자에게 환류를 하게 되면 발신자와 수신자의 역할이 바뀌게 된다. 따라서 의사소통 과정에서 발신자와 수신자를 구분하여 그 역할을 고정하는 것은 무의미하며, 이들은 서로 역할을 바꾸어 가면서 지속적인 순환과정을 되풀이하게 되는 것이다. 슈람의 순환 모델은 기존의 일방향적 의사소통 개념을 무너뜨리는 결과를 가져왔으며, 바람직한 의사소통의 본질을 제시한다는 점에서 의미가 있다.

이상에서 의사소통 과정을 설명하는 대표적인 모델들에 대해 살펴보았다. 각 모델들마다 강조하는 지점이나 관점이 차이를 보이고 있지만 이들을 개략적으로 일반화시켜 의사소통 과정을 정리해 볼 수 있다. 즉 의사전달은 "'발신자'가

'정보(메시지)'를 특정한 '매체(채널)'를 통해 발신하고 이를 '수신자'가 인지하고 '해독'하여 다시 '환류'하는 과정"이라고 할 수 있다.

이상에서 언급한 다섯 가지 요소인 발신자, 메시지, 매체, 수신자, 환류는 의사전달의 핵심적인 구성 요소라 할 수 있는데, 이들을 하나씩 살펴보자면, 첫째 의사소통이 이루어지기 위해서는 생각이나 느낌을 전하려고 하는 '발신자(sender)'가 존재해야 한다. 발신자는 자신이 가진 생각이나 의향, 정보 등을 상대방에게 전달하고자 하는데 이 발신자의 의도와 목적에 의해 의사전달은 비로소 출발하게 된다. 이 발신자는 개인이나 집단일 수도 있고, 제도나 조직이 될 수도 있다. 의사전달 과정의 출발점인 발신자는 우선 보내고자 하는 정보를 선택해야 한다. 그리고 효과적인 의사전달을 위해서 수신자에 대한 전반적 이해를 바탕으로 전체적 상황을 파악해야 한다.

둘째, '메시지(message)'는 의사전달 과정에서 발신자와 수신자가 주고받는 것으로 생각이나 느낌을 상징을 사용해 기호화(encoding)한 결과물이다. 여기에서 기호화란 발신자가 전달하려는 생각, 정보, 감정 등을 언어, 몸짓, 기호 등 체계적인 특정 형태로 변화시키는 과정, 즉 발신자가 전달하고자 하는 내용을 메시지의 형태로 바꾸는 것을 말한다. 이 기호화에는 언어적인 방법뿐만 아니라 신호나 표정 등을 사용하는 비언어적 방법들도 이용된다. 따라서 메시지는 인간 상상력의 한계가 무한하듯 그 종류가 매우 다양하다.

셋째, '매체(channel)'는 발신자와 수신자를 이어주는 연결 통로라고 할 수 있다. 이를 통해서 메시지가 전달된다. 의사전달은 정보를 전달하는 다양한 수단인 매체를 통해 이루어진다. 예를 들어 우리가 직접 상대방을 앞에 앉혀두고 대화를 나누는 경우에는 공기가 매체가 되며, 유선 전화로 대화를 하는 경우에는 전화선이 매체의 역할을 하게 된다. 의사전달의 내용이나 목적, 의도 그리고 수신자의 상황 등에 따라 발신자가 적절한 매체를 선택하는 것도 매우 중요한 사항이다.

넷째, '수신자(receiver)'는 발신자가 보낸 메시지를 받는 개인이나 조직을 말하며, 발신자가 기호화하여 보낸 메시지를 해독화(decoding)하는 과정을 통해 메시지를 원래 의미하는 내용으로 바꾸게 된다. 의사전달 과정의 출발점이 발신자라면 수신자는 의사전달을 완성하는 구성 요소이다. 수신자는 자신의 여러 특성이나 제반 상황에 따라 메시지를 받아들이고 해석하는 방향을 달리한다. 효과적인 의사전달을 위해서는 발신자와 수신자 사이에 공감대를 형성하는 것이 중요하다. 메시지를 기호화하고 해독하는 과정에서 발신자와 수신자 사이에 유사한 의미를 부여하여야 정확한 정보가 전달되기 때문이다.

다섯째, '환류(feedback)'는 의사전달 과정에서 수신자가 발신자에게 보내는 일련의 반응을 의미한다. 그것은 표정이나 몸짓일 수도 있고 직접적인 질문이 될 수도 있다. 환류는 수신자가 정보를 정확히 전달받았는지, 적절하게 해석했는지를 발신자에게 알려준다. 환류는 의사전달의 과정에서 어디에서 오류가 발생했는지 알려줄 수 있고, 이를 수정하고 보완할 수도 있도록 해준다. 환류의 과정이 없으면 정보가 효과적으로 기호화, 전달, 해석, 이해되었는가를 확인할 방법이 없다. 의사전달의 정확성과 신뢰도를 높이기 위해서는 환류의 과정이 반드시 필요하다. 의사소통은 메시지가 발신자에게서 수신자에게로 일방적으로 흘러가는 것이 아니다. 진정한 의사소통은 발신자와 수신자 사이에서 지속적으로 메시지의 교환이 일어나야 하며 환류를 통해서 반복되고 순환되면서 최선의 합의점을 찾아가야 한다.

3. 대화의 본질과 중요성

여기에서는 의사소통의 여러 형태들 중에서 가장 대표적인 것이라 할 수 있는 대화의 본질에 대해 좀 더 자세히 살펴보도록 하겠다. 일반적으로 대화는 어떤 특정한 목적을 가진 두 명 이상의 대화참여자가 화자와 청자의 역할을 바꾸어가며 행하는 구체적인 의사소통 행위라고 정의할 수 있다. 대화에 대한 이러한 일반적인 정의를 통해 볼 때, 우리는 대화를 구성하는 두 개의 최소 자질들을 확인할 수 있게 되는데, 그것은 바로 대화 목적을 가지고 있는 두 명 이상의 대화참여자 그리고 그 참여자들 사이의 상호작용, 즉 화자와 청자의 역할 바뀜이다. 대화는 이러한 두 자질 간의 유기적인 관계로 이루어지기 때문에 자연스럽게 목적 지향적이며 상호작용적인 특성을 갖게 된다.

이처럼 목적 지향적인 대화참여자들이 상호작용적인 대화 구조 안에서 각자의 목적을 성취하려다 보니, 결국 그들의 대화 행위는 필연적으로 전략적인 특성을 지니게 된다. 따라서 우리는 대화를 가리켜 '목적 지향적인 참여자들이 상호작용적인 행위 구조 안에서 각자의 목적 달성을 위해 전략적인 발화 행위를 주고받는 것'이라 정의해 볼 수 있으며, 결국 대화의 중요한 특성으로는 '목적 지향성', '상호작용성' 그리고 '전략성'의 세 가지를 들 수 있다. 이러한 대화의 중요한 세 가지 특성들을 구조적 차원과 구성적 차원의 것으로 구분하여 표로 제시하면 다음과 같다.

표 1 | 대화의 특성

차 원	구조적 차원		구성적 차원
	참여자	행위 구조	발화 행위
특 성	목적 지향적	상호작용적	전략적

가. 목적 지향적 특성

어떤 유형의 대화이든지 거기에 참여하는 이들이 궁극적으로 행하고자 하는 것은 자신들의 대화 목적을 달성하는 것이다. 따라서 대화참여자들은 자신과 상대방의 대화 목적 사이의 이해관계를 고려하여, 협력적 혹은 경쟁적 전략을 선택적으로 구사하게 된다.

그들이 서로에게 협력적 전략을 구사하게 될 경우, 그 대화의 진행은 전반적으로 안정되게 이루어짐은 물론 양쪽 모두가 자신의 목적을 달성하는 성공적인 대화가 이루어질 수 있는 가능성이 크다고 할 수 있겠다. 하지만 양쪽이 서로 경쟁적 전략을 구사하게 될 경우에는 양보나 협상이 아닌 갈등이나 다툼, 심지어는 언어적이 아닌 물리적인 충돌의 상황까지도 발생하게 될 가능성이 있으며, 우리는 이런 경우를 주위에서 적지 않게 목격하곤 한다.

이처럼 우리가 대화에 참여하여 이루고자 노력하는 대화의 목적에는 과연 어떠한 것들이 있을까? 그것들은 비록 매우 다양해 보일 수 있겠지만, 크게 보아 '과제 목적'과 '관계 목적'의 두 가지 유형으로 분류해 볼 수 있다. 먼저 과제 목적이란 대화 상대방에게 자신의 정보 및 감정을 전달하거나 혹은 명령, 제안, 설득 등의 영향력을 끼치려 하는 목적이다. 그리고 관계 목적이란 자신과 대화 상대방 사이의 인간적 혹은 사회적인 유대 관계를 강화 또는 유지해나가려는 목적이라 할 수 있다.

일반적인 대화의 경우에, 이 두 가지의 목적은 동시에 추구되고 있는 것으로 보인다. 예를 들어 우리가 대화 상대방에게 어떤 특정 부탁을 하게 되는 경우의 대화를 가정해보도록 하자. 여기에서 나의 과제 목적은 상대방이 나의 부탁을 들어주게끔 하는 것이 될 것이며, 보통의 경우 이는 관계 목적보다 상대적으로 더욱 중요한 것이라 할 수 있다. 하지만 비록 내가 그러한 과제 목적을 달성하는 데에 성공하였다 하더라도, 상대방 혹은 나의 체면에 큰 손상을 입히게 됨으로써 둘 사이의 관계가 서먹해지거나 더 악화되는 결과가 발생하였다면, 우리는 이런 경우의 대화를 전혀 성공적인 대화라고 보지는 않을 것이다. 더구나 잘못된 전략 운영의 결과로 인해 관계 목적에만 너무 치중한 나머지, 애초의 주요 목적이었던 과제 목적을 달성하는 데에 실패하였다면, 비록 상대와의 관계는 더욱 호전되었을지언정 결국 성공적인 대화를 한 것이라고는 할 수 없게 된다. 따라서 대화참여자들은 만약 그가 성공 지향적인 태도를 취하는 이라 한다면, 일반적으로는 과제 목적과 관계 목적을 동시에 달성하고자 노력하게 될 것이다.

그렇다고 해서, 모든 대화 유형에서 이 두 가지의 대화 목적이 반드시 동일한 수준으로 함께 추구되는 것은 아니다. 토론 대화의 경우만 하더라도, 그 참가자들은 상대방과의 인간적인 혹은 사회적인 유대 관계를 강화하려는 관계 목적보다는, 상대방 및 제3자들을 설득하고자 하는 과제 목적에 더 큰 비중을 둔다. 결국 모든 대화들은 과제 목적과 관계 목적 중에서, 그 대화참여자들이 상대적으로 더 중요시하는 대화 목적을 지향하는 특성을 갖는다고 할 수 있다. Morgan(1996)에서는, 미국 흑인 여성화자들 간의 일상 대화에서 나타나는 '악담하기' 또는 '아는 이야기 다시 하기(telling a same story)'는 그들 사이의 결속력(solidarity)을 다지기 위한 목적으로 행해지는 것으로 보고 있다. 이러한 대화는 관계 목적을 지향하는 대화의 좋을 예라 할 수 있다.

나. 상호작용적 특성

위의 <표 1>에서 제시하고 있는 구조적 차원에서 볼 때, 대화의 두 번째 주요 특성으로는 그것의 행위 구조가 상호작용적이라는 점을 들 수 있다. 주지하는 바와 같이, 대화는 최소한 두 명 이상의 참여자들을 반드시 필요로 한다. 설사 우리가 대화의 범주를 최대한으로 넓게 보아 혼잣말 심지어 '자연, 역사, 혹은 고전(古典)과의 대화' 등에 해당하는 것들마저 대화의 범주에 포함시킨다 하더라도, 그것은 그 화자가 자신의 의식 속에 있는 가상의 청자에게 발화를 하는 구조라고 볼 수 있기 때문에, 이미 청자의 의식 속에는 화자와 청자의 구분이 되어 있는 것으로 보아야 할 것이다. 물론 이런 경우들에 있어서는, 화자가 화자와 청자의 역할을 동시에 함께 행하는 것이라 할 수 있겠다.

이렇듯 대화는 그 참여자들 중의 어느 한 명에 의한 일방적인 의사 전달의 구조를 취하는 것이 아니라, 최소한 두 명 이상의 대화참여자들이 계속적인 순서교대(turn-taking)를 통해 서로 말을 주고받는 상호 작용의 구조를 취하게 된다. 따라서 행위의 구조라는 차원에서 볼 때에, 대화는 상호작용적인 특성을 갖는다고 할 수 있다.

다. 전략적 특성

위에서 살펴본 바대로, 목적 지향적인 참여자가 상호작용적 구조인 대화에서 자신의 대화 목적을 달성하고자 노력하게 될 경우, 그는 또 다른 목적의 달성을 위해 그 대화에 참여하고 있는 대화 상대방을 발견하게 된다. 바로 이런 상황에서는, 그가 자신의 대화 목적을 달성하고자 노력하는 것과 마찬가지로, 상대방도 그 나름대로의 목적을 달성하기 위하여 동시에 노력하게 될 것이다. 이 두 대화참여자의 목적이 서로 동일한 성격의 것이어서, 서로 협력할 경우에 자신들의 목적을 보다 쉽게 성취할 수 있는 경우라면, 그들은 서로에게 협력적인 모습을 보이면서 공동의 목적을 달성하고자 할 것이다. 예를 들어 양쪽의 대화참여자들 모두가 특별한 과제 목적을 갖고 있지 않은 상황에서, 서로 우호적인 관계를 유지해나가고자 하는 관계 목적만을 가지고 있다면, 그들은 서로의 소극적 체면(negative face)을 보호하고 적극적 체면(positive face)을 살려주는 동시에, 서로에게 자신에 대한 좋은 이미지만을 제공하려 할 것이다.

그들의 목적이 서로 양립 불가능한 성격의 것이라면, 즉 어느 한 쪽의 목적 달성이 필연적으로 다른 한 쪽의 목적 달성 실패를 초래하게 되는 관계에 있는 것이라면, 그들은 과연 이러한 상황을 어떻게 대처해 나가게 될까? 그들 중 어느 한 쪽이 처음부터 자신의 목적을 포기하는 경우를 제외한다면, 그 이후에 발생 가능한 경우의 수는 단 둘이 된다. 즉 양쪽 모두가 한 치의 양보나 타협 없이 시종일관 경쟁을 하게 되는 양상이 그 하나의 경우이고, 다른 하나는 양쪽이 그들 사이의 이해관계를 조정하여 적절히 양보하고 타협하는 양상을 보이는 것이 될 것이다.

이처럼 대화에 참여하는 모든 이들이 자신의 대화 목적을 달성하기 위해서는, 현재의 대화 상황에서 가장 효과적일 것으로 생각되는 대화 진행 계획을 구상하고, 이의 실행을 위하여 필요한 여러 가지 언어적 수단을 동원해야 하는 상황에 놓이게 된다. 그렇기 때문에 어떤 유형의 대화이든, 거기에 참여하는 이들이 행하게 되는 모든 발화 행위들은 자신의 대화 목적 달성을 목표로 하는 전략적인 행위라 할 수 있다.

4. 의사소통능력(Communicative Competence)

과거 1960년대까지만 하더라도 화법에 대한 연구는 아직 미진한 단계에 머물러 있어서, 한 언어를 가지고 원활하게 의사소통하기 위해서는 그 언어의 어휘와 문법만을 정확히 알고 있으면 충분하다는 생각을 했었다. 하지만 이는 잘못된 생각으로서, 우리가 한 언어의 어휘와 문법에 대한 지식을 아무리 풍부하게 가지고 있다 하더라도 우리는 해당 언어를 가지고 의사소통을 완벽하게 할 수가 없다. 초등학교 때부터 시작하여 고등학교를 졸업하게 될 때까지 수많은 영어 단어를 외우고 문장의 형식이나 수동태 등에 대한 다양한 영어 문법을 이해한 후에도 외국인과 영어로 의사소통하는 데 있어 어려움을 겪게 되는 이유는 바로 이 때문이다.

한국어에서의 존댓말 사용을 예로 들자면, 우리는 상대방의 나이가 궁금할 때 상대방에게 '너 몇 살이니?'라고 질문할 수 있다. 이는 문법적으로 볼 때 아무런 문제가 없다. 하지만 한국 사회에서 연장자에게 사용하는 존대법의 측면에서 볼 때는 이 말을 자신보다 나이가 많아 보이는 이에게 그대로 사용할 수는 없다. 이보다는 '실례지만, 올해 나이(혹은 연세)가 어떻게 되십니까?'와 같은 식으로 물어야만 사회적으로나 문화적으로 적절하게 용인될 수 있게 될 것이다.

하임즈(Hymes 1972)는 우리가 흔히 의사소통능력을 논할 때 화자의 언어적 또는 문법적인 능력에만 초점을 두고 그 화자의 실제 발화 양상은 개인적인 변이로 간주해왔던 것에 대해 이의를 제기하였다. 그리고 의사소통능력은 언어의 실제 사용 양상과 사회적 맥락을 포함함으로써 문법적인 지식 이외에도 언어와 관련된 다양한 사회적, 문화적 지식을 포괄하는 개념으로 보아야 한다고 주장하였다.

그리하여 하임즈는 의사소통능력을 "하나의 언어공동체에 속해 있는 언어 사용자들이 그 공동체 안에서 적절하게 의사소통하기 위해 반드시 알아야 하는 것들"이라 정의하고, 여기에는 언어적 지식(linguistic knowledge), 상호행위 기술(interactive skill) 그리고 문화적 지식(cultural knowledge)이 있다고 보았다.

첫째 언어적 지식은 음운 목록, 어휘와 그 의미, 문법적 특성에 대한 지식을 말하는 것으로 전통 언어학에서 주로 다루어 왔던 대상들이 이에 해당된다.

둘째 상호행위 기술(interactive skill)은 어떤 특정 의사소통 상황에서 언어 사용을 통제하는 사회적 관습에 대한 지식을 말하며 인사 방법, 대화 참여자들 간의 간격 유지, 말순서 취하기(turn taking) 등과 같은 비언어적 행동에 관련된 지식들이 이에 해당된다.

셋째 문화적 지식은 해당 언어공동체의 사회 구조 또는 언어에 대한 구성원들의 가치와 태도 등을 포함하는 지식을 말한다. 한국 사회의 경우 전통적으로 '말은 되도록 적게 해야 한다'는 식의 인식을 갖고 있으며 군대 사회의 경우에는 '군인은 말을 짧고 크게 해야 한다'는 식의 인식을 갖고 있는데 이는 모두 의사소통과 관련된 문화적 지식이라 할 수 있다.

앞에서 살펴본 바와 같이 의사소통능력이란 우리가 타인과 원활하게 의사소통하기 위해서 갖추어야 할 다양한 분야의 능력을 말한다. 즉 의사소통능력은 한 언어에 있어서 어휘나 문법과 같은 분야에 대한 지식뿐만 아니라 그 언어를 사회적 맥락에 따라서 적절하게 사용할 수 있는 사회문화적 지식까지를 포함하는 개념이다. 따라서 우리는 외국어를 학습하거나 한국어로 타인과 효과적으로 의사소통할 수 있는 능력을 기르기 위해서는 해당 언어에 대한 언어적 지식은 물론이고 상호행위 기술이나 문화적 지식에 대해서도 폭넓은 이해를 하고 있어야 한다.

Chapter

02 | 군 조직에서의 의사소통

군대는 영리 추구나 친목 도모를 목적으로 하는 조직이 아니라 전시 상황에 대비하는, 즉 최고의 위기 상황을 대비하는 조직이기 때문에 조직 내의 원활한 의사소통은 그 어떤 조직보다 더 중요하다고 할 수 있다. 전시 상황이나 위기 상황에서는 불확실성과 불안감이 평상시보다 높아지는데 구성원간의 교감은 이를 극복하기 위한 필수 조건이라고 할 수 있다. 구성원간의 교감은 그들을 단결시켜 목표를 달성할 수 있게 하는 원동력이 되기 때문이다. 조직 구성원 사이의 교감을 불러일으키기 위해서는 상의하달과 하의상달의 체계가 잘 정립된 원활한 의사소통 체계가 이루어져야 한다. 따라서 군대 조직의 장교들은 부대 안의 의사소통 상황에 항상 관심을 가지고 효율적인 의사소통 체계를 구축할 수 있도록 노력해야 한다.

1. 군대 내 의사소통의 중요성

우리 사회의 조직 전반에 걸친 민주화의 흐름에 발맞추어, 오늘날에는 군대 사회도 과거에 무조건적으로 명령과 복종을 군의 철칙이자 생명으로 생각했던 봉건적이고 전제적인 질서를 벗어나 이제는 새로운 민주 시민의 군대로 변화하고 있다.

우리나라와 같이 국민 개병제를 채택하고 있는 국가의 경우, 군에 입대하는 장병들은 대부분 다시 일반 사회로 돌아가야 하기 때문에 군과 사회와의 일체감 형성이 다른 어느 나라에서보다도 중요한 과제라 할 수 있다. 그러나 군대는 군대 나름대로의 독특한 임무를 수행해야 하므로 그 임무에 따라 적절한 조직을 형성하고 있으며, 그 임무나 여건으로 인하여 사회와는 매우 다른 행동 규범이 존재하고 있다.

그런데 최근에 입대하는 병사들의 교육 수준 향상으로 인해 고정적이며 보수적이던 군대의 모습도 상당한 변화를 겪고 있다. 과거의 권위주의적인 일방적 지시나 불합리한 명령은 자칫 군내의 사기 저하는 물론 전우간의 불화로 이어져 전투력 저하의 원인이 되기도 하므로 병사의 지휘를 담당하는 지휘관들의 자세 변화와 새로운 통솔 기법이 필요한 실정이다.

이러한 상황에서 무엇보다 절실한 능력은, 계급이나 지위에 따른 명령이나 지시가 아니라 합리적이고 논리적인 설득 능력이다. 합리적 권위와 논리적 설득 능력이야말로 요즘 장병들을 효과적으로 지휘하는 데 필요한 통솔 기법이며 리더십인 것이다.

> 표현력은 리더가 갖추어야 하는 조건의 중의 하나이다.
>
> 테일러(J. W. Taylor)
>
> 리더십이란 강제성을 띤 직접적 혹은 암시적 위협에 의하기 보다는 설득과 감회에 의해 사람들을 관리하는 것이다.
>
> 셴크(Schenk)
>
> 리더십은 인간성을 다루는 기술이며, 집단의 구성원들에게 행동지침을 따르도록 하기 위해 모범으로 영향을 주는 기술이다.
>
> 코플랜드(Copland)

위의 사람들이 언급한 바와 같이 리더십과 표현력은 상당히 밀접한 관련을 갖고 있는 것으로 보인다. 특히 군에서 지휘관의 임무를 맡은 장교에게 있어서 효과적인 리더십의 발휘를 위해 설득적 자기 표현력은 절대적으로 필요하며, 이러한 자기 표현력에 있어서 무엇보다도 중요한 것은 의사소통과 관련된 요소들이다. 미육군참모총장을 지낸 바 있는 칼 부노 대장은 "전술 전기에 유능한 지휘관이 되려면 먼저 상관의 요구 사항을 잘 이해하고, 동시에 부하에게 지시할 사항을 정확히 전달할 수 있어야 한다."라고 하였다. 이 말은 오늘날 군에서 의사소통의 문제가 얼마나 중요한가를 잘 말해주고 있다. 어느 부대에서나 의사소통을 원활하게 하는 일이 결코 어려운 문제만은 아니다. 그리고 원활한 의사소통이야말로 부대 운영의 성공에 결정적 역할을 하는 것이다.

부대 내에서 의사소통을 원활하게 해야 하는 것은 물어 볼 필요도 없이 부대 내의 모든 간부의 책임이다. 그중에서도 지휘관이야말로 부대원과의 의사소통 체계를 확립해야 할 중요한 책임을 가지고 있다. 부대원간의 중요한 의사소통을 원활하게 하기 위한 기술들에 있어서 화법이 차지하는 비중은 매우 크다. 실무 부대에서 행해지는 대부분의 의사소통 채널은 공식적인 문서에 의하는 경우가 많다. 그러나 훌륭한 지휘관이라면 부대원과의 의사소통을 위해서 이러한 공식적인 문서만을 이용하기보다는 대화를 통해 의사전달이 이루어지도록 하는 방안이 보다 효과적일 것이다. 물론 지휘관과 그 부대원들 사이의 의사전달에 있어서 부담이 느껴진다든지 또는 어떤 압력 등이 작용한다면 올바른 의사 전달이 가능할 수 없다. 그러나 지휘관이 먼저 적절한 상황을 조성한 후 꼭 필요한 경우가 아니라면 문서로 작성하지 않고 얼굴을 맞대고 이야기하거나 전화를 이용한다면 지휘관이나 상대자 모두에게 의사 전달의 기회는 확대되고 방법도 한층 쉬워질 수 있을 것이다. 직접적인 의사소통의 방법은 시간상의 이점은 물론 그 내용의 진실성에 있어서도 문서에 의한 방법보다 한층 신뢰할 수 있을 것이다. 이러한 화법을 통한 의사소통의 이점을 살리기 위해 실무 부대에서도 이미 부대원들과 지휘관들 사이에 다양한 의사소통 채널을 구축하고 고민이나 문제를 서로 이야기하는 방법을 사용하고 있다.

군대에서 특히 장교들에게 화법 교육이 필요한 가장 현실적인 이유는 군대에서 자주 행해지는 다양한 회의와 연설의 기회에서 찾을 수 있다. 일반 기업이나 각종 관공서에서도 많은 회의를 하는 것이 사실이지만 군대의 경우와는 조금 차이가 있다. 사실상 군대에서의 회의는 다양한 부대원들을 집중시키고, 여러 가지 전장 기능을 통합하는 데 있어서 매우 효과적인 방법이기 때문에 일반 사회에서보다도 자주 회의를 하게 된다. 이렇게 회의를 자주 해야 하는 만큼 이 회의에 소비되는 시간도 적지 않으며, 이러한 회의를 어떻게 하면 효과적으로 할 수 있느냐에 관한 문제도 군대에서는 매우 중요한 문제가 아닐 수 없다. 회의가 어떠한 정보를 서로 나누고 이러한 정보의 공유를 통해 가장 최선의 대안으로 문제를 해결하는 의사 결정 방식이라고 할 때, 과거와 같이 단순한 보고식의 회의는 상당히 지루하고 비생산적인 것이다. 최근에 와서는 시간의 소중함을 인식하여 미리 시간을 정한 후에 그 시간 내에 모든 회의를 마치는 방식으로 회의가 열리기도 한다. 그러므로 회의를 진행함에 있어 회의의 목적을 분명히 인식하고 그 목적에 따라 자신의 의견을 최소의 시간에 가장 명확하게 밝히는 화법 능력은 장교들에게 있어 매우 중요한 것이라 할 수 있다.

또한 군대에서는 연설도 대단히 중요한 말하기 장르라고 할 수 있다. 군대는 훈시, 정신훈화, 의식사 등의 연설을 하게 되는 경우가 일반 사회보다 많다. 더욱이 이러한 연설을 들어야 하는 부대원들은 각기 다른 배경 속에서 다른 경험을 쌓아 오다가 군대에 들어온 이들로 이루어져 있다는 점에서 이들 모두를 감화시키거나 적절히 교육시킬 수 있는 연설을 하는 것은 결코 쉬운 문제가 아니다. 따라서 효과적으로 연설을 할 수 있는 전문적인 화법 방법도 장교에게 있어서는 자신의 부대원들을 감화시키고 교육하는 데 활용할 수 있는 하나의 지휘 통솔 방법으로 생각할 수 있을 것이다.

2. 군대 의사소통 문화의 특성

인간은 언어를 통해 사고하고 그렇게 사고한 결과를 다시 언어를 통해 표현한다. 때문에 특정 언어공동체의 사회문화적 특성은 그 안에서 이루어지는 언어사용의 모습에 고스란히 반영되게 마련이다. 사회 계층이나 거주 지역에 따라 서로 다른 사회방언 또는 지역방언이 사용되는 것도 이런 이유에서이다. 이러한 관점에서 군대 사회를 바라보면, 그 안에서 사용되는 언어의 모습은 일반 민간사회에서 사용되는 언어의 모습과는 많은 차이점을 보인다.

일반적으로 군대는 대내외의 무력적인 도전이나 위협으로부터 국가를 지키기 위해 존립한다. 자기 집단의 이익 추구를 최고의 목표로 삼는 민간 조직과는 달리, 국가나 국민 전체의 이익과 안전을 최고의 목표로 삼는 것이다. 이처럼 군대는 국가 전체의 생사에 직결되는 업무를 수행하기 때문에 다른 민간 조직들보다는 공공 조직적인 성격을 훨씬 더 강하게 가지며, 그 구성원들에게 '계급질서의 준수'와 '명령에의 복종'이라는 두 가지 행위 규범을 철저하게 강조한다. 그리고 구성원 각자에게 계급과 직책에 합당한 권한과 책임을 부여하며, 위계 조직의 상징인 계급에 대해서는 연령의 고하, 지식의 많고 적음, 인격의 높고 낮음에 관계없이 복종할 것을 요구한다. 이러한 군대의 존립 이유, 정당화되는 행위 규범이나 가치 등으로 인해 군대 사회는 어휘 선택, 의사소통 방식 같은 언어 사용의 측면에서 민간 사회와는 확연히 다른 모습을 보인다.

군 구성원들의 대화에서 발견되는 어휘 사용, 형태·통사적 구성, 대화 규칙, 의사소통 스타일 및 언어 태도 등을 살펴보면 군대 언어문화의 특성을 엿볼 수 있다. 이러한 특성들을 비슷한 성격의 것들로 범주화해보면 모두 네 가지의 특성을 언급할 수 있는데, 그중 첫 번째는 **위계적 특성**이다. 대인 관계에서 나이나 친소관계가 중시되는 민간 사회와 달리, 군대 사회는 상하 위계 조직의 상징인 계급이 막강한 영향력을 발휘한다. 이러한 현상은 존댓말 사용이나 순서교대(turn taking) 등의 분야에서 쉽게 발견할 수 있다.

그 첫 번째 사례로, 비록 계급은 낮지만 나이는 많은 부사관 집단과 반대로 계급은 높지만 나이는 적은 위관장교 집단 사이의 존댓말 사용 실태를 들 수 있다. 박용한(1997)에 따르면, 위관장교의 86.9%는 부사관이 자신에게 '직위명+님' 혹은 '성+계급+님' 형태의 호칭을 사용해 주길 기대하고, 부사관들은 이에 부응하여 91.2%가 그러한 높임 형태의 호칭을 사용하고 있다. 하지만 반대로 위관장교에게 높임 형태의 호칭 사용을 기대하는 부사관은 25.5%에 불과하며, 실제로 그렇게 호칭을 사용하는 위관장교의 비율도 16.2%에 그치고 있다. 이 현상은 존댓말과 관련되는 종결어미의 높임 정도에 있어서도 비슷하게 나타난다.

둘째로, 장교들 사이의 의사소통에서 나타나는 순서교대상의 주도권 양상도 계급 요인에 따라 매우 비대칭적인 모습을 보인다. 대화분석(Conversation Analysis)에서의 일반적인 연구 결과에 따르면, 대화참여자들이 말순서를 교대하는 상황에서 겹침(overlap) 현상이 발생하는 경우는 대략 5%에 불과하다. 또한 한 화자가 말을 한 다음에 다음 화자가 이어서 말을 시작하는 사이의 간격도 평균적으로 단 0.5초 정도밖에 되지 않는다. 이렇게 볼 때 일반적인 대화의 경우 대개는 순서교대 시스템이 자연스럽게 형성되고 있음을 알 수 있다. 하지만 군대의 상하 계급자들 간의 대화에서 나타나는 순서교대 양상은 이와는 달리 매우 비대칭적인 모습을 보인다. 일례를 들면, 모 부대의 지휘관은 비공식적인 대화 상황에서 자신의 소소한 경험담을 이야기할 때면, 일단 "장교들. 내가 저번에 말야."와 같이 짧은 내용의 발화를 한 후에 담배를 피우기 시작한다. 담배를 꺼내서 불을 붙이고 한 모금 마신 후 내뱉고 재를 떨기까지는 짧지 않은 시간이 지나간다. 그런데도 앞에 앉아 있는 많은 수의 부하 장교들은 다소 불편함을 느끼면서도 아무 말도 하지 않은 채 다음에 이어질 지휘관의 발화를 마냥 기다리고만 있었다. 이처럼 말순서의 주도권을 특정인이 독점하다시피 하는 순서교대 양상은 군대 의사소통 문화의 위계적 특성을 잘 나타내 주는 것이다.

다음으로는 **격식적 특성**을 들 수 있다. 군대에 갓 입대한 신병들은 속칭 '다나까라'라는 언어사용 규정, 즉 '-입니다, -이나?, -입니까?, -해라' 형태의 종결어미만을 사용하도록 교육 받는다. 바로 이것들은 모두 격식체의 종결어미에 속하는 것들인데, 만약 그들이 비격식의 '해요체' 문장을 사용할 경우에는 아직까지 민간사회에서의 사고방식과 생활 습관을 버리지 못한 것으로 간주되어 일정 형태의 제재나 비난을 받게 된다. 그 결과 군대 사회에서는 민간 사회와는 달리 '-말입니다'라는 독특한 형태의 종결어미가 사용되는데, 다음의 대화 사례는 그러한 현상을 잘 보여주고 있다.

참여자 : 강○○대위(32세), 김○○하사(22세)
장　소 : 부대 내 상황실
배　경 : 강 대위가 지시사항이 이행되지 않은 것에 대해 화를 내면서, 김 하사에게 제1선임하사(중사)를 불러오도록 명령했고 이에 김 하사가 대답하는 상황

강○○대위 : 가서 넘버원 오라고 해.
김○○하사 : 전화하러 갔는데 말입니다.

김 하사의 "전화하러 갔는데 말입니다."라는 발화는 "전화하러 갔는데요." 혹은 "전화하러 갔습니다."와 같이 발화될 수 있는 것이다. 하지만 전자는 비격식체의 사용을 금하는 묵시적인 규범에 의해, 특히 상급자가 대단히 화가 나 있는

상황에서는 더욱 사용할 수 없게 된다. 또한 후자의 문장은 '현재 선임하사는 여기에서 멀리 떨어져 있는 공중전화 박스로 전화를 하러 갔기 때문에 지금은 데려올 수 없다'라는 의미로 이해될 수 있다. 그런데 이 상황에서 그런 의미의 발화는 대화 상대인 상급자를 더욱 화나게 할 수 있으며, 경우에 따라서는 "데려오라면 데려와야지, 왜 이렇게 말이 많아."라는 식의 질책성 발화를 자신이 듣게 될 수도 있다. 따라서 김 하사는 "전화하러 갔는데 말입니다."라고 말함으로써, '현재 선임하사는 당신도 알다시피 이곳으로부터 멀리 떨어진 공중전화 박스에 가 있는데 어떻게 할까요?'라는 의미의 의사전달을 시도하고 있다. 즉 김하사는 이 '-말입니다'라는 어휘의 사용을 통해, 자신의 의지 표현을 완화시키면서 상급자에게 현재의 상황을 설명해 주는 동시에, '그러면 이제는 어떻게 해야 하는가?'까지를 간접적으로 묻고 있는 것이다.

이와 비슷한 동기에서 발생하는 특이한 대화 사례로는 아래와 같이 "그렇습니다"가 사용되는 전화 대화를 들 수 있다. 사병은 두 번째 발화에서 "예. (말씀하십시오)" 정도의 대답을 할 수 있다. 하지만 사병은 이러한 발화가 상급자에 대한 예의 또는 격식성이 부족한 것으로 느끼기 때문에, 앞의 장교의 발화에 대한 응답으로는 전혀 어울리지 않는 "그렇습니다"라는 형태의 발화를 사용하는 경우가 많다. 이런 경우 장교의 입장에서는 '뭐가 그렇다는 말인가?'하는 생각을 하게 되어, 다음의 발화를 이어가는 데 있어 부자연스러움을 느끼게 된다. 이처럼 격식체의 종결어미를 주로 사용하는 모습은 장교들은 사관생도 시기부터, 일반 사병들은 신병 훈련 때부터 두드러지게 나타나는데, 이것들은 군대 언어문화의 격식적 특성을 잘 보여주고 있는 것이다.

사병 : 예. ○○부 일병 아무개입니다.
장교 : 어. 그래, 수고가 많다. 나 ○○부 박소령인데...
사병 : 그렇습니다.
장교 : ???

군대 언어문화의 세 번째 특성은 **폐쇄적 특성**이다. 일반적으로 군대 사회는 보안의 목적상 외부 사회와 철저하게 단절되어 있다. 바로 이러한 폐쇄성으로 인해 그 구성원들 간에는 각종 특수어들이 많이 사용되고 있다. 군대 사회는 민간 사회와의 자연스러운 교류가 상당 부분 제한된 상태에서, 주로 20대의 젊은이들로 구성되고 있는 특수 언어공동체라 할 수 있다. 따라서 이들은 자신들의 세계에서 발생하는 사건들이나 지시대상 혹은 개념 등을 표현하는 데 있어서, 젊은이 특유의 언어적 감각을 발휘하여 다음과 같이 다양한 특수어들을 만들어 사용하고 있다.

• 은어

알맹이[탄약], 말리기[내한훈련], 뽀글이[라면], 따까리[보좌관], 왕고[말년 병장], 막내[최후 임병], 고생바가지[철모], 뻘짓[쓸 데 없는 일], 신삥[신임 병사], 깔깔이[방한 내피], 군대스리가[군대에서의 축구 시합]

• 속어

짱박히다[숨다], 빡세다[힘들다], 꼬불치다[숨기다], 쪼개다[웃다], 갈구다[괴롭히다], 이빨/노가리까다[잡담하다], 짱보다[망보다], 구라치다[거짓말하다], 세월이다[동작이 굼뜨다], 할랑하다[힘들지 않고 한가하다], 한따까리하다[훈련 받다], 껀수치다[훈련 받게 될 만한 사고를 저지르다], 뺑뺑이 돌다(선착순 구보 훈련을 받다)

위의 특수어들 중에는 젊은이의 재치와 기지 또는 해학이나 풍자의 의도를 엿볼 수 있는 어휘들도 있다. 하지만 대부분은 다분히 속되고 심지어는 폭력적인 의미를 가진 어휘들이 많아 작지 않은 문제가 되기도 한다. 일반적으로 언어는 사회의 모습을 반영하기도 하지만, 반대로 사회에 영향을 미칠 수도 있다는 상호작용적 관점을 고려해볼 때, 군대 내의 젊은 장병들이 폭력적인 특수어 대신 그들만의 기지와 재치를 보여주는 긍정적 의미의 특수어들만을 사용할 수 있도록 올바르게 유도해야 할 필요가 있다.

다음으로 군에서 일반적으로 사용되는 압존법의 양상에서도 군의 폐쇄적 특성을 확인할 수 있다. 서정수(1984, 207쪽)에 따르면, 국어의 압존법은 친족 관계의 사람들 사이에서는 거의 사라졌으며 직장에서도 확실하게 사용되고 있다고 믿기 어렵다고 보고 있다. 이후에 김혜숙(1995, 21쪽)은 국어의 압존법이 현대에 오면서 거의 사라져 가고 있다면서, "이렇게 요즘은 (중간 생략) 그 대화 참여자의 나이, 성, 가족 지위, 사회적 지위, 상황 등에 관계없이 화자의 높임 의도가 있는 한 제3자의 주체도 더 높은 상대자 앞에서 자연스럽게 높여 말하는 것이 습례가 되어 가고 있다. 오히려 자칫 압존법이라는 것을 일부러 의식하여 어색한 대화 상황을 만드는 경우도 있다."라고 언급하고 있다.

하지만 군의 구성원들은 현재에도 압존법을 철저하게 지켜 말하고 있다. 박용한(2012)에서는 영관장교 54명을 대상으로 압존법의 사용 실태를 설문조사하여 분석하였는데, 예를 들어 최상급자인 처장 앞에서 차상급자인 과장을 언급하면서 '과장이 지시하였다'라는 내용의 발화를 하게 될 경우, 그들이 사용한다고 응답한 발화의 형식과 응답자 수는 아래와 같다.

① 과장님께서 지시하셨습니다.(1명)	② 과장님께서 지시했습니다.(1명)
③ 과장님이 지시하셨습니다.(3명)	④ 과장님이 지시했습니다.(5명)
⑤ 과장께서 지시하셨습니다.(0명)	⑥ 과장께서 지시했습니다.(0명)
⑦ 과장이 지시하셨습니다.(1명)	⑧ 과장이 지시했습니다.(41명)
⑨ 기타.(2명)	

위의 기타도 '과장입니다'와 '과장 지시입니다' 같은 형태의 발화를 한다고 응답한 경우이다. 이 경우도 ⑧과 마찬가지로 차상급자인 과장을 높이지 않는, 즉 압존법을 사용한 경우라 할 수 있다. 이와 같이 일반 민간사회에서는 오래전부터 영향력이 쇠퇴하여 이제는 거의 사용되고 있지 않는 국어의 압존법이 군대 사회에서만큼은 매우 철저하게 사용되고 있다는 점은 그만큼 군대 사회가 바깥의 일반 사회와 차단되어 있는 폐쇄성을 잘 나타내 주고 있는 것이다.

군대 언어문화의 특성 중 마지막은 **보수적 특성**이다. 예부터 우리 민족은 "말은 되도록이면 적게 해야 한다."라는 언어 의식을 가지고 있었다. 말은 적게 하고 행동은 많이 하는 것이 좋다는 의미의 한자 성어 '少言多行'도 우리 민족의 이런 언어 의식을 잘 대변해 준다. 하지만 오늘날에 와서 그러한 언어 의식은 그 영향력이 상당 부분 약해졌다. 남에게 자신의 능력과 업적을 효과적으로 홍보하기 위해서는 침묵을 지키기보다 많은 말들을 해야만 한다. 그러나 군대에서는 아직까지도 '침묵을 금으로 생각'하는 경향이 있다. 군에 갓 입대한 이들은 상급자에게 보고를 하는 과정에서 "군인이 왜 이리 말이 많아. 핵심만 얘기해!"와 같은 내용의 말을 자주 듣는다. 또한 혹시 자신의 과오나 실수를 해명하는 과정에서 다소 많은 이야기를 하게 되면, 그 상관으로부터 '이유 없는 군인'이 되어야 한다는 훈계를 받게 되기도 한다.

이처럼 말을 되도록 짧게 해야 한다는 의식은 '업무보고'와 같은 특정 분야의 글쓰기에서도 잘 나타난다. 군대의 글말 사용에서는 하나의 완전한 문장을 적는 대신 조사나 어미 등을 생략하면서 체언만을 단순 배열하는 형태의 글을 선호하는 경향이 있다. 그 사례로는 다음과 같은 경우를 들 수 있다.

• **조사/어미의 과도한 생략**

"정훈관은 설문조사 결과를 종합한 후 연대 인사과에 제출하기 바람."
→ "정훈관 설문조사 결과 종합 연대 인사 제출"

군대 사회에서 이처럼 조사나 어미를 생략하여 보고 문서를 작성하는 모습은 아주 쉽게 발견할 수 있다. 특히 간략한 형태의 업무보고 문서를 작성할 때에는 한 항목의 내용을 한 줄 이내로 완결하기 위해 '-이/가, -을/를, -에서, -의, -임'과 같은 조사나 어미를 습관적으로 생략하게 된다. 이외에도 '시행하다, 지참하고, -하고자 하니'와 같은 어휘를 '시행타, 지참코, -코자 하니'와 같은 형태로 축약하여 적는 것도 가급적이면 말을 짧게 하려는 의도에서 비롯된 것이라 할 수 있다.

이러한 보수적 성향의 언어 의식은 군대 사회 안에 활발한 의사소통 통로를 만드는 데 있어 큰 장애 요인이 되고 있다는 점에서 큰 문제가 아닐 수 없다. 글말 사용에서의 통사적 성격의 생략 및 축약 등은 별 문제가 되지 않겠지만, 상하 계급자 간의 대화에서 이유를 대서는 안 된다든지 가급적 핵심만 짧게 이야기해야 한다는 식의 언어문화는 바람직하다고 볼 수 없다. 어떤 일이든 그것을 추진하게 된 배경이 있고, 또 그 결과가 좋지 못할 경우에는 그 원인이 있게 마련이다. 상하 계급자들은 모두 그러한 배경이나 원인 등에 대하여 충분히 대화하면서 서로에게 필요한 정보를 전달함으로써, 이를 통해 상급자가 올바른 상황 판단과 정확한 결정을 할 수 있도록 해야 한다.

위에서 언급한 군대 언어문화의 네 가지 특성은 주로 부정적 측면의 특성에 초점을 맞춘 결과다. 당연히 군대 사회의 언어 사용에도 긍정적인 특성이 있다. 예를 들어 짧고 간결한 형태의 발화를 선호하므로, 의사소통이 신속하고 명확하게 전달될 수 있다는 점, 또는 특수어의 사용을 통해 군대 내부에서 일어나는 일들에 대하여 어느 정도 보안성을 유지할 수 있다거나 하는 점은 분명 긍정적 특성이라 할 수 있다. 언어와 사회가 서로 영향을 주고받는 상호작용적 관계에 있음을 통해 볼 때, 군대 내 언어사용의 부정적 특성들은 군대 사회가 가지고 있는 부정적인 문화의 결과물이라 할 수 있다. 하지만 이러한 특성들이 다시 군대의 부정적 문화를 재생산하는 데 큰 역할을 한다는 점에서 이것들은 작지 않은 문제가 되고 있다.

군대 사회는 그 임무의 특성상 위계적인 성향을 강하게 가질 수밖에 없다. 하지만 그렇다고 해서 군대 내에서 지속적으로 발생하고 있는 언어폭력에서 엿볼 수 있는 폭력성마저 정당화될 수는 없다. 또한 이른바 '다나까라'라고 하는 형태의 종결어미 사용을 너무나 강조한 나머지 '-말입니다' 또는 '그렇습니다'와 같은 표현을 적절하지 못하게 사용하는 것은 올바른 국어사용 측면에서 볼 때 바람직하지 못하다. 군대 사회의 언어사용에서 발견되는 폐쇄적인 특성이나 보수적인 특성들도 오늘날의 사회 흐름과는 부합되지 않는다. 비록 상하 계급의 관계가 존재하더라도, 그 구성원들 사이에 신속하고 올바른 의사소통 문화가 형성되기 위해서는 일상 통용어가 더욱 비중 있게 사용되어야 한다. 또한 하급자가 상급자에게 전달하고 싶은 이야기를 충분히 할 수 있는 의사소통 분위기가 조성될 수 있도록 해야 한다.

3. 장교의 기본 자질로서의 의사소통능력

일반적으로 군 조직의 구성원은 계급과 신분에 따라 그 권한과 책임이 명확하게 차별화된다. 장교, 부사관, 병사 그리고 군무원으로 신분의 구분이 이루어지며 각 신분별로 계급 역시 세분화된다. 각 신분과 계급에 속하는 구성원들은 그 누구든 필요한 위치에서 자신의 임무를 다하게 된다. 이들 중에서 가장 큰 권한을 갖는 동시에 가장 큰 책임을 떠맡게 되는 중추적 신분은 장교라고 할 수 있다.

장교는 군 조직에서 식물의 줄기와 같은 역할을 담당한다. 건강한 식물의 줄기는 잎과 뿌리에서 각각 받아들인 태양에너지와 수분, 양분 등을 적재적소에 공급하면서 개체 전체의 건강과 바람직한 자세를 유지시킨다. 장교의 임무는 하급자와 상급자 사이에서 조직을 튼튼하게 유지하는 것과 자신이 속한 조직이 수행하는 임무를 달성하는 데 기여하는 것이다.

장교의 의사전달 능력은 각종 보고서 작성, 브리핑, 면담 등의 영역에서 발휘된다. 사관생도는 구두 및 서면보고, 브리핑, 연구보고서 작성, 인간관계 유지 등에서 중요한 요인으로 작용하는 의사전달 능력의 중요성을 충분히 인식하고 임관 후 실무에서 맞이할 결정적 순간에 자신의 리더십을 훌륭하게 발휘할 수 있도록 화법 능력을 부단히 계발해야 한다.

역사적으로 장교에게는 다양한 능력이 요구되어 왔고 시대와 사회의 분위기에 따라 그 요구는 변화되기도 하였다. 조속한 경제발전이 지상 목표였던 시절에는 불도저와 같은 추진력이 중시되었다. 이 시기에는 장교라고 하면 부대원을 이끌고 수많은 위험을 무릅쓰고 고지를 점령하는 이미지를 떠올리게 했다. 조직의 목표 달성을 위해서는 소수의 희생을 감수하고라도 임무를 완수하는 저돌성이 장교의 핵심적인 능력으로 인정되고 요구되었던 것이다.

경제발전이 본 궤도에 오르고 사회에 민주화의 바람이 불면서 장교의 모습도 변화하기에 이르렀다. 조직의 목표 달성은 여전히 필수적인 것이지만, 그 과정과 절차도 합리적으로 진행되기를 바라는 시각들이 보편화되고 있다. 특히, 자유로운 자기 표현과 합리적인 성장 환경에서 자란 세대들이 군 조직을 구성하게 되었고, 군 조직 자체와 일반 사회와의 거리가 급속도로 줄어들게 되었다. 인권의 문제가 군 내부에서도 적극적으로 개진되기도 하고 사회의 보편적 준칙도 군에 무리 없이 적용되고 있다. 이러한 분위기 속에서 장교들에게는 기본적인 지휘능력과 전투력이 요구되는 것은 물론이고, 조직원들을 아우르고 상급자와 원활히 의견을 교환할 수 있는 의사소통능력이 중요하게 떠오르게 되었다.

오늘날에는 목표를 제시하고 그것을 향해 직선주로를 달려가는 듯한 방식은 과거와 같은 정당성을 지니지 못한다. 다양한 출신과 신분을 가진 하급자들의 욕구를 잘 파악해야 하고 적절한 동기부여를 통해 자발적인 행동을 유도해야 한다. 상급자나 지휘관에게 중요하고 객관적인 조언을 할 수 있는 조력자의 역할도 훌륭히 수행해야 한다. 관록과 경험 면에서는 상급자를 능가하기는 어렵겠지만 참모나 조력자의 위치에서 참신하고 효율적인 시각과 방법을 제시할 수 있는 능력을 갖추어야 한다. 자신의 의견을 효과적으로 전달할 수 있어야 하고 필요한 경우에는 상급자를 설득하고 정책 결정에 영향을 줄 수 있어야 한다.

현대 사회에서 장교는 무엇보다 의사소통능력을 배양하고 적절한 기술을 습득해야 한다. 초급 장교나 중간 관리자 역할을 수행하는 과정에서 습득하는 의사소통능력은 군 조직과 그 구성원 내부에서 발생하는 여러 가지 문제를 해결해나가는 데 도움이 되며, 궁극적으로는 이러한 경험을 통해 지휘관으로서의 자질을 만들어 나가게 된다. 장교에게 의사소통능력은 군 조직에서 리더십을 발휘하기 위한 기본적인 요건이며, 장차 사회에서 리더 역할을 수행하기 위해 갖추어야 하는 필수적인 요소인 것이다.

4. 리더로서 갖추어야 할 의사소통능력

앞에서 우리는 군대 내에 효과적인 의사소통 체계가 반드시 필요함을 언급한 바 있다. 군의 지휘관은 당연히 효율적인 의사소통이 이루어질 수 있도록 하여야 한다. 또한 군의 지휘관은 스스로가 올바른 의사소통 능력을 갖추고 있어야 한다.

우리가 일반적인 의사소통의 원리만을 알고 있다고 해서 의사소통 능력이 향상되는 것은 아니다. 그것을 자신의 특수성에 맞게 체화할 때 비로소 의사소통 능력이 향상된다고 할 수 있다. 자신의 특수성이라 함은 자신이 속한 조직의 성격과 존재 목적, 그리고 조직 내에서의 자신의 역할과 신념 등을 의미한다. 군대는 여러 가지 측면에서 일반적인 조직과는 다른 성격을 가지고 있으며, 장교는 일반 관리자와는 또 다른 특성을 가진다. 그러므로 군의 특수성에 맞도록 의사소통 기술을 습득하는 것이 필요하다.

앞에서 잠시 언급한 바 있는 부노 장군의 "전술전기에 유능한 지휘관이 되려면 먼저 상관의 요구 사항을 잘 이해하고, 동시에 부하에게 지시할 사항을 정확히 전달할 수 있어야 한다."라는 말은 군에서의 의사소통이 얼마나 중요한가를 잘 말해주고 있다. 한 마디로 상관의 요구에 대한 분명한 이해와 부하에 대한 정확한 전달이 지휘관으로서의 능력을 좌우할 수 있다는 것이다. 원활한 의사소통이야말로 부대 운영의 성패에 결정적인 역할을 하는 것이다.

군에서의 의사소통의 책임은 부대 내의 간부들에게 있다. 그중에서도 특히 지휘관은 부대원과의 올바른 의사소통 체계를 확립해야 하는 책임이 있다. 『군사발전』60호(1991)에 실린 '지휘관을 위한 의사소통 기술'에서는 의사소통의 원리에 입각하여 군의 특수성에 적합한 의사소통 기술을 제시하고 있는데 이 내용을 간단히 발췌하여 정리하면 다음과 같다.

① 솔직하고 정직한 의사소통을 항상 강조한다.

솔직함과 정직함은 부대지휘의 핵심적인 지침이다. 취임 초부터 그리고 기회가 있을 때마다 상의하달과 하의상달의 의사소통이 기탄없이 이루어지기를 바란다는 것을 부하들에게 인식시켜야 한다. 누구나 윗사람에게 말하는 것을 좋아하지 않기 때문에 수시로 이를 반복하여 인식시키는 것이 필요하다. 지휘관이 좋은 소식이나 나쁜 소식이나 모두 잘 받아들인다는 사실을 부하들이 인식할 때 솔직하고 정직한 의사소통이 가능해진다.

② 신속한 의사전달이 이루어지도록 한다.

부대 내의 의사소통 과정에 장애물이 없도록 하여야 한다. 장애물이 없어야 신속하고 순조로운 의사소통이 가능하다. 신속한 전달을 위한 방법의 하나로 단계를 줄이는 방식이 있다. 예를 들어 지휘관이 부하들을 찾아다니면서 직접 대면하는 것이다. '사무실 문은 항상 열려 있다'고 공언한다고 해서 부하들이 찾아오지는 않는다. 그러므로 지휘관이 부하에게 먼저 다가가는 것도 하나의 방법이 될 수 있다.

③ 의사소통 장애요소를 찾아 제거한다.

지휘관의 성격이나 부하의 성격이 의사소통의 장애가 되는 경우가 종종 있다. 의사소통에 장애가 되는 지휘관의 성격으로는 부하에 대한 불신감과 무관심, 권위주의적 편견, 우월감 등을 들 수 있다. 한편 부하 쪽에서의 장애물로는 지휘관의 의도에 대한 불신이나 편견, 자신감 결여, 열등감 등을 들 수 있다. 지휘관은 자신의 성격에서 기인된 장애물을 찾아서 제거하여야 하며, 동시에 부하의 성격에서 기인된 장애물도 주도적으로 제거하는 노력을 기울여야 한다.

④ 의사소통에 필요한 부담을 줄인다.

의사소통을 위해서는 일정한 준비가 필요한데, 이러한 준비 과정에서의 부담을 최소한으로 줄여야 한다. 즉 문서로 만들지 않아도 되는 것은 구두로 보고하도록 한다. 또한 불필요한 보고, 회의 그리고 브리핑도 최대한 없애도록 해야 한다.

⑤ 중요한 사항은 반복해서 전달한다.

의사소통 과정은 완전할 수 없다. 따라서 중요 사항은 반복해서 강조할 필요가 있으며, 필요하면 서면으로 작성해 주도록 한다.

⑥ 부하에게 앞으로 일어날 일과 지휘관의 의도를 알려 준다.

부하들은 앞으로 일어날 일과 지휘관의 의도를 매우 궁금해 하기 마련이다. 이는 부하들에게 직접적인 영향을 주기 때문이다. 앞으로의 일을 알려 주는 것은 부하들에게 사전 경고의 역할을 함으로써, 그들의 불안감과 중압감을 해소시켜 심리적인 안정감을 가져온다. 지휘관의 의도를 알려주면 상관에 대한 의구심과 불신감 그리고 헛소문이 줄어들고, 대신 상관에 대한 신뢰감과 부하의 창의력이 증대된다. 이는 궁극적으로 상하간의 장애물을 제거하는 효과를 가져오게 되며 원활한 의사소통을 가능하게 한다.

⑦ 의사소통 체계의 일관성과 안정성을 보여준다.

부대 내의 의사소통이 자연스럽게 이루어질 수 있도록 그 절차를 일상화한다. 각종 회의나 브리핑 그리고 보고는 정례화 할 필요가 있다. 의사소통 체계를 확립하기 위해서는 종합적인 점검이 필요하다. 구두에 의한 체계와 문서에 의한 체계가 제대로 역할을 하는지 살펴보고, 취약한 부분을 강화시키도록 한다.

⑧ 각종 회의를 효과적으로 진행한다.

회의는 정보를 나누어 갖거나 문제를 해결하는 기능을 가진다. 그러나 회의는 때때로 지루해지기도 하고 비생산적일 수도 있다. 지루하고 비생산적인 회의가 되지 않기 위해서는 효율적인 회의진행이 이루어져야 한다. 회의의 목적을 정확히 하고 회의의 일정을 정해서 지키도록 하며 반드시 정해진 폐회 시간을 지키도록 하는 것이 좋다.

⑨ 연설을 요령 있게 하고 진지하게 듣도록 한다.

지휘관은 부대원을 대상으로 각종 연설을 해야 한다. 따라서 지휘관은 연설에 관한 특별한 요령을 가질 필요가 있다. 부대원의 주의를 집중시킬 수 있고 청중이 무리 없이 이해할 수 있는 연설을 할 수 있어야 한다. 한편 다른 사람의 말을 들을 때에도 진지하게 경청하는 지휘관이 되어야 한다. 화자가 전달하고자 하는 내용은 물론 정확한 의미와 감정 그리고 미처 표현되지 못한 내용까지도 알아낼 수 있도록 하여야 한다. 이를 위해서는 화자를 주목하고 주의를 집중하여야 하며, 그의 표정이나 몸짓까지도 놓쳐서는 안 된다. 따라서 지휘관은 귀는 물론 눈과 마음까지 동원하여 경청하여야 한다.

이상의 내용은 군의 사정을 염두에 둔 것이기는 하지만 일반 사회의 경우에도 유용한 지침이 될 수 있다. 고급 관리자가 될수록 이러한 의사소통 기술을 알아야 할 필요가 있다. 물론 이를 실천하기는 쉽지 않다고 할 수 있다. 지휘관이나 관리자는 이에 대한 각별한 관심과 노력을 기울여 상하 간에 원활한 의사소통이 이루어질 수 있도록 노력해야 한다.

실습 1

- 발표 체험을 위한 자기소개

• 방식

• 평가 : 학습자의 부담을 덜기 위해 점수를 부여하지 않는다. 교수가 학습자의 현재 수준을 진단하는 취지에서 장단점 위주로 점검한다.

• 내용 : 자기소개(현장 녹화)

• 시간 : 학습자 1인당 5~10분

• 강평 : 모두의 발표가 끝난 후 녹화한 영상을 함께 보면서 교수가 담당한다.

• 착안사항

• 발표 시(학습자)

- 출생지나 출신학교, 입학 동기와 같은 식상한 내용은 지양한다.
- 청중에게 자신을 인상적으로 인식시킬 수 있는 고유한 내용을 발표한다. 자신만의 체험이나 삶의 목표 등이 교유한 내용을 구성하는데 효과적이다.
- 점수에 반영되지 않고, 자신이 잘 아는 내용이고, 가장 익숙한 발표 상황이니 그저 자신의 현재 발표 능력을 진단하는 취지에서 부담 없이 임한다.
- 카메라의 눈을 발표 상황에서 어차피 감수해야 할 청중의 시선으로 간주하면서, 카메라를 의식하지 않으려고 노력한다.

• 강평 시(교수)

- 내용 전달에 방해가 되는 요인들을 개인별로 상세히 식별하여 주지시킨다.
- 말버릇이나 부담을 느낄 때 나오는 특이행동, 비논리적인 표현, 주어와 술어의 불일치, 은어사용 등을 짚어준다.
- 단점 지적 시 가능하면 바람직한 모습을 설명하고 이해시킨다.

Communication of the Leader

의사소통의 이론

Part

02

Chapter

03 | 의사소통의 계획과 준비과정

의사소통을 위한 실제적인 준비 방법은 사람에 따라 다르다. 어떤 사람들은 말할 내용을 원고로 작성한 다음 그것을 전부 외우려고 한다. 또 다른 사람들은 대부분의 시간을 무엇을 말할 것인가를 곰곰이 생각하는 데 할애하고, 원고는 쓰지 않는다. 그 대신 이야기의 골격만 대충 만드는 것으로 준비를 끝낸다. 그러나 분명한 것은 훌륭한 연설가일수록 사전 준비를 충분히 하고 철저하게 한다.

의사소통의 대표적인 방법으로는 4가지를 들 수 있으며, 이들은 그 준비에 있어서 서로 차이가 난다. 그것은 즉흥적인(impromptu) 방법과 암기식(memorizing) 방법 그리고 원고를 읽는 방법과 메모를 보며 말하는 방법이다.

즉흥적인 의사소통이란 아무런 준비 과정 없이 행해지는 의사소통을 말한다. 이럴 경우 연사들은 전적으로 일반적인 지식과 기술에 의존해야 한다. 우리는 갑자기 말을 해야 하는 경우를 종종 접하게 된다. 그러나 즉흥적인 말하기는 산만하고 일관성을 유지하기 어려우므로, 가능하면 미리 계획을 세울 수 있는 의사소통을 하는 것이 바람직하다. 평소에 연설 내용을 미리 짜보고 또 연습을 많이 해본 사람이 즉석 연설도 잘 할 수 있다는 것이 일반적인 견해이다.

암기식 방법은 즉흥적인 것과 정반대되는 화법이다. 이 화법은 미리 계획될 뿐만 아니라, 원고를 작성한 다음 그것을 단어 하나하나까지 모두 외워야 한다. 많은 연사들이 이 방법을 효과적으로 사용한다. 그러나 이 방법에도 문제는 있다. 연설이 너무 딱딱하거나 융통성이 없기 쉽다. 또 서두르는 경향이 있고 말의 의미를 생각하지 않고 건성으로 말하기 쉽다. 그리고 청중의 반응 여하에 따라 연설의 내용을 임기응변으로 바꾸어야 할 경우도 생기게 마련인데, 이러할 때 적절한 대응을 취하기가 곤란하다.

원고를 읽는 방법은 매우 공식적인 경우 이외는 잘 사용되지 않는다. 이 방법 역시 암기식 방법과 마찬가지로 융통성이 없으며, 연사와 청중 사이에 더 많은 장애가 일어나기도 한다. 연사의 눈이 원고에 고정되기 때문에 청중을 볼 수가 없다. 특별히 강조하고자 하는 곳에서 음성의 변화를 주기도 어렵다. 한마디로 청중에게 말하는 것이 아니라 읽는다는 느낌을 주기 쉽다. 이러한 약점을 보완하기 위해서는 연습을 많이 해야 한다. 원고를 보지 않고도 말할 수 있는 부분이 많아질수록 그만큼 말하기의 수준이 향상되게 마련이다. 원고를 읽는 방식의 연설은 그 효과가 적으므로 공식적인 연설이나 방송 연설의 경우를 제외하고는 가급적 사용하지 않는 것이 좋다.

메모를 보며 말하는 방식은 통상적으로 가장 많이 사용되는 방법이다. 이 방법은 암기식과 읽기식의 중간 정도에 해당된다. 여기에서는 미리 준비한 원고를 암기해 말하거나 읽는 식이 아니라, 화자가 말해야 하는 내용 중에서 핵심적인 어휘나 문장을 간략히 정리해둔 메모를 확인해가면서 말을 하게 된다. 이 방법은 청중을 바라보는 상태에서 일상 대화와 같이 말하는 방식으로 진행되기 때문에 아주 자연스러운 분위기를 연출할 수 있으며, 중간에 메모를 확인하기 때문에 말하고자 하는 바를 순서에 맞게 빠뜨림 없이 이야기할 수 있다는 장점을 지닌다. 이러한 방법에 상당히 익숙해진다면 별도의 메모 없이 메모 내용을 머릿속에 기억해 둔 채 이야기할 수 있는 수준까지 도달할 수도 있다.

일반적으로 우리가 무언가를 말하기 위해 준비하는 과정은 다음과 같이 총 6단계를 거치게 된다.

① 주제 및 목적 결정

② 정황 및 청중 분석

③ 자료 수집과 정리

④ 구성과 개요 작성

⑤ 원고 작성

⑥ 연습

위의 순서는 반드시 지켜져야 하는 것은 아니며 어느 정도의 융통성은 허용된다. 위 6단계 중에서 두세 개의 단계를 동시에 수행할 수도 있고, 두 개의 단계를 여러 번 왔다갔다하면서 준비할 수도 있다. 예를 들면 초기 단계에서 주제와 목적 결정 그리고 청중 분석은 거의 동시적으로 고려해야만 한다. 또한 주제가 미리 주어지는 경우도 있는데, 그럴 때는 청중의 분석을 먼저 한 다음 청중의 수준에 맞게 주제의 범위를 좁혀야 하고 목적도 결정해야 한다. 반대로 화법의 목적부터 결정해야 할 때도 있다. 청중을 즐겁게 하는 것을 목적으로 하는 환담 연설의 경우가 그러하다. 이때는 목적과 청중에 알맞은 주제를 골라야 한다. 다음에서는 이 6개의 단계를 순서대로 살펴보도록 하겠다.

1. 주제 및 목적 결정

말하기를 준비하는 데 있어서 제일 먼저 생각해야 할 일은 무엇을 말할 것이며 그리고 그것을 가지고 청중들로부터 어떠한 반응을 이끌어낼 것인가를 결정하는 것이다. 주제와 목적은 이처럼 서로 밀접하게 관련되어 있다. 주제는 말하고자 하는 의도와 내용이고, 이러한 주제를 가지고 청중들로부터 어떠한 반응을 기대하는가 하는 것이 목적과 관련된다.

가. 주제 결정 시 고려 사항

대부분의 젊은 연사들은 너무 의미심장한 주제를 선정함으로써 연사나 청중이 주제에 대해서 잘 알지 못하는 이야기를 하는 수가 많다. 그런가 하면 너무 잘 알려진 주제에 대해 이야기함으로써, 청중들로부터 '또 그 이야기를 하는군.' 하는 실망어린 소리를 듣기도 한다. 또한 학생들은 이해하기에 너무 광범위하거나 제한된 시간 내에 소화하기 어려운 주제를 선택하는 어리석음을 자주 범하기도 한다. 만일 어느 학생이 5분 스피치의 주제로 '러시아 혁명의 원인과 결과'를 택했다면 그것은 대단히 무모한 일일 것이다. 너무 광범위한 주제 선택의 결과는, 청중에게 그 어떤 새로운 것도 전달하지 못하는 알맹이 없고 불충분한 논의로 끝나게 마련이다. 그보다는 러시아 혁명기의 집단 농장의 형태를 기술하는 것으로 범위를 좁히는 것이 바람직하다. 주제의 선정에서 범하기 쉬운 이와 같은 실수를 피하기 위해 다음과 같은 몇 가지 사항을 고려하여야 한다.

첫째, 자신이 이미 어느 정도 잘 알고 있을 뿐만 아니라, 새로운 무엇을 찾아낼 수 있는 주제를 선택한다. 어디에서나 마찬가지로 화법에서도 아는 것이 힘이다.

둘째, 흥미 있는 주제를 선택한다. 만약 흥미가 없는 이야기를 하게 되면 그 준비가 지겹게 여겨지고 화법도 열의가 없는 것이 된다.

셋째, 청중에게도 흥미 있는 주제를 선택한다. 청중이 주제에 대해 많은 흥미를 가지게 되면 청중의 주의를 끄는 일에 대해 걱정할 필요가 없다. 청중이 흥미를 가지게 되는 이유로 다음과 같은 것을 들 수 있다.

① 그들의 일상 업무와 밀접하게 관련되기 때문에

② 어떤 문제의 해법과 관계되기 때문에

③ 새롭거나 시의적절한 것이기 때문에

④ 주제에 관한 여러 견해들이 갈등을 빚기 때문에

넷째, 청중의 지적 수준에 알맞은 주제를 선택한다. 초등학교 학생들에게 은행 저축의 유익한 점에 대해서 이야기하는 것은 적절하지만, 은행의 지불 준비금 제도에 대해서 말하는 것은 적절하지 못하다. 마찬가지 이유로 어른들의 지적인 능력을 과소평가하는 주제를 선택하는 것도 바람직하지 않다. 무시당했다고 생각하기 쉽다.

다섯째, 주어진 시간 내에 소화할 수 있는 주제를 선택한다.

나. 말하기의 제목 결정

제목은 주제와 밀접하게 관련된다. 용어가 암시하는 바와 같이, 주제는 말의 내용 즉 논의하게 될 문제나 설명하게 될 대상을 의미한다. 반면에 제목은 주제에 대한 청중의 관심을 불러일으키기 위해 붙여지는 표시이다. 제목은 광고를 위한 선전의 일종인 동시에 아름답게 꾸미기 위한 포장의 일종이다. 그러면 좋은 제목이 되기 위한 조건은 무엇인가? 대략 세 가지를 들 수 있다. 즉 관련성이 있어야 하고 자극적이어야 하며 간략해야 한다는 것이다. 관련성을 가지기 위해서는 제목이 주제와 관련된 의미를 담고 있어야 한다. 어떤 청중도 거짓 선전이나 잘못된 인도를 좋아하지 않는다.

자극적이거나 도전적인 제목은 일단 청중의 주의를 끌고 경청하게 하는 효과를 발휘한다. 어떤 주제는 내용 자체가 자극적이어서 제목에 특별히 신경을 쓸 필요가 없는 것도 있다. 그러나 대부분의 경우 화자는 보다 선명하고 참신한 문구로 된 제목을 만들기 위해 노력해야 한다. 뿐만 아니라 말할 내용 전체를 제목 안에 모두 집어넣으려고 해서도 안 된다. 특히 만일 청중이 화자의 목적에 적대적이라면 화자는 제목에다 목적을 너무 분명하게 드러내지 말아야 한다.

제목은 무엇보다도 간략해야 한다. 학술 발표 논문의 제목은 길 수도 있겠지만, 보통의 연설 제목은 짧을수록 좋다. 짧을 뿐만 아니라 그것이 주제의 내용을 정확하게 지시하고 있다면 그것은 최상의 제목이라 할 수 있다.

통상적으로 제목의 작성은 원고 작성이 완전히 끝나고 난 다음에 하는 것이 좋다. 그렇게 하는 것이 주제와 관련성을 가지면서도 자극적인 제목을 만들기에 편리하기 때문이다.

다. 말하기의 목적 결정

만찬 연회석에서 하는 연설의 목적과 국회의사당에서 하는 국회의원의 연설은 목적이 같을 수 없으며, 또 이것이 대학 교수의 강의의 목적과 같을 수가 없다. 만찬석상에서는 참석자들을 즐겁게 하는 것이, 국회에서는 동료 국회의원들의 찬성 투표를 유도하는 것이 그리고 대학 강단에서는 학생들을 이해시키는 것이 말하기의 목적이 될 것이다. 이처럼 연사는 연설을 할 때 기본적으로 어떤 목적을 가지게 되는데 이것을 말하기의 목적이라 한다. 일반적으로 다음과 같은 다섯 가지가 있다.

첫째는 '자극시키는 것'이다. 이는 어떤 감정이나 열정이 일어나도록 자극하고 고무시키는 것을 말한다. 3.1절 기념 축사를 하면서 애국심을 강조한다든지, 현충일에 순국선열에 대한 감사와 존경의 마음을 가지도록 하는 연설을 하려 할 때 이와 같은 목적을 가지게 된다. 청자들의 태도를 전환시키려 한다기보다는 약해진 감정을 강화시키려 할 때 이러한 목적이 자주 설정된다. 이때는 논리적인 증명의 방식보다는 인상적인 진술이나 선명한 묘사 또는 강력한 정서적 호소의 방법을 사용하는 것이 효과적이다. 청중들의 가시적인 행위가 요구되지는 않는다.

둘째는 '확신시키는 것'이다. 이는 청중들의 신념이나 지적인 태도에 영향을 미치려 하는 것, 다시 말해서 어떤 신념을 새로 가지게 하거나 이미 가지고 있는 어떤 신념을 변화시키는 것을 목표로 한다. 앞서 말한 '자극시키는 것'이 마땅히 가져야 할 어떤 감정을 강화시키는 것이라면, '확신시키는 것'은 사람에 따라서 생각이 다를 수도 있는 논쟁의 소지가 있는 주제에 대하여 화자의 주장을 믿도록 하는 것이다. 정치 지도자가 자신의 정책이나 정치적 소신을 지지해 주도록 당부하는 연설을 하는 경우가 이에 해당한다. 오늘날 행해지는 설득적인 연설의 대부분이 이러한 목적을 가지는 것이라 할 수 있다.

확신시키는 말하기의 기본적은 특징은 무엇인가를 증명해 보이려고 한다는 것이다. 따라서 이러한 화법은 사실이나 수치 또는 예증들로 뒷받침되는 논증의 형태를 띠는 수가 많다. 오래된 신념을 바꾸기 위하여 새로운 상황을 제시하기도 하고, 화자의 주장을 실증하기 위하여 여러 가지 논거들이 동원되기도 한다. 그러나 확신시키는 화법은 이처럼 화자의 주장을 믿도록 하는 데 그칠 뿐이고 청중의 어떤 행동을 요구하는 데까지는 나가지 않는다.

셋째는 '행동하게 하는 것'이다. 선거에 출마한 후보자가 자기에게 투표해줄 것을 호소하거나 상품 판매원이 자기의 상품을 사도록 고객을 설득하는 경우가 이에 해당한다. 화자가 청중의 어떤 구체적인 행동을 요구하는 것이다. 그 행동은 투표일 수도 있고 상품의 구매일 수도 있으며 어떤 모임에의 동참이나 모금일 수도 있다. 이처럼 행동의 종류는 매우 많다. 청중들의 행동은 어떤 확고한 신념이나 강력한 정서적인 감동에서 비롯되는 수가 많기 때문에 이러한 화법은 자극시키는 말하기나 확신시키는 말하기와 밀접하게 관련되는 수가 많다. 다른 점이 있다면 행동 요구의 단계까지 한 단계 더 나아간다는 것이다. 이를 종합해서 말하면, 행동하게 하는 화법의 일반 목적은 청중의 분명하고 가시적인 어떤 행동을 유도하기 위하여 청중을 자극하고 확신시키는 것이라고 할 수 있다.

넷째는 '알려주는 것'이다. 청중에게 무엇을 이해시키려 하거나 그들의 지식을 넓히려는 목적으로 말하는 경우가 이에 해당한다. 교사가 학생을 가르치는 것이라든지 숙련공이 초보자에게 기계조작법을 가르쳐 주는 것 등이 그 예가 된다. 청자를 확신시키기 위해서도 어떤 전제를 이해시키는 것이 필요하지만, 청자에게 신념이나 행동을 요구하지 않고 단순히 무엇을 이해시키고 또 그러기 위해서 정보를 전달하기만 하는 것을 목표로 하는 수도 많다. 이럴 경우에는 청자의 지식 정도를 충분히 고려하여야 한다. 그리고 추상적이고 무미건조하지 않도록 구체적인 예와 특수한 자료들을 충분하게 제공해야 한다.

다섯째는 '즐겁게 하는 것'이다. 어떤 말하기가 청중을 즐기게 하는 것과 관련을 가진다면, 그것의 일반 목적은 즐겁게 하는 것이 될 것이다. 만찬석상에서의 연설이 거의 대부분 여기에 해당하지만 그렇다고 해서 그것에만 국한되는 것은 아니다. 알려 주는 것을 목표로 하는 말하기에서도 어떤 이해를 목표로 하기보다는 단지 재미있는 사실을 알려줌으로써 청중을 즐겁게 해주려는 것을 목표로 하는 수도 많다. 즐겁게 하는 데는 물론 유머가 가장 기본이지만 호기심을 유발하는 정보들도 똑같은 역할을 한다. 즐겁게 하는 말하기에서는 무거운 논의나 논쟁적인 화제는 가급적 피하는 것이 좋다. 만약 사실이나 비유를 제시할 필요가 있으면 인상적이거나 비일상적인 것이어야 한다. 진술의 선명성과 독창성도 중요한 몫을 담당한다.

2. 정황 및 청중의 분석

만일 듣는 사람이 없다면 그 말하기는 단순한 말 연습에 불과할 것이다. 그런데 실제로 많은 화자들이 이런 실수를 한다. 우리 자신의 관심사에 너무 몰두해 있거나 우리에게 중요하게 보이는 사실들에 의해 깊은 인상을 받은 나머지, 우리는 지식이나 관심에서 우리와 크게 다른 사람들에게 이야기하고 있다는 사실을 망각하는 수가 많다. 이것은 의사소통 실패의 중요한 이유가 된다.

화자는 청자의 관점에서 사물을 보는 것이 중요하다는 것을 알아야 한다. 화자는 끊임없이 자신에게 되물어야 한다. '만일 내가 그들의 입장이라면 이것을 어떻게 느낄 것인가? 내가 그들과 같은 배경을 가졌다면 이점을 이해할 수 있을 것인가? 내가 그들이라면 과연 내가 그것에 흥미를 가질 수 있을까?' 다시 말해서 역지사지(易地思之)해 보라는 것이다. 화자가 자신을 청자의 입장에 세워본다는 것은 매우 어려운 일이지만 아주 본질적인 문제이다. 이것은 주제의 선정이나 목적의 결정뿐만 아니라 연설의 구상이나 실제 연설 시의 신체적인 동작에 이르기까지 염두에 두어야 하는 중요한 요소이다.

이것을 효과적으로 수행하기 위해서는 정황과 청중에 대한 분석을 철저히 하여야 한다.

가. 정황의 분석

만찬석상에서나 할 수 있는 이야기를 종교적인 모임에서 하기 곤란하듯이, 모임의 성격이나 장소 등은 화법에 중요한 영향을 미친다. 정황의 분석에는 다음 사항이 고려되어야 한다.

첫째, 모임의 목적은 무엇인가? 청중의 모임이 어느 단체의 정규적인 모임인가, 아니면 청중들이 어떤 특별한 목적을 가지고 온 것인가, 또는 단순히 우연한 모임인가 등을 알아보아야 한다. 또한 청중들이 모인 이유가 오직 연사의 연설을 듣기 위해서인가 아니면 연설이 여러 가지 행사 가운데 하나일 뿐인가에 대해서도 알아보아야 한다.

둘째, 모임에 어떤 규정이나 관례적인 관습이 있는가? 어느 특정 단체의 구성원들을 상대로 하여 연설을 하게 될 경우에는 그 단체가 특별히 존중하여 받드는 이념이나 전통 같은 것이 있는가 알아보고 거기에 대비하여야 한다. 또 어떤 집단에서는 특정 인물을 대단한 위인으로 받들기도 하는데 그런 자리에서는 그 인물에 대해 존경의 뜻을 언급하는 것도 중요하다.

셋째, 말하기의 전과 후에는 무엇이 있는가? 하루 중 어떤 시간에 말을 하게 되는가? 푸짐한 식사가 끝난 직후인가? 길고 중요한 프로그램이 있고 난 다음인가? 중요한 이벤트의 바로 전인가? 당신의 연설과 더불어 다른 어떤 행사나 연설들이 계획되어 있는가? 이러한 모든 것들이 연설을 듣게 될 청중의 관심에 영향을 미치게 된다.

넷째, 연설장의 외적인 조건은 어떠한가? 연설은 실내에서 하게 되는가 아니면 실외에서 하게 되는가? 날씨는 어떠한가? 청중들은 서서 듣는가 아니면 앉아서 듣는가? 복잡하고 불편한가 아니면 쾌적하고 편안한가? 연사가 잘 보이고 잘 들리는가? 청중이 자리를 꽉 메웠는가 여기저기 흩어져 있는가? 이러한 모든 것들이 청중의 기분과 주의에 영향을 준다.

나. 청중의 진단

정황을 분석한 다음에는 연설을 듣게 될 청중에 대해 분석해 보아야 한다. 하나의 논쟁이 어떤 사람들에게는 확신을 주지만 다른 사람들에게는 그들의 의견변화에 아무런 영향을 주지 못하기도 한다. 또 어떤 청중에게는 매우 높은 흥미를 주는 것이 다른 청중에게는 몹시 지루한 것이 될 수도 있다. 따라서 화자는 이러한 사실에 깊은 주의를 해야 한다. 이를 파악하는 가장 좋은 방법은 미리 청중을 만나서 물어보는 것이지만 이것은 사실상 그리 쉽지가 않다. 따라서 대부분의 경우 화자는 추리에 의존하는 수밖에 없다. 다시 말해서 청자의 연령, 직업, 교육 정도 등을 미리 파악하고 그것을 토대로 하여 청자의 태도나 신념을 추리해야 한다. 청중을 정확하게 분석하기 위해서는 다음의 사항들을 고려해야 한다.

첫째, 청중의 규모를 고려해야 한다. 청중의 규모와 말하기의 양태는 밀접하게 관련된다. 불과 몇 사람의 청중을 앞에 놓고 웅변조로 말하는 것은 자연스럽지 못하다. 반대로 수백 수천 명의 대규모 청중 앞에서 담화조로 말하는 것도 적절하지 않다.

둘째, 청중의 연령을 고려해야 한다. 청중의 연령이 동일한 계층인가 노소가 널리 분포된 계층인가를 알아보는 것이 매우 중요하다. 연령은 이해하는 능력과 경험 그리고 배경 지식과 밀접하게 관련된다. 60대 연령의 청중들은 6.25 전쟁을 생생하게 체험한 세대이지만 학생들은 전부가 간접 체험 세대들이다. 또 일반적으로 나이가 많은 사람들은 젊은 사람들보다 덜 충동적인 경향이 있다.

셋째, 청중의 성별을 고려해야 한다. 청중이 남녀 혼합으로 되어 있는가 아닌가에 대해서 미리 알아 두어야 한다. 남자와 여자는 흥미와 관심의 대상에서 차이가 나는 경우가 많다. 여성들 앞에서 말하기 거북한 주제가 있는가 하면, 남성 또는 남녀 혼합의 청중들에게도 부적절한 주제가 있을 수 있다.

넷째, 청중의 직업과 교육 정도를 고려해야 한다. 청중의 직업을 가지고 그들의 관심 사항과 지식 정도를 짐작할 수 있다. 교육자들을 상대로 하는 연설과 일반 노동자들을 상대로 하는 연설이 같을 수 없다. 또한 청중의 학교 교육과 경험 교육을 다 같이 고려해야 한다. 서울 시내 택시 운전사들은 비록 높은 수준의 학교 교육은 받지 못했을지라도 시의 환경에 대한 문제라든가 시민들의 여론 동향에 대해서는 누구 못지않은 지식을 가지고 있는 경우가 많다.

다섯째, 청중의 주제에 대한 지식을 고려해야 한다. 청중들은 자세한 설명 없이도 기술적인 용어를 이해할 수 있는가? 너무 초보적인 내용으로 지루하고 시시하다는 느낌을 주지는 않겠는가? 그들에게 새로운 사실은 무엇인가? 이러한 질문을 스스로 해보아야 한다. 청중이 무식하다고 여기는 듯한 언행이나 은근히 빼기면서 겉으론 겸손한 체하는 태도는 삼가야 한다. 청중의 평균적인 지식 수준에 맞게, 다시 말해서 청중이 시시하다거나 무시당했다는 느낌을 가지는 일이 없도록 배려해야 한다.

여섯째, 청중의 기본적인 관심과 욕구를 고려해야 한다. 일반적으로 사람들의 행동은 기본적인 관심과 욕구에 크게 좌우된다. 따라서 청중들이 가장 원하는 것이 무엇이며, 가장 관심을 가지는 것이 무엇인지를 알아보아야 한다. 그리고 그들의 기대와 욕구가 화법의 주제 내지는 목적과 어떻게 관련되는지를 검토해야 한다.

일곱째, 청중의 고정된 태도와 신념을 파악해야 한다. 어린이는 주위 환경으로부터 영향을 받기 시작할 때부터 주위 사물에 대해 어떤 견해나 태도를 형성하게 된다. 이러한 견해와 태도는 나이가 들어감에 따라 변하게 마련이지만, 그러나 어떤 것은 반복과 습관에 의해 완전히 고정되기도 한다. 예를 들면 어떤 사람들은 과학을 절대적으로 신뢰하는가 하면, 다른 사람들은 미신이나 징크스 등을 믿기도 한다. 또 많은 사람들이 성경 말씀이나 논어 말씀을 삶에 대한 확고한 신념으로 받들며 살아간다. 화자는 미리 청자의 태도나 신념을 파악함으로써 불필요한 오해나 적대감을 예방할 수 있고, 오히려 설득의 근거로 활용할 수 있다. 만일 화법의 내용이나 목적이 청중의 고정된 마음과 일치한다는 것을 보여 줄 수 있다면 성공의 가능성은 그만큼 높아진다.

여덟째, 화자에 대한 청중의 태도를 파악해야 한다. 앞에서 언급한 대로 청중을 분석하고 나면 화자와 연설에 대한 청중의 태도가 어떠한지를 대략 짐작할 수 있다. 청중을 분석한 결과 개인적인 적대감이 예상되면 제일 먼저 할 일은 그것을 제거하는 것이다. 그렇지 않고는 말하기의 목적을 달성하기 힘들다. 여기에서 다음과 같은 방법들이 사용될 수 있다.

① 청중에게 친근한 태도를 보인다.

② 공정하고 겸손하며 유머가 있는 태도를 보인다.

③ 청중이 소중히 여기는 태도나 신념에 공감을 표시한다.

④ 청중과 공통되는 경험을 말한다.

⑤ 청중의 능력이나 업적을 칭찬한다.

마지막으로, 주제에 대한 청중의 태도를 확인해야 한다. 대개의 경우 청중들은 주제에 대해 관심을 가지든가 아니면 냉담하든가 둘 중의 하나에 해당하는 태도를 보인다. 후자 쪽의 태도는 주제와 그들의 일상사가 관계 없을 때 나타난다. 이럴 때에는 그 둘 사이에 그들이 아직 깨닫지 못하고 있는 어떤 관련이 있다는 것을 보여 줄 필요가 있다. 그렇지 않으면 주제가 가지는 고상한 측면에 대해 호기심을 가지도록 유도해야 한다.

3. 자료의 수집과 정리

주제가 정해지면 주제를 글로 전개시키는 데 필요한 이야깃거리 즉 자료를 수집해야 한다. 주제에 대한 일차적인 자료는 자신이 이미 알고 있거나 경험한 것이 되겠는데 이것만을 가지고 원고를 쓰기에는 턱없이 부족하다. 흔히 어떤 주제를 가지고 원고를 쓰라고 하면 처음부터 별로 쓸 말이 없다며 난감해 하는 이들을 자주 볼 수 있는데, 이것은 무엇보다도 주제에 대한 지식 즉 자료가 빈곤하기 때문이다. 자료를 많이 수집하게 되면 거기에 비례해서 할 얘기도 많아진다. 이런 의미에서 자료 수집은 주제에 대한 공부이고 연구라고 할 수 있다.

주제와 밀접하게 관련된 사실과 관련된 자료의 조사는 원고를 구상하기 전에 하여야 하며, 원고의 구상이 이루어진 다음에는 논지 전개에 필요한 논거나 세목들을 확보하기 위해 추가적으로 자료를 수집해야 한다. 그리고 수집된 정보들을 내용에 따라 체계적으로 분류해 놓으면 원고를 쓸 때 매우 편리하다.

가. 자료의 출처

어떤 종류의 주제를 가지고 글을 쓴다고 하더라도 자료의 수집과 정리는 그 주제에 대하여 자신이 이미 알고 있는 것으로부터 시작하는 것이 좋다. 주제에 대한 연구의 출발은 주제에 대해 이미 알고 있는 것과 새로 더 찾아야 할 것들을 종이 위에 하나하나 적어 보는 것으로부터 시작하는 것이 좋다. 자료 수집이 진행될수록 위의 두 가지 목록이 점점 증가되는 것을 알게 될 것이다. 이것은 주제에 대한 공부가 알차게 이루어지고 있음을 뜻한다. 그리고 여기서 자신이 직접적으로 얻은 사실이나 경험이 얼마나 중요한 것인가 하는 것도 새삼 깨닫게 된다. 자료 수집의 대상이 되는 자료의 출처로 다음 몇 가지를 들 수 있다.

첫째, 개인적인 경험이다. 개인적인 경험은 다른 무엇보다도 청자에게 생생하고 현실적인 느낌을 가질 수 있게 해 준다. 과거의 경험과 의도적으로 행해진 세밀한 관찰이 여기에 속한다. 경험은 설사 그것이 직접적으로 인용되는 일이 없을지라도, 주제에 대해 어떤 확신을 가지게 하거나 깊이 있는 통찰을 가능하게 하는 이점을 가진다.

둘째, 타인과의 면담이다. 자신의 경험과 지식이 가장 손쉽게 얻을 수 있는 자료라면, 그 다음으로 손쉬운 자료 수집은 타인의 경험과 지식을 면담을 통해 얻는 것이다. 주제와 관련된 전문가나 권위자가 면담의 상대로 가장 적합하다. 면담을 할 때에는 성가시거나 뻔뻔스런 질문은 하지 말고, 요령 있고 재치 있게 질문하도록 주의해야 한다. 설사 질문의 내용이 직접적으로 인용되는 일이 없을지라도 면담을 통하여 주제에 대한 시야를 넓힐 수 있고 자신이 모르는 정보의 출처를 알아낼 수도 있다. 면담의 상대는 권위자로만 국한할 필요는 없다. 이웃 동료들이나 보통 사람들로부터도 필요한 정보를 얻을 수 있다.

셋째, 서신과 설문서를 통해서도 자료를 수집할 수 있다. 직접적인 면담이 어려울 때 이 방법을 주로 이용하는데, 이때 발신자는 수신자가 성실하게 질문에 응하도록 세심하게 신경을 써야 한다. 그렇지 않으면 설문서를 보지도 않고 버리는 수가 있다. 우표를 붙인 회송용 봉투를 동봉하는 것은 기본이다. 수신자의 명

예로운 직함이 있으면 봉투에 명기하여 좋은 감정을 가지도록 해야 한다.

넷째, 자료의 가장 풍부한 출처는 인쇄물이다. 각종 인쇄물이 가장 잘 보관된 곳은 도서관이며 도서관은 자료의 탱크 역할을 한다. 광범한 자료 수집을 위해 도서관의 이용은 필수적이다. 신문, 잡지, 논문집, 연감과 백과사전, 기록문서와 보고서, 전문서적 등과 같은 인쇄물을 도서관에서 활용할 수 있기 때문이다. 광부가 금을 캐는 데 요령이 있듯이 인쇄물 자료를 찾는 데도 요령이 있다. 맨 먼저 백과사전이나 전문학술사전을 찾아보고, 거기에서 주제에 대한 개념 파악을 하고 기본적인 지식을 얻는다. 또한 백과사전이나 학술사전은 주제에 관계되는 참고서적과 논문을 소개하고 있으므로, 그것들을 도서관에서 찾아보면 된다. 그리고 이들 참고문헌을 통해서 또 다른 참고문헌들을 광범하게 소개받을 수 있다. 이와 같은 요령으로 자료를 찾아 나가면 망망대해에서 헤매는 일이 없이 효율적으로 자료의 맥을 찾아 수집할 수 있다.

이외에도 요즘에는 자료 수집의 출처로 인터넷이 매우 많이 활용되고 있다. 각종 포털 사이트나 여러 기관 또는 개인이 운영하는 홈페이지 등을 통해서 수많은 자료를 아주 손쉽게 접할 수 있기 때문이다. 하지만 인터넷에서 수집한 자료는 신뢰성 측면에서 치명적인 문제가 발생할 수 있다. 대부분의 경우 그 내용의 진실성이 공식적인 절차를 통해 확인된 것만 인터넷상에 올라오는 것이 아니기 때문이다. 따라서 무작정 그 내용을 수집해서 활용해서는 안 되며, 화자가 그 내용의 진실성 여부를 확인하는 과정을 반드시 거쳐야 한다.

나. 자료의 분류

수집된 자료는 이용이 편리하도록 분류해야 한다. 특히 수집된 자료의 양이 많아지면 좀더 체계적인 방법으로 분류할 필요가 있는데 그 방법으로 다음의 몇 가지를 들 수 있다.

첫째, 시간 순서에 따라 자료를 분류해 볼 수 있다. 기록된 내용을 그것이 관련하는 시간 순서대로 분류하는 것이다. 이것은 연도별이나 월별로 할 수도 있고, 어느 특정의 사건을 기준으로 하여 그 전이나 후로 할 수도 있다.

둘째, 어떤 사건의 원인에 관련되는 자료와 결과에 관련되는 자료를 따로 나누어서 분류할 수도 있다.

셋째, 어떤 사건의 문제와 관계되는 자료와 그 해결과 관계되는 자료를 서로 떼어 분류할 수도 있다.

넷째, 자료를 그것이 관련하는 지역이나 공간의 순서에 따라 분류할 수도 있다.

이상의 네 가지 방법 중에서 어느 하나를 택하여 수집된 자료를 크게 몇 개의 부류로 분류한다. 자료 수집이 진행됨에 따라 그중 어느 한 부류가 커지게 되면 그 부류 안에서 다시 하위 부류를 설정하여 보다 세부적으로 분류한다.

이와 같이 자료를 분류함으로써 두 가지 이점을 얻을 수 있다. 하나는 분류된 자료를 대충 훑어만 보아도 부족하다는 것을 금방 알 수 있고, 따라서 그 부족한 부분을 보충하는 수집을 하게 된다는 것이다. 다른 하나는 원고 작성을 위해 자료를 배열하고 조직하는 일이 보다 쉬워진다는 것이다. 더욱이 분류된 자료는 다음 기회의 소요에 대비한 정보로서 장기간 보존할 수 있다.

무엇보다 자료를 수집하여 기록하고 분류하는 작업은 다른 모든 종류의 글쓰기에서와 마찬가지로 화법의 준비에서도 차지하는 비중이 매우 크다. 그리고 이러한 작업은 가급적이면 빨리 시작하는 것이 좋다. 그래야 정보를 요약하고 조직하고 전달하기 위한 준비를 하는 데 필요한 충분한 시간을 확보할 수 있다.

4. 구성과 개요 작성

말하기의 주제와 목적이 결정되고 이어 정황과 청중에 대한 분석과 자료의 수집이 끝나면 전체 내용을 구성하고 개요를 작성하는 단계로 들어간다. 말하기의 전체 골격을 만드는 일이 구성이며 그 결과가 개요로 나타난다. 그러므로 구성과 개요 작성은 같은 의미이다. 무슨 물건을 만들든지 미리 설계도를 만들어야 하듯이 화법에서도 설계도인 개요를 미리 만들어야 한다. 그래야 전체적으로 체계가 잡히고 논리적인 화법을 할 수 있다. 그렇지 않으면 통일성이나 일관성이 없는 산만하고 무질서한 화법을 하여 청중을 곤혹스럽게 하고 혼란에 빠지게 한다.

말하기에서의 개요 작성은 작문에서의 그것과 대동소이하다. 우선 외적인 구성이 서론-본론-결론의 3단 구성으로 되어 있다는 점에서 양자는 동일하다. 외적 구성의 본론의 구성에 해당하는 내적인 구성에서도 기본적인 구성의 원리와 방법은 마찬가지이다. 다만 사용되는 기본 용어에서 차이가 있을 뿐이다. 작문에서의 개요 작성은 먼저 주제문을 정하고, 그것을 몇 개의 소주제문으로 나누는 것이 기본이다. 말하기에서는 특정 목적을 정하고 그것을 몇 개의 요점으로 나누는 것이 구성의 기본이다. 요점이란 용어 대신에 아이디어라는 말을 쓰기도 하지만 내용면에서는 동일하다.

가. 구성의 유형

말하기에서 가장 중요한 위치를 차지하는 설명 화법과 설득 화법의 경우를 보면, 그 외적인 구성은 대체로 서론-본론-결론의 3단 구성으로 되어 있다. 4단이나 5단 구성으로 세분하기도 하는데, 그것은 3단 구성을 다소 변형한 것에 지나지 않는다. 본론 부분의 구성에 해당하는 내적 구성의 방법으로 다음의 몇 가지를 들 수 있다.

첫째, 시간 순서에 따른 구성으로 이것은 어느 시점을 기점으로 하여 앞으로 나가거나 뒤로 나가는 방법이다. 이때 앞과 뒤로 왔다갔다해서는 안 된다. 예를 들어 우리나라의 계절별 기후의 특성을 설명하려 한다면 봄, 여름, 가을, 겨울의 순서로 해야 한다. 석유의 정유 과정을 설명하려면, 처음의 시작 단계로부터 마지막 단계에 이르기까지 차례대로 말해야 한다. 자동차 조립 라인에서의 조립 과정의 설명도 마찬가지 방법으로 해야 한다.

둘째, 공간 순서에 따른 구성으로, 여기에서는 자료를 동쪽에서 서쪽으로, 북쪽에서 남쪽으로, 위에서 아래로, 중심에서 바깥으로 등의 방식으로 일정하게 배열한다. 우리나라의 각 도별 명승지를 소개하려면 지도의 북동쪽에 위치한 도에서부터 서남쪽 방향으로 진행하면 된다. 건물의 구조를 설명하려면 맨 아래층에서부터 시작하여 한 층씩 위로 올라가며 설명하면 된다. 잠실 종합운동장에 대해 설명하려면 전면 좌우측면 후면의 순으로 설명한다.

셋째, 원인과 결과의 순서에 따른 구성이다. 여기에서는 어떤 현상이나 영향에 대해서 논의하고 그로 인하여 발생한 결과를 진술한다. 또는 어떤 현상이나 사건에 대해 기술하고 그것의 원인을 진술한다. 임진왜란 당시 일본 수군의 패배에 대해 기술한 다음 그 원인에 대해 진술할 수 있을 것이다.

전쟁은 인플레이션을 가져온다.

가. 경제적인 인플레이션은 큰 전쟁이 있은 후에 매번 발생했다.

(몇 가지의 사례를 들어 설명한다.)

나. 전후 인플레이션의 원인은 다음과 같다.

(몇 가지 원인을 열거하고 설명한다.)

넷째, 문제와 해결의 순서에 따른 구성으로 이 방법에 의한 구성은 특히 논술적인 화법에서 많이 사용된다. 문제점에 대해서 먼저 기술한 다음 그 해결책을 설명한다. 서울의 교통 문제의 심각성에 대해서 말한 다음 그 해결책을 제시할 수 있다. 청소년 범죄의 증가가 가져오는 문제점을 지적하고 그 보완책을 강구할 수 있다.

범죄의 억제

가. 우리의 범죄 문제는 심각해지고 있다.

① 범죄의 발생률이 증가하여 왔다.

② 중대한 법규 위반이 일상화되고 있다.

③ 청소년 범죄가 놀라울 정도가 되었다.

나. 이 문제를 다음과 같이 해결해야 한다.

① 범죄 예방책을 수립해야 한다.

② 경찰은 범죄자 체포를 강화해야 한다.

③ 재판이 공정해야 한다.

다섯째, 열거식 구성으로 이 방법은 불가시적인 대상의 구조를 설명할 때 주로 사용된다. 이때 정보의 배열 순서는 청중이 친숙하게 느끼는 것에 따른다. 회사의 재무 구조는 자산과 부채 또는 수입과 지출의 순서대로 설명한다. 정부의 조직은 입법부, 사법부, 행정부의 순으로 설명한다. 또한 같은 수준의 여러 가지 이유나 목적 같은 것을 설명할 때 이 방법을 사용한다.

민주적인 정부가 최고이다.

가. 개인에게 법적인 자유를 보장한다.

나. 다수의 의견을 존중한다.

다. 국민들의 책임감을 깊게 한다.

나. 주요 요점의 표현 기술

말하기에서 내용을 명료하게 하고 강력하게 전달하기 위해서는 주요 요점을 기술적으로 표현하는 것이 중요하다. 예증이나 논증 또는 여러 가지 사실들이 화법의 내용에서 큰 부피를 차지하게 되는데 이러한 세목들을 함께 묶어 의미를 세우도록 표현하는 것이 주요 요점의 표현이다. 따라서 훌륭한 화자들은 의미가 분명하고 설득적이며 쉽게 기억될 수 있는 표현을 찾기 위하여 무척 고심한다. 이를 위해서는 간명성, 발랄성, 동기화, 동질성 등이 고려되어야 한다.

첫째, 주요 요점의 표현은 의미에 손상이 가지 않는 범위 내에서 가능한 한 간략해야 한다. 즉 최소한의 단어를 사용해야 한다. 간단한 선언적인 문장이 복잡한 문장보다 낫다. 서투른 수식구나 빗나간 종속절은 쓰지 말아야 한다. 화자의 아이디어의 핵심을 가장 짧은 구나 문장으로 표현하되, 이것은 세목들에 의해서 완전하게 뒷받침되어야 한다. '우리나라의 조세율은 너무 높다.'라는 표현과 '우리나라의 조세율은 몇 개의 예외를 제외하면 우리의 경제 실정에 비추어 볼 때 너무 높다.'라는 표현을 비교해 보자. 뒤의 문장이 화자의 아이디어를 보다 완전하게 나타낸다고 볼 수 있다. 그러나 이것은 자료에 의해 충분하게 뒷받침된다고 보기 어려울 뿐 아니라, 그것이 가지는 복잡성이 주요 요점의 산뜻함과 강조성을 떨어뜨린다. 따라서 이러한 복잡한 표현은 작문에서는 무난하겠지만 즉시적인 이해와 강조를 필요로 하는 말하기에서는 부적절하다.

둘째, 가능하면 다채롭고 주의를 끌 만한 참신한 단어나 구를 사용하는 것이 좋다. 만일 요점의 진술이 둔중하고 생기가 부족하다면 청중들이 오래 기억하기 어렵다. 문자 그대로 주요 요점들의 표현인 만큼 표현에 있어서도 그에 알맞은 돋보임이 있어야 한다. '우리는 발썽꾸러기들을 몰아내야 한다.'라는 표현과 '우리는 무기력하고 부도덕한 사람들을 직장에서 제거해야 한다.'라는 표현을 비교해 보자. 앞의 표현이 훨씬 더 자극적이고 발랄함을 알 수 있다. 그러나 이러한 표현은 자칫하면 도에 지나칠 수도 있음을 유의해야 한다. 과학기술학회에서 발표되는 진지한 학술 보고는 정치적인 모임에서 요구되는 것과 같은 현란한 언어를 필요로 하지 않는다. 따라서 주체와 모임의 성격을 염두에 두고 거기에 맞는 표현을 찾아야 한다. 그리고 가식적이거나 억지를 쓴 것처럼 보이는 발랄성은 피해야 한다.

셋째, 가능하면 청자의 관심과 욕망에 호소하는 방향으로 주요 요점을 표현하는 것이 바람직하다. 무엇에 관해서 이야기하는 것이 아니라 누구에게 이야기한다는 생각을 가져야 한다. 즉 주요 요점을 가지고 청중 속의 개개인에게 직접 호소한다고 생각해야 한다. '화학 연구는 의학적인 치료를 개선하는 데 기여했다.'라는 표현보다는 '현대 화학은 의사가 당신을 더 잘 치료하도록 도와 준다.'라는 표현이 청자의 욕망에 직접 호소했다는 점에서 바람직하다. 마찬가지로 '항공 여행은 빠르다.'보다는 '항공 여행은 시간을 벌게 한다.'라는 표현이 동기부여를 잘 하고 있다.

마지막으로, 각각의 주요 요점들을 표현하는 구나 문장은 동질적이거나 유사해야 한다. 여러 주요 요점들은 화법에서 동등한 지위를 가지므로 그 표현도 동등해야 한다. 능동문에서 수동문으로, 또는 의문문에서 강조문으로 왔다갔다 하는 일이 없어야 한다.

가. 당신의 소득세는 당신의 수입에 의존한다.
나. 재산세는 당신의 소유 재산에 따라 부과된다.
다. 당신의 물품 구입액의 일부가 구매세로 지불된다.

이와 같은 표현은 동질적이 아니며 따라서 산만한 느낌을 준다. 다음과 같이 동질적으로 바꾸는 것이 바람직하다.

가. 당신의 수입이 당신의 소득세를 정한다.

나. 당신의 소유 재산이 당신의 재산세를 정한다.

다. 당신의 구매량이 당신의 구매세를 정한다.

알루미늄의 공업적인 가치를 논하는 화법에서 다음과 같은 주요 요점의 표현은 그것이 간결하면서도 동질적이어서 매우 잘 된 것이라고 할 수 있다.

가. 알루미늄은 강하다.

나. 알루미늄은 가볍다.

다. 알루미늄은 값이 싸다.

다. 개요 작성의 과정

지금까지 구성의 유형과 형태에 대해서 알아보고, 이어서 주요 요점들을 어떻게 표현하는 것이 효과적인가에 대해서 살펴보았다. 이제 이것을 바탕으로 하여 하나의 완전한 개요를 작성하는 실제 요령과 과정을 알아보기로 한다. 개요 작성의 요령은 개인에 따라 차이가 있겠지만, 아래에서 제시하는 기본 과정은 동일하다고 볼 수 있다. 그러므로 이 과정을 따르면 쉬우면서도 체계적인 작업이 가능하다.

가. 주제를 설정하고 제한한다.(주제 설정 및 목적 결정)

① 일반적인 화제를 글로 표현해 본다.

② 말하기의 목적, 제한 시간, 청중 및 정황에 대해서 생각한다.

③ 위의 제한 사항에 알맞게 화제를 다시 진술한다.

나. 다음의 순서대로 개략적인 개요를 작성한다.

① 주요 요점들을 대략적인 형태로 열거해 본다.

② 주요 요점들을 체계적으로 다시 배열한다.

③ 각각의 주요 요점에다 보조 요점들을 삽입하여 배열한다.

④ 각 요점에 관련되는 자료들을 적어 놓는다.

⑤ 개요를 검토한다. : 주제를 포괄하며 목적에 적합한지 검토한다. 그렇지 못하면 주요 요점들을 다시 배열하거나 다시 생각한다.

다. 개요를 최종 형태로 고쳐 만든다.

① 주요 요점을 간결하고, 발랄하고, 동기화된, 동질적인 구조의 문장으로 다시 표현한다.

② 보조 요점들을 완전한 문장으로 기술한다.

ㄱ. 그것들이 동등한 위상의 내용인가 점검한다.

ㄴ. 그것들이 주요 요점의 하위에 속하는가 점검한다.

③ 각각의 요점들을 뒷받침하는 자료를 채워 넣는다.

ㄱ. 적절하게 뒷받침하는가 점검한다.

ㄴ. 충분하게 뒷받침하는가 점검한다.

④ 전체 개요를 다시 점검한다.

ㄱ. 개요의 형태가 잘 되어 있는가 점검한다.

ㄴ. 주제를 포괄하고 있는가 점검한다.

ㄷ. 목적을 달성하고 있는가 점검한다.

라. 개요 작성의 실제

위에서 설명한 개요 작성의 과정에 의거하여 개요를 작성해 보기로 한다.

1) 주제의 선정과 제한

어느 오찬 모임에서 "미국의 국립공원의 체제"에 대해 이야기하기로 결정했다고 가정하자. 청중들은 기업인들과 전문 직업인들이다. 그러면 화법의 일반적 화제는 미국의 국립공원의 체제가 될 것이다. 그러나 개요를 작성하기 전에 이 화제를 제한할 필요가 있다. 먼저 청중들이 어디에 관심이 많은지를 생각해본다. 아마도 청중들은 공원이 어떻게 관리 운영되고 있는가 하는 점과 그리고 특별히 가볼 만한 곳이 어디인가에 관심이 많을 것이다. 따라서 말하기의 목적은 공원의 관리 운영과 여러 공원이 가지는 특징에 대한 정보를 제공하는 것이 될 것이다. 그런데 허용 시간이 30분이므로 국립공원의 기원과 역사에 대한 간략한 소개를 포함시킬 수도 있겠으며, 그 대신 공원에 대한 소개는 몇 개의 대표적인 공원으로 제한할 수밖에 없을 것이다. 또한 청중들은 금전적인 문제에 관심이 많으므로 공원의 재정 문제를 포함시키는 것이 좋을 것이다. 이에 따라 화법의 화제를 다음과 같이 재진술할 수 있을 것이다.

미국의 국립공원의 체제 (국립공원의 기원, 관리, 재정, 주요 공원의 특색에 관한 간략한 설명으로 제한함)

2) 대략적인 개요의 작성

주제에 대한 제한 사항을 결정하는 동안 화자는 자연히 주요 화제들을 선정하게 된다. 이것들을 대략적인 형태로 열거하면 다음과 같다.

가. 공원 체제의 기원과 역사

나. 연방 정부의 공원 관리

다. 대표적인 공원

라. 공원 체제의 재정 지원 방법

이것이 말하고자 하는 내용이지만 순서에 문제가 있고 내용이 중복되는 것도 있다. 그러면 어떤 구성의 방법을 취할 것인가. 시간 순서에 의한 구성을 생각해볼 수 있지만 적절하지 않다. 공원의 관리나 재정 등을 기간 단위로 반복해서 이야기해야 하기 때문이다. 결국 열거식 구성이 무난할 듯하다. 청중이 무엇에 가장 관심이 많은 것인가를 생각해 보고 그것을 의문문의 형태로 다음과 같이 열거할 수 있을 것이다.

가. 국립공원의 체제는 어떻게 발전되어 왔는가?

나. 재정을 어떻게 충당하는가?

다. 공원의 흥미 있는 특징은 무엇인가?

이렇게 배열하면 첫 번째 요점을 논의하는 가운데에서 공원 체제의 역사와 공원 관리를 담당하는 정부의 기관들을 포함시킬 수 있을 것이다. 그리고 점점 더 관심이 가는 그 다음의 요점들에 대하여 강조의 강도를 높이면서 이야기할 수 있다.

그 다음의 단계로 할 일은 위의 질문에 대한 답변을 대략적으로 써 보는 것이다. 이것이 주요 요점이 된다. 그리고 그 아래에 보조 요점들을 적어 넣는다. 이것이 끝나면 주요 요점과 보조 요점들의 순서와 층위가 잘 되어 있는지를 점검할 수 있다. 그러고 나서 각 보조 요점들의 아래에 적당한 자료들을 적어 놓는다. 이와 같은 일련의 작업을 하고 나면 다음과 같은 대략적인 개요가 완성된다.

미국의 국립공원의 체제 (국립공원의 기원, 관리, 재정, 주요 공원의 특색에 관한 간략한 설명으로 제한함)

가. 국립공원의 체제는 미국 영토의 확대와 더불어 발전하였다.

① 초기 문서들이 공원 설립의 근거를 내포하고 있다.

ㄱ. 독립선언문

ㄴ. 헌법

② 최초의 공원이 남북전쟁 후에 설립되었다.

ㄱ. 요세미티

ㄴ. 옐로스톤

③ 대통령이 1906년에 국가 기념물 설치를 인가하였다.

ㄱ. 연방 유물 보존법

④ 공원들이 1916년부터 특별기관에 의해 통제되었다.

ㄱ. 국립공원 관리청

a. 권한

b. 기능

ㄴ. 특별 위원회

a. 국립공원 계획국

b. 해안선 보호 특별 위원회

⑤ 국립공원과 주립공원의 통합 조정 - 1936년

ㄱ. 국립공원 관리청과 주립 기관

ㄴ. 공원 유지가 아닌, 건설을 위한 연방 기금

나. 국립공원은 여러 곳에서 자금 지원을 받는다.

① 연방 기금의 직접 지원

ㄱ. 재원은 세금이다.

a. 1949년도 자료

ㄴ. 자금의 사용처

a. 유지

b. 공원 지역 확장

② 다른 기관들로부터의 간접 지원

ㄱ. 미국 산림청

a. 묘목 지원금

b. 산불 방지 기금

ㄴ. 테네시 계곡 보존 협회 - 호수와 공원

ㄷ. 특별 공공 기관

ㄹ. 다른 기관들로부터의 기술적인 지원

a. 정부 출판 인쇄소

b. 광업국

③ 공원의 각종 요금

ㄱ. 입장 요금

ㄴ. 낚시 및 야영 요금

ㄷ. 호텔 사용권료

④ 기타 특별 헌금

ㄱ. 존 록펠러 - 그레이트 스모키 마운틴

ㄴ. 철도청 - 그랜드 캐니언

다. 대표적인 공원들은 관심을 끌 만한 특징을 가지고 있다.

① 아카디아 - 메인주 해안 - 아름답다

ㄱ. 해안선 묘사 : 섬들, 항구, 산악들, 호수들, 기타 등등

② 그레이트 스모키 마운틴 - 테네시 / 노스 캐롤라이나 - 다양하다

ㄱ. 미국 동부의 고산지대

ㄴ. 산악지대 주민들

ㄷ. 식물의 생태: 특징과 다양성

③ 그랜드 캐니언 - 아리조나 - 인상적이다.

ㄱ. 그랜드 캐니언(규모에 관한 자료)

ㄴ. 콜로라도 강의 침식(하루 백만 톤)

ㄷ. 카이바브 산림

④ 옐로스톤 - 아이오밍 - 자연의 장관

ㄱ. 간헐천

ㄴ. 노천 온천

ㄷ. 화석화된 숲

ㄹ. 야생 동물들의 보호지: 들소, 큰사슴, 곰, 비버

⑤ 글래시어 - 몬타나 - 산악의 경이로움

ㄱ. 지질학적인 현상 - 빙하들, 기타

ㄴ. 인디언 원주민들의 주거지

ㄷ. 낚시: 여울과 호수

위와 같이 대략적인 개요가 완성되었으면 그것을 면밀히 검토해야 한다. 포함시키고자 했던 모든 요점들이 빠짐없이 망라되었는지 살펴본다. 덜 중요한 부분을 너무 확대하거나, 보다 중요한 부분을 너무 축소시킴으로써 전체적인 균형이 허물어지지 않았는지 주의해 본다. 자료들은 충분히 동원되었는지 점검한다. 그렇지 못하다면 부족한 부분을 더 보충해 본다. 이렇게 수정 보완작업을 하여 만족할 만한 대략적 개요가 완성되면 마지막으로 최종적인 개요로 고쳐 작성한다.

3) 최종적인 개요의 작성

이 단계에서 가장 중요한 것은 개요를 적절한 말로 다시 표현하는 일과 세목들을 채워 넣는 일이다. 먼저 주요 요점들을 의미가 분명하고 발랄한 표현으로 바꿔 기술한다. 그 다음으로 보조 요점들을 같은 요령으로 다시 기술한다. 그러고 나서 요점들을 뒷받침하는 세목들을 채워 넣는다. 이 과정을 거쳐 완성된 최종적인 개요를 보면 다음과 같다.

미국의 국립공원의 체제
(국립공원의 기원, 관리, 재정, 주요 공원의 특색에 관한 간략한 설명으로 제한함)

가. 국립공원의 체제는 미국 영토의 확대와 더불어 발전하였다.(주요 요점)

① 초기 국가 문서들이 공원 설립을 위한 근거를 내포하고 있다.(보조 요점)

ㄱ. 이러한 개념이 독립 선언서에서 폭넓게 진술되고 있다.(세목)

a. "모든 사람은 불가침의 권리를 부여 받았다. … 그 가운데 생명, 자유, 행복의 추구가 포함된다."

b. "이러한 권리를 보장하기 위해, 정부는 국민들로 구성한다."

ㄴ. 이러한 개념은 헌법에서 다시 확인하고 있다.

a. 서문에서 "국민의 복지 증진을 위한" 정부의 기능을 언급하고 있다.

b. "세금을 거두고 … 국민 복지를 위해 쓸 수 있는" 권한을 의회에 부여하고 있다.

② 남북전쟁이 끝나자 의회는 최초의 국립공원을 설립하였다.

ㄱ. 1864년 요세미티 계곡이 "공공의 휴식 공간으로 사용될 수 있도록" 캘리포니아 주에 그 사용권이 허가되었다.

ㄴ. 1872년에 옐로스톤 국립공원이 "국민의 이익과 즐거움을 위한 공간으로 이용될 수 있도록" 설립되었다.

ㄷ. 1880년에 요세미티 계곡이 국립공원으로 지정되었다.

③ 1906년에 의회는 국립 기념물을 설립할 수 있는 권한을 대통령에게 부여했다.

ㄱ. 연방 유물 보존법은 "역사적이거나 과학적인 가치가 있는 대상들을" 국립 기념물로 지정할 수 있는 권한을 대통령에게 부여했다.

ㄴ. 내무장관은 그러한 기념물들이 위치한 지역을 수용할 수 있는 권한을 부여받았다.

④ 1916년부터 특별기구가 국립공원을 통제해 왔다.

ㄱ. 국립공원 관리청이 1916년에 내무부 산하 기관으로 설립되었다.

a. 여기서 국립공원과 기념물을 통제한다.

b. 그 기능은 두 가지이다.

b-1. 경치와 야생 동물의 보호

b-2. 레크리에이션의 증진

ㄴ. 특별 위원회가 특수 목적을 위해 설립되었다.

a. 한 예로 국립 수도 공원과 계획위원회가 1924년에 설립되었다.

a-1. 그 목적은 콜럼비아 지역의 공원과 위락단지를 지원하는 것이다.

a-2. 이 목적을 위해 토지를 수용할 권한을 가진다.

b. 다른 예로 1930년 설립된 해안선 경치 보존을 위한 위원회를 들 수 있다.

⑤ 1936년 국립공원과 주립공원의 조정을 시작하였다.

ㄱ. 의회는 국립공원 관리청에 각 주의 담당 기관과 업무를 조정하는 권한을 부여했다.

ㄴ. 주립 공원의 유지가 아닌 건설을 위한 보조금이 연방 기금에서 제공되었다.

나. 미국 국립공원은 여러 곳에서 수입을 얻는다.

① 연방 기금으로부터의 직접적인 지원금이 공원 관리청으로 나간다.

ㄱ. 이 돈은 국민이 내는 세금으로부터 나온다.

a. 1949년도에 국립공원 관리청이 요구한 금액은 17,894,150달러였다.

b. 이것은 국민 1인당 12센트에 해당한다.

ㄴ. 이 기금은 두 가지 목적에 사용된다.

a. 기존 공원의 개선, 유지 및 운영

b. 공원 용지의 추가 확보

② 정부의 다른 기관으로부터 간접적인 지원을 받는다.

ㄱ. 미국 산림청이 기여해 왔다.

a. 묘목 지원금을 지원했다.

b. 산불 방지를 지원했다.

ㄴ. 테네시 계곡 관리국에서 호수와 공원을 만들었다.

ㄷ. 공공의 기관들이 경제 공황 기간 중에 국립공원을 위해 많은 노력을 했다.

a. 민간 자연보호 단체들이 산림에서 일을 했다.

b. 토목 전문가 협회들이 공원 건설을 도왔다.

c. 연방 긴급 구조대에서 추가적인 기금 지원을 하였다.

ㄹ. 많은 다른 정부 기관들이 전문적인 지원을 하였다.

a. 정부 출판 인쇄소가 그 한 예이다.

b. 광업국이 다른 예에 속한다.

③ 공원에서 받는 각종 요금이 재정에 도움을 준다.

ㄱ. 공원 방문자들은 입장료를 낸다.

ㄴ. 야영자들과 낚시꾼들이 특별 요금을 낸다.

ㄷ. 호텔과 식당들이 사용권료를 낸다.

④ 공원 시설을 위한 특별 기부가 있다.

ㄱ. 존 록펠러가 그레이트 스모키 마운틴 공원 개발을 지원하였다.

ㄴ. 태평양 철도 연합이 그랜드 캐니언 국립공원 개발을 지원하였다.

다. 국립공원들은 사람들의 흥미를 끄는 많은 독특한 점들을 가지고 있다.

① 메인주 해안에 있는 아카디아 국립공원은 매우 아름답다.

ㄱ. 해안선을 따라 나무가 우거진 섬들이 산재해 있다.

ㄴ. 깊은 항구들이 바위 절벽으로 둘러싸여 있다.

ㄷ. 내륙 호수 부근에는 산이 많다.

② 테네시 주와 노스캐롤라이나 주 접경에 있는 그레이트 스모키 마운틴 국립공원은 신기할 정도로 다양하다.

ㄱ. 동부에서 가장 높은 산들이 있다.

ㄴ. 멀리 떨어진 산악 부락에는 초기 미국 문화의 자취가 남아 있다.

ㄷ. 동부에서는 가장 다양한 종류의 식물들이 서식하고 있다.

a. 1,300종이 넘는 수목과 관목이 있다.

b. 1,700종 가량의 버섯이 있다.

c. 식물학자들은 330종 이상의 이끼류를 발견했다.

③ 아리조나 주의 그랜드 캐니언 국립공원은 인상적이다.

ㄱ. 큰 협곡이 경외로운 영감을 준다.

a. 길이가 217마일이나 된다.

b. 깊이가 1마일이 넘는다.

c. 폭이 1마일에서 15마일에 달한다.

ㄴ. 콜로라도 강이 침식의 위력을 보여 준다.

a. 협곡에 비교하면 조그마하게 보인다.

b. 그러나 아직도 매일 일백만 톤의 모래와 흙을 흘려 보낸다.

ㄷ. 카이바브 산림이 냉정한 대조를 이룬다.

④ 와이오밍 주의 옐로스톤 국립공원은 많은 자연적인 경관을 가지고 있다.

ㄱ. 간헐천이 세계적으로 유명하다.

a. 정기적으로 물을 내뿜는 것들이 있다.

b. 놀라운 규모와 다양성을 가진 것들도 있다.

ㄴ. 여러 가지 형태의 뜨거운 광천 온천들이 공원 전역에 산재해 있다.

ㄷ. 두 개의 화석화된 숲이 고생대 나무의 화석을 보여 준다.

ㄹ. 세계에서 가장 큰 규모의 야생 동물 보호지역이다.

a. 자연 상태의 들소 떼와 사슴 떼가 살고 있다.

b. 여러 종류의 곰이 어슬렁거린다.

c. 비버와 기타 작은 동물들이 매우 많다.

⑤ 몬타나 주와 캐나다 접경에 위치한 글래시어 국립공원은 산의 모습이 신기하다.

ㄱ. 산의 지질 구조가 직접적으로 노출되어 있다.

a. 실제 빙하의 움직임을 볼 수 있다.

b. 절벽과 호수들이 바람과 비의 영향력을 보여 준다.

ㄴ. 인디언 원주민의 주거지를 찾아볼 수 있다.

ㄷ. 낚시하기가 최고로 좋다.

a. 산악의 하천들에는 연어가 가득하다.

b. 산악의 차가운 호수에도 많은 물고기들이 있다.

5. 원고 작성

말하기의 주제가 정해지고 개요가 완성되면 그 다음 단계인 원고 집필로 들어간다. 말하기는 원고를 미리 작성한 다음 원고를 보면서 하는 수도 있고 원고 없이 하는 수도 있다. 그러나 원고 없이 하는 경우라도 미리 원고를 써가지고 여러 차례 수정을 하는 것이 바람직하다. 그래야 일부를 빠뜨리거나 중언부언하는 일이 없이 조리 있고 짜임새 있게 말할 수 있다. 그리고 실제로 공식적인 중요한 행사에서 행해지는 연설은 미리 작성된 원고를 보면서 하는 것이 대부분이다.

연설 원고의 작성도 엄연한 글쓰기이므로 작문의 영역에 속한다고 볼 수 있다. 그러나 비록 같은 주제의 글이라 하더라도 작문에서의 논술문과 화법에서의 연설문은 단어의 사용이나 문장에 표현에서 차이가 난다. 글은 이해가 잘 되지 않으면 몇 번이고 다시 읽으며 곰곰이 그 뜻을 헤아려 볼 수 있다. 그러나 말하기는 그럴 수가 없다. 청중과 대면한 자리에서 단 한 번의 말로 즉시적인 이해와 설득 그리고 행동의 유도가 가능해야 한다. 그러기 위해서는 사용하는 단어와 문장이 쉽고 분명해야 하며 구체적이고 생동적이어야 한다. 이를 자세히 살펴보면 다음과 같다.

첫째로 쉬워야 한다. 그래야 즉시적인 이해가 가능하다. 그러자면 우선 쉬운 단어와 표준어를 사용하는 것이 필수적이다. 체면이나 품위를 세운다고 쉬운 우리말이 있는데도 공연히 어려운 한자어를 사용하는 경향이 없지 않은데 이것은 잘못이다. 그렇다고 청중의 지적인 수준을 고려하지 않고 터무니없이 쉬운 말만 골라 쓰는 것도 지양해야 할 태도이다. 전문 용어의 사용은 가급적 자제하되 꼭 필요한 경우에는 청중의 수준에 맞게 풀어서 설명해야 한다. 외국어의 사용도 가능한 절제해야 한다. 이해에 혼란을 줄 뿐만 아니라 연사의 인격이 경박하다는 부정적인 인상을 주기 쉽다. 표준어의 사용은 이해의 정확성을 기하고 품위를 지켜 준다는 점에서 반드시 지켜져야 한다. 그러나 특정 지역의 출신들만이 모이는 향우회나 동창회 또는 지방의 선거유세 같은 데서는 반대로 그 지방의 사투리를 사용하는 것이 친근감과 공동체 의식을 가져다 준다는 점에서 바람직하다.

둘째로 의미가 명료해야 한다. 의미가 비슷하기는 한데 꼭 맞지 않는 단어를 사용하면 마치 초점이 맞지 않는 사진을 보는 것처럼 모호하여 짜증이 난다. '가을 빛이 완연하다', '추위가 기승을 부린다', '경기 침체의 여파로 실업자가 증가하였다' 등의 표현에서 밑줄을 그은 단어는 다른 단어로 대체할 수가 없는 것들이다. 그리고 '것, 바, 이, 데, 수' 등과 같은 의미가 불명료한 총괄적인 단어는 가급적 쓰지 말아야 한다. 이러한 단어를 사용하는 쪽에서는 단어 선택의 어려움을 덜어 주므로 편리하기는 하지만 듣는 쪽에서 보면 명료성이 떨어진다. 언어의 명료화를 기하기 위해서는 단어뿐만이 아니라 문장도 명료해야 한다. 어색한 비문을 사용하지 말고 문법적으로 정확한 문장을 구사해야 한다.

셋째로 구체적이어야 한다. 추상적이고 관념적인 표현보다는 구체적인 표현이 훨씬 이해를 빠르게 하고 재미도 있다. '김 생도는 착한 사람이다.'라는 표현보다는 '김 생도는 바쁜 중에도 동기생을 잘 도와주는 착한 사람이다.'라는 표현이 보다 구체적이다. 그리고 이보다는 '김 생도는 불침번 날인데도 연등을 하며 동기생의 숙제를 도와주는 착한 사람이다.'라는 표현이 더욱 구체적이어서 듣는 사람이 김 생도가 어느 정도로 착한가를 어림할 수 있다. 문학이 철학보다 재미있고 이해가 쉬운 것은 철학이 추상적인 데 비해 문학은 구체적이기 때문이다. 화법에서는 이러한 이치를 잘 활용할 필요가 있다.

넷째로 언어가 가지는 느낌을 고려해야 한다. 언어는 일차적으로 의미를 전달하지만 그와 동시에 어떤 느낌을 수반한다. '아무개가 죽었다.'는 말과 '아무개가 숨졌다.'는 말은 의미는 같지만 느낌은 다르다. 그러므로 화법의 전체 분위기에 걸맞은 느낌을 수반하는 언어를 선택하는 것이 좋다. 대체로 화법의 분위기는 어둡고 우울하기보다는 밝고 명랑한 것이 좋으며 따라서 언어의 선택도 지루하고 진부한 것보다는 발랄하고 참신한 느낌을 주는 것이 바람직하다. 이러한 표현을 위해 가장 많이 사용되는 방법이 비유법의 사용이다. 비슷한 의미를 가지면서 동시에 화자가 원하는 느낌을 주는 다른 사물의 이미지를 빌려 표현할 수 있기 때문이다. 다음의 예문을 보자.

> 나는 중앙 정부에서 나라를 위해 큰일을 하다가 고향을 위해 일하러 돌아왔다.
>
> 연어는 큰 바다에서 살다가 알을 낳으러 고향에 돌아온다. 그와 마찬가지로 나도 중앙 정부에서 나라를 위해 큰일을 하다가 고향을 위해 일하러 돌아왔다.

이 말은 1995년 지방 선거 때 강원도 지사에 출마하여 당선한 모 후보의 선거 연설에서 나온 말인데 비유법의 사용이 대단히 성공적이다. 우선 연어는 우리나라에서는 강원도에서만 서식하는 강원도를 상징하는 어족이다. 따라서 연어는 강원도민에게는 친근감과 일체감을 느끼게 해준다. 또 연어는 값이 매우 비싼 최고급의 생선이므로 강원도민에게는 자부심을 느끼게 해준다. 그런데 연어의 일생과 해당 후보의 인생 항로가 실제로 유사한 데가 있어 도민들이 수긍할 만한 비유가 성립한다. 이리하여 그 후보는 연어의 이미지가 가지는 좋은 느낌으로 자신의 이미지를 개선하는 데 성공한 것이다.

다섯째 복문보다는 단문의 사용이 효과적이다. 화법은 개인과 대화하듯이 말하는 것이 바람직하다. 그러기 위해서는 길고 복잡한 구조의 문어체의 문장보다는 짧고 간단한 구조의 구어체 문장을 구사해야 한다. 단문은 간결하고 명쾌하며 강한 느낌을 주지만, 복문은 복잡하고 둔중하며 약한 느낌을 준다. 또 단문은 복문보다 발화 시의 호흡과 잘 맞는 장점을 가진다. 다음 예문을 보자.

> 북한은 우리에 대한 도발 행위를 계속적으로 강화하고 있으므로 우리는 이에 대한 대비 태세를 강화함으로써 국가 안보에 조금도 빈틈이 없도록 합시다.
>
> 북한은 우리에 대한 도발 행위를 계속적으로 강화하고 있습니다. 우리는 이에 대한 대비 태세를 강화합시다. 그리하여 국가 안보에 조금도 빈틈이 없도록 합시다.

똑같은 내용을 전자는 하나의 복문으로, 후자는 세 개의 단문으로 표현하고 있다. 전자보다는 후자가 명쾌하고 어조가 강하게 느껴짐을 알 수 있다. 그러나 그렇다고 해서 단문만을 무조건 고집해서는 안 된다. 복문은 침착하고 중후한 느낌을 주는 장점을 가지기도 한다. 그러므로 화법에서는 단문을 위주로 하되, 복문도 적절히 사용함으로써 전체적인 균형과 조화를 이루는 것이 바람직하다.

실습 2

- 자기소개 실습

• 방식

• 평가 : 교수와 학습자 모두가 평가표를 이용하여 점수를 부여한다.

• 내용 : 자기소개(현장 녹화)

• 시간 : 학습자 1인당 5~10분

• 강평 : 녹화한 영상을 함께 보면서 학습자와 교수 모두 강평한다.

• 착안사항

• 발표 시(학습자)

- 출생지나 출신학교, 입학 동기와 같은 식상한 내용은 지양한다.
- 청중에게 자신을 인상적으로 인식시킬 수 있는 고유한 내용을 발표한다. 자신만의 체험이나 삶의 목표 등이 교유한 내용을 구성하는데 효과적이다.
- 점수에 반영되지 않고, 자신이 잘 아는 내용이고, 가장 익숙한 발표 상황이니 그저 자신의 현재 발표 능력을 진단하는 취지에서 부담 없이 임한다.
- 카메라의 눈을 발표 상황에서 어차피 감수해야 할 청중의 시선으로 간주하면서, 카메라를 의식하지 않으려고 노력한다.
- 앞선 발표 실습 시 받은 조언을 반영하려고 노력한다.

• 강평 시(학습자, 교수)

- 내용 전달에 방해가 되는 요인들을 개인별로 상세히 식별하여 주지시킨다.
- 말버릇이나 부담을 느낄 때 나오는 특이행동, 비논리적인 표현, 주어와 술어의 불일치, 은어 사용 등을 짚어준다.

- 평가표에 메모한 내용을 참고하여 구체적으로 알려주는 것이 좋다.
- 단점 지적 시 가능하면 바람직한 모습을 설명하고 이해시킨다.
- 청중이었던 다른 학습자들이 먼저 강평하고 교수는 마지막에 학습자의 강평에서 빠진 부분을 채우거나 특별히 강조하고 싶은 내용 위주로 실시한다.

※ 평가표(예)

구 분	평가					비 고 (세부사항)
	매우미흡	미흡	보통	양호	매우우수	
발음	1	2	3	4	5	
맞춤법	1	2	3	4	5	
논리성	1	2	3	4	5	
구성	1	2	3	4	5	
말버릇	1	2	3	4	5	
제스처	1	2	3	4	5	
특이행동	1	2	3	4	5	
지적사항 개선	1	2	3	4	5	
계						

Chapter

04 | 프레젠테이션 자료 작성법

1. 시각 자료를 활용한 발표(프레젠테이션)의 의의와 종류

발표 시 단순하게 말로만 하는 것보다 시각 자료를 제시하면서 발표하는 것이 일반적인 발표 형식으로 자리한 지 오래다. 이는 시각 자료를 사용하는 것이 발표의 효과 면에서 더 뛰어나기 때문이다. 시각 자료는 ① 청중의 주의를 이끌고 집중시키는 데 유리하고, ② 말만으로는 이해하기 어려운 복잡한 내용이나 서로 다른 의견과 견해를 명확히 제시하는 데 효과적이다.

시각 자료를 이용한 발표의 효과가 큰 것은, 인간의 지각 방식 중 시각을 통한 정보처리 능력이 다른 감각에 비해 월등하기 때문이다. 박혁종(2011)의 자료에 따르면 1분당 처리할 수 있는 글자 수로써 지각 방식별 정보처리 능력을 비교해 볼 수 있다. 이 경우, 쓰기는 30자, 말하기는 300자, 읽기는 1,000자, 보기는 2,000자일 정도로 시각이 정보처리 능력 면에서 월등함을 알 수 있다. 또한 청중이 발표를 통해 얻은 내용을 기억하는 면에 있어서도, 다음 표의 내용과 같이 눈으로 보면서 들은 내용을 기억하는 것이 귀로 듣기만 한 것보다 훨씬 오래 지속된다.

표 2 | 정보 전달 방식별 시간당 기억 정도 비교

정보 전달 방식	3시간 후	3일 후
말	70%	10%
시각 자료	72%	20%
말 + 시각 자료	85%	65%

이처럼 시각 자료를 제시하면서 발표하는 것을 외래어로 프레젠테이션이라 한다. 시각 자료를 사용하면 청중의 시선이 발표자보다는 시각 자료에 우선적으로 가기 때문에 발표자 입장에서는 청중의 시선이 자신에게 집중되는 면이 덜하여 발표의 부담을 자연스럽게 덜 수 있다는 부수 효과도 있다. 이는 발표의 성공률을 높이는 데 도움을 준다. 한 번 만든 자료는 다음 발표 때 반복적으로 사용할 수 있으므로 다음 프레젠테이션을 준비하는 부담을 줄여준다. 다음으로 프레젠테이션의 효과를 충분히 얻기 위한 자료 제작 방법을 ① 전체 구성과 제목, ② 개조식 표현법, ③ 슬라이드 작성법, ④ 배포용 자료 작성법 순으로 살펴보도록 하겠다.

2. 전체 구성과 제목 결정하기

프레젠테이션은 그 목적에 따라 두 가지로 나눌 수 있다. 하나는 '정보 전달식 프레젠테이션'이고 다른 하나는 '선(禪) 형식의 프레젠테이션'이다. 먼저 '정보 전달식 프레젠테이션'은 말 그대로 '정보전달'을 지향하는 것으로서, 특정 사안에 대한 정보를 직접적이고 효과적으로 제시함으로써 그와 관련된 문제를 해결하고자 하는 방식의 프레젠테이션이다. 이 방식은 전공 발표회, 공모전, 기업 회의,

기업 보고자료, 투자설명회, 프로젝트 제안서, 학술발표회 등에서 주로 쓰인다.

'선(禪) 형식의 프레젠테이션'은, '선(禪)'이란 말에서 짐작할 수 있듯이 청중의 깨달음을 유도하는 것을 목적으로 한다. 불교의 선(禪) 사상에서 기원한 것이면서 스티브 잡스의 프레젠테이션으로 대표되는 '간략함과 단순함'을 추구하는 형식의 프레젠테이션이다. 이 방식은 주로 동아리나 회사의 가입 설명회, 행사 유치 프레젠테이션, 신제품 발표회, 캠페인, 자기소개 등에 최근 많이 활용된다. 두 가지 프레젠테이션 형식의 차이는 시각 자료를 제작함에 있어서 근본적인 방향을 결정하는 요인이 된다.

'정보전달식 프레젠테이션'용 자료는 청중에게 핵심 메시지를 먼저 제시하고 그것을 뒷받침하는 요소로 구성하여 핵심 메시지를 이해시키도록 하는 것이 일반적이다. 청중의 이해를 중시해야 하고 표현이 명확해야 하며, 설명은 구체적이어야 한다. 그냥 글이 많은 슬라이드는 절대 아니다. 간단하고 효과적인 문서와 유사한 형태와 구성을 갖춘다.

'선(禪) 형식의 프레젠테이션'용 자료는 목적이 청중의 깨달음을 유도하는 것이므로 핵심 단어와 이미지 중심으로 간단하게 구성하는 것이 효과적이다. 최대한 단순화하고 매우 적은 양의 글과 강렬한 이미지를 통해 메시지를 전달한다. 문자 정보는 핵심 주제를 한두 문장 이내로 줄여서 작성하는 경우가 대부분이며 이미지는 고해상도의 사진 이미지가 주로 사용된다.

지나치게 상세한 설명은 청중이 스스로 느끼고 생각하는 데 방해가 될 수 있다. 대안을 제시하고 하나씩 제거하거나 문제의 심각성을 강조한 다음 해결책을 제시하거나 단계적으로 동기화하는 방식이 보편적이다. '선(禪) 형식의 프레젠테이션'은 직관적이고 비정량적인 성격이 강하므로 자료의 수준도 중요하지만 발표자의 능력이 특히 중요하다.

어떤 형식의 발표 자료이든 내용이 간단하게 정리되어야 한다는 점과 인상적인 스토리텔링을 통해 청중들에게 핵심 내용을 강하게 전달할 수 있어야 한다는 점이 중요하다. 발표 자료의 시각적 효과나 발표자의 화술도 중요하지만 사실은 내용이 좋아야 하는 것이다.

내용을 좋게 만드는 것은 스토리가 분명하게 자리해야 하는 것과 맥이 통한다. 이 장을 시작하면서부터 시각적 효과의 장점을 강조하여 왔지만, 자료를 만들 때 가장 유의해야 할 것은 스토리텔링임을 강조하고 싶다. 문구 표현이든 이미지 선택이든 청중이 스토리를 쉽게 떠올릴 수 있도록 하는 것이 성공적인 발표의 필수 요건이다.

발표 자료를 만들 때 일반적인 작문의 원리에 따라 서론, 본론, 결론이 자연스럽게 이어지도록 구성하는 것이 기본이다. 발표할 내용을 먼저 문서 자료처럼 마련한 다음, 실제 발표용 자료로 만드는 과정에서 최대한 간단하게 줄여 나가는 방식으로 진행하면 된다.

제목은 발표 내용의 핵심 내용을 함축할 수 있는 것이 좋다. 제목을 결정하려면 먼저 전체 내용의 주제문을 찾아야 한다. 주제문이란, 프레젠테이션의 목적이 무엇인가에 대한 답으로 보면 된다. 제목은 바로 이 주제문을 제목답게 적절히 조정하는 식으로 만들면 된다. 구체적으로 설명하자면 해당 프레젠테이션의 목적이나 목표를 문장으로 적은 다음 덜 중요한 단어를 하나씩 지워가면서 독창적이면서 효과적인 제목을 만들어 가면 된다.

제목을 만들 때 간단히 줄이기 위해 명사만 나열하는 식으로 만들어선 안 된다는 점을 명심해야 한다. 명사와 명사를 나란히 제시하면 앞의 명사가 뒤의 명사를 꾸며주는 관형사적 성격을 보이기에 명사만 나열해도 뜻이 통하는 느낌을 준다. 이 때문에 명사만 남긴 것을 간결한 제목으로서 적합하다고 생각할 수 있으나 중의적 표현이 될 수 있으므로 바람직한 방법이 아니다. 관형사형 어미나 조사를 적절히 넣어서 제목의 뜻을 분명히 해주는 것이 좋다. 제목을 잘 만들면 발표의 절반은 성공한 셈이다.

주제문과 함께 중요한 것이 핵심 메시지이다. 핵심 메시지는 주제를 뒷받침하는 논거로서 '무엇을', '어떻게'에 해당하는 내용이다. 청중들이 스토리를 따라 청취하면서 발표의 주제와 핵심 메시지를 이해하고 발표 취지에 공감하도록 하면 그 발표는 성공한 것이다. 주제는 일반적인 사항에서 특수한 사항으로 접근하면서 설명하는 태도가 유용하다. 주제문이 발표자가 발표를 이끌어가는 지향점과 관련 있다면, 핵심 메시지는 청중이 발표를 듣고 이해하는 내용의 핵심 원동력으로 설명할 수 있다.

핵심 메시지는 서두에 배치해야 한다. 글쓰기의 경우라면, 글쓴이의 의도나 성향에 따라 핵심 단락의 위치가 처음이 될 수도, 중간이 될 수도, 혹은 끝이 될 수도 있지만, 발표에서는 시간과 함께 진행되므로 이런 여유가 없다. 인간의 기억력에는 한계가 있어서 발표자가 제공하는 정보들을 계속 머릿속에 담아둘 수는 없는데다가, 발표의 첫 부분에 청중의 이목을 끌만한 내용을 제시하지 않으면 자칫 발표 자체에 대한 흥미를 잃게 할 수도 있다.

구성의 기본 요령은 서두에서 핵심을 제시함으로써 이것이 무엇을 위한 발표인지 무엇을 말하려는 것인지 청중이 쉽게 파악할 수 있도록 하는 것이다. 서두에 제시한 핵심 내용을 부연하거나 증명하기 위한 내용은 그 뒤에 제시하면 된다.

서두에 핵심 내용을 두라고 해서 처음부터 단도직입적으로 결론을 제시하라는 것은 아니다. 핵심 내용을 앞부분에 배치하는 목적이 청중의 이해를 쉽고 빠르게 하는 것인 만큼, 자연스러운 구성으로 본 내용을 제시하는 기술이 반드시 필요하다. 발표자가 성급하다는 인상을 심어주지 않으면서도 우선순위가 높은 내용을 전반부에 배치하여 청중들이 자연스럽게 발표 내용을 이해할 수 있도록 해야 한다. 청중의 집중력이 끝까지 유지되지 않는다는 점을 감안하여 중간 중간에 중요 내용을 정리하고 강조할 필요가 있다.

발표할 내용을 슬라이드 자료에 모두 담으려 해서는 안 된다. 실제 그렇게 담을 수도 없다. 일반적으로 발표 내용의 70~80% 정도는 슬라이드를 통해 제시하고, 나머지는 자료를 활용한 말을 통해 채우는 것을 이상적으로 본다.

3. 효과적인 개조식 표현법

좋은 발표 자료란 청중이 발표자의 주장을 쉽게 이해하도록 만들어진 것이다. 내용과 형식 모두 청중의 성격에 따라 철저히 맞추는 것이 좋고 화려한 치장보다는 핵심 내용이 간단하게 드러나는 것이 좋다. 문구는, 길지 않게 간명하게 표현하는 것이 좋다. 절대적인 것은 아니지만 서술식으로 표현하는 것보다는 개조식으로 표현하는 것이 청중이 이해하는 데 유리하다.

수동태 문장은 청중에게 한 번 더 생각하도록 강요하는 방식이므로 의미 전달에 있어서 효율이 떨어진다. 가능하다면 능동태 문장을 씀으로써 주제를 확실히 드러내는 것이 좋다. 주제문은, 각 문단의 처음에 나타내는 것이 좋고 가능하면 문장마다 핵심 단어가 드러나도록 하는 것이 좋다.

어려운 단어나 전문용어는 꼭 필요한 경우가 아니면 쓰지 않는 것이 좋으나 꼭 써야 한다면 통일하여 반복적으로 사용함으로써 청중의 이해를 돕는 것도 한 방법이다.

내용이 마련된 다음에는 중복되거나 불필요한 문구는 삭제하고, 종결 형태가 서로 다른 문구는 한 화면에 제시하지 않는 것이 좋고, 줄을 바꿈에 있어서 단어의 중간을 자르지 않아야 한다.

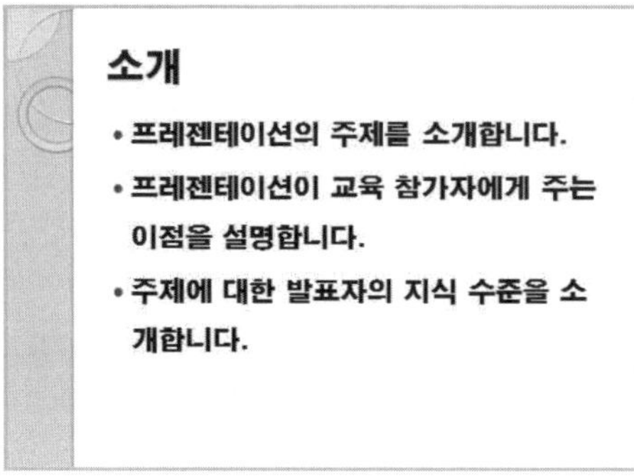

단어 중간이 잘린 경우

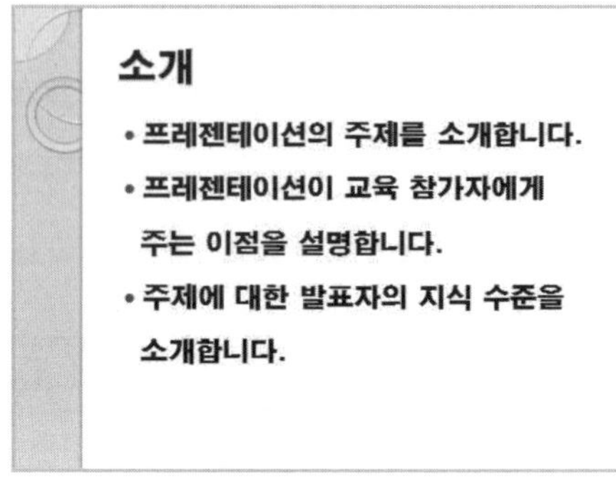

단어 중간이 잘리지 않은 경우

문구의 배치는 그 위치만으로도 내용상의 위계가 나타나도록 하는 것이 좋으며 슬라이드 수가 늘더라도 충분한 여백을 주면서 필요한 만큼의 슬라이드를 마련하는 것이 좋다. 슬라이드 수를 줄이기 위해 한 장에 많은 내용을 담으려고 문구를 빽빽하게 삽입하면 가독성이 현저히 떨어진다.

전체 문장을 두고 불필요한 부분을 잘라내면서 줄일 때에는 원래의 문장을 짧게 잘라내면서 판단하는 방식이 좋다. 문장을 원 의미를 잃지 않는 선에서 짧게 자르고 살펴보면, 문장이 정말 논리적인지 아닌지가 명확하게 보여 문장을 고칠 필요가 있는지 여부를 쉽게 판단할 수 있다.

접속사나 연결사는 꼭 필요한 경우로 사용을 최대한 제한하는 것이 좋다. 접속사나 연결사의 필요성 판단은, 그것의 앞뒤 문장이 접속사나 연결사 없이도 뜻이 통하는지 확인하면서 뜻이 통하면 삭제하는 방식으로 하면 된다. 청중이 보기에 문맥이 통하는 짧은 문장을 토막토막 늘어놓은 것이 줄글로 길게 이어진 것보다. 보면서 리듬을 타기에도 좋고 알아듣기도 쉽다. 앞뒤 내용이 논리적으로 흘러간다면 접속사는 필요 없다. 마지막 단계에서 오탈자와 잘못된 숫자가 있는지 철저히 확인하여 바르게 고쳐야 한다. 자료의 정확성에 대한 오류는 치명적이다.

4. 프레젠테이션용 슬라이드 작성법

적절히 만든 슬라이드는 앞에서 언급한 시각 자료의 장점을 잘 구현할 수 있다. 슬라이드를 잘 만들면, 주어진 시간에 보다 많은 정보량을 전달할 수 있어서 내용 이해의 촉매 역할을 하며, 딱딱한 내용도 흥미롭게 표현하여 청중에게 강한 인상을 줄 수 있으며 그 결과 청중이 기억하는 시간을 늘릴 수 있다.

좋은 슬라이드란, 복잡한 것도 간결하게 표현할 수 있는 것이며, 한 눈에 알아볼 수 있도록 가독성이 좋은 것이며, 청중의 감각이 지닌 특성을 잘 이해하고 효과적으로 표현하는 것이다.

좋은 슬라이드는 좌뇌와 우뇌를 모두 자극할 수 있는 것이어야 한다. 좌뇌는 언어, 상세함, 분석, 글자, 숫자, 디지털적인 것을 다루고 우뇌는 공간구성, 크고 넓은 것, 감성, 이미지, 리듬, 아날로그적인 것을 수행한다. 따라서 좌뇌 중심의 슬라이드는 글자, 숫자 중심의 분석과 논리를 제시하는 것이며 우뇌 중심의 슬라이드는 균형, 빛깔, 맥락, 이미지, 큰 흐름을 제시하는 것이다.

효과적인 슬라이드를 만들기 위한 단계는 일곱 가지로 정리할 수 있다.

① 슬라이드로 표현하려는 내용, 정보, 데이터 흐름 등을 정확히 이해해야 한다.

② 자신이 이해한 바를 글로 간단히 정리해본다.

③ 어떤 도표나 차트로 표현할지 결정한다.

④ 종이에 손으로 그려본다. 그리다보면 자신의 생각이 정리되는 것을 알 수 있을 것이다. 처음부터 컴퓨터로 작업하기 시작하면 생각을 정리하는 데 방해를 받는다.

⑤ 원하는 슬라이드에 적합한 응용 프로그램을 선택하여 제작한다.

⑥ 만든 자료에 필요한 내용이 포함되었는지, 흐름은 맞는지 사실과 다른 것

은 없는지 확인한다.

⑦ 자신의 마음에 드는 자료를 만들었으면 적정한 공간을 정하여 공유함으로써 공동의 발전을 도모하는 것이 좋다.

다음은 CEO가 싫어하는 보고서 유형이다. CEO란 시간을 귀하게 쓰면서 짧은 시간에 핵심 내용을 파악하고 결정을 내려야 하는 존재이므로 CEO가 싫어하는 각 조건들의 의미를 차분히 새겨 보면, 좋은 슬라이드가 지향해야 할 방향이 명확해질 것이다.

① 오리무중형 : 무엇을 보고하는지, 결론이 명확하지 않은 보고서
② 나홀로형 : 너무 긴 문장과 전문용어로 자신만 아는 내용으로 채운 보고서
③ 믿거나 말거나형 : 근거 없는 자신감, 근거 없는 주장으로 가득 채운 보고서
④ 외화내빈형 : 주제와 상관없는 그래프나 그림으로 화려하게 도배한 보고서
⑤ 교과서형 : 깨알 같은 문자와 숫자를 각진 박스로 정리한 보고서
⑥ 질보다 양형 : 요약과 요점이 명확하지 않으면서 양으로 승부하려는 보고서

지금까지 설명한 좋은 슬라이드를 제작하기 위한 요건을 세부적으로 살펴보기 위해 ① 간결성, ② 가독성, ③ 효과성 이 세 가지 요건을 중심으로 나누어 각각의 요건을 성공적으로 달성하기 위한 슬라이드 작성법을 살펴보도록 하겠다.

가. 간결성

첫째 요건인 '간결성'을 확보하기 위해서는 먼저 단순히 양을 줄이는 차원이 아니라 필요한 정보를 효과적으로 표현할 수 있는 방법을 모색하는 차원에서 추진해야 함을 명심해야 한다. 한 슬라이드에 최소한 하나의 필요한 정보를 담아야 하며 그 양은, 발표자가 2~3분 정도 설명할 수 있는 정도면 된다. 청중이 한 번 보고 3초 이내에 이해할 수 있는 것이 바람직하다. 설명하지 않을 내용이 들

어가서도 안 된다.

동일한 수준의 정보를 전달할 수 있다면, 같은 값이면 적은 수의 단어로 표현하는 취지에서, 서술식 문구보다는 개조식 문구를 사용하는 것이 좋다. 여러 가지 내용을 어떤 순서대로 나열하기보다는 비슷한 유형이나 관계로 묶어 정리한다면 청중이 더 이해하기 쉬울 것이다.

청중은 눈으로는 핵심 단어를 보면서, 귀로는 발표자의 설명을 듣는다. 청중에게는 자신이 본 것과 들은 것을 종합하면서 발표자의 의도를 인식한다. 발표자는 기왕이면 청중의 관심을 끌 대표적 단어를 먼저 제시하는 것이 좋고, 내용을 다 표현하지 않고 힌트만 주고도 청중이 내용을 쉽게 유추해서 이해할 수 있다면 힌트만 주는 것이 좋다. 문구 대신 그림이나 이미지 또는 도표 형태로 표현할 수 있다면 그렇게 하는 것이 간결한 느낌을 준다.

나. 가독성

둘째 요건인 '가독성'을 확보하는 방법은, 글자, 그림·도표, 정보 배치 각각의 시각적 효과와 관계가 깊다. 글자 측면과 그림·도표, 정보 배치 등 이미지 측면 두 가지로 나누어 효과적인 방법을 정리하겠다.

1) 글자

먼저 글자 측면에서 유의할 점으로서 글자 크기가 너무 작으면 안 된다는 점이 있다. 슬라이드에 제시한 글자는 청중 모두가 보고 식별할 수 있을 정도의 크기여야 한다. MS Power Point 프로그램을 사용할 경우, 통상적으로 내용은 20point, 제목은 28~36point가 적절하다. 본문 안에서도 상위 내용과 하위 내용의 글자 크기는 최소 3point 이상 차이를 두는 것이 일반적이다. 절대적 지침은 아니지만 한 줄에 단어 7개 이내, 한 화면에 7줄 이내로 조절하는 것이 좋다.

제목과 본문의 구분은 위치와 글자 크기로 구분하는 것이 자연스럽지만 글머리 기호를 쓰면 각 내용의 층위가 더 분명해진다. 문서를 만들 때는 "1, 가, (1), (가), ①, ㉮" 식으로 아라비아 숫자가 먼저 나오고 다음에 가나다라 순으로 표시하고, 도형은 'ㅁ', '○', '–', '·' 순으로 쓰는 것이 일반적이지만 슬라이드를 만들 때 사용하는 응용 프로그램이 제공하는 여러 가지 도형 중 적절한 것을 선택해도 된다.

글씨체의 경우, 제목과 본문은 서로 다른 글씨체를 쓰는 것이 좋고 본문은 한 가지 글씨체로 통일하는 것이 좋다. 여러 글자체를 혼합하면 청중이 이해하는 데 지장을 준다. 글씨체도 철저히 가독성을 고려하여 선택해야 한다.

문서용 글씨체로서 가장 보편적이라 할 수 있는 명조체는 긴 글에 적합하고, 단어는 고딕체가 효과적이다. 특별한 경우를 제외하면 정자체 또는 고딕체가 효과적이므로 밑줄, 이탤릭, 윤곽체, 음영체 등의 사용은 지양하는 것이 좋다. 영문의 경우는 소문자가 대문자보다 가독성이 좋다.

일반화된 글씨체 중에서 가독성이 좋은 것은, 한글인 경우 명조체, 돋움체, 굴림체, HY견고딕체, HY헤드라인M 등이 좋고, 영문은 Arial, Arial Narrow, Impact, Tahoma 등이 있다.

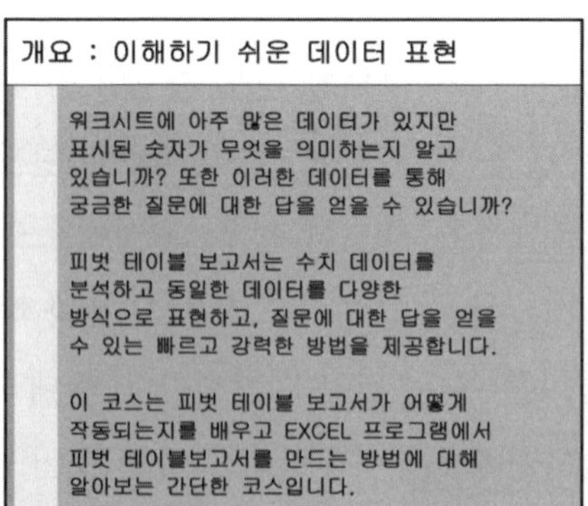

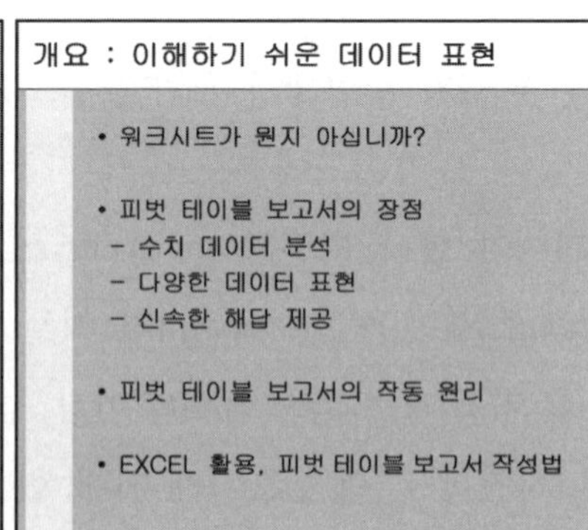

글자의 빛깔은 배경과 서로 대비를 이루는 것이 좋고 대비는 명도와 채도까지 고려하면서 결정해야 한다. 줄과 줄의 간격도 보기 좋게 적절히 띄워야 한다.

앞의 자료는 텍스트의 줄이 12줄이나 되고 내용도 실제 발표 원고처럼 줄글로 되었고, 줄을 나눌 때 단어 중간이 끊어지기도 한 것을, 개조식으로 요약하면서 글자 크기도 보기 좋게 크게 하고 줄 간격도 여유 있게 조정한 것이다.

어떤 경우든 최종적인 결정은, 실제 프레젠테이션이 시행된 현장에서 동일한 조건으로 시연한 다음 청중의 입장에서 확인한 다음 결정하는 것이 바람직하다. 실제 현장에서 확인할 수 없다면 최대한 동일한 조건에서 확인해야 한다.

2) 이미지 자료

그림, 도표, 정보 배치 등 이미지 측면의 유의사항을 보면, 첫째 그림 이미지는 청중의 시선이 머무는 시간을 절약할 수 있으므로 글자보다 효과적으로 활용할 수 있다. 그림을 제시할 때는 해상도가 높고 발표자의 주장에 부합하는 이미지를 골라야 하고 원래 이미지를 훼손하지 않도록 유의해야 한다. 좌우비율과 같은 것은 철저히 유지해야 한다. 아래의 예는 사진의 고유한 비율을 변형했을 경우를 비교한 것이다. 원형 이미지를 그대로 제시하는 것이 자연스럽고 이미지 자체의 고유한 값을 유지할 수 있다.

원본

변형

글자와 그림의 배열이 슬라이드마다 달라지는 것은 좋지 않다. 왼쪽에 그림 오른쪽에 설명이 나온다면 다른 슬라이드도 같은 방식으로 배열해서 청중에게 안정감을 주는 것이 좋다. 사실 그림이 왼쪽에 있는 것과 오른 쪽에 있는 것도 느낌이 다르다. 이미지는 글씨보다 인상적이지만 정보의 정확성은 글씨가 더 좋다. 일반적으로 청중의 시선이 왼쪽에서 오른쪽으로 흐르는 점을 고려할 때 그림이 왼쪽에 있고 글씨가 오른 쪽에 나오는 것이 자연스럽다. 왼쪽의 그림이 청중에게 먼저 강한 인상을 주고 오른쪽의 글씨가 그 인상이 의미하는 정보를 명확히 하는 방식이 효과적인 것이다.

다음은 그림이 왼쪽에 있는 것과 오른쪽에 있는 것의 차이를 비교한 자료이다.

숫자가 들어간 표를 놓을 경우 엑셀 같은 프로그램으로 입력한 내용을 그대로 복사해서 붙이는 것은 성의도 없어 보이고, 작성 중인 슬라이드 자료의 고유한 개성과 어울리지 않을 수도 있다. 그러므로 별도의 표로 작성하는 것이 좋다.

상세함을 위해 여러 의미를 담은 이미지보다는, 핵심 메시지를 강조하기 위해 군더더기를 없애고 본질을 농축시킨 이미지가 더욱 강렬한 시각적 효과를 낼 수 있다. 수준 낮은 이미지는 없느니만 못하다. 단순한 것이 좋다. 회전, 번쩍임 등은 조잡하니 가능하면 쓰지 않는 것이 좋다.

현재는 누구나 각종 이미지 자료를 접하기 쉬운 환경이므로 청중이 식상함을 느끼지 않을 참신한 자료를 찾는 작업에 제법 많은 시간이 필요하다. 기왕이면 직접 촬영한 사진을 쓰는 것이 좋다. 적절한 이미지를 찾을 때는 저작권에 유의하면서 최대한 주변의 정보를 이용해야 한다. 추상 명사를 검색할 때는 그 속성을 지닌 구체적 명사를 떠올려가며 찾는 것이 효과적이다. 기왕이면 다양한 언어로 검색하는 것이 좋다. 국제적 사안이라면 해당국 언어로 검색했을 때 더 풍성한 자료를 얻을 수 있다.

이미지를 슬라이드에 삽입할 때는 키워드가 들어갈 수 있는 위치, 사진 속 인물/동물의 시선 방향 등도 고려해야 한다. 그림 속의 인물이 왼쪽을 바라보는 것과 오른 쪽을 바라보는 것은 청중에게 큰 차이를 보인다. 이미지 속 존재의 시선이 글자를 향하면 청중도 글자에 집중하기 용이하다.

빛깔도 의미 있는 빛깔을 선택해야 하며 청중의 시선이 불편하지 않도록 전체적인 균형을 의식하면서 사용해야 한다. 한 자료에 사용하는 빛깔은 3~6가지 이내로 하고, 얼굴 화장하듯 슬라이드 마스터의 기본 색상을 이용하면 좋다. 붉은 빛깔은 채도가 가장 높으며 '피'와 같은 강렬한 이미지를 연상시키기에, 사용 여부를 신중히 판단해야 한다. 빛깔이 강렬하다고 효과적인 것은 아니다. 흰색도 빛깔로서 충분히 효과적이다. 효과적 빛깔은 "내용에 맞는 적절한 빛깔"이다.

이미지 자체 배경색과 슬라이드 배경 색을 일치시키는 것이 좋다. 이미지 배경 빛깔이 일관적이지 않으면 명도를 고려해 이미지를 선택한다. 강한 빛깔은, 강조하는 부분에만 제한적으로 사용해야 효과적이다. 현란한 색상은 강조 효과를 반감시키고 시각적 피로를 준다. 원색도 지나치게 사용하면 청중의 집중력을 저하시킨다. 다음 자료를 보면 오른 쪽 자료가 단순한 반면 전달력이 높다.

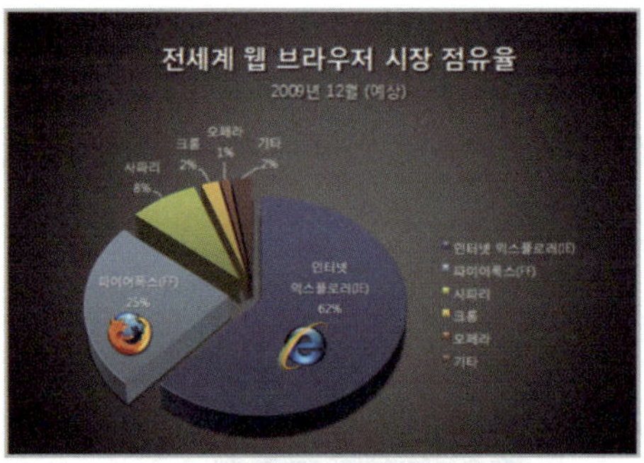

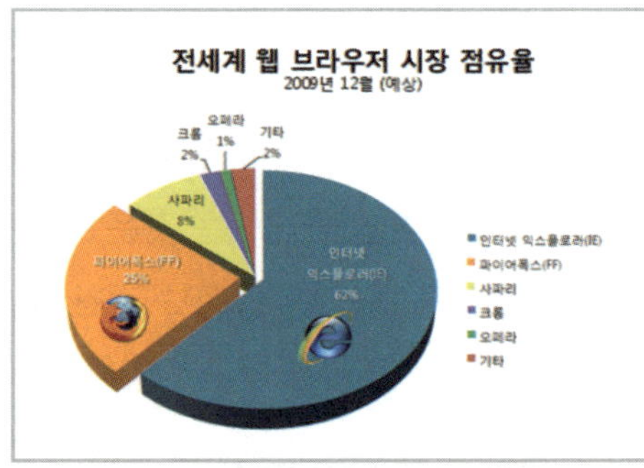

서체의 빛깔도 배경과 관련해서 결정해야 한다. 흰 바탕에 짙은 빛깔의 서체는, 깨끗한 이미지를 주고 작업이 용이하다. 이때 빨강, 검정, 파랑, 초록 등의 서체가 어울린다. 짙은 바탕에 밝은 빛깔의 서체는 청중이 집중하기 좋고 피로감이 덜하지만, 단조로움과 지루함이 단점이다. 이 경우 글자 빛깔은 흰색, 노랑 등 명도가 높은 빛깔이 좋다.

다. 효과성

세 번째로 효과성은 가독성과 부분적으로 겹치기도 하는 개념이지만 어떤 목적을 달성하기에 효과적인 면을, 특정 요인만으로 한정하지 않고 살펴보겠다. 먼저 청중에게 어떤 의미 있는 수치를 각인시키려 시도하기보다는 의미 있는 이미지를 각인시키려 하는 것이 좋다.

큰 숫자 하나나 대표적인 이미지 하나로도 청중에게 메시지를 전달할 수 있다. 비중이 큰 순서대로 배열할 경우는 12시 방향에서 시계방향으로 기입하면 좋다. 원 안의 내용을 바라보는 청중의 시선은, 12시 시점부터 시계방향으로 흐르기 때문이다.

그래프를 사용할 경우, 비율 정보는 그래프 안에 표시하고 그 그래프 값이 나타내는 항목은 그래프 밖에 표시하는 것이 알아보기 좋다. 막대그래프를 쓸 경우 세로 막대그래프는 공간을 절약하고 글자를 많이 쓰기에 좋고, 가로 막대그래프는 순위, 변화, 차이, 유사 등의 목적에 유용하다. 선 그래프는 막대보다 많은 항목을 다룰 수 있고 역동성을 표현하기 좋다. 단, 한 번에 한 개의 정보를 담는 것이 좋다.

빈도를 표현할 때는 선 그래프가 더 유용하다. 상관관계는 가로막대를 대칭으로 보여주거나 점그래프로 보여주면 좋다. 화살표는 강한 인상을 주므로 확실한 내용과 함께 제시해야 한다. 다음은 화살표가 적절히 사용된 자료로서, 화살표와 특정한 이미지가 함께 제시되어 발표 내용을 간단하고 효과적으로 표현한 사례이다.

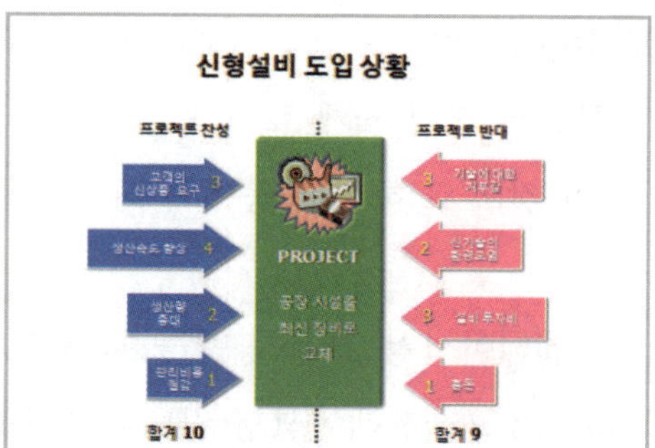

위에서 언급한 바와 같이 청중의 시선은 왼쪽에서 오른쪽으로 흐르므로 시간의 추이도 시간은 왼쪽에서 오른쪽으로 흐르도록 진행하는 것으로 표시하면

좋다. 청중은, 화면 안에서 위로 올라갈수록 더 많아지고, 더 좋아지고, 더 이익이라 느끼고, 아래로 내려갈수록 적어지고, 나빠지고, 손실이라 여긴다. 청중은, 왼쪽에서 오른쪽으로 가면서 내용이 채워지기 바란다.

다음 자료는 내용이 왼쪽에서 오른쪽으로 전개되는 면과 화면 위쪽의 내용과 아래쪽의 내용이 자연스럽게 이루는 위상을 잘 보여준다.

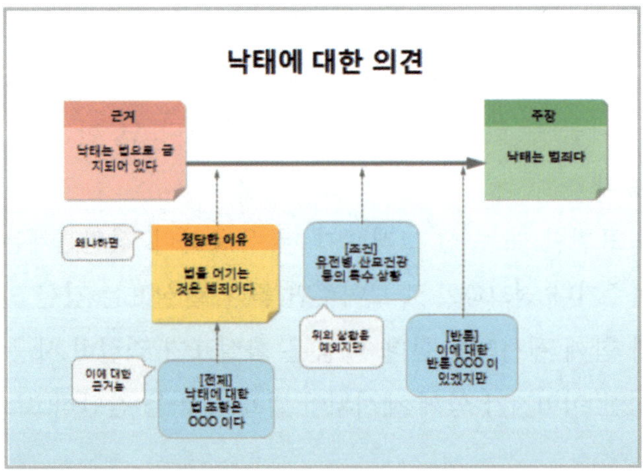

그래프와 차트는 반드시 제목을 표기해야 한다. 도형의 경우는 테두리가 없는 것이 더 자연스럽다. 시선의 이동 방향으로 점점 짙게 표시하는 것이 자연스럽고, 사각형 표를 넣을 때는 좌우가 트인 것으.로 하면 청중에게 더 시원한 느낌을 줄 수있다.

이상의 내용은, 주로 '정보전달식 프레젠테이션'용 자료를 만들 때 해당하는 내용이다. 앞서 언급한 바 있는 '선(禪) 형식의 프레젠테이션'용 자료를 만드는 요령은, 기존의 '정보전달 형식'을 비판하면서 등장한 것이기에 정보전달 형식의 요령을 전제로 역발상적인 내용으로 발전하였다.

'선(禪) 형식의 프레젠테이션'에 대한 선호는, 사회 전반에서 기존의 방식에 대한 식상함을 느끼는 청중이 늘어나게 된 것도 한 이유다. 오늘날 프레젠테이션을 제대로 해내는 기술은 그 어느 때보다 중요하다. 뛰어난 발표자는 청중의 좌우 뇌를 다 활용한다. 멀티미디어를 이용한 발표의 핵심은 스토리텔링이며 딱딱한 보고서보다는 다큐멘터리 영화와 닮은 점이 많다.

'선(禪) 형식의 프레젠테이션' 자료 제작법을 널리 전파한 가르 레이놀즈에 따르면 프레젠테이션의 세 가지 핵심은 디자인, 스토리, 조화이다. 디자인을 강조하는 이유는 시선을 끄는 갖가지 기능만으로는 청중을 사로잡기 어렵다는 발상에서 기인한 것이다. 처음부터 디자인을 고려하면서 내용을 꾸며야 한다.

시각적 효과가 큰 디자인을 위해서는 대비의 원리를 잘 이용해야 한다. 대비는 글꼴, 빛깔, 내용의 무게, 주의집중 효과 등에 광범위하게 적용할 수 있다. 또한 반복적으로 이미지를 제시하는 것도 색다른 느낌을 준다. 여백을 포함한 거리도 관계 정보를 나타낸다. 슬라이드 상에 제시된 이미지들 사이의 간격과 위치 자체도 정보를 지닌다.

여백의 미는 구도의 단순함에서 나오는데 슬라이드의 구도에 따라 그 느낌이 달라진다. 이미지와 텍스트의 배치가 매우 중요하다. 여백이라고 꼭 비어 있어야 하는 것은 아니다. 발표자가 강조하고 싶은 내용에 청중의 시선이 집중될 수 있도록 유도하는 것이 여백 활용의 백미라 하겠다.

두 형식의 프레젠테이션 모두 스토리가 중요하다. 스토리를 강조하는 것은, 어떤 내용을 강하게 주장하는 것으로는 청중에게 전달되는 면이 약하기 때문이다. 스토리를 겸비한 내용을 통해 전달하면 청중의 감동을 이끄는 면에서 탁월함을 발휘한다. 마지막으로 문구나 빛깔 등으로 핵심 내용을 강조하는 것 역시 한계가 있다. 강조도 전체 내용과 조화를 이뤄야 한다. 조화는 사물을 전혀 새로운 방법으로 관찰하는 법으로부터 나온다. 청중을 제대로 파악하면 성공 확률이 높아진다. 에피소드도 청중이 좋아하는 것을 수집하여 적절히 활용하면 좋다. 다음 자료는 슬라이드를 만드는 방식 면에서도 참고할 만하고 스토리의 전개상을 보여주는 내용으로도 유익한 사례다.

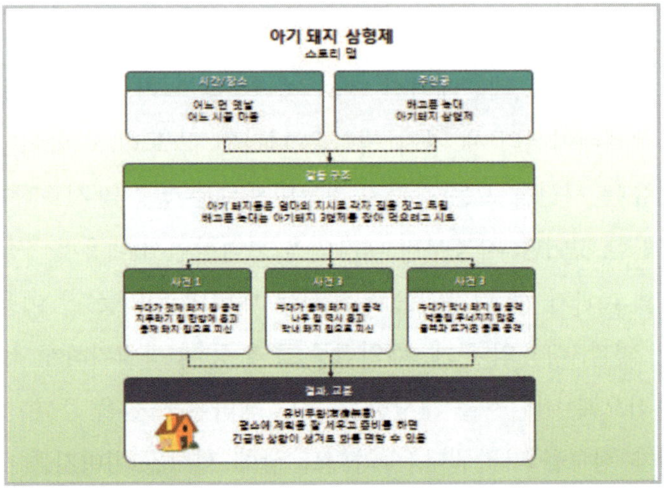

이상의 세 가지 요건과 함께 추가하고 싶은 것은 청중의 공감을 이끄는 논리 이상의 것이 필요하다는 점이다. 청중의 공감은 '역지사지의 자세'로 이끌어 내는 것이 보편적이다. 아울러 진지함 일변도의 태도도 지양해야 한다. 유머는 현대인의 필수 자질이다. 효과적으로 표현된 내용이 청중의 호감을 이끌고 그 호감이 공감으로 이어지면서 새로운 의미로 탄생한다면 그 발표는 발표자나 청중 모두에게 큰 의미를 선물할 것이다.

이상의 사항들을 철저히 실천한 다음에도 최종적으로 다음 사항을 점검하여 보다 효과적인 자료를 만들기 위해 끝까지 최선을 다해야 한다. 최종 점검 단계에서는 ① 충분히 함축적이고 이해하기 쉬운가? ② 설명 없어도 쉽게 이해할 수 있고 3초 안에 문맥을 이해할 수 있는가? ③ 통일성을 가지고 세련되고 완결성을 가지고 있는가? 이 세 가지 사항을 충족하는지 확인하면 좋다.

5. 배포용 자료 작성법

배포용 자료는 프레젠테이션을 위한 슬라이드와 별도로, 발표 시 청중에게 제공하는 문건 자료를 말한다. 배포용 자료의 특징은 세 가지로 정리할 수 있다.

첫째, 배포용 자료도 발표를 위한 자료이므로 기본적으로는 '정보 전달식 프레젠테이션' 자료를 만드는 것과 유사한 방식으로 만든다는 점이다.

둘째, 발표를 위한 자료이지만 발표 시 청중에게 참고하게 할 필요는 없다는 점이다. 배포용 자료는 발표를 듣고 필요한 부분을 나중에 참고하도록 하면 된다.

셋째, 배포용 자료는 기본적으로 문서이기에 프레젠테이션용 슬라이드를 만들 때 고려해야 할 가독성, 간결성, 효과성 등의 요건에서 비교적 자유롭다는 점이다. 이점이 배포용 자료의 형식적 특성과 내용적 특성에 직접 영향을 미친다.

배포용 자료는, 슬라이드를 만들 때 한 슬라이드에 삽입하기에 너무 커서 삽입하기 어려웠던 이미지나, 상세한 데이터가 포함되어 가독성이 떨어지는 도표, 발표자의 주장을 세부적으로 뒷받침하는 근거자료 등을 별 제약사항 없이 비교적 자유롭게 포함시킬 수 있다. 배포용 자료는 청중이 발표를 보고 들으면서 간간이 참고하는 자료이다.

다음의 사례는 실제 슬라이드로 청중에게 보여주기에는 너무 상세한 내용이므로 발표용 자료로 만들어 제공하는 것이 좋다. 슬라이드로는 더 단순화시킬 필요가 있다.

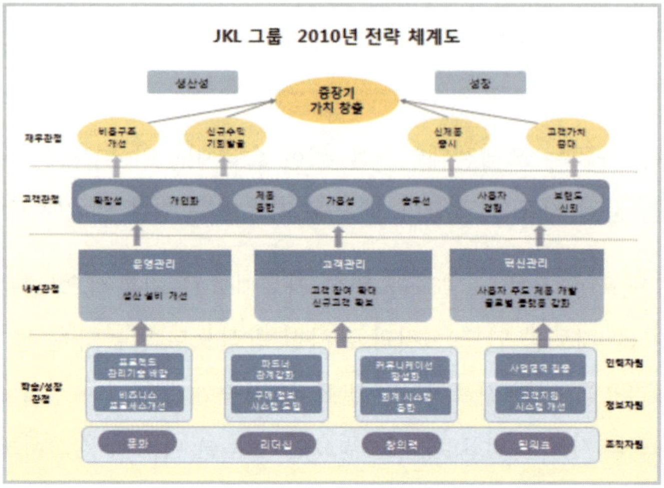

배포용 자료는 상대적으로 시각효과를 위한 수고를 덜 필요로 한다. 다양한 빛깔과 짙은 빛깔을 사용한 슬라이드라도 배포용으로 만들 때는 더 간단하고 명확하게 꾸며야 한다. 아래의 보기 중 왼쪽이 발표 시 사용한 자료라면, 오른쪽 자료는 배포용으로 적합한 자료이다.

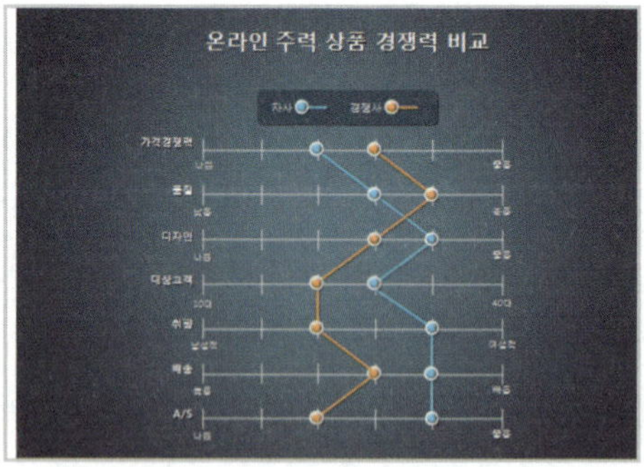

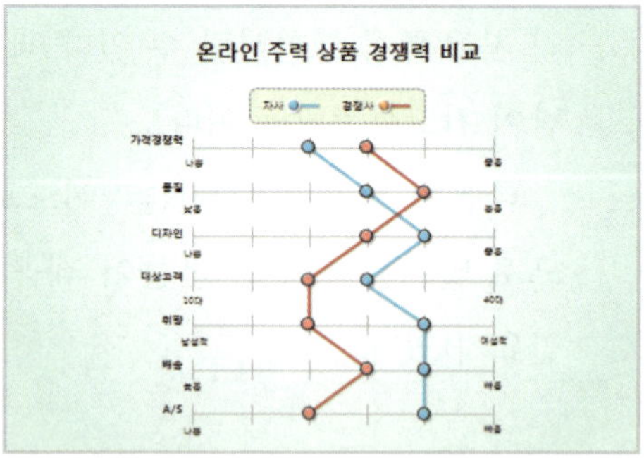

실습 3

- 즉흥식 연설 실습

• 방식

• 평가 : 교수와 학습자 모두가 평가표를 이용하여 점수를 부여한다.

• 내용 : 즉흥식 연설(현장 녹화)

- 학습자는 무작위로 선택한 쪽지에 적힌 상황에 맞춰서 연설을 실습한다.
- 교수는 학습자가 생활 속에서 충분히 마주칠 수 있는 상황을 적은 쪽지를 학습자 수보다 많이 준비한다.

• 시간 : 쪽지에 적힌 상황에 따라 적절한 시간으로 하되 대략 5분 이내가 좋다.
쪽지를 보고 30초 이내에 연설을 시작해야 한다.

• 강평 : 녹화한 영상을 함께 보면서 학습자와 교수 모두 강평한다.

• 착안사항

• 발표 시(학습자)

- 쪽지를 보기 전에는 어떤 상황인지 알 수 없으므로 발표 내용에 대한 부담을 미리부터 가지지 않는다. 내용보다 발표의 외적 형식에 더 비중을 두면 마음이 편하다.
- 쪽지의 내용은, 자신이 평소 접할 수 있는 상황이므로 자신이 제3자의 입장에서 동일한 상황을 목격한 경험이 있을 확률이 높다고 여기며 여유를 가진다.
- 자신이 연설해야 할 상황을 인지한 이후에는 30초 이내에 시작하여 주저하지 않는 인상을 주도록 한다.
- 상황을 인지한 이후 가장 먼저 떠오른 생각을 잘 활용하여 발표를 이어간다.
- 동일한 상황을 체험하거나 목격한 적이 있다면 그 모습을 그대로 재현하기보다는 보다 발전적인 발표를 실천하려고 시도하는 것이 좋다.
- 앞선 발표 실습 시 받은 조언을 반영하려고 노력한다.

• 강평 시(학습자, 교수)
- 발표 울렁증 극복 면에 주목하여 평가한다.
- 내용 전달에 방해가 되는 요인들을 개인별로 상세히 식별하여 주지시킨다.
- 말버릇이나 부담을 느낄 때 나오는 특이행동, 비논리적인 표현, 주어와 술어의 불일치, 은어 사용 등을 짚어준다.
- 평가표에 메모한 내용을 참고하여 구체적으로 알려주는 것이 좋다.
- 단점 지적 시 가능하면 바람직한 모습을 설명하고 이해시킨다.
- 청중이었던 다른 학습자들이 먼저 강평하고 교수는 마지막에 학습자의 강평에서 빠진 부분을 채우거나 특별히 강조하고 싶은 내용 위주로 실시한다.

※ 평가표(예)

구 분	평가					비 고 (세부사항)
	매우미흡	미흡	보통	양호	매우우수	
발음	1	2	3	4	5	
맞춤법	1	2	3	4	5	
논리성	1	2	3	4	5	
구성	1	2	3	4	5	
말버릇	1	2	3	4	5	
순발력	1	2	3	4	5	
제스처	1	2	3	4	5	
특이행동	1	2	3	4	5	
지적사항 개선	1	2	3	4	5	
계						

Chapter

05 | 프레젠테이션 실행 기법

1. 사전 진단사항

프레젠테이션은 특정한 목적을 달성하기 위하여 실시한다. 어떤 내용을 전달하여 이해시킨다거나, 청중들이 화자의 생각을 수용하게 만든다거나, 혹은 어떤 행동을 결행하도록 유도하는 등의 정해진 목적을 이루어 내야만 한다. 그래야만 의미 있는 화법을 실현할 수 있으며, 화자와 청중 사이의 의사소통을 실현할 수 있다.

따라서 프레젠테이션을 효과적으로 실행하려면 사전에 정황, 장소, 청중의 특성을 파악할 필요가 있다. 프레젠테이션이 실시되는 전후의 상황이 어떠한지, 장소와 청중은 어떤 특성을 가지고 있는지 알아야 한다. 이를 파악하기 위해서는 정황, 장소 및 청중의 특수성에 대한 사전 진단이 이루어져야 하며, 그 진단결과를 토대로 하여 적절한 대처방법을 마련해야 한다. 이런 점에서 프레젠테이션 전후의 정황, 프레젠테이션 장소의 특성, 프레젠테이션 참석자들의 성향을 면밀하게 분석해 보아야 한다.

가. 정황 진단

내가 실시하는 프레젠테이션은 어떤 성격을 가지고 있는가, 나의 프레젠테이션 전과 후에는 어떤 일이 있는가, 내가 사용할 수 있는 최대 시간은 몇 분인가 하는 것은 나의 프레젠테이션에 적지 않은 영향을 미친다. 시간이 충분한 경우에 할 수 있는 내용을 짧은 시간에 소화할 수는 없다. 실무적 프레젠테이션에서 다루어야 할 내용을 식사를 곁들인 모임에서 실시할 수는 없다. 이처럼 내가 담당한 프레젠테이션의 정황적 요소들을 사전에 짚어보는 일은 프레젠테이션의 성공을 위해 꼭 필요한 과정이라 할만하다.

1) 모임의 성격은 무엇인가?

모임의 성격은 프레젠테이션 실행에 있어서 크고 작은 영향을 미칠 수 있다. 이 때문에 프레젠테이션을 실시하기 이전에 모임의 성격을 진단하는 것이 중요하다. 첫째, 프레젠테이션이 정기적으로 실시되는가 아니면 수시로 실시되는가 하는 것이다. 정기적 프레젠테이션은 이전부터 유지해온 일반적인 흐름이 있다. 그동안 쭉 적용해온 프레젠테이션 진행방법이나 절차가 있다면, 이를 참고해야 할 것이다. 혹시 나의 프레젠테이션 주제가 다른 사람이 이전에 다룬 주제와 연관성이 있을 경우에는 이러한 상호관계를 반영할 수도 있다. 한편, 수시적 모임은 특정 안건을 논의하기 위해 만들어진 모임이므로, 기존의 진행방법이나 절차, 다뤄진 주제 등을 고려할 필요는 없다.

둘째, 프레젠테이션의 내용과 연관된 특정한 조직 또는 부서가 있는가? 만약 있다면 그 조직에 관한 정보를 사전에 확인할 필요가 있다. 특히, 특정한 조직이나 부서와의 연결고리를 중심으로 하여 발표자가 착안할 사항이 없는지 점검해야 한다. 미리 협조할 사항이 있을 경우에는 사전에 서로의 입장을 조율해서 불필요한 오해나 잡음이 발생하지 않도록 하는 것이 바람직하다.

셋째, 프레젠테이션은 조직의 목적과 목표, 주어진 임무와 분위기 등과 어떤 연관성이 있는가? 모든 조직은 궁극적으로 추구하는 목적을 가지고 있으며, 이를 구체화시킨 목표가 있다. 또한 이러한 목적과 목표를 달성하기 위한 임무를 수행하고 있을 뿐만 아니라, 조직 고유의 분위기를 가지고 있다. 공공기관, 회사, 학교, 부대, 경찰 등의 조직들이 각각 다른 목적과 목표, 임무와 분위기를 가지고 있는 것과 같다. 따라서 발표자는 자신의 프레젠테이션이 조직의 목적과 목표, 임무와 분위기에 어떤 상관성을 가지는지 고려해야 한다.

2) 모임에 특정한 규정이나 관습이 존재하는가?

평소 자주 접하는 조직이나 부서의 구성원을 대상으로 프레젠테이션을 한다면 평상시의 규정과 관습에 준하여 발표를 하면 된다. 하지만 그렇지 않다면 그 조직이나 모임이 가지고 있는 특별한 이념이나 전통, 규범이나 관습이 있는지 미리 파악해야 한다. 또한, 그러한 특별한 요소에 대한 대비 방법도 강구해서 불필요한 마찰이나 감정적 불편함이 발생하지 않게 해야 한다. 예를 들어, 다른 부대에 가서 프레젠테이션을 한다면, 그 부대의 역사, 소중하게 생각하는 전통, 존경하는 상징인물, 평소 즐겨 사용하는 구호 등이 있는지 파악하여 프레젠테이션 내용과 연관 지어 발표내용에 포함시키는 것이 바람직하다. 그러면 발표자와 청중 사이의 심리적 거리감을 좁히고 정서적 유대감을 강화시켜 청중의 몰입도를 높일 수 있다.

3) 프레젠테이션 전과 후에는 무엇이 있는가?

프레젠테이션이 단독으로 진행되는 경우도 있지만, 그렇지 않은 경우도 흔하다. 이렇게 프레젠테이션 전과 후에 다른 프로그램이 있다면 이는 아주 중요한 고려요소가 된다. 전체 프로그램 중 나의 발표는 몇 번째인가, 혹시 첫 번째 또는 마지마 발표는 아닌가, 중요한 이벤트의 바로 전인가 등 나의 발표 전과 후에 어떤 일이 있는지 파악해 두어야 한다.

4) 프레젠테이션은 어떤 방식으로 진행되는가?

프레젠테이션은 여러 가지 방식으로 진행된다. 가장 많이 사용되는 방식은 하나의 프레젠테이션이 끝나면 질의응답 또는 찬반토의가 진행되는 방식이다. 그러나 발표만 진행되는 경우도 있고, 여러 명의 발표를 먼저 진행한 후에 종합토의를 하는 경우도 있다. 토론자가 지정되는 경우도 있고, 모든 참석자들에게 자유롭게 발언권이 주어지는 경우도 있다. 아니면 부서별 순서에 따라 발언권을 줄 수도 있다. 이렇게 어떤 방식으로 진행할 것인지 파악하여 그에 대한 대비를 해둔다면, 발표자는 여유 있고 안정된 상태로 프레젠테이션에 임할 수 있다.

나. 시간과 장소 진단

프레젠테이션을 준비하고 실연할 때 매우 중요한 고려요소는 시간과 장소이다. 주어진 시간과 장소가 프레젠테이션 전반에 상당한 영향을 주기 때문이다.

1) 내가 사용할 수 있는 시간은 얼마인가?

발표자에게 허용된 시간에 따라 주제와 내용, 구성과 전개방법이 달라진다. 또한 최대한으로 쓸 수 있는 시간은 몇 분인가도 파악해 두는 것이 좋다. 애초의 시간계획에 비해 프레젠테이션이 길어지는 경우가 많은데, 이에 대비하기 위해서는 사용 가능시간의 최대치를 미리 알아두어야 한다.

2) 하루 중 몇 시에 시행하는가?

나의 프레젠테이션이 하루 중 몇 시에 시행할 것인지도 중요한 고려요소 중의 하나이다. 아침 일찍 시행하는 프레젠테이션이라면 너무 길고 복잡한 내용은 적절치 않다. 이럴 경우에는 가급적 짧고 분명하게 핵심내용 위주로 분량을 줄이는 것이 효과적이다. 또한, 푸짐한 식사를 앞두고 있다거나, 식사를 마친 직후라면 청중의 집중도가 떨어질 수 있다. 이럴 경우에는 중요한 내용을 반복해서 정리해주고, 복잡한 부분은 친절하게 다시 한 번 설명해주는 것도 필요하다.

3) 발표 장소의 설비와 여건은 어떠한가?

프레젠테이션이 실시될 장소의 설비와 여건도 미리 파악하고, 그러한 설비와 여건에 맞추어 프레젠테이션을 준비해야 한다. 발표 장소는 일반적인 회의실 형태인가 강당 형태인가 아니면 교실이나 사무실 형태인가, 발표 현장에서 직접 필기를 할 수 있는 칠판이나 화이트 보드판이 준비되어 있는가, 의자는 어떤 형태(나열형, ㄷ자형, V자형, 원형, 소그룹형 등)로 배치되어 있는가, 딱딱한 사무용 의자인가 푹신푹신한 의자인가, 컴퓨터와 빔 프로젝터를 사용할 수 있는가, 현장에서 인터넷을 사용할 수 있는가, 동영상 활용이 가능한가, 청중의 얼굴이 잘 보일 정도로 밝은 조명인가 아니면 아늑한 분위기를 자아내는 조명인가, 유선과 무선 마이크를 모두 다 사용할 수 있는가, 청중용 마이크가 별도로 준비되어 있는가 등 프레젠테이션 장소의 여건을 점검해둘 필요가 있다.

다. 청중의 진단

정황, 시간과 장소와 함께 청중의 성격을 진단하고, 그에 맞는 내용으로 프레젠테이션을 구성하는 것이 바람직하다. 똑같은 프레젠테이션을 실시하고 난 후 청중의 반응은 다양하게 나타난다. 어떤 사람들은 발표내용에 찬사를 보내기도 하지만, 어떤 사람들은 무덤덤하게 반응하기도 한다. 때로는 일말의 흥미도 끌지 못하고 아주 지루하게 끝나거나, 격렬한 반발을 불어 일으킬 수도 있다.

그러므로 긍정적이고 우호적인 결과를 얻어내기 위해서는 청중의 성향을 미리 진단해서 그에 대한 처방을 해두는 것이 좋다. 청중의 욕구와 흥미, 성향과 태도에 의해 프레젠테이션의 내용 구성이 달라져야 한다. 발표자의 발언 수준도 그에 맞게 조정되어야 한다. 강하게 발언하는 것이 무방한지, 다소 우회하여 부드럽게 발언하는 것이 유리한지 청중 진단을 통해 점검해 보아야 한다.

청중에 대한 진단이 왜 필요한가는 '조하리의 창(Johari window)'을 통해 쉽게 이해할 수 있다. 조하리의 창은 Harry Ingham과 Joseph Luft가 1955년 처음 제시한 이론으로 타인과의 관계 속에서 자신을 인식하는 방법론의 한 가지이다.

그림 4 | 조하리의 창

	내가 아는 영역	내가 모르는 영역
남이 아는 영역	공개적 영역 (Open area)	보이지 않는 영역 (Blind area)
남이 모르는영역	숨겨진 영역 (Hidden area)	미지의 영역 (Unknown area)

청중 진단을 통해 그들이 아는 영역과 모르는 영역이 드러나게 마련이다. 이를 통해 청중에게 알려줄 내용, 알려주지 말아야 할 내용이 정해진다. 나아가 청중과의 관계망 속에서 발표자가 아는 것과 모르는 것도 판별해낼 수 있다. 이렇게 발표자와 청중이 서로 알고 모르는 영역을 구분해 놓으면, 프레젠테이션이 최종적으로 포함시킬 사항을 찾아낼 수 있을 것이다. 이런 과정이야말로 지피지기(知彼知已), 역지사지(易地思之)의 방법을 통해 프레젠테이션을 성공시키는 좋은 방법이라고 본다.

1) 청중의 규모

청중의 규모에 따라 프레젠테이션 방법이 달라질 수 있다. 대규모의 청중이 모인 자리라면 웅변조 또는 강의조로 발표하는 것이 적당하다. 반대로 몇 사람 정도 모인 소규모 청중이라면 회의 또는 담화조로 말하는 것이 타당하다. 이렇게 청중이 몇 명인가에 따라서 말하는 스타일이 바뀌게 된다.

청중의 규모는 발표 장소의 크기를 결정짓는 기준이 될 뿐만 아니라, 마이크 사용 여부나 의자 배치에도 영향을 준다. 청중의 규모가 작다면 가급적 면대면(face-to-face) 소통이 잘 이루어질 수 있는 의자 배치를 하는 것이 바람직하다. 비대면 소통에 비해 면대면 소통은 쌍방 간에 직접성, 현재성, 교류성이 높은 편이기 때문에 의사소통이 활발하게 이루어진다.(화법용어해설, 135쪽)

2) 청중의 연령

청중이 비슷한 연령대로 구성되어 있는가 아니면 상이한 연령대가 섞여 있는가 하는 점도 중요한 요소이다. 청중의 연령은 곧 청중의 경험과 배경지식을 좌우하며, 궁극적으로 프레젠테이션에 대한 이해수준도 달라지게 만든다.

일반적으로 말해서 연령대가 높아지면 경험과 배경지식이 풍부하기 때문에 이해도도 높아진다. 물론 20~30대 젊은이들에게 익숙한 주제라면 그렇지 않을 수도 있다. 또한, 나이가 많은 사람은 젊은이에 비해 신중한 편이다. 안정성을 지향하고 충동적이지 않다. 그러므로 연령대가 섞여 있을 경우에는 각각의 연령대를 고려하여 내용을 선별하고, 연령대를 포용할 수 있도록 다채로운 표현과 어투를 균형 있게 사용할 필요가 있다.

어느 한 연령대에 치우치다 보면 다른 연령대는 흥미와 관심을 잃어버릴 수 있음을 잊지 말아야 한다.

3) 청중의 성별

청중이 남성, 여성이 구분되어 있는지 아니면 혼합되어 있는지 미리 알아야 한다. 남성과 여성은 흥미와 관심이 다르다. 따라서 남성이나 여성만으로 구성된 청중집단은 성별에 맞는 주제와 내용, 표현을 사용하면 된다. 어떤 주제는 여성 청중 앞에서 말하기 거북한 것도 있고, 어떤 내용과 표현은 사용하면 안 되는 것도 있다. 남성들만으로 구성된 청중이라고 해서 욕설이나 비속어를 사용하는 것도 부적절하며, 여성을 비하하는 표현도 사용하면 안 된다.

특히, 요즘에는 양성평등 인식이 보편화되어 있어서 남녀 차별적인 내용이나 표현을 사용하면 안 된다. 성적인 불쾌감이나 수치심을 불러일으키는 내용과 표현을 말해도 안 된다. 그러한 발언들은 언어적 성희롱에 해당되어 처벌된다는 점을 기억해야 한다. 성 차별과 관련된 작은 말실수가 회복할 수 없을 정도로 심각한 파장을 불러 올 수 있음을 명심해야 한다.

4) 청중의 직업

청중의 직업은 그들의 관심사나 지식, 성향과 분위기 등을 파악하는 훌륭한 잣대이다. 대학생, 군인, 경찰, 상인, 사업가, 교육자, 농부 등 각각의 직업에 따라 구성원들의 특성이 존재한다. 만약 청중의 직업이 대체로 단일하다면, 그들의 직업적 성향이나 특수성을 반영하는 것이 좋다. 동일한 내용이라도 대학생들이 선호하는 표현, 군인들이 익숙한 사례, 경찰에 대한 긍정적 이미지 등을 사용하면 청중들은 프레젠테이션 내용을 자신의 일처럼 받아들인다.

그렇지만 청중의 직업이 단일하지 않은 경우도 많다. 이럴 경우에는 청중을 몇 개의 하위 집단으로 나누, 각 집단의 관심사를 따로따로 취급하는 방법이 효과적이다. 이를 '청중 가르기(audience segmentation)'라고 한다. 청중은 몇 개의 직업군으로 구분한 후, 각 직업군별로 돌아가면서 초점을 맞추는 것이 바람직하다. 그래야만 청중 대다수의 관심을 이끌어낼 수 있다.

5) 청중의 교육수준

청중의 교육수준은 곧 그들의 지식수준을 잘 보여주는 지표이다. 따라서 청중의 교육수준이 높은지 낮은지에 따라서 내용과 표현이 달라져야 한다. 고졸이나 대졸 같이 학력수준을 고려하여 어느 정도까지 내용을 심화할 것인지 결정해야 한다. 내용이 너무 어렵거나 또는 너무 쉽다면 청중의 관심도는 뚝 떨어지게 마련이다. 청중들의 지적 호기심을 자극하기에 충분한 수준으로 내용을 구성하고 표현해야 한다. 따라서 학력수준이 높다면 전문용어와 복잡한 문장을 사용해도 무방하다. 이와 반대로 교육수준이 낮다면 그들이 이해할 수 있게 일반용어, 간단한 문장, 단순한 논리체계를 사용해야 한다.

그런데 청중의 교육수준이 섞여 있다면 어느 수준에 맞추는 것이 적당한가? 정해진 바는 없지만, 일반적으로 중하 수준에 맞추는 것이 좋다고 한다. 너무 어려우면 다수가 이해하기 어렵고, 너무 쉬우면 다수의 흥미를 떨어뜨릴 수 있다. 그러므로 중간 수준으로 맞추되, 조금 더 상세하고 친절하게 설명해주는 것이 적절하다고 한다.

주제에 대한 청중의 지식수준에 적응하는 방법은 다음과 같다.(임태섭, 2010, 71쪽.)

- **주제를 잘 아는 청중**
  - 기초를 설명하는 데 시간을 낭비하지 마라.
  - 청중이 잘 알고 있는 내용만을 이야기하는 것으로 끝나지 말고, 기존의 지식 위에 새로운 지식을 제공할 수 있어야 한다.
  - 새로운 지식은 기존 지식과 연결하여 설명하라.
  - 청중에게 익숙한 전문용어를 사용하라.

- **주제를 잘 모르는 청중**
  - 기초부터 차근차근 설명하라.
  - 한꺼번에 많은 정보를 제공하려는 욕심을 버려라.
  - 전문용어보다는 일반적 용어로 설명하라.

- **주제를 잘 알지만 무관심한 청중**
  - 시작 부분에서 주제가 그들에게 얼마나 중요한가를 강조하라.
  - 설명 도중에도 내용을 그들의 삶과 결부시켜 설명하라.

6) 청중의 태도

청중이 가지고 있는 태도는 곧 그들의 가치체계와 연관되어 있다. 가치체계는 대상에 대한 인식적, 정서적 평가에도 영향을 미친다. 예를 들어 대상을 좋아하거나 싫어하는 평가, 긍정적이거나 부정적인 평가는 결국 태도의 문제라고 할 수 있다. 사람은 누구나 자신의 이익과 관련된 부분이나 자신이 직접 경험해본 부분에 대해서는 비교적 확고한 태도를 가지게 마련이다. 이렇게 이미 확립된 기존 태도에 의해 사람들은 선택적으로 참여하고, 선택적으로 인식하며, 선택적으로 기억하고, 선택적으로 회상한다고 한다.(임태섭, 2010, 64쪽.)

청중의 태도는 발표자와 주제에 대한 태도로 나누어 볼 수 있다.

첫째, 발표자에 대한 청중의 태도이다. 청중이 발표자를 우호적으로 인식하는지 적의적으로 인식하는지, 존경하는지 얕잡아보는지에 따라 발표자의 접근이 달라야 한다. 우호적 청중은 그들과의 우호성을 증대시키는 방향으로 감성적 공감을 확대하는 것이 좋다. 적의적 청중에게는 감성적 접근보다 이성적 접근을 확대하는 것이 효과적이다. 청중이 발표자를 존경하는가 하는 것은 발표자에 대한 신인도(信認度)와 관련이 깊다. 발표자에 대한 청중의 신뢰 또는 인정의 정도에 의해 청중의 태도가 달라진다. 신인도가 높을 때는 좀 더 강한 어투로 요구할 수 있지만, 그렇지 않을 경우에는 발언 수위를 낮추어 불필요한 거부감이나 오해를 줄여야 한다.

둘째, 주제에 대한 태도이다. 주제에 대해 청중들이 발표자와 동일한 태도를 가지고 있는가 그렇지 않은가, 주제에 대한 청중의 흥미와 관심이 높은가 낮은가 하는 문제이다. 발표자와 청중이 동일한 태도를 가지고 있다면 자신의 관점을 입증하기 위한 근거를 최소한으로 제시해도 문제가 없다. 그러나 서로 태도가 다를 경우에는 충분한 자료를 제시하여 청중의 의문을 풀어주어야 한다. 청중이 흥미를 느끼지 못할 때는 이 주제가 왜 중요한지, 청중에게 어떤 이익을 줄 수 있는지 설명함으로써 동기를 유발시켜야 한다.

발표자에게 우호적이거나 적의적인 청중에 적응하는 방법은 다음과 같다.(임태섭, 2010, 68쪽)

• 우호적인 청중

- 서로 동의하는 부분은 입증하려고 노력하지 마라.
  단순히 강조하거나 확대해서 강조하는 것으로 충분하다.
- 입증 절차보다는 주장에 더 신경을 써야 한다.
  행동화를 촉구하라.
  공동의 적을 공격하라.
- 동의하는 정도가 약한 부분에서만 보조자료를 통한 입증이 필요하다.
- 결론을 앞세우고 이에 대한 근거는 차후에 논의하는 직접적(연역적) 접근법이 효과적이다.

• 적의적인 청중

- 청중을 비난하거나 그들의 입장에 반대하지 마라.
  기존의 골을 더 깊게 할 필요는 없다.
- 공통점 또는 동의하는 부분을 찾아서 거기서부터 출발하라.
  아무리 반대하는 사이라도 공통적 가치는 있게 마련이다.
- 일거에 그들의 태도를 바꾸어 놓으려는 생각을 버려라.
  그들이 받아들일 수 있는 부분을 조금씩 늘려가는 것이 최선이다.
- 주장에 대한 근거부터 제시하고, 주장은 맨 마지막에 내세우는 간접적(귀납적) 접근법이 더 효과적이다.

• 동의하지만 행동하지 않는 청중

- 헌혈의 경우처럼 '해야 한다'는 데는 동의하지만 막상 하려고 하면 망설여지는 경우에는 '해야 한다'는 주장이나 이를 뒷받침하기 위한 근거를 제시하는 데 많은 노력을 들일 필요가 없다.
- 망설이는 이유를 찾아내고 그 이유가 터무니없는 사실을 보여주는 데 더 많은 노력을 기울여야 한다.

7) 청중의 기본적 관심과 욕구

프레젠테이션에 참석하는 청중들은 해당 주제에 대해 기본적인 관심과 흥미, 얻고자 하는 특정한 목적을 가지고 있다. 아무런 의미도 없이 참여하는 사람은 없기 때문이다. 따라서 발표자는 청중이 왜 왔을까, 무엇 때문에 왔을까, 무엇을 얻고 싶을까 하는 문제에 자문자답(自問自答)하면서 청중의 관심과 흥미, 욕구를 찾아내야 한다. 이런 것들이 파악되어야 청중의 관심과 욕구를 충족시킬 수 있는 방법을 찾을 수 있을 것이다.

2. 발표불안증의 극복방법

누구나 다수의 사람들 앞에 나서서 말을 할 때는 긴장하게 마련이다. 이는 누구에게나 존재하는 생태적, 심리적, 감정적 긴장이라 할 수 있다. 다만, 긴장의 강도는 조금씩 다르다. 공적 말하기 경험이 많거나 또는 태생적으로 담대한 사람들은 별로 문제되지 않을 정도로 약하게 긴장한다. 하지만 그렇지 않은 사람들은 의사소통이 어려울 정도로 심한 긴장감을 보여준다. 이런 것을 의사소통 불안(communication apprehension), 말하기 공포(speaking anxiety), 연단 공포(stage fright)라고 부르는데, 이 책에서는 발표불안증이라 부르기로 한다.

대부분의 발표자는 발표불안증을 경험한다. 유능한 발표자도 처음 시작할 때는 30초 내지 1분 정도는 가슴이 두근거리는 긴장감을 느낀다고 한다. 많은 사람들은 오히려 약간의 긴장감은 활기 있고 생동감 있는 프레젠테이션을 하는 데 도움을 준다고 한다. 따라서 전혀 긴장하지 않으려 하는 것은 잘못이다. 다만, 긴장감에 너무 시달리지 말고, 그러한 긴장감을 최대한 줄이는 노력이 중요하다. 나아가, 발표 중에 발생하는 심리적 긴장감에서 효과적으로 벗어나는 능력을 길러야 한다.

가. 발표불안증이란 무엇인가?

발표불안증이란 말하기 무대 공포, 수줍음, 부끄러움과 같이 여러 사람 앞에서 말을 하는 과정에서 개인이 겪는 심리적 불안 증세를 말한다. 이런 불안 증세는 다른 사람과 일대일 대화를 하거나, 몇몇 사람이 모여 소그룹으로 토의를 할 때, 또는 다수의 청중 앞에서 대중 연설을 할 때 등 여러 경우에 일어난다. 일반적으로 청중의 규모가 커질수록, 그리고 발표자의 노출이 심할수록 불안 증세가 강화되는 경향이 있다.

이러한 불안 증세는 타인과의 의사소통을 방해하는 주요한 장애요소 중의 하나이다. 불안 증세가 심할 경우에는 말을 더듬거나 땀을 흘리는 등 생체적 징후가 나타나기도 하고, 심리적 위축 현상이 일어나 자신감을 잃어버리게 된다. 정도의 차이는 있으나 이러한 발표불안증은 누구에게나 발생한다. 따라서 발표불안증이 일어나는 구체적 원인을 찾아내어 효과적으로 대처하는 것이 더욱 중요하다.

나. 발표불안증의 원인과 징후

발표불안증의 원인은 크게 세 가지로 나누어 생각할 수 있다. 첫째는 발표 준비를 충분히 하지 못했을 경우이고, 둘째는 예기치 않은 상황 변화가 일어났을 경우이며, 셋째는 화자 자신의 내적 요인이다.

1) 준비 불충분

무슨 일이든지 준비가 불충분하면 문제가 발생한다. 이와 마찬가지로 프레젠테이션도 사전 준비가 충분하지 않을 경우 발표불안증이 일어난다. 주제 선정, 자료의 수집과 정리, 논리적 전개, 시각자료 작성, 주요내용 암기, 리허설, 발표장 확인에 이르기까지 어느 한 부분에서 준비가 충분하지 않으면 불안증을 불러일으킬 수 있는데, 구체적인 경우를 제시하면 다음과 같다.

- 청중에게 도움을 줄 수 있다는 자기 확신이 약한 경우
- 어느 한 부분의 내용이 빈약하다고 생각하는 경우
- 자료에 대한 배경지식이나 이해가 부족한 경우
- 자신이 직적 확인 못한 자료가 포함되어 있는 경우
- 주요한 핵심 내용을 숙지 또는 암기하지 못한 경우
- 전체적인 흐름과 내용 전개를 숙지 또는 암기하지 못한 경우
- 노트북이나 빔 프로젝터 같은 장비 작동에 익숙하지 않을 경우
- 발표 연습을 충분히 반복하지 못했거나 리허설을 하지 못한 경우
- 발표장의 설비와 여건을 미리 확인하지 못한 경우
- 발표시간에 임박해서 또는 늦게 도착한 경우
- 발표 원고나 중요한 참고자료를 가져오지 않은 경우

2) 예기치 않은 상황 변화

프레젠테이션은 애초에 계획한 대로 실시되었다고 해도 어느 정도의 발표불안증은 발생한다. 하물며 발표 중에 예기치 않은 상황이 벌어진다고 생각해보자. 갑자기 발생한 상황은 발표자를 매우 당황스럽게 만들 것이며, 이러한 당혹감은 발표불안증을 불러올 수 있다.

- 발표자가 중대한 실수를 범했을 경우 : 말을 잘못했을 때, 최초 계획대로 발표가 전개되지 않았을 때, 말할 내용을 잊어버렸을 때 등
- 예기치 않은 인물이 등장했을 경우 : 갑자기 상급자가 방문했을 때, 발표자가 싫어하는 인물이 나타났을 때 등
- 발표장소의 설비가 고장 났을 경우 : 전기가 끊어지거나 전등이 나갔을 때,

컴퓨터나 마이크, 빔 프로젝터가 고장 났을 때, 냉난방 시설이 고장 났을 때, 동영상 작동이 정지되었을 때 등

- 청중들의 부정적 반응이 심할 경우 : 시종일관 무관심할 때, 기대하는 반응(웃음, 박수, 연호 등)이 일어나지 않을 때, 다수가 졸거나 다른 행동을 할 때, 불만을 토로할 때, 불쾌한 반응을 표출할 때, 야유를 퍼부을 때 등
- 갑작스럽게 발표시간이 변경되었을 경우 : 처음 약속된 시간보다 짧게 줄여달라고 할 때, 발표순서가 바뀌었을 때 등
- 과중한 책임 또는 부담이 주어졌을 경우 : 상급자가 발표를 잘해야 한다고 요구했을 때, 프레젠테이션의 성패가 개인 혹은 조직에 큰 영향을 줄 수 있을 때(표창, 진급, 보상 등), 발표에 대한 평가가 예정되어 있을 때

3) 발표자 자신의 내적 요인

발표자 자신과 관련된 요인으로 인해 발표불안증이 일어나기도 한다. 이런 불안 증세는 개인의 성향과 관련된 인식적, 정서적 요인에 의한 것이기 때문에 '성향적 불안'이라고 부른다. 이에 해당하는 구체적인 예는 다음과 같다.

- 부정적인 자아개념이 강할 경우
- 외모 또는 신체와 관련된 콤플렉스가 있을 경우
- 지나치게 소극적이고 부끄러움을 타는 성격일 경우
- 대중적 말하기 경험이 부족한 경우
- 과거에 크게 실패했던 대중적 말하기 경험을 가지고 있는 경우
- 낯선 사람이나 환경에 빨리 적응하지 못하는 성격일 경우

다. 발표불안증의 징후

발표불안증이 발생하면 음성적, 생리적, 신체적 측면에서 여러 가지 징후들이

나타난다. 이러한 징후들은 발표자 자신도 대부분 인지할 수 있지만, 불안 증세가 심할 때는 발표자 자신은 징후를 인지하지 못하는 경우도 있다. 따라서 프레젠테이션 중에 다음과 같은 징후가 나타나면, 이에 당황하지 말고 냉정하고 지혜롭게 대처해 나가야 한다.

1) 음성적 징후

- 말소리가 급격히 커지거나 작아진다.
- 말의 속도가 갑자기 느려지거나 빨라진다.
- 말을 더듬거린다.
- 괜히 헛기침을 하거나 '음-, 어-' 같은 의미 없는 말을 반복한다.
- 발음이 불명확해진다.
- 말이 어눌해진다.
- 말이 떨린다.
- 말이 매끄럽게 이어지지 않고 끊어진다.

2) 생리적 징후

- 가슴이 두근거린다.
- 숨이 가빠지거나 심할 경우 호흡이 곤란해진다.
- 입술이 떨리거나 얼굴 근육이 경직된다.
- 머리, 손, 몸에서 식은땀이 난다.
- 얼굴이 빨갛게 달아오르거나 하얗게 창백해진다.
- 눈앞이 뿌옇게 보인다.
- 다리 또는 온몸에 힘이 빠진다.

3) 신체적 징후

- 청중을 외면하고 천장이나 창밖을 바라본다.
- 고개를 숙이고 바닥을 내려다본다.
- 청중과 시선을 맞추지 못한다.
- 다리를 떨거나 손을 만지작거린다.
- 연단을 불필요하게 왔다갔다 한다.

라. 발표불안증 극복방법

발표불안증은 자신에게 어떤 원인이 있는지, 또한 그에 어떻게 대처할 수 있는지만 알면 얼마든지 극복할 수 있다.

첫째, 준비를 철저히 하고 큰 목소리로 연습하라. 이는 준비 불충분으로 인한 발표불안증을 해소하는 최선의 방법이다. 면밀하게 발표자료를 준비하고, 이를 완전하게 숙지해야 한다. 중요한 핵심내용은 암기하는 것이 좋고, 프레젠테이션의 전체적 흐름을 충분히 꿰뚫고 있어야 한다. 가장 중요한 것은 구두 연습이다. 가능하다면 발표 장소에 가서 실제처럼 리허설을 하는 것이 효과적이다. 누가 얼마나 많이 연습을 했느냐가 프레젠테이션의 성패를 결정한다고 해도 과언은 아니다.

둘째, 사전에 청중과 친숙해져라. 청중은 단순히 프레젠테이션을 듣는 사람이 아니다. 발표가 잘 되었는지 잘못 되었는지 평가하는 사람이다. 이렇게 평가를 받는다고 생각하기 때문에 프레젠테이션은 심리적 부담과 더불어 발표불안증을 불러온다. 따라서 청중이 발표자에 대해 우호적인 태도를 가질 수 있도록 만드는 것이 필요하다. 참석 예정자를 찾아가 인사를 나눈다든지, 또는 발표내용에 대해 미리 이야기를 해보는 것도 좋다. 특히, 평소 적대적 태도를 가진 참석

예정자에게는 핵심논점에 대해 사전에 이야기를 나누어 보는 것도 효과적인 방법이다.

셋째, 청중에 대한 인식을 바꿔라. 청중은 나의 성공을 바라고 있다고 생각하자. 또한 청중은 나에게서 필요한 것을 얻으려 한다고 생각하자. 청중이 프레젠테이션에 참석한 것만으로도 나에게 엄청난 신뢰를 보낸 것이며, 나에게서 무언가 중요한 것을 얻을 수 있다고 생각한다고 할 수 있다. 청중 입장에서는 실패하거나 별다른 도움이 되지 않을 프레젠테이션에 굳이 참석할 이유는 없다. 따라서 청중을 두려움을 주는 존재로 여기지 말고, 나의 성공을 바라는 존재, 나에게서 가치 있는 정보와 견해를 얻고자 하는 존재로 생각하도록 한다.

넷째, 신체적 움직임을 통해 긴장감을 해소시켜라. 프레젠테이션을 앞둔 상황에서는 긴장감이 고조될 수 있다. 이때 목 돌리기, 팔다리 흔들기, 허리 돌리기, 무릎 돌려주기 등 간단한 신체 동작을 통해 긴장을 해소시킬 수 있다. 이러한 목적으로 버트램 콕스(Bertram-Cox)가 고안한 것이 바로 '발표불안증 극복 체조'이다.(임태섭, 2010, 45쪽.)

- 심호흡을 천천히 여러 번 반복한다.
- 혀와 턱을 풀어준다.
- 바른 자세를 유지한다.
- 손과 손목의 힘을 빼고 풀어준다.
- 어깨와 등을 똑바로 하고 앉은 다음 배를 당긴다.
- 머리와 목에 힘을 빼고, 천천히 좌우로, 그리고 아래위로 돌린다.

다섯째, 불안감에 매몰되지 말고 자신감을 가져라.

불안감은 부정적 자아개념이 강할수록 높아진다. 반대로 긍정적 자아개념이 강해지면 불안감은 그만큼 약해진다. 따라서 발표불안증이 자신에게만 있는 콤

플렉스가 아니고, 누구에게나 존재하는 보편적 현상임을 먼저 인식할 필요가 있다. 불안감을 두렵고 당혹스럽게 여기지 말고, 두려움을 극복하라는 긍정적 신호로 받아들이는 태도를 가져야 한다. 또한, 자기 자신을 과소평가하지 말고, 유창하게 말할 수 있다는 자신감을 가져보자. 머릿속으로 성공적인 프레젠테이션을 하는 자신의 모습을 그려보는 것도 좋은 방법이다.

3. 단계별로 정리한 프레젠테이션 기법

프레젠테이션은 대체로 '입장 전-입장-발표[서두, 본론, 결말]-퇴장'의 4단계로 진행된다. 글쓰기의 최종 산물은 '서두-본론-'결말로 이루어진 한 편의 글이다. 주제 선정, 자료 수집과 정리, 제목 붙이기, 개요 짜기, 초고쓰기, 수정하기 등을 거쳐 글이 완성되면 필자의 역할은 끝난다. 이러한 과정은 프레젠테이션 발표자료를 준비하는 단계에서도 동일하게 이루어진다.

그러나 필자의 역할과 달리, 발표자의 역할은 발표 단계를 전후로 하여 몇몇 단계가 더 추가되어 있다. 프레젠테이션은 입장 전 단계부터 퇴장 단계에 이르기까지 일련의 과정을 거쳐야 종결된다. 이것이 글쓰기와 프레젠테이션의 큰 차이점이다. 프레젠테이션은 청중을 대상으로 하는 '공연(公演)'의 일종이다. 발표자와 청중이 면대면(面對面) 상황에서 서로의 생각을 나누고, 의견의 차이를 좁히며, 하나의 협의점을 끌어내는 '쇼(show)'와 같은 것이다.

이러한 발표와 토의 형식으로 이루어지는 쇼의 발표자는 주인공이자 연출자의 역할을 함께 담당해야 한다. 발표자는 주인공으로서 발표내용을 효과적으로 표현하여 전달해야 하며, 또한 연출자로서 전체적으로 우호적 분위기 속에서 발표가 이루어질 수 있도록 프레젠테이션을 연출해내야 한다. 발표자의 이러한 역할이 매끄럽게 진행되었을 때 청중과의 간격을 좁힐 수 있으며, 그들의 긍정적인 호응을 이끌어낼 수 있다.

가. 입장 전 단계

프레젠테이션은 연단에 입장할 준비를 하면서부터 시작된다. 즉, 별도의 대기 장소 혹은 지정좌석에 앉아서 기다리는 순간부터 프레젠테이션은 시작된다고 보는 것이 합당하다. 청중들도 대개 10분전쯤 발표장에 도착하여 화장실도 가고 음료를 마시면서 프레젠테이션의 시작을 기다린다. 이때 청중들은 주변의 다른 사람들과 인사도 하고 대화를 나누기도 한다. 그러면서 어떤 내용이 발표될 것인지 궁금해 하고, 발표될 내용에 대한 기대감을 드러내면서 프레젠테이션을 경청할 신체적, 정신적 준비를 한다.

청중들과 마찬가지로 입장 전 10~20분은 발표자에게도 매우 중요한 시간이다. 물리적으로는 짧은 시간에 불과하지만, 이때 어느 정도 발표장소와 청중에게 적응하는가에 따라 프레젠테이션의 성패가 좌우될 수도 있다. 이와 같이 입장 전 단계의 준비는 매우 중요하다.

입장 전 단계는 프레젠테이션을 하기 전에 대기 장소에서 기다리는 시간으로 대략 10~30분 정도이다. 이 시간은 아주 짧은 시간이지만, 입장 전 단계에 마지막 점검을 하는 데는 매우 유용한 시간이다. 따라서 이렇게 귀중한 시간을 허비하지 않고 쓸모 있게 사용하기 위한 요령을 알아둘 필요가 있다.

1) 자신에 대한 점검

① 발표 장소에 최소한 10분 정도 일찍 도착하라.

계획된 시간에 임박해서 도착하거나 또는 발표 시간에 지각하는 것은 최악이다. 적어도 10분전에 도착해야 최소한의 준비시간을 확보할 수 있다. 입장 전 준비시간이 부족하게 되면, 현장 분위기에 적응하지 못한 채 입장을 서두를 수밖에 없다. 이럴 경우 어수선한 초반 분위기 속에서 허둥대면서 프레젠테이션을 시작하게 된다. 초반에 청중을 휘어잡지 못하면 프레젠테이션의 성공을 기대하기 어렵다. 청중들을 몰입시키는 데는 초반의 1~3분이 가장 중요하다. 이때 분위기를 활기차고 진지하게 만들어야 매끄러운 발표가 가능하다.

② 복장과 외모를 점검하라.

청중에게 가장 먼저 노출되는 것은 발표자의 복장과 외모이다. 청중은 겉모습을 통해 발표자에 대한 첫인상을 갖는다. 깔끔하고 상황에 맞는 용모와 복장은 청중들에게 강한 신뢰감을 준다. 긍정적인 첫인상과 강한 신뢰감은 이어지는 발표에도 긍정적 효과를 가져 온다. 이러한 초두효과(初頭效果) 내지 후광효과(後光效果)를 거둘 수 있도록 깔끔한 복장과 외모를 갖추어야 한다.

남성 발표자의 경우, 수염을 깎거나 깨끗한 정장 옷차림을 하는 것은 기본이다. 군복이나 경찰복 같은 정해진 제복이 있다면 문제없지만, 그렇지 않다면 진한 회색이나 감청색, 검정색 정장을 하는 것이 무난하다. 와이셔츠와 넥타이는 정장 색상에 맞추는 것이 좋다. 구두는 검정색을 신고, 윤기 나게 닦아야 한다. 양말은 반드시 검정색을 신어야 한다. 흰색이나 회색같이 눈에 띄는 양말은 피해야 한다. 머리는 미리 손질해서 더부룩하지 않게 하고, 특히 앞머리가 흘러내리지 않도록 무스나 스프레이로 고정시키는 것이 좋다.

여성 발표자는 밝고 건강한 느낌을 줄 수 있는 화장을 하고, 입술은 생기 있는 색상의 루즈를 연하게 바르는 것이 좋다. 옷차림은 무난한 색상의 정장 차림이 좋다. 이때 치마 길이는 무릎에 닿을 정도가 좋으며, 너무 짧은 치마는 착용하지 않는 것이 바람직하다. 구두는 검정색, 갈색 등이 무난하며 스타킹은 깨끗한 인상을 주는 살색 스타킹을 착용한다. 화려한 원색이나 선명한 무늬가 있는 스타킹은 피해야 한다. 귀걸이, 반지, 브로치 같은 액세서리는 가급적 착용하지 않는 것이 바람직하다. 특히, 요란스럽게 반짝거리거나 흔들거리는 액세서리는 피하는 것이 좋다. 부득불 액세서리를 착용한다면 몸에 딱 붙는 작은 크기로 하도록 한다.

남성이든 여성이든 간에 너무 '튀는' 복장과 외모는 하지 말아야 한다. 튀는 복장과 외모는 청중들의 주의를 분산시켜 발표에 몰입하는 것을 방해한다. 따라서 입장전 단계에 전신(全身) 거울에 자신의 모습을 비추어 보면서 과도하게 눈에 띄거나 거슬리는 부분이 없는지 점검하는 것이 좋다.

③ 미리 화장실에 다녀오라.

심리적으로 긴장하게 되면 예기치 않은 생리현상이 나타날 수 있다. 발표시간 정도는 참을 수 있을 것 같지만, 막상 청중 앞에 서면 소변이 마려워지기도 한다. 설사 소변이 마렵지 않더라도 입장 직전에 소변을 보는 것이 바람직하다.

④ 목소리가 정상적인지 점검하라.

특히, 오전에 발표가 계획되어 있을 경우에는 목이 잠기지 않도록 목을 풀어주어야 한다. 입술을 크게 벌려 '아아아~' 소리를 내거나, 입 꼬리를 올렸다 내렸다 반복하면 성대와 입 주변의 근육을 이완시켜 발음을 명확하게 하는 데 도움이 된다. 또한, 두 손으로 얼굴을 문질러 주거나 관자놀이나 인중, 눈이나 턱 주위를 마사지해 보자. 그리고 눈꼬리를 올렸다 내렸다 반복해 보자. 그러면 안면 근육들이 이완되어 심리적 안정감을 높여주며, 발표 직전의 긴장감을 감소시킬 수 있다.

목소리를 점검하는 방법은 여러 가지가 있으나 간단한 것 두 가지만 소개하기로 한다. 첫 번째는 '한글 가나다라 도표'를 빨리 읽는 방법이다. 도표를 가로 또는 세로, 대각선 방향으로 빠르게 읽어보자. 이때 중요한 것은 한 글자 한 글자를 정확하게 발음하는 것이다.(백미숙, 2013, 195 및 198쪽.)

표 3 | 목소리 점검용 한글 가나다라 도표

한글 가나다라 도표													
가	나	다	라	마	바	사	아	자	차	카	타	파	하
갸	냐	댜	랴	먀	뱌	샤	야	쟈	챠	캬	탸	퍄	햐
거	너	더	러	머	버	서	어	저	처	커	터	퍼	허
겨	녀	뎌	려	며	벼	셔	여	져	쳐	켜	텨	펴	혀
고	노	도	로	모	보	소	오	조	초	코	토	포	호
교	뇨	됴	료	묘	뵤	쇼	요	죠	쵸	쿄	툐	표	효
구	누	두	루	무	부	수	우	주	추	쿠	투	푸	후
규	뉴	듀	류	뮤	뷰	슈	유	쥬	츄	큐	튜	퓨	휴
그	느	드	르	므	브	스	으	즈	츠	크	트	프	흐
기	니	디	리	미	비	시	이	지	치	키	티	피	히
개	내	대	래	매	배	새	애	재	채	캐	태	패	해
게	네	데	레	메	베	세	에	제	체	케	테	페	헤

두 번째는 발음하기 어려운 문장을 반복해서 읽어보는 방법이다. 이 방법은 재미있기도 하지만, 특히 빠른 시간 내에 입 주변의 근육을 부드럽게 풀어주는 효과가 있다.

- 저기 저 콩깍지가 깐 콩깍지냐 안 깐 콩깍지냐?
- 저 분은 백 법학박사이고, 이 분은 박 법학박사이다.
- 작년에 온 솥 장수는 새 솥 장수이고, 금년에 온 솥 장수는 헌 솥 장수이다.
- 한영양장점 옆 한양양장점, 한양양장점 옆 한영양장점
- 서울특별시 특허허가과 허가과장 허과장
- 앞집 팥죽은 붉은 팥 풋팥죽이고, 뒷집 콩죽은 햇콩 단콩 콩죽이다.
- 경찰청 철창살은 쇠철창살이고, 검찰청 철창살은 외철창살이다.
- 강낭콩 옆 빈 콩깍지는 완두콩 깐 빈 콩깍지이고, 완두콩 옆 빈 콩깍지는 강낭콩 깐 빈 콩깍지이다.

⑤ 가벼운 스트레칭으로 긴장을 이완시켜라.

공연을 앞둔 배우나 가수처럼, 발표자가 대기 장소에서 기다리는 시간은 매우 긴장된 순간이다. 평상시에는 멀쩡하다가도 프레젠테이션이 다가오면 올수록 심리적 압박감은 커진다. 이럴 때는 불안증 극복체조를 실시해 보자. 팔 휘두르기, 목 돌리기, 허리 돌리기, 앉았다 일어서기, 두 다리를 넓게 벌리기, 무릎 돌리기 같은 간단한 스트레칭만으로도 불안증을 감소시킬 수 있다.

2) 설비 점검

① 사용할 장비를 곧바로 사용할 수 있게 조작해 두라.

우선, 컴퓨터와 빔 프로젝터, 노트북과 빔 프로젝터를 연결하여 정상적으로 작동되는지 확인한다. 그런 다음 발표할 파일을 열어 투사해 본다. 만약 발표자가 여럿이라면 내 차례가 되었을 때 빠르고 간편하게 파일을 열 수 있도록 조치해 둔다. 아울러, 최소한 알아야 할 조작법을 익히는 등 발표 현장의 전산장비에 적응해 두는 것이 필요하다.

② 발표할 컴퓨터 파일을 열어 편집상태가 이상 없는지 확인하라.

장비가 바뀌면 전산 프로그램의 버전이 달라서 파일 편집 상태가 조금씩 흐

트러질 수 있다. 한글이나 파워포인트 자료의 글자체, 그림, 색상, 좌우 여백 등이 약간씩 깨지기도 한다. 평소 잘 작동되던 동영상 자료도 막상 발표 현장에서는 작동이 잘 안 되는 경우도 있다. 이러한 전산사고는 사실 매우 사소한 일이지만, 그것이 미치는 영향은 상당하다. 발표자를 당황하게 만들고 불안 증세를 고조시켜 결국에는 프레젠테이션 전체를 망가뜨릴 수도 있다.

따라서 이런 사소한 문제가 없는지 미리 점검해 두어야 한다. 전산 장비와 프로그램은 매우 편리하지만, 언제 어디서나 크고 작은 문제가 발생할 수 있음을 잊지 말아야 한다. 사소한 전산사고를 막을 수 있는 최선의 방법은 철저한 사전 점검이다. 발표자가 현장에서 직접 조작해보고 확인하지 않으면 이러한 실수를 막을 길이 없다. 작은 구멍이 큰 둑을 무너뜨릴 수 있음을 알아야 한다.

③ 레이저 포인터나 지시봉을 확인하라.

파워포인트 같은 발표 자료를 사용할 때 쓸 레이저 포인터가 이상 없는지 점검한다. 레이저 포인터의 불빛이 약해졌을 때는 전지를 미리 교체해 둔다. 경우에 따라서는 지시봉을 사용하는 것이 효과적이기도 하다. 칠판이나 화이트보드에 필기된 내용을 설명하거나, 별도로 준비한 샘플이나 물건을 설명할 때는 지시봉을 사용하는 것도 괜찮다. 그러므로 프레젠테이션을 할 때는 레이저 포인터와 지시봉을 모두 지참하는 것이 좋다.

④ 마이크와 스피커 상태를 확인하라.

마이크와 스피커 같은 음향장치는 설치 장소와 제품, 또는 발표자의 음색에 따라 특성이 있다. 발표장의 크기와 천장 높이에 따라 볼륨이 적절한지, 울림 현상은 없는지 실제 발표 위치에서 점검한다. 또한 목소리의 톤이 높고 낮음에 따라 볼륨을 조정해야 한다. 일반적으로 남성보다 여성이 말하는 것이 더 선명하게 들린다. 여성의 목소리가 가늘고 높은 톤이기 때문이다. 이처럼 자신의 음색에 맞도록 볼륨과 에코 기능을 조절해 둔다. 그러므로 마이크에 따라 목소리를 포착해서 확성시키는 방식이 다르다는 점을 알고, 자신의 목소리가 선명하게 잘 들릴 수 있게 미리 조정해 두어야 한다.

기본적인 마이크 조작법도 미리 익혀 둔다. 마이크를 켜고 끄는 법, 마이크 스탠드 높이를 조절하는 법 정도는 알아두어야 한다. 또한 일반적으로 마이크와 입은 10센티미터 정도 간격을 띄는 것이 좋다. 마이크에 너무 가깝게 대고 말하면, 목소리가 너무 크거나, 발표자의 숨소리같이 불필요한 것까지 들리게 해서 청중들을 불편하게 한다.

이와 더불어 가급적 무선 마이크를 사용할 수 있게 조치해두는 것이 좋다. 발표자는 연단에서만 머물지 않는다. 연단 좌우로 크게 움직이기도 하고, 연단 아래로 내려와 청중 가운데까지 움직이기도 한다. 그런데 유선 마이크만 설치되어 있다면 발표자는 자유롭게 움직일 수 없다. 따라서 이렇게 크게 움직일 계획이 있을 경우에는 사전에 무선 마이크를 설치해 달라고 요청해 두어야 한다.

⑤ 샘플 같은 시각자료를 원하는 자리에 위치시켜라.

백문(百聞)이 불여일견(不如一見)이라는 말처럼, 어떤 대상을 직접 보여주는 것이 더 효과적일 때도 있다. 경우에 따라서는 보조자(조교)의 도움을 받아 청중들이 보는 자리에서 직접 시범을 보일 수도 있다. 이렇게 프레젠테이션 중에 청중에게 직접 보여줄 샘플이나 시범을 시각적 보조물이라고 한다. 보여줄 샘플은 곧바로 쓸 수 있도록 계획된 자리에 위치시키고, 보조자에게도 시범 보일 위치를 미리 알려주어야 한다. 그래서 실제 샘플이나 시범을 보일 때, 우왕좌왕해서 기다리는 시간이 발생하지 않도록 한다.

3) 발표 장소에 대한 적응

① 발표 현장의 분위기에 적응하라.

발표 장소가 이전에 가보았던 익숙한 곳이라면 별다른 문제가 없을 것이다. 그렇지 않고 처음 가보는 장소라면 사정이 다르다. 뒤에서의 느낌과 앞에서의 느낌은 아주 다르다. 특히, 연단이 있는 장소는 더욱 느낌이 다르다. 그래서 입장 전 대기 시간에 연단에 올라서서 발표 장소의 조명 상태, 연단 배치 상태, 좌석 배열 상태, 청중과의 거리, 출입구의 위치 등을 눈으로 확인해둘 필요가 있다.

밝기를 조절할 수 있는 조명 장치가 되어 있다면, 영상자료 사용 시에는 약간 어둡게 해주는 것이 좋다. 하지만, 조명을 완전히 끄는 것은 적절치 않다. 약간의 조명만 있어도 청중과의 상호작용에 엄청난 효과가 있기 때문이다. 따라서 만약 발표 장소가 가까운 곳에 있다면 미리 가서 현장을 살펴보고, 실제와 비슷한 상황에서 리허설을 해보는 것이 좋다. 이처럼 미리 발표 현장의 분위기에 적응해 두어야만 마음이 안정되고 긴장도가 낮아진다.

② 청중석에 앉아 방해요소가 없는지 찾아보라.

발표자와 청중은 같은 장소에 있지만, 그 느낌은 정반대인 경우가 많다. 예를 들어, 한여름에 실내온도를 20℃로 해두었다고 하자. 청중들은 시원하다고 느낄지 모르지만, 발표자는 덥다고 느낄 수 있다. 이처럼 청중의 입장에서 주의를 분산시킬 요소가 없는지 살펴본다. 혹시 창문이 많은 건물이라면 커튼을 쳐서 청중이 밖을 내다보지 않도록 한다. 연단이 잘 보이지 않는 자리가 있으면, 발표자가 잘 보일 수 있게 좌석 배치를 바꾸어 둔다. 소음이 나는 경우에는 그 원인을 제거한다. 소음이 나는 장비 중 불필요한 것은 꺼두고, 외부에서 소음이 나면 창문을 닫아둔다. 오랫동안 사용하지 않아 퀴퀴한 냄새가 난다면 창문과 출입문을 열어 환기시킨다.

③ 일찍 도착한 참석자와 인사 또는 대화를 나누어라.

프레젠테이션은 발표자와 청중이 함께 만들어내는 공동 작업이다. 발표자가 주도하지만 청중의 호응이 필수적이라는 말이다. 따라서 발표자는 청중의 호응을 이끌어내기 위해 노력해야 하는데, 이는 입장 전 단계에서부터 시작된다. 발표장에 일찍 도착한 사람들에게 먼저 다가가 인사를 나누고 가벼운 대화를 하자. 만일 음료가 준비되어 있다면 그들과 함께 음료를 나누어 마시는 것도 좋다. 짧은 만남이지만, 이것만으로도 발표자와 청중 사이의 심리적 간격을 좁힐 수 있다.

④ 프레젠테이션에 도움이 될 만한 청중을 찾아내라.

청중 중에 아는 사람이 있다면 프레젠테이션에 크게 도움이 된다. 만약, 아는 사람이 전혀 없다면, 대기 시간 중에 미소를 띠고 있는 사람이라도 찾아본다. 그런 사람은 기분이 좋은 상태이기 때문에 비교적 쉽게 나의 견해에 동조할 가능성이 높다. 이렇게 안면이 있거나 나의 말에 동조할 사람이 몇 명이라도 있다면, 실제 프레젠테이션을 하는 도중에 그들을 활용하여 진행할 수 있다.

또한, 어떤 기관이나 조직의 구성원을 상대로 한 프레젠테이션이라면, 최고위 상급자나 고위간부가 누구인지 미리 알아둔다. 상급자나 고위간부가 긍정적으로 반응하면 다른 사람들은 대체로 긍정적인 반응을 보인다고 한다. 비슷비슷한 지위를 가진 여러 사람이 참석했다면 그들 중에서 핵심인물이 누구인지 파악해 두는 것도 좋다. 지위는 비슷하지만 조직 내 역학관계에서 힘을 발휘할 수 있는 실세가 누구인지 알아 둔다. 이와 같이 조직을 움직이는 핵심인물을 파악해서 그의 긍정적 반응을 이끌어내는 데 우선적으로 집중한다. 발표자의 견해를 수용할 것인지 최종적으로 결정하는 사람은 바로 핵심인물이다.

⑤ 입장할 때의 동선(動線)을 미리 구상하여 연습해 두라.

대기 장소에서 발표 위치에 가는 최적의 동선을 구상해 둔다. 가장 빨리 발표 장소에 도달하는 동선이 좋다. 발표자가 위치하기까지 너무 많은 시간이 소요되어서는 안 된다. 직선으로 갈 것인지 돌아서 갈 것인지, 연단에 올라갈 경우 중앙 계단을 이용할 것인지 아니면 좌측(또는 우측) 계단을 이용할 것인지 정해둔다. 앞에 나가서 인사하는 위치는 어디인지, 인사가 끝나고 본격적인 발표를 시작하는 지점은 어디인지도 구상해 둔다. 이러한 구상이 끝나면 그에 따라 한두 번 연습해 보도록 한다.

⑥ 대기 장소에 앉아서 순서대로 발표내용을 되뇌어 보라.

가상의 리허설을 해 보라는 말이다. 아무리 사전 연습을 많이 했다고 해도, 프레젠테이션을 앞둔 상황에서는 심리적 긴장감이 고조되게 마련이다. 때로는 잠시 후에 발표할 내용이 잘 생각나지 않아 멍한 상태가 되기도 한다. 이럴 때는 머릿속으로 발표내용을 순서대로 짚어보는 것이 효과적이다. '1쪽, 2쪽, 3쪽…… 마지막 쪽' 순으로 핵심내용, 중요한 근거, 사용할 보조물, 제스처, 청중에게 질문할 사항 등을 떠올려 본다.

프로 선수들이 사용하는 훈련방법 중에 심상화(心象化 visualization) 기법이라는 것이 있다. 주로 잠들기 전에 침대에 누운 상태로 자신의 긍정적인 이미지를 아주 자세하게 상상하는 것이다. 야구 선수는 안타나 홈런을 치거나 멋진 수비를 해내는 모습을 아주 상세한 부분까지 상상한다. 축구 선수는 총알 같이 빠르고 예리한 프리킥을 차거나 코너킥을 절묘하게 헤딩슛으로 연결하는 모습을 마음속으로 그린다. 씨름 선수는 샅바를 잡고 힘을 겨루다가 들배지기에 이어 호미걸이로 상대편을 모래판에 쓰러뜨리고, 청중석을 향해 환호하며 가마를 타는 자신의 모습을 떠올린다. 이런 심상화 기법처럼 입장전 단계에 정밀하게 실시하는 가상의 리허설은 좋은 효과가 있다.

⑦ '나는 잘 할 수 있다.'라고 마인드 컨트롤을 실시하라.

프레젠테이션을 망치게 하는 큰 요인 중의 하나는 자신감 부족이다. '나는 훌륭한 발표자이다', '나는 이 분야의 최고 전문가이다', '내 프레젠테이션의 주제는 아주 매혹적이어서 청중들이 좋아할 것이다'라는 말을 마음속으로 되뇌어 보자. 그러면 자기 긍정감이 높아지고 자신감도 높아진다. 이렇게 자신과 대화를 많이 할수록 프레젠테이션의 스트레스를 줄일 수 있다.

나. 입장 단계

입장 단계는 대기 장소에서 발표 위치까지 이동하는 단계를 말한다. 즉, 청중 앞으로 나아가거나, 연단에 오르는 단계에 해당한다. 이는 시간적으로 10초 내외의 아주 짧은 시간이지만, 청중과의 '공식적 첫 대면'이라는 점에서 그 의미가 크다. 본격적인 발표가 시작된 것은 아니나, 발표자에 대한 청중의 관심과 평가는 시작된다고 볼 수 있다. 그러므로 입장 단계에서부터 청중들에게 밝고 활기차며 긍정적인 인상을 줄 수 있게 입장하도록 한다.

① 당당한 자세와 활기찬 걸음걸이로 입장하라.

입장 전 단계에 미리 구상해둔 동선을 따라 당당한 자세로 입장한다. 고개는 들고 시선은 자연스럽게 앞을 보도록 한다. 어깨와 허리를 쭉 펴고 반듯한 자세를 취하는 것이 좋다.

또한 걸음걸이는 평상시의 보폭으로 하되, 약간 빠른 속도로 걷도록 한다. 보폭이 좁아 종종거리거나, 보폭이 너무 넓어 휘청대는 모습을 보이지 않게 한다. 긴장한 탓에 자신도 모르게 보행 속도가 빨라질 수도 있으므로, 평상시 보행 속도로 걷는다고 생각하면서 걸어 들어가는 것이 좋다. 서둘러 입장하는 모습은 보이지 않아야 하며, 입장 도중에 머뭇거리지 말고 단번에 걸어 들어가도록 한다.

② 강단에 올라서면 온화한 표정으로 청중 전체를 한번 둘러보라.

발표위치 또는 연단에 입장하면 곧바로 말을 꺼내지 말고, 잠깐 청중석 전체를 둘러보는 것이 좋다. 이때 표정이 굳으면 안 된다. 가능한 한 온화하고 편안한 표정, 약간의 미소를 띤 얼굴로 청중석을 훑어보도록 한다. 사회자가 청중들에게 조용히 해달라고 청했다고 해도, 막 입장했을 때는 아직도 분위기가 어수선할 것이다. 이럴 때 발표자가 잠깐 청중을 둘러보는 것만으로도 발표장의 분위기는 금방 조용해지고, 분산되어 있던 청중들의 시선도 주의도 빠르게 발표자에게 집중된다. 둘러보는 시간은 1~2초 정도로 짧게 한다. 이보다 길어지면 '아직 시작할 때가 아닌가 보다.' 하고 청중들이 다시 술렁거릴 수 있다.

③ 연단의 중앙 또는 발표 위치에 똑바로 서서 정중하게 인사하라.

청중을 둘러본 후에는 정중하게 인사하도록 한다. 연단이 설치되어 있다면 연단 중앙에서 똑바로 서서 인사한다. 간혹 인사 위치와 발표 위치가 동일할 경우에는 발표 위치에 서서 인사할 수도 있다. 인사를 할 때는 차렷 자세로 정중하게 하되, 너무 머리를 깊이 숙이지 않는 것이 좋다.

인사가 끝나면 그 위치에서 곧바로 간단하게 자신을 소개하는 것도 무방하다. 자기소개는 성명, 소속, 학력, 경력, 관심사 등을 포함시킨다. 요즘에는 자기소개 자료를 파워포인트로 작성하는 것이 일반적이므로, 해당 화면을 켜놓고 소개를 하는 것도 효과적이다. 이때 주의할 점은 자기소개 내용이 너무 장황하거나, 자기 자랑만 늘어놓으면 안 된다는 점이다. 내용이 너무 길 경우에는 본격적인 발표를 방해할 수 있으며, 자기 자랑에 치우치면 청중들의 불쾌감이나 불신을 증폭시키는 역효과를 가져온다. 그러므로 자기소개는 발표자에 대한 청중의 궁금증을 해소시키고, 나아가 발표자에 대한 청중의 신뢰를 높일 수 있는 내용 위주로 구성하는 것이 바람직하다. 과유불급(過猶不及)이라는 말처럼 과도한 자기소개는 도리어 아니한 것만 못하다.

④ 본격적인 발표를 시작할 때는 핵심인물을 먼저 주시하라.

본격적인 발표에 들어갈 때는 청중 중에서 핵심인물을 찾아내서 먼저 주시하도록 한다. 여기서 말하는 핵심인물이란, 평소 안면이 있는 사람이나 알고 있는 사람, 평소 아는 사람은 아니지만 입장 전 단계에 대화를 나누었던 사람, 의사결정에 영향을 미칠 수 있는 최고경영자나 중간관리자, 다른 사람들도 잘 알고 있는 유명 인사 등을 말한다. 이들을 먼저 주목하는 이유는 그들이 바로 프레젠테이션 현장의 분위기를 좌우할 수 있는 핵심인물이기 때문이다.

청중들의 분위기는 바이러스에 비유될 수 있다. 강한 바이러스는 주변의 약한 바이러스를 밀어내고 금방 그 세력을 확산시킬 수 있다. 이처럼 프레젠테이션 초반에 핵심인물의 관심과 주의를 끄는 것은 프레젠테이션 성패에 중요한 요인으로 작용한다. 그들이 집중하면 다른 청중도 집중할 가능성이 높다. 그들이 긍정적 반응을 보이면 청중의 분위기도 긍정적으로 바뀐다. 그러므로 본격적인 발표를 시작할 때 핵심인물을 주시한다면 그들의 관심을 유발시켜 긍정적 분위기를 만드는 데 도움이 된다.

다. 발표(서두-본론-결말) 단계

1) 서두: 효과적으로 시작하기

① 짧고 강렬한 오프닝 멘트를 준비하라.

오프닝 멘트(opening ment)란 아나운서가 뉴스를 시작할 때 또는 사회자가 행사를 시작할 때 하는 말을 말한다. 아나운서는 뉴스 첫머리에서 그날 가장 중요한 기사를 함축하여 전달할 수 있는 한 문장을 준비한다. 이를 후크(hook)라고도 한다. 신문기사에서는 내용 전체를 아우를 수 있게 압축한 첫 문장을 리드(lead)라고 부른다. 어느 경우에나 오프닝 멘트는 짧고 강렬하고 치명적으로 표현된다. 그래야만 청자 또는 독자들의 관심을 확 끌어당기고 그들의 호기심을 한껏 자극할 수 있기 때문이다.

매력적인 오프닝 멘트를 작성하는 방법은 다음과 같다.(나승연, 2012, 92-93쪽)

㉠ 내용의 핵심을 찾아라. 수많은 정보 가운데 가장 중요한 핵심 메시지 하나를 선택한다.

㉡ 직설적인 표현과 우회적인 표현 중 적합한 것을 결정하라. 프레젠테이션의 주제와 내용, 청중과 모임의 성격 등에 따라 직설적인 것이 효과적일 때도 있고, 우회적인 것이 효과적일 때도 있다.

㉢ 최대한 짧고 간결하게 만들어라. 오프닝 멘트는 특히 짧아야 한다. 대략 15~20초를 넘지 않도록 한다.

㉣ 메시지를 분명하게 하라. 전달한 메시지가 분명하게 드러나는 단어나 용어를 사용한다. 동사를 사용할 경우 가능한 한 능동형으로 표현한다.

㉤ 쉽고 재미있게 만들어라. 오프닝 멘트가 무겁고 딱딱하면 시작부터 청중이 부담감을 느낀다.

한편, 오프닝 멘트를 할 때의 주의사항은 다음과 같다.(이호철, 2012, 141쪽.)

㉠ 사과하는 말은 하지 않는다.

예 '충실히 준비하지 못한 점을 사과드리면서…'
'현안을 다 다루지 못해 미안하게 생각하면서…'
'처음에 조금 어수선했던 점 용서해 주시기 바라면서…'

㉡ 자신을 비하하는 말을 하지 않는다.

예 '저는 이 분야의 전문가는 아닙니다만…'
'저도 구체적인 사항은 잘 모르겠지만…'
'저보다 훌륭하신 분이 많이 있지만…'
'이런 발표는 처음이라서…'

'여러 사람 앞에서 말을 잘 못해서…'

㉢ 부정적인 표현을 사용하지 않는다.

예 '원래 제가 발표하기로 했던 것이 아닌데…'
'여러분도 아마 잘 모를 테지만…'
'별로 할 말도 없는데 할 수 없이…'

㉣ 변명 또는 핑계는 대지 않는다.

예 '시간이 없어서 미처 준비를 못한 점…'
'갑자기 출장을 다녀왔기 때문에…'
'갑자기 날짜가 앞당겨졌기 때문에…'

㉤ 상투적인 표현은 피한다.

예 '여러분, 오늘 날씨가 참 좋죠.'
'엄동설한에 먼 길을 오신…'
'이렇게 훌륭하신 분들과의 만남을 가문의 영광으로 생각하며…'

㉥ 어설픈 유머는 하지 않는다.

주제, 청중, 모임의 성격에 어울리지 않는 유머는 하지 않는 것이 낫다. 이런 유머는 도리어 해가 된다. 오프닝에 이용할 유머는 길이가 짧고, 메시지가 명쾌하며, 전체 프레젠테이션과 어울리는 연결고리가 있어야 한다. 그래야만 청중들의 오해나 불편이 발생하지 않으며, 프레젠테이션에도 긍정적인 효과를 얻을 수 있다.

㉦ 자기자랑이나 자화자찬하는 말은 하지 않는다.

예 '여러분, 내가 빨리 승진할 수 있었던 것은…'
'동기 중에서 제가 가장 똑똑하고 인정을 받았기 때문에…'
'내가 아니었다면 누가 그런 일을 할 수 있을까요?'
'이 일은 오로지 나만 할 수 있는 일입니다.'

㉧ 자기중심적 사고를 드러내는 말은 하지 않는다.

예 '제가 생각하기에는 이것만이 최고라고 봅니다.'
'제가 경험한 바에 따르면… 틀림이 없습니다.'
'여러분도 저와 생각이 똑같죠?'

㉨ 과도하거나 허풍에 가까운 약속은 말하지 않는다.

예 '제가 모든 정보를 알려드리겠습니다.'
'제 말만 믿으면 완전히 해결될 수 있습니다.'
'여러분에게만 비결을 알려드리겠습니다.'

② 연극 대본처럼 구체적으로 준비하라.

연극 대본에는 대사, 지문, 배경설명 등이 자세하게 나와 있다. 그래서 배우들은 대본만 보고도 자신이 무슨 말을 하고 어떤 행동을 해야 하는지, 어떤 말투로 감정과 분위기를 표현해야 하는지 알 수 있다. 이와 같이 연극 대본에는 무대에서 실연되어야 할 말과 행위들이 아주 자세하고 구체적으로 들어가 있다.

서두 부분을 준비할 때는 연극 대본을 쓰듯 구구절절이 세밀하게 준비하는 것이 바람직하다. 해야 할 말, 강하게 큰소리로 말할 부분, 작은 목소리로 말할 부분, 빨리 말할 부분, 천천히 말한 부분, 특별히 강조해서 또박또박 말한 부분, 도중에 잠깐 쉬는 휴지(休止) 부분, 말과 함께 사용할 제스처, 청중에게 질문할 내용에 이르기까지 세세하게 준비해야 한다.

특히, 유념할 부분이 있다면 붉은색 펜이나 형광펜으로 눈에 잘 띄게 표시해 둔다. 따라서 다소 귀찮더라도 서두 부분은 시나리오에 가까운 '내레이션(narration)'을 작성하는 것이 바람직하다.

③ 다른 부분보다 더 많이 큰소리로 반복하여 연습하라.

프레젠테이션 전문가들의 말에 의하면 최초 1분이 가장 중요하다고 한다. 이 시간 내에 청중의 마음을 사로잡지 못한다면 프레젠테이션의 성공을 기대하기 어렵다. 프레젠테이션은 보통 10분 정도 소요된다. 길어야 20~30분 정도가 고작이다. 이렇게 짧은 시간에 진행되기 때문에 최초 1분 내에 청중의 마음을 움직이지 못한다면 프레젠테이션은 실패한다고 주장하는 사람도 있다. 이 말이 절대적으로 맞는 것은 아니지만, 서두 부분이 그만큼 중요하다는 것은 잘 보여준다.

따라서 서두 부분은 본론에 비해 더 많이 연습해 둘 필요가 있다. 시작할 때는 심리적, 신체적인 긴장감이 높은 편이다. 긴장감이 고조되어 있는 만큼 실수를 저지를 가능성도 크다. 사소한 실수를 줄이는 최선의 방법은 연습이다. 큰소리로 반복해서 연습하라. 혼자서 중얼대며 연습하는 것보다 다른 사람들 앞에서 큰소리로 연습하는 것이 효과적이다. 처음에는 가까운 동료에게 부탁하여 평가를 받은 후, 상·하급자를 대상으로 연습해 보자. 가능하면 실제 발표 장소에 가서 큰소리로 리허설을 해 보자.

또한, 구두 연습이나 리허설을 할 때 비디오카메라로 촬영하여 자가 진단하는 방법도 매우 유용하다. 비디오카메라로 촬영된 동영상은 자신의 발표 모습을 객관적으로 관찰할 수 있는 수단이다. 발표자는 화면 속에 찍힌 자신의 모습을 보면서 장점과 단점을 스스로 진단하고, 부족한 부분이나 잘못된 부분을 식별할 수 있다. 이때 다음과 같은 '자가진단표'를 활용할 수 있다.

표 4 | 동영상을 활용한 자가진단표

동영상을 활용한 자가진단표		
제 목		
촬영일시		
촬영장소		
분 야	진 단 항 목	진단결과 / 처방
음 성	① 발음은 정확한가?	
	② 말의 속도는 적절한가?	
	③ 말의 강세는 적절한가?	
	④ 적절하게 끊어서 말하는가?	
	⑤ 적절하게 쉬면서 말하는가?	
제스처	⑥ 계획된 제스처를 했는가?	
	⑦ 계획되지 않은 제스처는 없는가?	
시 선	⑧ 시선은 청중을 바라보고 있는가?	
	⑨ 시선이 청중 전체를 균형있게 보는가?	

자 세	⑩ 표정은 온화하며 미소를 띠고 있는가?	
	⑪ 자세는 똑바른가?	
	⑫ 두 팔과 다리는 안정되어 있는가?	
	⑬ 어깨와 허리는 펴져 있는가?	
기 타	⑭ 서두와 결말 부분은 매끄러운가?	
	⑮ 본론 중 보강할 부분은 없는가?	
	⑯ 오프닝 멘트와 클로징 멘트는 인상적인가?	

④ 효과적인 시작하기 기법 중 하나를 선택하라.

인상적인 시작하기의 기법은 매우 다양하다. 또한 각각의 기법이 가져오는 효과도 일정한 것은 아니다. 과거에 효과적이었던 기법이라고 해서 이번에도 효과적일 것이라고 생각하면 안 된다. 반대로 과거에 실패했던 기법이라고 해서 이번에도 효과가 없을 것이라고 생각해도 안 된다. 어떤 기법이 효과적인가 하는 문제는 프레젠테이션의 주제와 내용, 참석할 청중들의 특성, 모임의 성격 등을 고려하여 발표자가 결정해야 한다. 이는 발표자에게 주어진 권한으로 생각하고, 어떤 기법이 좋을지 고민해서 선택하는 것이 좋다.

자주 언급되는 효과적인 시작하기 기법에는 다음과 같은 것들이 있다.

㉠ 주제의 중요성 언급하기

이 주제가 지금, 청중들에게, 왜 중요한지 언급한다. 경우에 따라 주제를 직접 언급해도 좋다. 주제의 중요성을 언급할 때는 가급적 핵심내용을 3가지로 정리하는 것이 좋다. 사람들은 '3'이라는 숫자가 완전한 숫자라고 인식하는 경향이 있다. 이 기법은 발표시간이 짧을 때 효과적이다.

㉡ 주제와 관련된 이야기 이용하기

청중들에게 익숙한 이야기도 좋고, 아주 낯선 이야기도 무방하다. 중요한 점은 이야기의 주제가 프레젠테이션의 내용과 밀접하게 연관되어 있어야 한다는 것이다. 이런 연관성이 떨어지면 청중의 집중도가 낮아질 수 있다. 발표시간이 충분히 길 때 쓰는 것이 좋다.

ⓒ 주제와 관련된 통계 제시하기

통계는 추상적인 주제를 정량화해서 보여준다는 점에서 이점이 있다. 나아가 통계를 숫자로만 보여주는 것이 아니라 그래프로 시각화하면 주제의 중요성을 빠르고 강하게 호소하는 데 도움이 된다. 10년 전에 비해 남한의 군사력이 북한보다 커졌다고 말하기보다 그래프로 보여주는 것이 더 효과적이다. 하지만, 통계는 잘못 사용하면 지루한 느낌을 줄 수 있음을 알아야 한다. 청중들에게 중요한 것은 나열된 숫자가 아니라, 숫자가 내포하고 있는 정치적, 사회적, 경제적, 문화적 의미이다. 그러므로 단순히 통계만 보여주지 말고, 그 의미를 해석해 주도록 한다.

ⓔ 주제와 관련된 유머 이용하기

흥미 있는 유머를 이용하는 전통적인 방법이다. 유머는 심각한 주제를 재미있게 비틀어 표현하는 풍자와 역설의 묘미를 가지고 있다. 아울러 발표 현장의 분위기를 화기애애하고 활기차게 만들고, 발표자와 청중 사이의 어색함을 단번에 해소시키는 효과도 있다. 그러나 청중에게 불쾌감을 주거나, 저속한 유머는 피해야 한다. 민족 차별적이거나, 인종 차별적이거나, 성 차별적인 유머도 반드시 삼가야 한다. 이런 유머들은 발표자의 신뢰도를 떨어뜨리고 발표자에 대한 부정적 인식을 형성할 수 있다. 따라서 청중 입장에서 볼 때 재미있는 유머인지, 불쾌한 유머인지 생각해보아야 한다.

ⓜ 사진이나 동영상 같은 시각자료 제시하기

말하지 말고 보여주라는 말이 있다. 주제를 압축적으로 보여주는 한 장의 사진, 또는 주제와 연관된 짧은 동영상을 보여주면서 이야기를 시작할 수 있다. 영화나 드라마, TV 뉴스나 광고의 한 장면은 프레젠테이션의 훌륭한 출발점이다.

이때 동영상의 길이는 너무 길면 안 된다. 실제 발표 현장에서는 30초도 결코 짧은 시간이 아니다. 따라서 동영상은 주제를 암시할 수 있는 정도로 짧게 편집해야 한다. 보여 주되, 너무 세세하게 보여줄 필요는 없다는 말이다.

㉥ 속담이나 명언 인용하기

주제와 관련된 속담, 명언을 인용하는 방법이다. 하나만 인용해도 괜찮지만, 비슷한 내용의 속담이나 명언을 두세 개를 함께 인용하는 것도 효과적이다. 이때 가급적 청중들이 잘 아는 속담이나 명언을 포함시키는 것이 좋다.

㉦ 수사적인 질문 던지기

청중들에게 질문을 던지는 것은 주제를 이끌어내는 효과적인 방법 중의 하나이다. 수사적 질문은 청중들의 답변을 꼭 듣고자 하는 것은 아니다. 오히려 무언의 답변이 더 낫다. 발표자가 질문을 던진 후 청중들이 잠시 생각할 시간을 준 후에 내 말을 자연스럽게 이어나가면 된다. 따라서 발표자는 자문자답한다고 생각하고, 질문 이후 어떻게 말을 이어나갈 것인지 구상해 두어야 한다. 청중들의 답변을 듣기 위해 공백이 생기면 분위기는 도리어 악화될 수 있음을 알고, 그렇게 되지 않도록 유념해야 한다.

◎ 역사적 사건이나 사례 소개하기

재미있는 역사적 사건이나 실제 사례는 프레젠테이션을 시작하는 데 유용한 재료이다. 발표자에게 흥미 있는 사건이라면 청중들에게도 흥미를 끌 수 있을 것이다. 대표적인 사례 역시 청중들의 관심을 유발시키고 주제의 중요성을 알려주는 데 효과적이다. 이 방법은 실제로 일어났던 일을 제시한다는 점에서 청중들에게 사실성과 현장성을 강조한다.

㉧ 최근에 발생한 시사문제 언급하기

최근에 일어난 시사현안을 언급하는 것도 좋은 방법이다. 역사적 사건은 과거의 일이지만, 시사현안은 지금, 우리 주변에서 진행 중이라는 점에서 호소력이 더 강하다. 시사현안은 사회공동체 전체가 관심을 갖는 이슈이다. 발표자는 물론 청중들도 이러한 이슈를 잘 알고 있으며, 그에 대한 관심도 높다. 따라서 최근 시사문제를 잘 활용한다면 효과적으로 발표를 시작할 수 있다.

㉨ 깜짝쇼나 이벤트 보여주기

청중들이 예상하지 못한 놀라운 퍼포먼스나 이벤트를 보여주는 방법이다. 이른바 서프라이즈(surprise) 기법이라 할 수 있다. 몰래 생일 케익을 준비해 두었다가, 당일 생일을 맞이한 사람들을 찾아내 축하해 준다든가, 기념품을 준비했다가 답변을 잘한 사람에게 선물한다든지 하는 방법이다. 또한, 청중들이 모두 참여할 수 있는 간단한 게임도 가능하다. 발표자와 청중 간에 하는 가위바위보 게임이 대표적인 예이다. 이런 깜짝쇼나 이벤트는 청중들의 관심을 단번에 집중시키고, 발표자와 청중 간의 심리적 거리를 좁혀준다. 다만, 깜짝쇼나 이벤트는 발표 주제와 연관이 있는 것이 바람직하며, 너무 긴 시간이 소요되면 안 된다. 짧은 시간 안에 끝낼 수 있는 깜짝쇼나 이벤트라야 다음 발표를 무리없이 이어나갈 수 있다.

㉩ 프레젠테이션 당일과 관련된 사실 제시하기

발표 당일과 관련된 역사적 사건, 기념일, 절기(節氣) 등을 제시하는 기법이다. 발표 당일에 일어났던 정치적, 경제적, 사회적 사건, 혁명과 전쟁은 프레젠테이션을 시작하는 훌륭한 실마리이다. 삼일절, 제헌절, 광복절을 비롯하여 안중근 장군 의거 100주년, 6·25 발발 60주년, 서정주 탄생 100주년, 셰익스피어 탄생 450주년 같은 기념일도 발표를 시작하는 좋은 단서들이다. 아울러 입춘(立春), 우수

(雨水), 청명(淸明), 경칩(驚蟄), 춘분(春分) 같은 이십사 절기를 언급하는 것도 효과적이다.

표 5 | 이십사 절기 일람표

음력월	절 기	양력 일자	내 용	주요 세시풍속
1월	입춘(立春)	2월 4, 5일	봄의 시작	설빔, 차례, 세배, 복조리
	우수(雨水)	2월 18, 19일	봄비 내리고 싹이 틈	
2월	경칩(驚蟄)	3월 5, 6일	개구리 깨어남	영등할머니, 머슴날
	춘분(春分)	3월 20, 21일	낮이 길어짐	
3월	청명(淸明)	4월 4, 5일	봄 농사 준비	한식, 화전놀이, 장 담그기
	곡우(穀雨)	4월 20, 21일	농사비가 내림	
4월	입하(立夏)	5월 5, 6일	여름의 시작	초파일, 연등, 등띄우기
	소만(小滿)	5월 21, 22일	본격적인 농사시작	
5월	망종(芒種)	6월 5, 6일	씨 뿌리기 시작	단오, 창포, 그네뛰기, 씨름
	하지(夏至)	6월 21, 22일	연중 낮이 가장 김	
6월	소서(小暑)	7월 7, 8일	더위의 시작	유두천신, 삼복, 천렵
	대서(大暑)	7월 22, 23일	더위가 가장 심함	
7월	입추(立秋)	8월 7, 8일	가을의 시작	칠석, 백중놀이, 호미씻이
	처서(處暑)	8월 23, 24일	더위 식고 일교차 큼	
8월	백로(白露)	9월 7, 8일	이슬 내리기 시작	벌초, 추석, 강강술래
	추분(秋分)	9월 23, 24일	밤이 길어짐	
9월	한로(寒露)	10월 8, 9일	찬이슬 내리기 시작	중양절, 중양제사
	상강(霜降)	10월 23, 24일	서리 내리기 시작	
10월	입동(立冬)	11월 7, 8일	겨울 시작	말날, 시제, 성주고사
	소설(小雪)	11월 22, 23일	얼음이 얼기 시작	
11월	대설(大雪)	12월 7, 8일	겨울 큰 눈이 옴	동지, 동지고사, 동지차례
	동지(冬至)	12월 21, 22일	밤이 가장 긴 시기	
12월	소한(小寒)	1월 5, 6일	가장 추운 때	제석, 묵은세배, 나례, 수세
	대한(大寒)	1월 20, 21일	겨울 큰 추위	

ⓔ 특별한 소품이나 퀴즈 이용하기

주제와 관련된 소품, 또는 청중들의 추억을 일깨우는 사물을 제시하거나, 간단한 마술같은 기예를 보여주는 기법이다. 고등학생 시절에 썼던 모자, 자신이 군복무 때 사용했던 군번줄, 유명인사로부터 사인을 받은 책자같이 특별한 의미를 가진 소품을 보여주며 '이것이 무엇인지 아십니까?'라고 이야기를 시작할 수 있다. 또한, '자 여러분, 시작하기에 앞서 간단한 퀴즈 하나 풀어 볼까요? 자 모두 눈을 감고 정신을 집중해서 답을 찾아보세요.' 하면서 재미있는 퀴즈를 이용할 수도 있다. 이때 퀴즈는 진짜 퀴즈를 써도 좋고, 경우에 따라 난센스 퀴즈를 써도 좋다.

ⓟ 청중 칭찬하거나 자극하기

청중들의 장점이나 업적을 칭찬하는 것도 좋은 기법이다. 청중들이 가지고 있는 단결심과 근면성, 또는 그들이 달성한 사업실적 등을 구체적으로 제시하면서 칭찬한다. 칭찬은 진실되고 구체적일수록 더욱 효과적이다. 따라서 청중들이 진정성을 느낄 수 있게 아주 자세하게 칭찬하는 것이 좋다. 이와 더불어, 청중들의 감정을 자극하는 기법도 효과적이다. 즐거움, 흥겨움, 기쁨, 슬픔, 안타까움, 아쉬움, 동정, 두려움, 노여움, 공포감 등 다양한 감정 중에서 주제를 전달하는 데 도움이 되는 청중의 감정을 자극한다. 발표자가 의도한 정서적 반응이 나올 수 있게 직접적이고 자극적인 표현을 쓰는 것이 좋다. 이렇게 청중을 칭찬하거나 자극하는 기법은 청중들에게 '발표자가 청중들을 잘 파악하고 있구나!' 하는 마음이 들게 한다. 이로써 청중들은 관심 내지 존중을 받고 있다는 느낌을 갖게 될 뿐만 아니라, 발표자와의 심리적 장벽을 조금씩 허물게 된다.

ⓗ 청중과의 유대관계 드러내기

발표자와 청중 사이에 존재하는 '연결고리'를 제시함으로써 그들이 밀접하게 연관된 관계임을 드러내는 기법이다. 이 기법은 발표자와 청중이 무엇인가를 공유하고 있으며, 보이지 않는 끈으로 연계되어 있음을 보여줄 수 있다. 예를 들어, '나도 20년 전에 여러분과 똑같은 훈련을 받았다.' '우리 할아버지도 이 회사에 다니셨다.' '내가 어렸을 적에 이 근처 학교를 다녔었다.' 같은 말들을 들 수 있다. 이런 말들은 발표자와 청중이 공동운명체임을 인식하게 하여 심리적으로 금방 친숙하게 만드는 효과가 있다.

㉲ 소개자의 말이나 직전의 발표를 이용하기

입장 전후에 사회자가 발표자의 경력을 소개하는 경우도 있다. 이런 경우에는 소개자의 말을 이용하여 프레젠테이션을 시작하는 기법을 쓸 수 있다. 소개된 내용 중 하나를 택하여 좀 더 구체적으로 설명한다든지, 소개되지 않은 이면사(裏面史)를 이야기한다든지 하는 방법이다. 또한, 직전에 다른 사람의 발표가 있었다면 그 사람의 발표내용을 이용하기도 한다. 앞의 발표와 어떤 연관성이 있는지, 또는 어떤 측면에서 다른지 이야기할 수 있다. 이와 같이 소개내용이나 직전 발표를 이용할 때는 발표자에게 유리한 내용만 활용하는 것이 바람직하다.

2) 본론: 계획대로 실시하기

① 계획된 대로 진행하라.

최초 준비한 대로, 리허설에서 연습한 대로 하라는 말이다. 특별한 사정이 없는 한 처음에 계획했던 내용과 순서, 시간 배분과 제스처를 그대로 하는 것이 좋다. 프레젠테이션 도중에 임의로 계획을 변경하거나 축소, 확대하는 것은 바람직하지 않다. 작은 부분을 건드리거나, 엉뚱한 방향으로 나가게 되면 프레젠테이션의 전체적 구조를 무너뜨릴 수 있음을 명심해야 된다.

② 즉흥적인 내용은 말하지 마라.

소위 말하는 애드리브(adlib)를 하지 말라는 것이다. 즉흥적인 발언은 추후 또 다른 문제를 야기하는 단서가 될 수 있다. 프레젠테이션은 계획과 대본에 의해 치밀하게 조직된 말하기여야 한다. 예기치 않은 청중의 반응이 있다고 해도 즉흥적인 말은 신중하게 접근하는 것이 좋다. 혹시 청중이 즉흥적인 내용을 유도한다면 '그 문제는 오늘 주제와 연관성이 적다.' '다음에 다시 이야기하도록 하자.'라고 하면서 피해가는 것이 현명하다.

③ 부연 설명은 가급적 짧게 하라.

발표내용은 핵심적인 것과 주변적인 것 또는 중요한 것과 사소한 것으로 양분할 수 있다. 이 중에서 핵심적이고 중요한 것에 집중하고, 주변적이고 사소한 것은 간단하게 설명하고 넘어가야 한다. 장황한 부연 설명은 논점을 흐리고 전체적 균형을 깨트려 청중들을 혼란하게 만들 수 있다. 따라서 부연 설명은 가급적 짧고 명료하게 하는 것이 바람직하다.

④ 자기 경험담에 빠지지 마라.

누구나 자기 이야기를 하다보면 자신도 모르게 빠져들게 마련이다. 자기 자신이 겪었던 경험만큼 재미있고 흥미진진하게 느낀다. 그러면 청중들도 재미있고 흥미가 있을까? 아마 대부분 그렇지 않을 것이다. 그런 이야기는 발표자 자신만 재미있는 이야기일 뿐, 청중들도 공감하는 이야기는 아니다. 자신의 경험을 이야기할 때는 청중들에게도 재미있고 흥미로운 이야기라고 착각하지 마라. 이러한 착각의 늪에 빠지면, 프레젠테이션은 지루한 남의 이야기로 전락하고 만다.

⑤ 청중의 반응을 중간점검하면서 진행하라.

프레젠테이션은 일방향적 소통이 아니라 쌍방향적 소통이 원활하게 이루어질 때 그 목적을 달성할 수 있다. 청중들은 발표자의 말에 긍정적, 부정적 반응을 보이고, 발표자는 그러한 청중의 반응을 피드백한다. 청중들이 긍정적으로 호응할 때는 핵심내용 위주로 발언의 강도를 높이면서 청중들의 정서적 공감대를 확산시키는 것이 좋다. 이와 반대로 청중들이 부정적인 반응을 보일 때는 목적을 하향 조정하고 발언의 수위를 낮추면서 논리적으로 접근하는 것이 낫다. 섣불리 목적을 달성하려 조급하게 달려들다가는 도리어 더 큰 반대에 부딪힐 수 있다. 돌이킬 수 없을 정도로 심각한 감정 대립이 발생할 수 있으므로, 발표자는 청중들의 반응을 중간 중간 점검하면서 진행해야 한다.

⑥ 소주제가 바뀔 때마다 그때까지의 내용을 중간요약해 주라.

프레젠테이션은 몇 개의 화제를 중심으로 전개된다. 따라서 하나의 화제에 대한 발표가 끝나면, 핵심내용을 중간요약해 주는 것이 효과적이다. 화제의 수가 많을수록 이러한 중간요약이 더 필요하다. 중간요약 없이 곧바로 다음 화제로 넘어가면, 청중들이 따라오기 어렵다. 발표자는 자신이 달성하고 싶은 목적이 분명하고 전체적인 발표내용을 다 알고 있기 때문에 화제를 전환해도 큰 문제가 없다. 하지만 청중들은 목적의식이 강하지 않고 전체 흐름도 잘 모른다. 그래서 급박하게 화제를 전환할 경우 내용을 따라잡지 못하는 문제가 발생할 수 있다.

⑦ 소주제가 바뀔 때마다 잠깐 쉬었다가 진행하라.

하나의 프레젠테이션은 3개 내외의 소주제로 구성되는 것이 일반적이다. 이렇게 소주제가 바뀔 때는 잠깐 쉬었다가 다시 시작하는 것이 바람직하다. 사람의 집중력은 계속 지속되는 것이 아니라 주기적으로 올라갔다 내려갔다 하기 때문이다. 따라서 하나의 소주제가 끝나면, 3~5초 정도 휴지(休止) 시간을 갖거나, 짧은 유머를 말하는 것이 좋다. 빔 프로젝터를 사용할 때는 재미있는 동영상을 틀어주는 것도 좋은 방법이다. 단, 유머를 말하거나 동영상을 보여줄 경우 시간이 너무 길어지면 안 된다. 너무 길게 쉬면 본래의 주제로 다시 돌아오는 데 시간이 많이 걸린다. 1분 정도 쉬면서 잠깐 긴장을 늦추는 것만으로도 충분하다.

⑧ 가이드 맵(Guide Map)을 활용하여 다음 단계를 제시하라.

하나의 단계가 마무리되면 요점을 정리해준 후, 다음 단계에서 다룰 내용을 제시하는 것이 청중의 이해를 돕는 데 효과적이다. 이때 가이드 맵을 활용하면 좋다. 가이드 맵은 전체 순서를 1장에 정리한 것으로 순차도(順次圖) 또는 개요도(槪要圖) 같은 것이다. 가이드 맵을 작성해서 내용이 전환되는 대목에 집어넣어 두었다가, 전체적 흐름은 어떠한지, 어느 부분을 설명하고 있는지, 앞으로 다룰 내용이 무엇인지를 알려줄 때 활용하면 된다. 청중들은 전체적 흐름을 망각하기 쉽기 때문에 발표자의 말을 따라가기 쉽지 않다. 따라서 중간 중간에 가이드 맵을 이용하여 어디쯤 다루고 있는지 알려준다면, 청중의 이해도를 높일 수 있다. 그뿐만 아니라 앞으로 어떤 내용을 다룰 것인지 예고해 줌으로써 청중들의 관심을 유지시키고, 그들의 호기심을 자극할 수 있다.

3) 결말: 인상적으로 끝내기

① 결론을 앞두고 있음을 미리 예고하라.

결론으로 진행하기에 앞서서 결론 직전 단계에 와 있음을 미리 예고하라는 말이다. '결론에 앞서 마지막으로 한 가지만 더 말씀드리겠습니다.' '본론을 끝내기 전에 한 가지 사례만 더 제시하기로 하겠습니다.'와 같이 결론에 가까워지고 있음을 말로 드러내는 것이 좋다. 이러한 결론 예고는 청중들이 마지막 단계에 접어들었다는 안도감을 줄 뿐만 아니라, 끝나는 시간을 미리 예측할 수 있게 해준다. 따라서 본론 부분을 마무리하는 단계에 접어들었을 때는 결론 부분이 머지않았음을 미리 예고해주는 것이 바람직하다. 미리 알리면 청중들은 더 좋아한다.

② 결말 부분에 도달했음을 명확히 표현하라.

한마디로 말해서 결말처럼 또는 결말답게 들리게 하라는 뜻이다. '결론적으로…' '결론적으로 말하면…' '마지막으로 정리한다면…' 등과 같은 말을 해서 마무리 단계에 도달했음을 분명히 표현하는 것이 바람직하다. 이렇게 하면 청중들의 집중도가 다시 고조될 수 있다. 그들은 발표자의 최종적인 입장이나 요구를 명확하게 듣고 싶어 한다.

③ 핵심내용을 요약 정리해서 각인시켜라.

결말의 가장 중요한 역할은 발표내용을 총괄적으로 요약 정리해서 청중들에게 확실하게 인식시키는 데 있다. 청중들이 아무리 집중하다고 해도 발표내용의 주요사항을 모두 다 수용하기는 쉽지 않다. 따라서 발표자는 '오늘 제가 말씀드린 사항은 3가지입니다. 첫째…, 둘째…, 셋째…' 하는 식으로 총괄적으로 정리해 줄 필요가 있다. 이렇게 해주어야만 청중들은 전체적인 발표내용을 다시 한 번 상기하는 기회를 갖게 된다.

④ 강렬하고 여운이 남는 클로징 멘트를 준비하라.

클로징 멘트는 프레젠테이션을 마무리 짓는 마지막 발언이다. 일반적으로 핵심내용을 요약한 후 클로징 멘트가 이어진다. 핵심내용 요약은 이성적, 논리적 측면의 접근법이라면, 클로징 멘트는 감성적, 정서적 측면의 접근이라 할 수 있다. 정서적으로 호소력 있는 클로징 멘트는 청중들의 심리를 움직이게 만들어, 결국에는 발표자의 요구사항을 수용하도록 만든다.

강렬하고 여운 있는 클로징 멘트를 만들기 위한 기법은 다음과 같다. ㉠ 서두의 발언을 다시 언급하라. 만약 서두에서 질문을 던졌다면 이에 대한 답변을 한다. 오프닝 멘트를 그대로 다시 한 번 발언하거나, 그것과 연관된 클로징 멘트를 만들어도 좋다. ㉡ 인상적인 말을 인용하라. 주제와 연관이 있으면서 감동을 줄 수 있는 말을 인용하는 방법이다. ㉢ 질문을 던져라. 청중들이 해주어야 할 사항, 청중들에게서 이끌어내고 싶은 사항을 질문하는 방법이다. ㉣ 한 편의 짧은 시를 낭독하라. 또한 좋은 시의 한 구절을 낭독해도 좋다. 시는 청중들의 감정을 자극할 수 있는 칼날과 같다. 감동적이고 재미있으면서 발표내용과 직접적으로 관련된 시를 찾는다. ㉤ 청중에게 도움을 청하라. 구체적인 내용이나 방법, 행동지침을 언급하면서 도움을 호소해야 한다. 그저 도와달라고만 해서는 효과가 없다.

⑤ 자자구구 구체적으로 준비하여 반복 연습하라.

핵심내용 요약이나 클로징 멘트는 자자구구 준비하도록 하고, 실제 발표에서 실수를 저지르지 않도록 반복 연습해야 한다. 가장 좋은 방법은 내레이션을 작성해서 연습하는 것이다. 어조, 강세, 목소리의 크기까지 실제와 같이 연습해둔다. 실전 같은 연습만이 실수를 줄일 수 있음을 명심하고 반복해서 여러 차례 연습하도록 한다.

⑥ 너무 길게 말하거나 중언부언하지 마라.

서두와 마찬가지로 결말도 너무 길면 안 된다. 시간적으로 양적으로 너무 길면 청중들은 지루해하기 마련이다. 목적 달성에 문제가 없는 한, 가급적 짧고 간명하게 하는 것이 좋다. 간명한[compact] 것이 인상적[impact]이라고 한다. 짧게 끊어 치는 주먹이 매섭고 파괴력도 크다. 본론 부분에서 아무리 설득력 있게 잘했다고 해도, 결론이 지루하게 되면 청중의 관심은 다른 데로 바뀐다. 앞에서 했던 핵심내용은 금방 잊어버리고, 청중들은 '왜 이렇게 결론이 길지!' '쓸데없는 말들이 많군.' '그래서 어떻게 하라는 거야.' 하면서 지루해 한다.

라. 퇴장 단계

퇴장 단계는 글쓰기 과정에는 없는 단계이다. 그렇지만 공적인 말하기는 연단이나 무대에 입장해서 발표를 모두 마친 후 퇴장하는 것까지 포함된다. 발표자가 청중들의 시야에 등장했다가 사라질 때까지 프레젠테이션은 계속된다고 할 수 있다. 소규모 회합의 경우에는 서로 작별 인사를 하고 모두 함께 해산하기도 하지만, 여기서는 연단 위에서 대규모 청중을 대상으로 프레젠테이션을 했을 경우에 일반적인 절차를 설명하기로 한다.

① 맺는 말을 마치면 화면과 마이크를 끈다.

맺는 말을 마쳤으면 빔 프로젝터 화면을 보이지 않게 하고, 마이크 전원도 끄는 것이 좋다. 화면이 계속 켜져 있으면 청중들의 시선과 관심을 끌게 되고, 발표자의 움직일 수 있는 공간을 제한한다. 특히, 화면이 정중앙에 설치된 경우 발표자가 연단의 가운데에 서면, 화면과 발표자가 중첩되게 한다. 이런 상황은 발표자와 청중 모두를 불편하게 한다. 한편, 마이크 전원도 끄지 않으면 불필요한 소리가 들릴 수 있으니, 전원을 꺼두는 것이 안전하다.

② 연단 중앙으로 자연스럽게 이동하여 정중하게 인사한다.

마지막 말을 끝낸 후에는 연단 중앙으로 천천히 이동하여 정중하게 인사하도록 한다. 연단 중앙으로 이동해야 하는 이유는 두 가지이다. 하나는 중앙은 모든 청중들이 발표자를 바라볼 수 있는 자리이며, 또 하나는 중앙에서 인사하는 것이 훨씬 더 정중하다는 느낌을 주기 때문이다. 간혹 연단 한쪽에서 또는 파워포인트 측면에서 인사하는 경우도 있지만, 가급적 그렇게 하지 않는 것이 좋다. 이런 인사 태도는 겸손해 보이지도 않을 뿐더러, 발표자가 자신감이 없어서 서둘러 발표 현장을 떠나려 한다는 좋지 않은 인상을 줄 수 있다.

인사를 마친 직후에 '여러분, 경청해주셔서 감사합니다.' 정도로 짧은 감사의 말을 표현하는 것도 무방하다. 여기서 중요한 점은 정중하게 인사를 다한 후에 감사의 말을 해야 한다는 점이다. 고개를 숙여 인사하는 도중에는 아무 말도 하지 말라는 것이다. 이렇게 고개를 숙이면서 하는 말은 청중들에게 잘 들리지 않는다. 그렇기 때문에 감사의 말도 제대로 전달되지 않고, 감사의 마음도 제대로 드러내기 어렵다. 반드시 인사를 다 끝낸 후에 똑바로 서서 청중들을 바라보면서 감사의 말을 하는 것이 바람직하다.

③ 청중이 박수를 치면 그 자리에 서서 박수를 받는다.

청중의 박수는 발표내용에 대한 긍정적 호응의 표시이다. 또한 발표자에게 대한 예우와 감사의 표시이기도 하다. 따라서 청중의 박수는 가급적 정중하게 받도록 한다. 발표가 끝나자마자 박수가 이어지는 경우가 대부분이므로, 이때에는 곧바로 중앙으로 이동하여 인사를 하는 것도 괜찮다.

이렇게 청중의 박수가 터져 나올 때는 잠깐 그 자리에 서서 청중석을 골고루 둘러보면서 박수를 받도록 한다. 이때 시선은 좌에서 우로 또는 우에서 좌로, 위에서 아래로 또는 아래에서 위로 고루 쳐다본다. 이렇게 지그재그로 시선을 움직여 청중과의 마지막 시선 접촉(eye contact)을 한다. 이것이 박수를 받는 올바른 태도이다. 그렇지 않고 박수가 이어지고 있는 데도 청중을 외면한다거나 다른 행동을 하는 것은 청중의 성의를 무시하는 행동이다.

④ 박수가 잦아지면 주변을 정리한다.

박수 소리가 어느 정도 잦아지게 되면 노트북, 자료, 소품, 가방 등을 정리하는 것이 좋다. 박수 소리가 아직 한창인데 너무 빨리 주변을 정리하게 되면 청중들은 자신을 무시한다고 불쾌감을 느낄 수 있다. 그뿐만 아니라 '발표자가 성급하게 현장에서 벗어나려 하는구나!' 하고 오해할 수도 있다. 그러므로 청중들의 박수소리가 작아질 때까지 충분히 기다려주는 것이 바람직하다. 잠깐 동안 기다려주는 여유로운 태도는 발표자가 자신감 있게 보이도록 하는 한편, 그가 실행한 프레젠테이션에 대한 신뢰도를 높여준다.

⑤ 밝은 표정으로 자신감 있게 걸어 나가라.

처음 입장할 때처럼 연단에서 내려올 때도 밝은 표정으로 자신감 있게 걸어 나가야 한다. 걸음걸이는 너무 빠르게 하지 말고 평상적인 보통 속도로 걷는다. 너무 딱딱한 표정보다 미소를 띤 부드러운 표정을 하고, 뻣뻣하게 경직된 자세보다 편안하고 여유 있는 자세를 취하는 것이 좋다.

4. 프레젠테이션 현장에서의 실연 기법

프레젠테이션이 성공을 거두기 위해서는 말하고자 하는 내용(what to say)도 중요하지만, 또 한편으로는 그 내용을 어떻게 말하느냐(how to say)도 중요하다. 글쓰기는 문자언어만 사용하는 정적이고 단선적(單線的) 표현방법이라면, 프레젠테이션은 문자언어로 미리 준비한 발표자료를 음성언어적 요소와 비언어적 요소를 함께 동원하여 실연하는 동적이고 복선적(複線的) 표현방법이다. 다시 말해서 프레젠테이션은 청자의 청각과 시각에 동시에 호소하는 종합적 의사소통 과정이다. 따라서 프레젠테이션을 잘하기 위해서는 실연에 영향을 미치는 청각적 요소와 시각적 요소에는 어떤 것이 있으며, 그 특성을 무엇인지 알아둘 필요가 있다.

먼저, 청각적 요소란 프레젠테이션을 할 때 수반되는 제반 음성 요소를 말한다. 이러한 청각적 요소는 크게 분절적 표현, 운율적 표현, 비분절적 표현의 세 가지로 구분한다. 첫째, 분절적 표현은 자음과 모음 같이 사람들이 알아들을 수 있게 발성되는 분절음(segment)을 말한다. 둘째, 운율적 표현은 소리의 크기(loudness), 강세(stress), 억양(intonation) 등 분절음과 무관하게 사용되는 요소들을 의미한다. 셋째, 비분절적 표현은 앞의 두 요소에 포함되지 않는 말의 속도

(rate), 쉼 또는 휴지(pause), 간투사(interjection) 등이 해당한다.

이들 분절적, 운율적, 비분절적 표현의 관계를 그림으로 나타내면 다음과 같다.

그림 5 | 프레젠테이션에서의 청각적 요소들 간의 관계

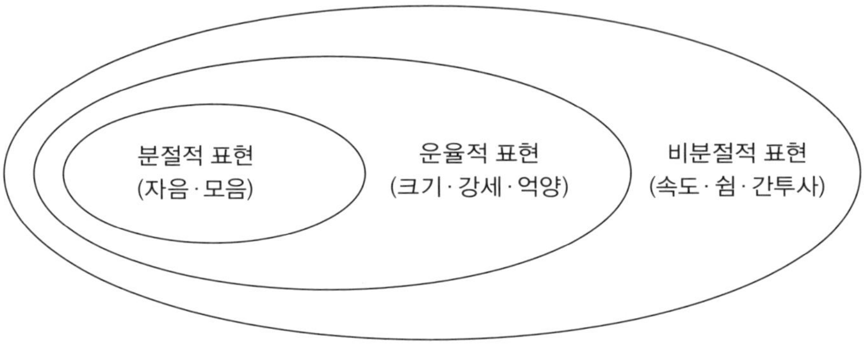

한편, 시각적 요소는 음성을 제외하고 말을 할 때 사용되는 유의미한 표현을 말한다. 이러한 시각적 요소는 신체와 관련된 것과 정황과 관련된 것으로 다시 나눌 수 있다. 신체와 관련된 시각적 요소에는 몸동작(bodily movement), 제스처(gesture), 자세(posture), 표정(facial expression), 용모(appearance), 복장(clothing), 시선(eye contact)이 있다. 정황과 관련된 시각적 요소에는 교탁이나 칠판 같은 보조물의 위치(physical arrangement), 화자와 청중 간의 거리(distance) 등이 있다.

시각적 요소는 글쓰기 과정에서는 사용되지 않는다는 점에서 말하기의 고유한 표현방법이라 할 수 있다. 이들 시각적 요소들은 글에서 나타낼 수 없는 미세한 태도의 차이, 미묘한 감정의 차이까지 표현해주는 중요한 요소이다. 그러므로 화자는 시각적 요소의 특성과 쓰임새를 잘 알고 이를 적절하게 활용하는 능력을 길러야 한다.

아울러, 프레젠테이션을 실연할 때는 청중의 시각에 호소하는 시각적 보조물의 역할도 크다. 소품이나 샘플, 시범 같은 시각적 보조물은 전달하려는 내용을 분명하게 시각화해주어 청중의 이해도를 증진시키고, 청중들의 흥미와 관심을 유발시켜 몰입도를 높여준다. 따라서 적절한 소품이나 샘플을 제시하거나, 중요한 동작을 시범으로 보여주는 것은 프레젠테이션을 성공으로 이끄는 비결 중의 하나이다.

이상으로 언급했던 프레젠테이션 현장에서 사용되는 청각적, 시각적 요소를 도표로 정리하면 다음과 같다.

표 6 | 프레젠테이션 실행 관련 요소

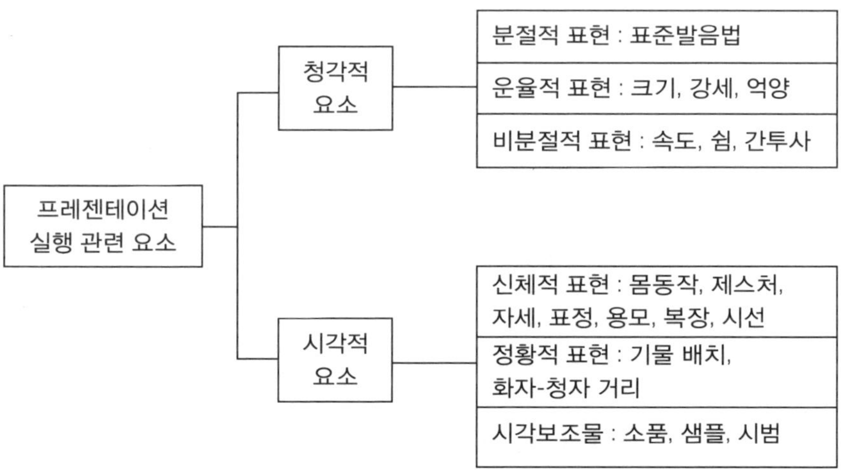

가. 청각적 요소

1) 분절적 표현: 표준발음법

우리말로 글을 쓸 때는 '한글맞춤법' 규정에 따라야 한다. 이렇듯이 우리말로 말을 할 때는 '표준발음법'을 따르는 것이 당연하다. 표준발음법은 국가에서 정한 말하기 생활의 지침이다. 따라서 자음과 모음을 정확하게 발음하기 위해서는 표준발음법을 알아두는 것이 매우 긴요하다. 여기서는 표준발음법 중에서 틀리기 쉬운 부분만 일부 발췌하여 제시하도록 하겠다.

가) 모음의 발음

'ㅏㅐㅓㅔㅗ ㅚ ㅜㅟ ㅡ ㅣ'는 단모음으로 발음한다. 단, 이 중에서 'ㅚ'와 'ㅟ'는 이중 모음으로 발음하는 것을 허용하고 있다. 'ㅚ'는 원순 전설모음으로 그 음가를 정확하게 발음하기가 약간 힘든 것이 사실이다. 이것을 정확하게 발음하기 위해서는 원순모음 [o]를 발음할 때처럼 입을 동그랗게 오므리고 그 상태에서 전설모음 [e]를 발음하면 된다. 'ㅚ'를 많은 사람들이 'ㅙ'[wæ]나 이중 모음 [œ]로 발음하는 경우가 있는데 이는 잘못이다.

'ㅟ'도 원순 전설모음으로 그 음가는 [y]이다. 이것을 정확하게 발음하기 위해서는 원순모음 [u]를 발음하는 입 모양에서 [i]를 발음하면 된다. 그런데 일부 사람들은 이중 모음 [ui]로 잘못 발음하는 경우가 많다.

그러나 일부 용언 활용형에서 나타나는 이중 모음 '져, 쪄, 쳐' 등은 [저, 쩌, 처]로 발음할 수 있다. 이는 발화자가 편리하게 발음할 수 있도록 한 것이다.

가지어→가져[가저], 다치어→다쳐[다처]

그리고 이중 모음 중에서 '예, 례' 이외의 'ㅖ'는 [ㅔ]로 발음할 수 있도록 허용하고 있다. 이것 역시 발화자의 발음 편의를 위한 것이다.

계집[계:집/게:집]	계시다[계:시다/게:시다]
시계[시계/시게]	개폐[개폐/개페]

흔히 많이 틀리는 것 중의 하나는 'ㅢ'의 발음이다. 이는 일음일자주의(一音一字主義)에서 벗어나 여러 가지 음으로 발음되기 때문에 많은 사람들이 혼란을 일으키고 있다. 'ㅢ'는 위치와 조사의 경우에 따라 세 가지로 발음된다.

• [ㅢ]: 'ㅢ'가 첫음절에 위치할 경우
의사(醫師), 의견(意見), 의무(義務), 의론(議論)
• [ㅣ]: 'ㅢ'가 자음을 첫소리로 가지고 있는 경우
늴리리[닐리리], 무늬[무니], 희망[히망], 유희[유히], 주의[주의/주이]
• [ㅔ]: 'ㅢ'가 조사로 쓰일 경우
우리의[우리의/우리에]

나) 음의 장단

국어에서는 모음의 장단(長短) 차이로 의미가 구별되는 단어가 제법 많다. 역사적으로는 중세의 성조에서 상성(上聲)이었던 것이 현재의 장음(長音)으로 변한 것이다. 표준 발음법에서는 모음의 장단을 구별하여 발음하되, 단어의 첫음절에서만 긴소리가 나타나는 것을 원칙으로 하고 있다.

눈보라[눈:보라]	말씨[말:씨]	밤나무[밤:나무]	많다[많:다]
첫눈[첫눈]	참말[참말]	쌍동밤[쌍동밤]	수많이[수:마니]

장단에 의해 구별되는 단어의 예를 보이면 다음과 같다.

말(馬)	눈(目)	밤(夜)	발(足)	벌(罰)
말:(語)	눈:(雪)	밤:(栗)	발:(簾)	벌:(蜂)

그리고 용언의 단음절 어간에 어미 '-어/-아'가 결합되어 한 음절로 축약되는 경우에도 긴소리로 발음한다. 이것을 보상적 장음화(長音化)라고 하는데 다음과 같은 예가 있다.

보아→봐[봐:]	기어→겨[겨:]	두어→둬[둬:]	되어→돼[돼:]

한자어의 경우는 순수 우리말보다 복잡한 장단을 나타나고 있어 각별히 주의할 필요가 있다. 즉, 같은 한자이지만, 어떤 경우에는 장음으로, 어떤 경우에는

단음으로 발음해야 한다. 이것은 규칙화하기는 어렵기 때문에 어휘별로 숙지하는 수밖에 없다. 이러한 몇 가지 예를 들어 보기로 한다.

大 [대] 大邱, 大田, 大斗 [대:] 大人, 大事	故 [고] 故로, 故鄕 [고:] 故人, 古事
考 [고] 考察 [고:] 考査, 考誠	間 [간] 間隔, 間隙 [간:] 間接, 間食

다) 받침의 발음

우리말에서는 받침소리로는 'ㄱ, ㄴ, ㄷ, ㄹ, ㅁ, ㅂ, ㅇ'의 7개 자음만을 발음하도록 정해져 있다. 그래서 어말 또는 자음 앞에서 받침으로 쓰인 'ㄲ, ㅋ'은 대표음 'ㄱ'으로 발음하고, 'ㅅ, ㅆ, ㅈ, ㅊ, ㅌ'은 대표음 [ㄷ]으로 발음하며, 'ㅍ'은 대표음 [ㅂ]으로 발음한다.

밖 → [박]	키읔 → [키윽]
웃다 → [욷다]	젖 → [젇]
묻었고 → [묻얻고]	꽃과 → [꼳과]
앞과 → [압과]	잎도 → [입도]

라) 소리의 동화

① 구개음화(口蓋音化)

받침으로 쓰인 치음 'ㄷ, ㅌ(ㄾ)'이 조사와 접미사의 모음 'ㅣ'와 결합되는 경우에는 구개음 [ㅈ, ㅊ]으로 바뀌어서 뒤 음절 첫소리로 옮겨 발음한다.

굳이[구지]	미닫이[미다지]	밭이[바치]	벼훑이[벼훌치]

그러나 여타의 구개음화는 인정하지 않는다. 따라서 [형] → [셩], [길] → [질]은 틀린 발음이다.

② 자음접변(子音接變)

자음접변을 인정하여 받침으로 쓰인 'ㄱ(ㄲ, ㅋ, ㄳ, ㄺ), ㄷ(ㅅ, ㅆ, ㅈ, ㅊ, ㅌ, ㅎ), ㅂ(ㅍ, ㄼ, ㄿ, ㅄ)'은 'ㄴ, ㅁ' 앞에서 [ㅇ, ㄴ, ㅁ]으로 발음한다. 이를 비음 역행 동화라고 한다.

먹는다[멍는다]	국물[궁물]	
믿는다[민는다]	젖내[전내]	꽃망울[꼰망울]
밥내[밤내]	갑니다[감니다]	값만[감만]

③ 측음화(側音化)

표준발음법에서는 측음화도 인정하고 있다. 즉, 치음 'ㄴ'이 설측음 'ㄹ'의 앞이나 뒤에서 'ㄹ'로 변하여 발음된다.

신라[실라]	전라도[절라도]	칼날[칼랄]	설날[설랄]

마) 된소리되기 또는 경음화(硬音化)

된소리로 발음되는 것을 인정하여 받침 'ㄱ(ㄲ, ㅋ, ㄳ, ㄺ), ㄷ(ㅅ, ㅆ, ㅈ, ㅊ, ㅌ), ㅂ(ㅍ, ㄼ, ㄿ, ㅄ)' 뒤에 연결되는 'ㄱ, ㄷ, ㅂ, ㅅ, ㅈ'은 된소리로 발음한다.

국밥[국빱]	깎다[깍따]	넋받이[넉빠지]	삯돈[삭똔]
닭장[닥짱]	뻗대다[뻗때다]	옷고름[옫꼬름]	있던[읻떤]
꽂고[꼳꼬]	낯설다[낟썰다]	곱돌[곱똘]	덮개[덥깨]
넓죽하다[넙쭉하다]		읊조리다[읍쪼리다]	

바) 거센소리되기 또는 격음화(激音化)

평음 'ㄱ, ㄷ, ㅂ, ㅈ'이 'ㅎ'의 앞이나 뒤에서 'ㅎ'과 결합하여 거센소리인 'ㅋ, ㅌ, ㅍ, ㅊ'으로 발음되는 현상이다. 이를 격음화라고 한다.

착하다[차카다]	묻히다[무치다]	굽히다[구피다]	
늦추다[느추다]	좋고[조코]	좋다[조타]	좋지[조치]

사) 소리의 첨가

국어에서는 두 개의 자립어를 합하여 새로운 단어인 합성어를 만들거나, 접미사를 붙여서 파생어를 만드는데, 이때 소리가 첨가되기도 한다. 이 첨가되는 소리를 인정하여 발음하도록 정해 두었다. 즉, 합성어 및 파생어에서 앞 단어나 접두사의 끝이 자음이고 뒤 단어나 첫음절이 '이, 야, 여, 요, 유'인 경우에는 'ㄴ' 소리를 첨가하여 [니, 냐, 녀, 뇨, 뉴]로 발음한다.

솜-이불[솜:니불]	내복-약[내:복냑]
한-여름[한녀름]	식용-유[시공뉴]

2) 운율적 표현

운율적 표현은 자음과 모음이 결합되어 발음되는 분절음 위에 층위를 달리하여 얹혀 있는 요소를 말한다. 이는 초분절적 표현이라고 부르기도 하며, 여기에는 말의 크기, 강세, 억양이 해당한다. 예를 들어, 평서문일지라도 끝부분을 올려 상승조로 말하면 의문의 의미를 가지게 되고, 또 하나의 문장 중에서 어떤 부분에 강세를 주는가에 따라서 의미가 달라진다. 어떤 곳을 다른 곳보다 크게 말하면 그 부분이 중요하다는 것을 나타낸다. 이러한 운율적 표현은 중요한 역할을 담당하는 청각적 요소이다.

가) 말의 크기(loudness, volume)

말의 크기는 목소리가 얼마나 멀리까지 울려 퍼지는지를 결정하는 요소이다. 같은 자리에서 듣는 경우에도 목소리가 고막을 강하게 울리면 크게 들리고 고막을 약하게 울리면 작게 들린다. 음의 강도를 측정하는 단위는 데시벨(dB)인데, 대략 우리 주변에서 접하는 소리의 강도는 다음과 같다.

0dB 인식 가능한 최저음	60dB 1m 거리의 정상적 대화
12dB 나뭇잎이 바삭거림	80dB 혼잡한 거리의 소리
20dB 1m 거리의 속삭임	120dB 인식 가능한 최고음

일반적으로 프레젠테이션을 실시할 때는 일상적인 대화보다 크게 말하는 것이 좋다. 발표 현장에 있는 모든 사람들이 들을 수 있도록 목소리를 크게 해야 한다. 말의 크기는 청중의 규모, 발표 장소의 넓이, 화자와 청중과의 거리, 발표 현장의 소음 정도, 청중의 청력 등을 고려하여 결정하는 것이 무난하다.

㉠ 청중의 규모가 클수록 목소리를 크게 해야 한다. 육성으로 불가능할 경우에는 마이크와 음향장치를 설치해서 뒤쪽에 있는 사람들까지 잘 들을 수 있게 한다.

㉡ 발표 장소의 넓이가 넓을수록 목소리를 크게 해야 한다. 장소의 넓이가 너무 넓을 경우에는 마이크와 음향장치를 설치해야 한다. 특히, 강당 같이 넓은 공간에서는 좌측과 우측, 뒤쪽 부분까지 사각지대가 없게 음향장치를 설치할 필요가 있다.

㉢ 화자와 청중과의 거리가 멀수록 목소리를 크게 해야 한다. 둘이 마주앉아서 대화를 할 때는 작게 말해도 되지만, 강의실이나 세미나실에서는 좀 더 크게 말해야 한다. 청중과의 거리가 멀어지면 청중들은 화자의 모습을 정확하게 보기도 어렵다. 게다가 소리까지 잘 들리지 않는다면 청중의 관심은 뚝 떨어지게 마련이다.

㉣ 발표 현장 내부 또는 그 주변에서 소음이 있다면 목소리를 크게 해야 한다. 사람들이 웅성대는 소리, 왔다 갔다 하는 소리, 자동차 소리 등이 난다

면 더 큰 소리로 말한다.

ⓜ 청중의 청력이 나쁠수록 목소리를 크게 해야 한다. 노년층은 청년들보다 청력이 나쁘다. 이렇게 노년층을 대상으로 말할 때는 큰소리로 말해야 한다.

한편, 프레젠테이션을 할 때 목소리의 크기를 일정하게 하는 것은 지루하다. 청중들의 집중력을 떨어뜨리고 졸음이 몰려오게 할 수 있다. 그러므로 적절하고 효과적으로 목소리의 크기를 변화키기는 것이 좋다. 이러한 목소리의 크기 변화는 두 가지 중요한 역할을 한다.

첫째, 화자는 소리의 크기를 변화시킴으로써 청중의 주의를 집중시킬 수 있다. 청중들의 주의가 산만하다거나 무관심하게 조는 청중이 있다면, 목소리를 크게 하자. 그러면 청중들을 각성시켜 프레젠테이션에 주목하게 만들 수 있다. 때로는 반대로 목소리를 더 작게 하는 것도 효과가 있다. 갑자기 목소리가 작아지면 청중들은 '무슨 일이 일어났는가?' 의아해 하면서 화자의 말에 집중하게 된다. 말 크기의 변화 폭이 클수록 얻는 효과도 크다.

둘째, 소리의 크기 변화는 발표 내용을 강조하는 데도 유용하다. 화자는 자신이 중요하다고 생각하는 부분에서 더 큰 목소리로 말하는 것이 효과적이다. 그리고 덜 중요한 부분은 작은 목소리로 말하는 것이 좋다. 어떤 화자는 시종일관 큰 목소리로 말하는 경우도 있는데, 이렇게 되면 청중들로서는 무엇이 중요하고 무엇이 덜 중요한지 구별하기 어려워진다. 그뿐만 아니라 발표가 계속되면 화자는 목소리가 잠기게 되어 악영향을 미칠 수 있다. 또한, 큰소리로 말하면 성의나 열의는 인정받을지 몰라도 청중들의 귀를 불편하게 만들기도 한다. 따라서 적당한 크기가 어느 정도인지 미리 점검해 두는 것이 좋다.

청중이 대규모이거나 발표 장소가 넓어서 청중과의 거리가 멀 때는 마이크와 음향장치를 사용하는 것이 바람직하다. 그래서 프레젠테이션을 실시하기 이전에 반드시 마이크가 설치되어 있는지, 음향장치의 상태와 특성은 어떠한지 점검해 두어야 한다. 마이크 및 음향조절장치 사용 시 주의할 사항은 다음과 같다.

㉠ 발표 시작 전에 마이크의 성능을 시험하라. 다만, 청중들이 다 모인 상태인 발표 직전에 조정하는 것은 좋지 않다. 가급적 청중들이 도착하기 전에 마이크를 점검해 두는 것이 바람직하다. 그렇지만 조정시간이 너무 길면 안 된다. 한두 번에 조정을 끝내는 것이 좋다.

㉡ 뒤쪽에 앉은 청중까지 잘 들릴 수 있게 볼륨 크기를 조정하라. 평상시의 목소리 크기로 말했을 때 잘 들려야 한다. 마이크 소리는 연단에서 잘 들리지 않는다. 따라서 뒤쪽에 있는 청중에게 잘 들리는지 직접 확인해볼 필요가 있다.

㉢ 자신의 음색에 맞도록 사전에 음향조절장치를 조정하라. 음향조절장치와 스피커는 고유한 특성을 가지고 있어서, 사람마다 장소마다 약간 다른 느낌의 목소리를 만들어 낸다. 발표 현장에서 나의 음색에 잘 어울릴 수 있게 저음, 중음, 고음이나 울림 등을 조절하도록 한다.

㉣ 마이크는 입에서 10센티미터 정도 간격을 떼고 말하라. 마이크에 입을 바짝 대고 말하면 소리가 너무 크거나 울리게 된다. 또한, 화자의 숨소리나 입을 다시는 소리, 코를 훌쩍이는 소리까지 다 들릴 수 있다. 이렇게 청중의 몰입을 방해하는 소리가 확대되지 않도록 마이크와 입 사이에 10센티미터 정도 간격을 떼는 것이 좋다.

㉤ 키에 맞게 마이크의 높이를 조정하라. 그래야만 똑바른 자세가 흐트러지지 않는다. 마이크 높이가 너무 낮으면, 고개를 숙이거나 꾸부정한 자세를 취하게 된다. 이런 자세를 계속 취하게 되면 화자 자신도 힘들지만, 화자가 청중을 불손하게 대한다는 오해를 불러일으킬 수도 있다.

나) 강세(强勢 stress)

강세는 연속된 음성 중에서 어떤 부분을 상대적으로 강하게 발음하는 것을 말한다. 이는 음절이나 단어 또는 어절에 얹히는 고저(高低 pitch)에 의해 실현된다. 강세는 주로 강조나 대조의 효과를 얻기 위해 의도적으로 사용하며, 강세를 줄 부분은 화자의 판단에 의해 결정된다.

강세는 악센트(accent)와 혼동하는 경우도 있는데 명확히 구별할 필요가 있다. 악센트는 단어 속에 고유하게 내재된 것으로, 언제 어디서나 누가 발음하든지 간에 똑같이 발음하도록 사전에 등재되어 있다. 이처럼 악센트는 고정되어 있지만, 강세는 고정되어 있는 것이 아니라 강조나 대조를 위해 임의로 사용할 수 있다. 또한, 악센트는 단어 속의 모음에만 붙지만, 강세는 음절, 단어, 어절 등 어디에나 붙는 점이 다르다.

예를 들어, '철수가 서울에 가지 않았다.'라는 문장은 단지 하나의 의미를 가진다. 그러나 이 문장을 말로 읽으면, 어느 부분에 강세를 주느냐에 따라 내포된 의미가 달라진다.

㉠ <u>철수가</u> 서울에 가지 않았다. → 서울에 간 사람은 철수가 아니다. 다른 사람이 서울에 갔으나 결코 철수는 가지 않았다.
㉡ 철수가 <u>서울에</u> 가지 않았다. → 철수는 서울이 아니라 다른 곳에 갔다.
㉢ 철수가 서울에 <u>가지 않았다</u>. → 철수가 서울에 가지 않고 다른 짓을 했다. 철수가 서울에 가지 않은 특별한 의도 또는 이유가 있다.

이처럼 강조하고자 하는 부분에 강세를 둠으로써 서로 다른 의미로 해석되기도 한다. 어느 부분에 강세가 있느냐에 의해 미세한 의미 차이를 담아 전달하는 효과를 거둘 수 있는 것이다.

한편, 우리말은 조사에 강세를 주기도 하는데, 이런 방식으로 대조 또는 강조의 의미를 표현할 수 있다.

ㄹ 너는 여기 남아라. → 다른 사람은 가고 너만 남아라.(대조)
ㅁ 너도 여기 남아라. → 다른 사람은 물론 너까지도 남아라.(강조)

다) 억양(抑揚 intonation)

억양은 음(音)의 상대적인 높이를 변하게 하는 것 또는 그런 변화 자체를 말한다. 이러한 억양은 일상 언어생활 속에서 되풀이되어 나타나는 소리의 높낮이의 일정한 패턴(pattern)을 의미한다. 즉, 어떤 문장을 소리 내어 말할 때 나타나는 일정한 유형이 있으며, 나아가 이러한 소리의 높낮이 유형이 그 사회에서 통용될 수 있어야 한다는 것이다.

이런 점에서 개인이 가지고 있는 소리의 높낮이는 억양이라 할 수 없다. 그것은 소리의 고저 변화는 있지만, 그 사회에서 용인되는 고정된 문법적 의미나 태도적 의미를 띠고 있지는 않다. 이런 점에서 억양은 어느 사회에서 일정하게 실현되는 소리의 높낮이로서, 해당 사회 구성원이라면 어떤 경우에도 그 차이를 인식할 수 있는 것이어야 한다.

다음 예는 '그래.' 또는 '그래?'라는 대답이 억양에 따라 얼마나 다양한 태도적 의미를 내포할 수 있는지 잘 보여준다.(임홍빈, 1993, 73-74)

ㄱ (음악을 듣고 있는 사람에게 호감을 가지고) 네가 좋아하는 음악이 이거니?
(다정히) 그래.
ㄴ (상대에게 따지듯이) 너 정말 이럴 거야?
(반감을 가지고) 그래.
ㄷ 그 시원찮은 사람이 영전하여 서울로 올라간대.
(다소 놀라며) 그래?

㉣ 네가 후원을 기대하는 그 사장이 암에 걸렸대.

(많이 놀라며) 그래?

㉤ 그 사람이 네 돈을 떼어 먹겠다더라.

(당치도 않다는 느낌을 가지고) 그래?

이와 같은 5가지 상황에서 나타난 '그래.' 또는 '그래?'라는 대답이 보여주는 다양한 태도적 의미를 억양의 그림으로 보이면 다음과 같다.

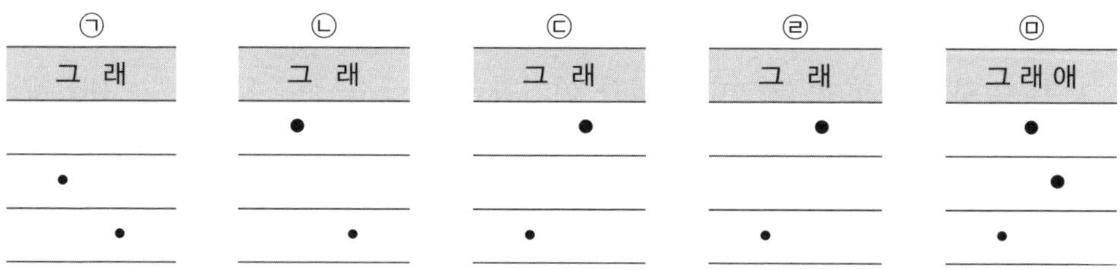

위의 그림은 '그래'라는 대답의 높낮이와 강도를 나타낸 것이다. '그래'라는 발음은 동일하지만, 서로 다른 억양을 통해서 화자의 다양한 인식적·감정적 태도를 표현하고 있다. 이러한 억양은 우리나라 사람이라면 누구나 알고 있는 공통적이고 고정적인 성격을 가지고 있다.

프레젠테이션을 할 때는 이러한 억양을 잘 이용할 필요가 있다. 억양은 상승조 또는 하강조 중에서 어느 것을 택하느냐에 따라 그 의미가 달라진다. 다음 예를 보기로 한다.

> ㉠ 지금 비가 오지.↘
> ㉡ 지금 비가 오지.↗

㉠은 하강조로 끝맺는 경우인데, 이때는 지금 비가 내리고 있다는 평서문의 의미를 갖는다. 그러나 ㉡처럼 상승조로 말하면 그 의미는 확연히 달라진다. 문

장의 말미를 올려서 발음하는 경우에는 의문문의 뜻을 지니게 된다. 이와 같이 똑같은 말일지라도 상승조로 말하느냐 하강조로 말하느냐에 따라 문장의 유형이 바뀌고, 태도적 의미도 달라진다.

일반적으로 하강조는 어떤 일이 완결되었다는 의미를 나타내고, 상승조는 미완 내지 진행 중임을 뜻한다. 복합문의 경우 연결 어미를 상승조로 말하면 어떤 행위가 아직 진행되고 있다는 의미를 가진다. 아울러, 명령문이나 감탄문은 하강조보다 상승조로 말하는 것이 태도적 의미를 전달하는 데 효과적이다.

> ㉢ 나는 춤을 추고,↗ 그는 노래를 불렀다.↘
> ㉣ 선생님께서는 공부를 열심히 하라고↗ 우리에게 말씀하셨다.↘
> ㉤ 내가 물러서면↗ 나를 쏴라!↗
> ㉥ 아아!↗ 굳세도다.↗ 대한 용사의 기상이여↗

㉢과 ㉣은 복합문에서 일반적으로 나타나는 억양의 예이다. 앞문장과 뒷문장의 연결어미를 상승조로 발음하고, 뒷문장은 하강조로 마무리한다. 이런 억양은 어떤 행위의 진행과 완결이라는 태도적 의미를 표현하고 있다. ㉤은 복합문 형태를 가진 감탄문인데, 이런 경우에는 연결어미와 끝부분을 모두 상승조로 발음함으로써 화자의 확고한 의지를 강하게 드러낸다. ㉥은 세 토막으로 나누어진 감탄문인데 각각의 끝부분을 상승조로 발음하는 것이 영탄의 효과를 증진하는 데 도움이 된다. 이렇게 ㉤과 ㉥처럼 명령문과 감탄문에서는 상승조의 억양을 사용하면 화자의 태도와 감정을 잘 나타낼 수 있다.

3) 비분절적 표현

비분절적 표현이란 분절적 표현, 운율적 표현을 제외한 청각적 요소를 두루 일컫는 말이다. 즉, 자음과 모음의 분절음 자체도 아니고, 또 분절음에 고유하게 얹혀 있는 운율적 표현도 아니지만, 청각적 요소에 속하는 요소들이 이에 해당한다. 이러한 비분절적 표현에는 말의 속도, 발음의 길이, 쉼, 간투사 등이 대표적인데, 이들도 프레젠테이션 실행에 있어서 중요한 역할을 한다. 따라서 비분절적 표현의 특성도 잘 이해하여 프레젠테이션의 효과를 증진시키는 것이 좋다.

가) 말의 속도(speech rate)

말의 속도는 어느 정도로 말을 빠르게 해야 하는가 하는 문제이다. 일반적으로 아나운서가 뉴스를 전달할 때는 다소 빠르게 말한다. 이는 보통사람이 따라하기 힘들 정도로 빠른 수준이다. 뉴스의 특징은 비교적 단순한 사실을 일방적으로 전달하고, 내용 구성은 대부분 육하원칙을 따르고 있으며, 짧은 시간 안에 다량의 정보를 소화해야 한다는 점이다. 이 때문에 아나운서의 뉴스는 다소 빠르게 말할 필요가 있으며, 청자 또한 아나운서의 말을 이해하는 데 큰 문제가 없다. 이러한 아나운서의 뉴스는 매우 활기를 띤 대화를 나눌 때의 말하기 속도와 비슷한 수준이다.

그렇지만 보통 사람의 통상적인 말하기 속도는 아나운서보다 훨씬 느린 편이다. 말하기는 일방적인 사실 전달에 그치는 아니라, 정황과 청중을 고려하면서 말할 내용을 생각해야 하고, 자신의 견해를 논리적·효과적으로 표현하여 상대방을 납득시켜야 하는 쌍방향적 의사소통 방법이다. 아나운서처럼 빠르게 말하다보면 상대방과의 소통은 단절될 것이다.

그러면 프레젠테이션은 어느 정도 빠르기로 말하는 것이 좋은지 생각해보자. 여기에는 정해진 기준은 없다. 하지만 대략 아나운서보다는 느리고, 평상적인 대화보다는 다소 빠른 것이 바람직하다. 왜냐하면, 프레젠테이션은 짧은 시간 안에 준비된 내용을 발표해야 하고, 다소 활기 있게 말하는 것이 목적 달성에 효과적이기 때문이다. 따라서 텔레비전이나 인터넷을 이용하여 아나운서의 말이 어느 정도 빠른지 살펴본 연후에, 그보다 30% 정도 느린 속도로 말하는 습관을 들이는 것도 좋은 방법이다. 예를 들어, 아나운서가 1분 동안 말한 내용을 1분

20초에 말해보는 방식으로 적절한 말하기의 속도를 익힐 수 있다.

화자의 말이 너무 빠르면, 청중들은 미처 생각할 시간을 갖지 못하게 되고, 허둥지둥 따라오게 된다. 이와 반대로 화자의 말이 너무 느리면, 청중들의 관심도가 떨어져 프레젠테이션을 지루하게 여기며, 딴생각을 하는 등 발표내용에 무관심해질 수 있다. 그러므로 말하기 속도는 항상 적절하게 유지하는 것이 좋다.

그렇지만 말하기 속도가 항상 일정해서는 안 된다. 일정한 속도가 지속되면 청중들은 점점 무뎌져서 집중력이 떨어지기 때문이다. 대체로 일정한 속도를 유지하되, 발표내용과 정황에 따라서 말하기 속도를 변화시키는 것이 바람직하다. 말하기 속도에 영향을 주는 요소로는 발표내용의 난이도와 중요성, 청자의 이해수준, 화자의 의도와 감정상태 등을 들 수 있다.

㉠ 발표내용의 난이도와 중요성에 따라 말하기 속도를 조절하라.

내용이 복잡하거나 어려운 것은 보통 때보다 더 천천히 말한다. 내용이 단순하거나 쉬운 부분은 다소 빠르게 말하도록 한다. 또한, 중요한 부분은 다소 느리게 말하고, 덜 중요한 부분은 상대적으로 빠르게 말한다. 한편, 운동경기처럼 빠르게 진행되는 사건은 그 흐름에 맞게 빠르게 말하는 것이 좋다.

㉡ 청중의 이해력 정도에 따라 말하기 속도를 조절하라.

청중의 대다수가 어린이나 노인일 경우에는 느리게 말해야 한다. 다소 전문적인 주제를 다룰 경우, 청중이 전문가로 구성되어 있을 때는 보통보다 빠르게 말해도 무방하지만, 청중이 비전문가로 이루어져 있을 때는 천천히 차분하게 말한다.

㉢ 화자의 의도와 감정상태에 따라 말하기 속도를 조절하라.

화자가 특정한 부분을 강조하고 싶을 때는 보통 속도보다 빠르게 말하거나 또는 천천히 말할 수 있다. 이렇게 말하기 속도가 갑자기 달라지면 청중들은 금방 변화를 감지하고 집중하게 된다. 화자의 흥분이 고조되면 말하기 속도가 빨라지고, 이와 반대로 감정이 차분히 가라앉으면 말하기 속도가 느려진다.

나) 발음의 길이(duration)

발음의 길이란 하나의 음운(자음 또는 모음)이나 음절을 발음하는 시간을 말한다. 이는 눈(眼)과 눈:(雪)에서처럼 어휘의 의미 차이를 나타내는 음운론적 길이를 의미하는 것이 아니다. 이런 것은 장음(長音)과 단음(短音)에 해당하는 것으로 애초의 발음 속에 내재되어 있는 특질이다. 이와 다르게 여기서 말하는 발음의 길이는 어휘의 의미 차이를 일으키지 않으면서 화자의 개성이나 상황에 따라 평소보다 길게 발음하는 것을 말한다.

예를 들어, '어머니'를 발음한다고 해 보자.

㉠ 으—어머니 ㉡ 어—므—어니 ㉡ 어—머니 ㉣ 어—머—니 ㉤ 어머니—

㉠~㉤은 모두 '어머니'를 발음한 것이지만, 어느 하나의 음운이나 음절의 길이를 길게 발음한 것이다. 이러한 길이의 변화는 화자가 표현하고자 하는 기분이나 감정의 차이를 드러내준다. 이렇게 발음의 길이가 길고 짧음에 따라 표현하는 감정가치(emotion value)가 달라진다.

일반적으로 천천히 길게 발음하면 아름다움, 위엄, 고매함, 평화스러움 등의 감정을 나타낸다. 아름다운 자연의 경치나 찬란한 문화유산을 설명한다거나, 성직자들이 성스러운 교리를 설명할 때, 사회지도층 인사가 자신의 고매함을 드러내거나 농촌마을의 평화로움을 묘사할 때는 보통 때보다 발음의 길이를 길게 한다. 반면에 발음의 길이를 짧게 하면 흥분, 희열, 놀람, 들뜬 기분 등을 나타낼 수 있다. 화자 자신이 흥분되어 있거나 위험한 순간에 기지를 발휘하는 순간을 설명할 때, 올림픽에서 금메달을 딴 순간을 중계할 때, 깜짝 놀랐음을 표현할 때, 매우 기뻐서 들뜬 순간을 묘사할 때는 발음을 짧게 하는 것이 효과적이다.

발음의 길이는 길고 짧게 조절하면 여러 가지 다른 감정가치를 보여줄 수 있다.

ⓑ 저기에 새가 숨어 있다.
ⓢ 저~기에 새가 숨어 있다.
ⓞ 저~~~기에 새가 숨어 있다.

ⓙ 이만큼 당신을 사랑합니다.
ⓒ 이~만큼 당신을 사랑합니다.
ⓚ 이~~~만큼 당신을 사랑합니다.

ⓣ 마음속 가득히 애국심의 불꽃을 피워 보십시오.
ⓟ 마음속 가득~히 애국심의 불꽃을 피워 보십시오.
ⓗ 마음속 가득~~~히 애국심의 불꽃을 피워 보십시오.

ⓑ~ⓞ은 '저기에' 중에서 '저-' 음절의 발음 길이를 점차 길게 발음하는 예이다. '저'의 발음 길이를 다르게 하여 조금 떨어진 곳, 약간 먼 곳, 아주 먼 곳에 새가 앉아 있음을 나타낸다. ⓙ~ⓚ은 '이-' 음절의 길이를 길게 발음하는 경우에 해당한다. 발음이 길어질수록 사랑의 크기도 커진다는 것을 표현한다. ⓣ~ⓗ 역시 '-득-'의 발음 길이를 점차 길게 하는 예이다. 이렇게 길이를 길게 발음함으로써 애국심의 양도 늘어난다는 것을 드러낼 수 있다.

이와 같이 발음의 길이는 미세한 감정과 기분의 차이를 표현하는 좋은 수단 중의 하나이다. 이를 잘 활용하게 되면 청중들의 감정을 자극하는 데 효과를 거둘 수 있다. 다만, 발음의 길이는 적절하게 필요한 부분에서만 사용하는 것이 좋다. 아무데서나 너무 자주 사용하거나, 지나칠 정도로 길게 발음하지 않아야 한다.

다) 쉼 또는 휴지(休止 pause)

쉼 또는 휴지는 단어와 단어, 어구와 어구, 어절과 어절, 문장과 문장 사이에서 잠깐 말을 하지 않고 멈추는 시간을 말한다. 즉, 목소리를 내지 않고 침묵하는 시간적 공백이라 할 수 있다. 이렇게 적절한 부분에서 잠깐 동안 쉬는 것, 침묵하는 것은 프레젠테이션 실행에 있어서 매우 중요하다.

글쓰기에서는 '띄어쓰기'를 해야 한다. 한글맞춤법에 정해진 대로 띄어 써야 독자들이 글을 잘못 이해하거나 오해하지 않는다. 예를 들어, '제주산(濟州産) 나물'을 '제주산나물'이라고 붙여 썼다고 해보자. 이럴 경우 '제주산 나물'인지 '제주 산나물'인지 불명확하다. 띄어쓰기를 잘못하면 이처럼 뜻이 달라진다. 또한, 글을 쓸 때는 쉼표[休止符]와 마침표[終止符] 등을 이용하여 읽을 때 쉬는 부분을 표시한다. 이렇게 쉬는 부분에서 잠깐이라도 끊어 읽을 때 내용을 보다 더 명확하게 빠르게 파악할 수 있다. 이렇게 띄어쓰기와 문장부호는 말하기의 쉼과 유사한 기능을 한다.

이런 점에서 쉼 또는 휴지는 '띄어 말하기'라고 할 수 있다. 단어, 어구, 어절, 문장, 단락 등 구성단위마다 쉬면서 말해야 한다. 일반적으로 구성단위가 커질수록 쉬는 시간도 길어진다. 단어와 단어 사이에서는 아주 짧게 쉬고, 어구와 어구, 어절과 어절 사이에서는 조금 더 길게 쉰다. 구성요소가 문장과 문장 사이에서는 상대적으로 더 길게 쉬고, 단락과 단락 사이에서도 길게 쉰다. 서두와 본론, 본론과 결말 사이에서는 훨씬 더 길게 쉰다.

이런 점에서 쉼 또는 휴지는 '전략적 침묵'이라 할 수 있다. 발표 도중에 짧게 또는 약간 길게 쉼이나 휴지를 두면, 청중들은 하나의 화제에서 다른 화제로 바뀌거나 무언가 중요한 내용이 발표될 것임을 직감하고 집중하는 경향이 있다. 이런 현상은 한두 번 프레젠테이션을 경험해 보면 금방 알 수 있다. 그러므로 전략적 침묵을 잘 이용한다면 청중의 관심을 지속적으로 유지시킬 수 있고, 발표내용에 대한 청중의 이해도를 높일 수 있는 이점이 있다.

다음 예문을 서로 비교하면서 어떻게 다른 느낌을 주는지 생각해보자.

> ㉠ 여러분, 하루를 살아도 행복하게 살고 싶지 않으십니까? 행복하게 살기를 원하지 않는 사람은 없습니다. 누구나 맛있는 음식을 먹고 싶어 하고, 누구나 아름다운 경치를 구경하고 싶어 하며, 누구나 좋은 친구와 함께 있고 싶어 합니다. 행복해지고 싶다면 행동하십시오. 오늘 당장 친구에게 전화를 걸어 보세요.
>
> ㉡ 여러분, v 하루를 살아도 v 행복하게 살고 싶지 않으십니까? v v 행복하게 살기를 원하지 않는 v 사람은 없습니다. v 누구나 v 맛있는 음식을 먹고 싶어 하고, v 누구나 v 아름다운 경치를 구경하고 싶어 하며, v 누구나 v 좋은 친구와 함께 있고 싶어 합니다. v v 행복해지고 싶다면 행동하십시오. v v 오늘 당장 v 친구에게 v 전화를 걸어 보세요.

㉠은 띄어쓰기와 문장부호만으로 끊어서 읽은 경우이고, ㉡은 적절하게 쉼을 두어 말하는 경우를 나타낸 것이다. 둘 다 동일한 메시지를 담고 있지만, ㉡처럼 쉼을 두어 가면서 말한다면, 화자의 의도와 감정이 강조되는 효과를 얻을 수 있다. 따라서 훌륭한 화자가 되기 위해서는 적절하게 쉼을 활용할 수 있는 능력을 기를 필요가 있다.

한편, 쉼 또는 휴지의 기능은 3가지로 정리할 수 있다.

첫째, 사고의 단위를 구별해 준다. 쉼은 의미 있는 단위를 구별해 주는 역할을 한다. 글을 읽을 때는 통상 휴지부호나 마침부호가 있는 곳에서 끊어 읽는다. 하지만 말을 할 때는 쉼표나 마침표가 찍혀 있는 곳에서만 쉬는 것이 아니라, 화자가 필요하다고 판단한 곳에서 쉬기도 한다. 이른바 사고의 단위가 바뀔 때, 내용의 흐름이 바뀔 때 말을 멈추기도 한다. 다시 말해서 읽기의 쉼과 말하기의 쉼이 항상 일치하는 것은 아니라는 말이다.

둘째, 중요한 부분을 강조해 준다. 중요한 내용의 앞 또는 뒤에서 잠깐 동안 쉼을 두기도 한다. 이렇게 하면 중요사항을 부각시켜 강조해 주는 효과를 얻을 수 있다. 발표내용 중 핵심사항을 이야기 할 때는 그 앞과 뒤에 보통보다 약간 더 긴 쉼을 주는 것도 바람직하다. 특히, 사례를 들어 설명할 경우에는 절정의 순간에 이르기 직전에 제법 긴 쉼을 줌으로써 극적 효과를 거둘 수 있다.

셋째, 화자에게 시간을 벌게 해 준다. 화자는 프레젠테이션 도중에도 머릿속으로 현장의 정황과 청중의 반응을 파악하여 즉각적으로 그에 대처해야 한다. 자신이 한 말에 대하여 청중들이 잘 이해하고 있는지, 앞으로 전개할 내용은 무엇인지 상기해야 한다. 청중들이 부정적 반응을 보인다면 적절하게 발표내용을 조절하기도 한다. 이럴 경우 잠시라도 시간적 여유가 필요한데, 이때 쉼은 화자에게 이러한 생각이나 평가를 내릴 수 있는 시간적 틈을 제공한다. 쉼은 물리적으로 아주 짧은 시간에 불과하지만, 발표 현장에서는 매우 유용한 시간으로 활용될 수 있다.

프레젠테이션을 할 때 쉼은 이렇게 중요한 역할을 하지만, 너무 자주 쉬거나 너무 길게 쉬면 안 된다. 이럴 경우 청중들은 갑갑해 하거나 지루함을 느낄 수 있다. 또한, 화자의 발표 준비가 부실하거나 그의 발표 수준이 낮은 것으로 판단함으로써 화자의 신뢰도가 급격히 떨어질 수 있다. 따라서 이런 점을 유념하여 쉼을 적절하게 이용해야 할 것이다.

이와 반대로 거의 쉬지 않는 경우도 있는데, 이는 화자의 발표 불안증과 관련이 있다. 프레젠테이션 경험이 부족한 화자는 발표를 빨리 끝내고 싶어 하거나, 자신의 심리적 긴장감을 감추고 싶어 한다. 이럴 경우 처음부터 끝까지 쉼을 두지 않고 일사천리로 진행되기도 한다. 그러나 이는 바람직하지 않다. 쉼이 없이 진행하면 사고의 덩어리를 구분하기도 어렵고, 강조할 부분도 제대로 부각되지 않는다. 또한 화자가 잠시 동안의 여유도 가질 수 없기 때문에 청중의 반응조차 살피지 못한다.

그러므로 경험이 많지 않은 화자는 가능한 한 여유를 갖고 쉬어야 할 부분에서 충분히 쉬는 것이 좋다. 평상시의 1초는 아주 짧은 시간에 불과하지만, 발표 도중의 1초는 매우 긴 시간임을 유념하고, 적절하게 쉼을 두어가면서 말하는 습관을 들여야 한다. 화자가 조급하면 청중도 조급해진다. 화자가 여유를 가지고 있어야 청중도 여유를 가질 수 있다.

다) 간투사(間投詞 interjection)

간투사는 전달내용과 무관하게 말하는 도중에 사용되는 독립적인 음운이나 단어를 말한다. 즉, 첫말을 꺼내면서 또는 계속 말을 이어가는 중간에 사용하는 말인데, 그것이 발표내용과 상관도 없고 아무런 의미도 띠지 않는다는 것이다. 대표적인 예를 들자면 '아—, 에—, 마—, 음—, 저—, 그런데요, —말입니다' 등을 들 수 있다. 이렇게 간투사는 의미 없이 단어 또는 문장 사이에 삽입되는 말이라는 점에서 삽입어(插入語 filler)라고도 부른다.(황순희, 2013, 95쪽)

간투사는 글쓰기에서는 나타나지 않고, 오직 구어(口語)에만 나타나는 독특한 언어현상이다. 이러한 특성 때문에 간투사는 가급적 사용하지 않는 금기사항으로 간주되기도 한다. 그래서 간투사를 의미 없는 입버릇이나 서투른 화자의 머뭇거림 정도로 이해되어 왔다. 간투사를 많이 사용한다면 앞말과 뒷말이 매끄럽게 연결되지 않고, 시간도 많이 소요되어 지루해진다. 이는 청중들의 집중과 몰입을 방해하고 무관심하게 만들 수 있다.

여기서 가장 심각한 문제는 많은 사람들이 자신이 간투사를 지나치게 많이 무의식적으로 사용하고 있다는 사실조차 모르고 있다는 점이다. 간투사는 청중의 입장에서 들어야 그 존재가 쉽게 드러난다. 화자는 여러 사람 앞에서 말을 하는 것만으로도 정신이 없다. 그래서 대부분의 화자는 자신의 간투사 사용 습관이 어떠한지 잘 모른다. 따라서 무엇보다 먼저 자신이 자주 사용하는 간투사가 무엇인지, 자신이 얼마나 많이 간투사를 사용하는지 진단해볼 필요가 있다. 그 결과 간투사 사용이 과도하다면 사용 빈도를 낮추어야 한다. 또한, 하나의 특정한 간투사를 많이 사용하는 말버릇이 있다면 이를 고치는 것이 바람직하다.

그렇지만 간투사를 완전히 배제하기는 어렵다. 누구든지 간에 약간의 간투사를 사용하기 마련이다. 또한, 간투사가 발표에 좋지 않은 영향만 주는 것이 아니라, 프레젠테이션에 도움을 주기도 한다. 따라서 간투사의 특성을 알아두고, 이를 적절하게 활용하는 태도가 바람직하다.

간투사의 종류는 어휘적인 것과 비어휘적인 것으로 구분할 수 있다.

㉠ 어휘적 간투사

어휘의 형태를 가진 간투사로서 앞말과 뒷말을 연결시켜 주기도 하고, 간투사 그 자체가 의미를 지니기도 한다. 이때의 의미는 어휘의 고유한 의미를 말하며, 발표내용과 연관이 있는 의미를 말하는 것은 아니다.

예 이제, 말하자면, 뭐냐 하면(뭐냐면), 그래서, 고로, —말이야, —가지고, —말입니다, 거시기, 있잖아, —요

대학문화라는 것은 이제 대학생들이 말하자면 학교생활을 하면서 학업이나 뭐냐면 동아리 활동 같은 것을 하면서 만들어낸 문화를 말한다.

철수가 말이야 책을 찢었다 이거야.

철수가요 영희를요 때렸어요.

화랑들의 정신이 말입니다 진짜 군인정신이지 말입니다.

㉡ 비어휘적 간투사

어휘가 아닌 형태를 가진 간투사로서 주로 말을 시작하거나, 중간에 다음에 할 말을 생각할 때 주로 사용한다. 이런 간투사는 대부분 하나의 음절로 되어 있는 경우가 대부분이며, 아무런 의미를 띠고 있지 않다.

예 에—, 저—, 음—, 마—

에— 우리는 음— 내일 서울로 출발하기로 했습니다.

세월이 마— 약이라는 말이 있듯이 시간이 지나면 이런 상처들은 마— 싹 낫게 되어 있습니다.

한편, 간투사 사용은 권장할 만한 것은 아니지만, 적절하게 사용할 때 다음과 같은 효과를 거둘 수 있다.

첫째, 간투사는 앞말과 뒷말을 연결해 준다. 일부 어휘적 간투사는 문장 내에서 대용어(代用語)의 역할을 한다. 즉, 대용어처럼 앞말과 뒤말 사이의 연관성을 높여주어 의미 전달이 매끄럽게 해준다. '고로, 거시기, 있잖아' 같은 간투사가 이런 기능을 가지고 있다.

둘째, 간투사는 화자가 호흡을 고를 수 있는 시간을 준다. 내적, 외적 원인에 의하여 화자의 호흡이 가빠지거나 거칠어질 수 있다. 이럴 경우 간투사를 적절히 사용함으로써 호흡을 가라앉힐 수 있다. 아주 짧은 잠시 동안의 여유이지만 화자가 숨을 고르면서 쉴 수 있도록 도와준다. 주로 '에—, 음—' 등이 이런 기능을 한다.

셋째, 화자가 말을 시작할 때 발성을 부드럽게 할 수 있도록 도와준다. 말을 시작할 때는 목이 완전히 풀리지 않아 목소리가 제대로 나오지 않거나 갈라지기도 한다. 이럴 때 간투사를 사용하면서 목소리 상태를 가다듬을 수 있다. 이는 마치 가수가 노래를 부르게 전에 목을 푸는 것과 같다.

넷째, 화자에게 시간을 벌어 준다. 화자가 다음에 할 말이 빨리 떠오르지 않을 수 있다. 이럴 때는 '뭐냐하면, 에—, 음—' 등의 간투사를 활용하면 말할 내용을 상기하는 데 도움이 된다. 잠시라도 생각을 정리할 시간적 여유를 가질 수 있는 것이다. 이렇게 간투사는 내용 망각으로 인해 생겨난 위기를 넘기는 좋은 수단 중의 하나이다. 이런 점에서 간투사는 시간벌기의 수단이자 담화적 책략(discourse strategy)이라 할 수 있다.

이와 같이 간투사는 나름대로 기능을 하고 있지만, 지나치게 많이 사용하는 것은 안 된다. 간투사를 과도하게 사용하면 청중들은 내용에 관심을 기울이는 것이 아니라 간투사 자체에만 관심을 기울이는 경향이 있다. 화자가 어떤 간투사를 애용하는지 분석하거나, 또한 간투사를 몇 번이나 사용하는지 헤아리는 데 집중한다. 그러므로 간투사는 말하기에 도움을 주는 요소이기는 하지만, 귀에 거슬리지 않을 정도로 그 사용을 삼가는 것이 좋다.

나. 시각적 요소

분절적 표현, 운율적 표현 같은 청각적 요소 못지않게 시각적 표현도 프레젠테이션을 하는 데 필수적인 요소들이다. 시각적 표현은 청중들이 눈으로 직접 보거나 느낄 수 있어서 프레젠테이션의 입체성과 현장성을 증진시켜 줄 뿐만 아니라, 정적인 분위기를 깨뜨리고 역동적이고 활기 있는 분위기를 조성해 준다. 이렇듯 시각적 요소가 갖는 입체성, 현장성, 역동성은 발표내용을 전달하는 데 매우 유용하며 그 효과도 제법 큰 편이다. 따라서 시각적 요소의 특징을 알아두고 이를 잘 활용할 필요가 있다.

시각적 요소는 크게 신체적 표현, 정황적 표현, 시각적 보조물로 나눌 수 있다. 신체적 표현은 신체의 일부 또는 전체를 사용하여 어떤 의미를 나타내는 것을 말한다. 이런 점에서 신체 동작적 표현이라 하기도 하며 몸동작, 제스처, 자세, 표정, 용모, 복장, 시선 등이 해당한다. 정황적 표현이란 발표 현장에서의 상황과 관련된 것으로 시각적 요소를 말한다. 청중석의 배치 상태, 화자와 청중 사이의 거리, 포인터 사용법 등이 해당한다. 시각적 보조물은 시범같이 실제적인 동작을 보여주거나, 모형처럼 실제 형태를 보여주는 것을 말한다.

1) 신체적 표현

가) 몸동작(bodily movement)

몸동작이란 온몸을 움직이는 시각적 행위를 말한다. 이것이 바로 제스처와 몸동작을 구분하는 기준이다. 제스처가 신체의 일부를 움직이는 행위라면, 몸동작은 온몸 전체를 움직이는 행동이라는 점에서 다르다.

온몸을 움직인다고 해서 몸동작이 되는 것은 아니다. 여러 가지 몸동작 중에서 프레젠테이션에 도움이 되는 유의미한 동작만 몸동작이라 할 수 있다. 머리를 긁적이거나 온몸을 흔드는 것과 같은 동작은 별다른 의미가 없는 무의미한 행동일 뿐이다. 이렇게 습관적이고 무의미한 움직임은 몸동작이라고 하지 않는다.

프레젠테이션을 할 때 자주 사용되는 몸동작은 다음과 같다.

㉠ 탁자(교탁, 연설대) 앞 또는 옆으로 나가서 선다.
㉡ 연단(무대)의 중앙 또는 한 쪽 끝으로 이동한다.
㉢ 연단(무대)을 전후 또는 좌우 방향으로 이동한다.
㉣ 빔 프로젝터 화면의 반대편으로 이동한다.
㉤ 빔 프로젝터 화면에서 먼 쪽으로 이동한다.
㉥ 연단에서 바닥으로 내려온다.
㉦ 청중들 앞으로 가깝게 다가간다.
㉧ 청중석 사이로 걸어 들어간다.
㉨ 탁자로 가서 물을 마신다.

이처럼 몸동작은 전후좌우로 움직이는 것으로 비교적 단순한 행위가 대부분이다. 그러나 이렇게 단조롭지만 프레젠테이션 진행에 끼치는 영향은 크다. 연단을 전후좌우 방향으로 움직일 때마다 청중들의 시선이 따라오고, 그들의 집중도가 증진된다. 빔 프로젝터를 많이 사용하는 요즘에는 화면의 반대편으로 이동하거나, 화면에 가깝게 또는 멀리 이동하는 몸동작도 유용하다. 또한, 청중들보다 높게 설치된 연단에서 바닥으로 내려서는 동작, 청중석 앞으로 나아가 가까이 다가서는 동작, 청중석 사이로 걸어 들어가는 동작은 청중과의 심리적 간격을 좁히는 데 큰 도움을 줄 수 있다.

일반적으로 몸동작은 다음과 같은 경우에 행해진다.

첫째, 몸동작은 화자의 긴장을 풀어준다. 발표불안증으로 인해 다리가 후들거린다면 연단 좌우측으로 왔다 갔다 하라. 그러면 다소나마 발표 불안 증세를 감소시킬 수 있다. 몸을 가볍게 움직이는 것만으로도 긴장도를 낮추는 데 도움이 된다.

둘째, 몸동작은 청중들의 주의를 집중시켜 준다. 청중들의 주의가 산만하거나 지루해서 졸음이 몰려 올 때는 청중과의 거리를 좁혀 보라. 연단 앞쪽으로 이동하거나 청중석으로 걸어 들어가 보라. 이렇게 하면 화자의 목소리도 크고 잘 들리게 되고, 청중들의 관심도 화자에게 집중될 것이다. 화자가 연설대 뒤에서 꼼짝하지 않는다면, 또는 화자의 모습을 가릴 정도로 연설대의 덩치가 크다면, 청중들은 화자에게 금방 무관심해질 수밖에 없다. 화자가 움직이지 않으면 청중의 관심도 유발되지 않는다는 점을 명심해야 한다.

셋째, 몸동작은 청중을 골고루 볼 수 있게 해준다. 일부 청중은 연단 위에서 잘 보이지 않는다. 특히, 뒤쪽에 앉은 사람, 좌측과 우측 모서리에 앉은 사람의 모습은 잘 보이지 않는다. 이럴 때는 그들이 잘 보일 수 있게 화자의 위치를 바꾸어 보라. 그래야만 참석한 모든 청중과의 눈 맞춤이 가능하고, 눈 맞춤이 이루어져야 교감이 가능해진다.

넷째, 몸동작은 청중에게 이야기가 다음 단계로 진행됨을 알려준다. 하나의 화제에 대한 이야기가 끝나면, 화자가 서 있는 위치를 바꾸라. 연단의 왼쪽에서 서 있었다면 오른쪽으로 바꾸고, 청중석에 들어가 서 있었다면 다시 연단 중앙으로 올라가라. 이렇게 하면 청중들은 이야기의 화제가 바뀌었음을 인지하게 되고, 새로운 마음으로 화자의 말에 집중하게 된다.

다섯째, 몸동작은 화자에게 시간적 여유를 제공한다. 화자는 위치를 이동하는 동안 잠시나마 다음에 말할 내용을 상기할 수 있다. 또한, 자신이 이미 말한 내용에 대한 평가를 하거나, 청중들의 반응을 살펴 그에 대처할 수 있는 시간으로 쓸 수도 있다. 이처럼 몸동작은 화자에게 시간 벌기의 기능을 한다.

여섯째, 몸동작은 청중에게 쉴 수 있는 여유를 제공한다. 화자가 한쪽에서 다른 한쪽으로 이동하는 몇 초 동안 청중들은 잠깐 쉴 수 있는 시간을 가질 수 있다. 이 시간에 화자가 말한 내용을 반추하면서 정리하기도 하고, 화자의 말이 논리적인지 평가해 보기도 한다.

일곱째, 몸동작을 통해 화자는 자신의 열의와 자신감을 드러낸다. 청중들은 화자의 자신 있고 활기찬 움직임을 보면서 화자의 열의, 성의, 자신감, 에너지 등을 확인하고 평가한다. 이때 긍정적 평가를 받게 되면 화자에 대한 신뢰도가 상승하게 된다. 하지만, 이와 반대로 부정적 평가를 받게 되면 화자에 대한 신뢰도가 떨어져 청중들의 관심과 흥미는 급격하게 하락한다.

특히, 연설대 뒤에 서서 밖으로 나오지 않으면 청중들은 화자가 소심하거나 자신감이 없는 것으로 여기는 경향이 있음을 알아둘 필요가 있다. 이럴 경우 청중들은 화자가 '연설대 뒤에 숨어 있다, 무언가 감추려고 한다. 소극적인 태도를 가지고 있다'는 등의 오해를 불러일으키기 쉽다는 말이다. 이러한 오해를 피하기 위해서는 화제가 바뀔 때마다 연단의 전후좌우로 위치를 이동하는 것이 효과적이다. 가끔은 연단에서 내려오거나 청중석 속으로 걸어 들어가는 것도 필요하다. 그러면 청중들은 화자가 매우 자신감에 넘치고 적극적이며 활발하다고 받아들이게 된다.

이와 같이 몸동작은 프레젠테이션에 도움이 되는 기능을 담당한다. 그렇지만 몸동작은 적절한 수준에서 활용되어야 한다. 너무 많이 움직이는 것은 오히려 역효과를 가져온다. 화자가 자주 이리저리 왔다 갔다 하면 청중들의 주의는 산만해지고, 때로는 청중들을 불안하고 초조하게 만든다. 따라서 몸동작은 유의미한 수준에서 절제 있게 사용되어야 한다.

프레젠테이션을 할 때 하지 말아야 할 몸동작에는 다음과 같은 것들이 있다.(임태섭, 2013, 300쪽)

㉠ 몸을 좌우로 또는 앞뒤로 자꾸 흔들어대는 행위
㉡ 다리의 무게 중심을 이쪽저쪽으로 자꾸 옮기는 행위
㉢ 단추나 옷 또는 넥타이를 만지작거리는 행위
㉣ 버클을 만지작거리거나 허리띠를 자꾸 추스르는 행위
㉤ 귀를 잡거나, 이마를 문지르거나, 턱을 만지작거리거나, 머리를 쓰다듬는 행위
㉥ 머리칼을 뒤로 보내기 위해 고개를 갑작스럽게 젖히는 행위
㉦ 손가락으로 탁자를 탁탁 두드리거나 손바닥으로 탁자의 가장자리를 문지르는 행위
㉧ 발표 자료를 만지작거리거나 호주머니 속의 물건을 만지작거리는 행위
㉨ 호주머니에 손을 넣었다 뺐다 하는 행위
㉩ 두 손을 비벼대는 행위
㉪ 팔찌나 시계 등 장신구를 만지작거리는 행위
㉫ 웃옷의 팔소매를 걷어 올리는 행위

나) 제스처(gesture)

제스처는 신체의 일부분을 활용한 의미 있는 움직임을 지칭한다. 습관적이거나 무의미한 동작은 제스처가 아니라는 말이다. 예를 들어, 발표 자료를 주물럭

거리는 동작, 얼굴을 만지는 동작, 머리카락을 매만지는 동작, 어깨를 의미 없이 흔드는 동작, 발을 구르는 동작 등은 제스처라고 하기 어렵다. 왜냐하면, 이런 동작들은 발표내용과 연관성도 없고, 내용을 전달하는 데에도 보조적 역할을 담당하지 않을 뿐 아니라, 화자의 어떤 느낌이나 감정을 나타내지 않기 때문이다.

제스처는 다음과 같은 세 가지 중요한 역할을 담당한다.

첫째, 제스처는 화자의 열의와 자신감을 드러내 준다. 연단에 서면 누구나 긴장하게 마련이다. 긴장의 강도가 높아질수록 화자는 목소리가 작아지기도 하고, 온몸의 근육도 경직되게 된다. 이렇게 되면 화자는 점차 위축되어 결국에는 프레젠테이션을 망칠 수 있다. 그런데 제스처를 적절하게 사용해주면, 심리적 긴장도 낮아지고 경직된 근육도 풀어진다. 나아가 청중들은 화자가 '열정적으로 말하고 있구나!' 또는 '자신감이 높구나!', '에너지가 넘치는 화자구나!'라고 생각한다. 이와 같이 제스처는 몸의 일부분을 움직이는 신체 동작으로서 화자의 열의와 자신감을 드러내주는 효과적인 수단이다.

둘째, 제스처는 발표 내용을 보충해 준다. 프레젠테이션의 가장 중요한 전달수단은 말이다. 즉, 전달 내용의 대부분은 말을 통해 표현되고 전달된다. 그러나 말로만 전달하는 것은 한계가 있다. 말과 함께 제스처를 사용하면 전달효과가 훨씬 더 높아진다. 예를 들어, '여러분이 바로 최고의 리더입니다.'라는 말을 하면서 팔을 쭉 편 채로 엄지손가락을 세워 보여준다면 '최고의 리더'라는 의미를 강하게 호소할 수 있다. 첫째, 둘째, 셋째처럼 차례대로 논점을 제시할 때 손가락을 하나, 둘, 세 개를 펴서 보여주는 것도 내용을 강조하는 데 효과가 있다. 상, 중, 하를 나타낼 때는 손으로 위, 중간, 아래 부분을 표시해 줌으로써 위치의 변화를 드러내기도 한다.

셋째, 제스처는 청중의 주의를 집중시켜 준다. 말은 대체로 정적이다. 이를 극복하기 위해 목소리의 크기를 높이거나 낮추기도 하고, 강세와 억양을 이용하기도 한다. 그에 비하여 제스처는 현장에서 직접 신체 동작을 보여준다는 점에서 더욱 역동적이다. 아무런 동작이 없는 정적인 상황에서 어느 순간에 화자가 신체 일부를 움직인다면 청중들은 그 동작에 시선을 집중하는 경향이 있다. 이렇게 제스처는 청중들의 관심과 주의를 끌어 모으는 좋은 수단이다. 일반적으로 청중은 제스처를 쓰지 않는 정적인 화자를 지루하게 받아들인다. 그 대신 적절하게 제스처를 활용할 줄 아는 역동적인 화자를 더 좋아한다. 그러므로 별다른 반응 없이 덤덤하게 앉아있는 소극적인 청중이나, 주의가 산만하게 흐트러진 무관심한 청중들을 상대로 발표할 때는 의도적으로 제스처를 쓸 필요가 있다. 이렇게 활발한 제스처는 소극적인 청중들을 발표의 장 속으로 끌어들이는 훌륭한 방법이다.

일반적으로 제스처는 크게 세 가지 유형으로 구분한다. 묘사적 제스처(descriptive gesture), 관습적 제스처(conventional gesture), 표시적 제스처(indicative gesture)가 바로 그것이다.

묘사적 제스처는 화자가 어떤 대상의 모양을 그대로 모방하여 나타내는 제스처를 말한다. 즉, 대상의 겉모습이나 크기, 넓이를 손과 팔을 이용하여 그림 그리듯 묘사하는 신체 동작이다. 예를 들어 '수박같이 둥근 달이 떴다.'라고 말하면서 두 손으로 동그란 모양을 만들어 보여줄 수 있다. 그러면 청중들은 '수박'과 '두 손의 모양'을 연관 지어 달의 모습과 크기를 인식하게 된다. 또한, '저는 여러분을 이만큼 사랑합니다.'라고 말하면서 두 팔을 넓게 벌린 모양을 보여주면, 진심으로 많이 사랑한다는 의미를 표현한다.

관습적 제스처는 모든 문화권에서 일반적으로 통용되거나 또는 어떤 문화권 내에서만 사용되는 약정된 제스처를 의미한다. 세계 어디를 가나 사용할 수 있는 것도 있고, 문화권마다 조금씩 다른 것도 있다는 말이다. 동일한 동작일지라도 사회적, 문화적 배경에 따라 그에 담긴 의미는 상이할 수 있다. 그러므로 관습적 제스처는 문화권별로 상이한 의미를 띤 제스처는 아닌지 살펴보아야 한다.

세계적으로 통용되는 관습적 제스처는 다음 표와 같다.

표 7 | 세계적으로 통용되는 관습적 제스처와 그 의미

제 스 처	담겨진 의미
검지 손가락으로 가리키는 동작	• 어떤 물건이나 장소를 가리킨다는 의미 • 이곳, 저곳, 여기, 저기, 저 건물 등의 의미
주고받는 동작	• 무엇을 동시에 주고받는다는 의미 • 무엇을 건네주거나, 돌려받는다는 의미
두 손바닥으로 밀어내는 동작	• 무언가를 반대 또는 거절한다는 의미
상대방을 향해 두 손을 흔드는 동작	• 상대방의 의견에 동의할 수 없다거나 또는 적극적으로 반대한다는 의미
주먹을 불끈 쥐어 보이는 동작	• 승리를 위해 싸우자는 결의의 의미 • 강한 의지를 가지고 있다는 의미 • 몹시 화가 났다는 의미
어깨를 토닥이는 동작	• 화를 참고 진정하라는 의미 • 상대방을 위로 또는 격려한다는 의미
두 손바닥을 붙이는 행위	• 양쪽의 의견이 일치되었다는 의미 • 일치단결, 단합이 필요하다는 의미
두 손바닥을 떼는 행위	• 분리되거나 떨어져 나간다는 의미 • 의견이 갈린다거나 생각이 다르다는 의미

이렇게 문화권을 넘어서서 세계적으로 사용 가능한 제스처도 있다. 이런 제스처는 일반적으로 통용되는 것으로서 일종의 기호언어(sign language)라고 할 수 있다. 그러나 나라별로 또는 문화권별로 담겨진 의미가 달라지는 제스처도 제법 존재한다. 몇몇 대표적인 경우를 정리하면 다음 도표와 같다.

표 8 | 문화권별로 의미가 달라지는 제스처

제 스 처	담겨진 의미
엄지와 검지로 동그라미를 만드는 동작 ('O3' 모양)	• 돈(한국, 일본) • OK!(유럽, 미국) • 음탕과 외설적 의미(남미)
손바닥을 위쪽으로 해서 부르는 동작	• 동물을 부를 때 사용(동양) • 사람을 부를 때 사용(서양)
손바닥을 아래쪽으로 해서 부르는 동작	• 사람을 부를 때 사용(동양) • 사람에게 가라는 의미(서양)
두 손을 마주 잡는 동작	• 소심하다는 의미로 받아들임(동양) • 진솔하다는 의미로 받아들임(서양)
뒷짐을 지는 동작	• 거만하다는 의미로 받아들임(대부분) • 복종과 겸손의 의미(인도)
바깥쪽 V자 동작 (상대방에게 손바닥이 보이게 함)	• 승리(대부분) • 욕으로 받아들임(영국, 그리스)
안쪽 V자 동작 (상대방에게 손등이 보이게 함)	• 꺼져 버려!(유럽) • 승리(그리스)
손가락을 펴서 상대를 가리키는 동작	• 상대방을 지정하는 의미(대부분) • 무례한 행위로 받아들임(중동)
엄지손가락을 편 채 주먹을 쥔 동작	• 당신이 최고!(대부분) • 무례한 행위로 받아들임(호주) • 입을 다물라는 의미(그리스)

한편, 표시적 제스처는 화자의 감정이나 기분, 태도를 직접 드러내기 위해 사용하는 제스처를 말한다. 이는 화자의 내면적 요소를 겉으로 끄집어내어 표현하는 수단이다. 화자가 화가 났을 때는 탁자를 쾅 치는 동작을 하고, 화자가 즐거운 기분일 때는 두 손을 펼쳐 살며시 흔드는 동작을 할 수 있다. 청중들에게 무언가 다짐할 것을 요청할 때는 두 손을 불끈 쥐는 동작 또는 오른손으로 왼쪽 가슴을 꾹 누르는 동작을 취할 수도 있다.

마지막으로 제스처를 효과적으로 사용하기 위한 요령은 다음과 같다.

㉠ 제스처는 부드럽고 자연스러워야 한다.

로봇처럼 뻣뻣하고 부자연스러운 제스처는 사용하지 않는 것이 낫다. 긴장되고 경직된 제스처는 청중에게 부담을 줄 뿐이다. 따라서 제스처를 사용할 때는 유연하고 자연스러운 느낌을 줄 수 있게 해야 한다. 이를 위해서 평소 말하기를 할 때도 제스처를 사용하는 습관을 들이는 것이 좋다. 또한, 프레젠테이션을 준비할 때는 적절한 제스처를 찾아내서 충분히 연습해 두도록 한다.

㉡ 제스처는 활력이 있어야 한다.

청중들이 활력을 느낄 수 있을 정도로 살아있는 제스처를 사용하라는 말이다. 무기력한 제스처는 프레젠테이션의 활기를 떨어뜨린다. 동작을 취할 때는 힘차게 하라는 것이다. 주먹을 쥐는 제스처를 사용한다면 힘을 주어 주먹을 꽉 쥐어야 한다. 그래야만 청중들이 제스처의 의미를 올바로 인식할 수 있으며, 제스처의 고유한 기능을 다할 수 있다. 무기력하고 형식적인 제스처는 청중에게 자신감이나 신뢰감을 심어주지 못한다.

㉢ 제스처는 명확하고 한정적이어야 한다.

제스처를 사용할 때는 그 동작이 분명하게 드러날 수 있게 해야 한다. 그렇게 하기 위해서는 동작을 단번에 크게 하는 것이 좋다. 주춤거리지 말고 한 번에 동작을 취하라는 말이다. 그러나 무작정 동작을 크게 하는 것이 아니라, 표현하고자 하는 의미에 집중되도록 한다. 예를 들어, 어떤 지점을 지시할 때 머뭇거리거나 의도한 지점을 가리키지 못한다면 제스처로서의 의미는 급감한다. 그렇게 되지 않도록 제스처는 가급적 명확하고 한정적으로 사용하는 것이 바람직하다.

㉣ 제스처는 적시성(適時性)이 있어야 한다.

제스처는 내용 설명과 동시에 사용해야 효과적이다. 그래야만 발표하는 내용을 보충하거나 보조할 수 있는 역할을 할 수 있다. '자! 다함께 궐기합시다!'라고 소리치면서 함께 주먹을 치켜 올려야 한다. 그렇지 않고 한참 있다가 주먹을 치켜 올린다면 효과도 거둘 수 없다. 그뿐만이 아니라 분위기는 어색해지고 청중들은 싸늘한 반응을 보일 것이다. 그러므로 제스처는 연관내용이 입 밖으로 나오는 순간 함께 동작을 취해야 한다.

㉤ 제스처는 청중의 반응에 따라 적당히 사용해야 한다.

제스처를 과도하게 사용하지도 말고, 제스처의 동작을 과장되게 크게 취하지도 말라는 뜻이다. 너무 자주 제스처를 사용하면 청중들은 발표 내용보다 제스처 그 자체에 관심이 끌리게 된다. 주객이 전도되는 현상이 나타나는 것이다. 무의식 중에 의미 없는 동작을 반복하는 사람도 많은데, 이것은 제스처가 아니라 무의미한 동작일 뿐이다.

다) 자세(姿勢 posture)

프레젠테이션을 할 때 화자는 청중들 앞에 서서 말을 한다. 이때 어떤 모습으로 서 있느냐 하는 것이 바로 자세이다. 물론 앉아서 발표하는 경우도 있다. 하지만, 이런 경우는 많지 않은 편이며, 선 채로 말하는 경우가 대부분이다. 이렇게 청중 앞에 서 있으면, 머리부터 발끝까지 온몸이 노출된다. 청중들은 귀로 말을 들으면서 동시에 눈으로 화자의 모습을 유심히 살펴본다. 따라서 화자의 자세도 청중들에게 여러 가지 영향을 미친다는 점을 고려하여 입장할 때부터 퇴장할 때까지 올바른 자세를 취해야 한다.

일반적으로 말해서 화자는 편안하고 곧은 자세를 취하는 것이 좋다. 먼저, 편안한 자세란 두 발을 어깨 넓이로 벌리고, 어깨와 팔을 자연스럽게 늘어뜨린 자세를 말한다. 두 발의 간격이 너무 좁으면 위태로워 보이고, 반대로 너무 넓으면 불안정해 보인다. 어깨를 움츠린 자세는 화자를 소심하고 위축된 것으로 보이게 하고, 팔을 굽힌 자세는 자연스럽지 못하다. 또한, 곧은 자세란 문자 그대로 고개가 반듯하고 허리가 똑바로 쫙 펴진 자세를 뜻한다. 고개가 한쪽으로 약간 기울어져 있거나, 허리가 구부정하면 화자는 매우 불편하게 느낄 수 있다.

이때 무게 중심은 발바닥 중앙(쏙 들어간 부분)에 두어야 한다. 무게 중심을 발바닥 앞꿈치나 뒤꿈치에 두게 되면 몸의 균형이 깨져서 오래 서 있을 수 없다. 이렇게 올바른 자세를 가지고 있어야 전후좌우로 이동하거나 제스처를 취하기 쉬울 뿐만 아니라, 호흡과 발성에도 무리가 없다. 그러므로 화자의 자세가 편안해야 청중들의 마음도 편안해진다. 기울어진 자세는 발성과 호흡에도 부정적 영향을 줌으로써 결국 화자와 청중 모두를 불편하게 만든다.

만약, 화자가 허리가 구부정한 채 삐뚜름하게 서 있거나, 또는 군대에서 제식동작 하듯이 딱딱한 '차렷 자세'를 취한 채 말한다고 상상해 보자. 이렇게 되면 청중들은 발표 내용보다 화자의 자세에 관심을 더 신경을 쓸 수 있다. '화자가 쓰러지지 않을까? 화자가 힘들지 않을까? 허리는 왜 저렇게 구부렸을까? 목이나 허리에 디스크가 아픈가? 간밤에 잘못 자서 목이 삐뚤어졌나? 군대에서 금방 제대했나? 신병처럼 딱딱하다' 등 쓸데없는 것에만 관심을 보일 수 있다. 이럴 경우에 청중들은 화자에 대해 좋지 않은 인상을 형성하게 되고, 그에 대한 인식도 부정적으로 형성된다.

화자가 자세를 취할 때 유의할 사항은 다음과 같다.

㉠ 호주머니에 손을 넣지 말라. 건방지고 무례한 사람으로 인식된다.
㉡ 단추, 필기구, 발표 자료를 만지작거리지 말라.
㉢ 뒷짐을 지지 말라. 무례하고 거만한 사람으로 받아들여진다.
㉣ 군대식 차렷 자세를 취하지 말라. 청중들에게 긴장감을 전염시켜 분위기

를 경직시킬 수 있다.

ⓜ 양손을 맞잡거나 한손으로 다른 손목을 잡지 말라. 소심하고 소극적인 사람으로 인식될 수 있다.

ⓑ 한쪽 다리로만 서지 말라. 한쪽으로 체중이 몰린다.

ⓢ 양쪽 발을 과도하게 넓게 벌리지 말라.

ⓞ 다리를 꼰 채 서 있거나 떨지 말라.

ⓙ 탁자가 있는 경우 한쪽 다리를 뒤로 뻗거나 탁자 안에 넣지 말라.

ⓒ 탁자에 의지하여 기대거나 상체를 구부리지 말라.

ⓚ 계속 양손으로 탁자를 잡은 자세를 취하지 말라.

ⓣ 책상 모서리에 앉지 말라.

라) 표정(表情 facial expression)

화자의 얼굴 표정은 그의 생각이나 감정을 청중들에게 전달하는 중요한 경로 중의 하나이다. 화자의 얼굴이 상기되어 있으면 그가 격앙되어 있거나 흥분되어 있음을 나타낸다. 또한 화자가 찡그리고 있다면 그가 짜증이 나 있거나 초조한 상태임을 말해준다. 표정이 딱딱하게 굳어 있으면 심리적 긴장도가 높음을 보여준다. 이렇듯 화자의 표정만 보더라도 그가 흥분하거나 초조하며 긴장하고 있음을 금방 눈치 챌 수 있다.

화자의 얼굴 표정은 침착하면서도 약간 미소를 띤 표정이 가장 무난하다. 침착하다는 것은 그만큼 진지한 태도로 발표에 임하고 있다는 메시지를 담고 있다. 청중들에게 이러한 진지함을 호소하는 것은 상호간 신뢰도를 높이는 데 아주 중요하다. 그렇지만 처음부터 끝까지 침착한 표정으로 일관하는 것은 바람직하지 않다. 포커페이스(poker face)를 계속하게 되면 청중들과의 거리감을 좁힐 수 없다.

따라서 화자의 기본 표정은 온화한 미소를 띤 밝은 표정이 좋다. 굳은 표정,

화난 표정, 사나운 표정, 경직된 표정은 청중들과의 거리를 멀어지게 한다. 그러나 화자가 즐거운 표정, 안정된 표정, 따뜻한 표정, 편안한 표정을 짓게 되면, 청중들과의 심리적 거리는 좁혀진다. 얼굴 표정은 곧 화자의 정신적, 심리적, 감정적 상태를 보여주는 창문 역할을 한다.

한편, 얼굴 표정은 프레젠테이션을 할 때 다음과 같은 기능을 수행한다.

첫째, 표정은 화자의 기분과 정서, 생각과 의도를 표현해 준다. 청중들은 화자의 표정을 보고 그가 흥분되거나 화가 나 있는지, 불안하거나 초조한지, 즐거운지 슬픈지 등 다양한 감정 상태를 알 수 있다. 그뿐만 아니라 화자가 발표내용에 대해 확신을 가지고 있는지, 아니면 소신 없이 시간 때우기 식으로 발표를 하고 있는지 짐작이 가능하다. 이처럼 표정은 화자의 감정과 생각을 표현하는 효과적인 수단이다.

둘째, 표정은 발표 내용을 보완해 준다. 재미있는 내용을 말할 때는 웃는 표정을 짓는 것이 좋고, 슬픈 내용을 말할 때는 슬픈 표정을 짓는 것이 좋다. 기쁠 때는 기쁜 표정을, 화가 났을 때는 화가 난 표정을 짓도록 한다. 이렇게 다양한 표정 변화는 발표 내용을 보완해주는 역할을 한다. 말과 함께 표정을 잘 활용하면 훨씬 큰 시너지 효과를 발생시킬 수 있다. 그러므로 발표 내용과 어울리는 표정은 청중들의 감정을 자극하여 정서적 호소력을 증진시켜 준다는 점을 알고 이를 잘 활용할 수 있어야 한다.

셋째, 표정은 청중들의 흥미와 관심을 유발시켜 준다. 화자의 표정은 계속 수시로 변화하기 마련이다. 이렇게 다채로운 표정 변화는 청중들의 흥미와 관심을 불러일으키는 동기가 된다. 표정 변화가 일어나면 청중들은 그 이유를 궁금해하면서 화자의 발표에 집중하게 된다. 따라서 얼굴 표정은 발표 내용과 상황에 따라 적절하게 바꾸는 것이 좋다. 동일한 표정이 지속되면 청중들은 지루해지고 흥미를 잃게 된다.

편안한 얼굴 표정을 지을 때 유의할 사항은 다음과 같다.

㉠ 부드럽고 가볍게 미소를 지어라. 무표정한 표정은 안 된다.
㉡ 발표 내용에 맞게 표정을 바꾸어라. 적절한 표정 변화는 발표에 활기를 불어 넣는다.
㉡ 눈꼬리를 올려라. 밝고 부드러운 표정이 된다.
㉢ 입꼬리를 올려라. 미소를 띤 얼굴이 되어 따뜻하게 느껴진다.
㉣ 턱을 당겨라. 턱을 쑥 내밀고 있으면 바보스럽게 보인다. 턱을 당겨야 야무지게 보이고, 긴장감도 적당한 수준으로 올라간다.

실제 프레젠테이션을 할 때 다양한 얼굴 표정을 짓는 것은 쉬운 일은 아니다. 사진관에 가서 증명사진을 찍는다고 상상해 보라. 사진사는 부드럽게 미소를 지으라고 말하지만, 실제로 자연스럽게 미소 짓는 일은 매우 어색하여 잘 안 된다. 눈꼬리와 입꼬리를 어느 정도로 올려야 자연스러운지 잘 모르기 때문이다. 대여섯 번은 찍어야 비로소 온화한 미소를 띤 사진을 얻을 수 있다.

따라서 얼굴 표정을 적절히 변화시킬 수 있는 능력을 갖추기 위해서는 표정 연습을 하는 것이 좋다. 매일 5분씩이라도 거울을 보면서 표정을 변화시키는 연습을 하라. 미소 짓는 표정, 크게 웃는 표정, 즐거운 표정, 슬픈 표정, 거만한 표정, 겸손한 표정, 무시하는 표정, 반가운 표정, 겁먹은 표정, 놀란 표정 등 여러 가지 표정을 짓는 연습을 해야 한다. 이렇게 자유자재로 표정을 변화시키는 것도 훌륭한 화자의 조건 중 하나이다.

즉각적으로 표정을 변화시키는 것도 중요하지만, 좋지 않은 표정은 삼가는 능력도 길러야 한다. 예를 들어, 청중들이 집중하지 않고 잡담을 한다고 해서 실망하는 표정이나 찡그리는 표정을 지어선 안 된다. 화가 치밀었다고 해서 흥분하는 표정을 드러내거나, 청중들이 부정적으로 반응했다고 하여 경직된 표정을 나타내는 것은 바람직하지 않다. 이렇듯 부정적인 표정은 가급적 자제하는 것이 좋다. 그렇지 않고 좋지 않은 감정을 누르지 못하고 표정으로 나타낸다면, 청중들은 더욱 반감을 갖게 될 수도 있다. 이렇게 되면 돌이킬 수 없을 정도로 화자와 청중 사이의 거리가 벌어질 수 있음을 알아야 한다.

아울러, 화자 자신이 도중에 실수를 했을 때는 예사스런 표정으로 지나가는 것이 바람직하다. 작은 실수를 했다고 해서 머쓱해 한다거나 쑥스러운 표정을 지을 필요는 없다. 대부분의 청중들은 화자의 실수를 아예 인지하지 못하는 경우가 많다. 설사 실수를 인지했다고 해도 청중들은 화자의 실수를 그다지 심각하게 받아들이지 않는 경향이 있다. 따라서 화자는 자신의 실수를 사소한 것으로 간주하면서 아무런 표정 변화 없이 넘어가는 것이 최선이다.

'도둑이 제 발 저린다.'라는 말이 있듯이, 화자가 먼저 실수를 고백하거나 지나치게 쑥스러워 할 수 있다. 특히, 경험이 풍부하지 않은 미숙한 화자들은 사소한 실수에도 당황하기 마련이다. 이렇게 발표 도중에 화자가 당황하게 되면 도리어 역효과가 나타난다. 그냥 넘어갈 수 있는 사소한 실수가 의외의 파장을 불러일으켜 프레젠테이션을 망치는 결과를 가져올 수 있다. 그러므로 심각한 실수가 아닌, 작고 사소한 실수는 담대하게 지나치는 것이 낫다.

마) 용모(容貌 appearance)

용모는 화자의 외모를 말하는데, 이는 얼굴이 잘 생겼느냐 못 생겼느냐 하는 문제는 아니다. 그보다는 두발, 면도, 화장 등 겉모습이 어떠한가를 말하는 것이다. 용모는 발표 현장에서 청중들이 직적 확인할 수 있는 시각적 요소이며, 용모의 상태는 화자에 대한 인상과 신뢰도에 적지 않은 영향을 미친다.

화자가 깔끔하고 단정한 모습을 가지고 있다면 청중들은 화자의 준비가 잘 되었다고 생각한다. 그에 대한 좋은 인상도 형성되고 공신력도 올라간다. 하지만, 화자가 지저분하고 단정하지 않다면 청중들은 화자에 대해 좋지 않은 인상을 가지게 될 것이다. 나아가 화자를 준비가 덜 된 게으른 사람, 성의가 부족한 무례한 사람으로 생각한다. 심지어 화자가 청중들을 무시한다고 생각하면서 불쾌한 감정을 가질 수 있다. 따라서 프레젠테이션에 임하는 화자는 가장 깔끔하고 단정하다는 느낌을 줄 수 있을 정도로 용모에 신경을 써야 한다.

용모에 신경을 써야 한다고 해서 자칫 과도하게 화려한 용모를 갖추면 안 된다. 화자의 용모는 발표 내용과 정황에 따라 달라져야 한다. 예를 들어, 청소년을 대상으로 말할 때와 나이가 지긋한 고위관리자를 대상으로 말할 때를 비교해 보자. 청소년을 대상으로 할 때는 최신 유행하는 헤어스타일을 할 수 있지만, 고위관리자를 대상으로 할 때는 단정하게 손질된 헤어스타일을 하는 것이 좋다. 안경을 썼을 경우에도 마찬가지이다. 젊은이를 상대할 때는 그들이 선호하는 색상과 형태의 안경을 쓰는 것이 좋지만, 중년층을 상대할 때는 평범한 형태의 안경을 쓰는 것이 좋다. 특히, 화자보다 나이가 많은 청중일 경우에는 선글라스 착용을 자제하는 것이 바람직하다. 여성 화자는 화장을 진하게 하지 말고, 향기가 강한 화장품이나 향수는 사용하지 않도록 한다.

화자의 용모가 너무 튀면 청중들은 발표 내용보다 그의 용모에 더 큰 관심을 갖는다. 프레젠테이션의 목적은 청중들의 관심과 흥미를 유발시켜 나의 견해를 수용하도록 만드는 것이다. 그런데 튀는 용모를 하게 되면 청중들의 관심을 분산시켜 엉뚱한 곳에 신경을 쓰게 만들 수 있다. 따라서 용모는 깔끔하고 단정하게 평범한 수준에서 준비하는 것이 좋다.

용모를 준비할 때 유의사항은 다음과 같다.

㉠ 머리는 단정하게 손질하라. 남자는 앞머리를 넘겨 이마가 보이게 하라. 여자는 머리가 부스스하게 일어나지 않게 손질하거나 머리끈, 머리핀을 이용하여 흐트러지지 않게 하라.

㉡ 헤어스타일은 너무 튀지 않게 하라. 단정하고 평범한 느낌을 주는 헤어스

타일이 무난하다.

㉢ 새치나 백발이 많을 경우에는 청중들의 연령을 고려하여 염색 여부를 결정하라. 청중들이 화자보다 나이가 많다면 가급적 염색하는 것이 바람직하다.

㉢ 남자는 턱수염과 콧수염을 깎고, 구레나룻을 깔끔하게 정리하라.

㉣ 남녀 모두 향기가 너무 강한 화장품이나 향수는 사용하지 말라.

㉤ 여자는 화장의 색조를 너무 진하게 하지 말고, 매니큐어 색상도 너무 진하게 하지 말라.

㉣ 지나치게 화려한 안경을 쓰지 말라. 선글라스 착용 여부는 청중과 정황을 고려하여 판단하라.

바) 복장(服裝 clothing)

복장이란 화자가 착용한 옷이나 액세서리 등을 말한다. 화자가 어떤 스타일의 옷을 입었으며 그 색상은 어떠한지, 깨끗하게 손질되어 있는지 등의 요소들은 화자의 인상 형성에 큰 영향을 준다. 따라서 화자는 자신의 복장이 프레젠테이션에 기여할 수 있도록 복장을 준비하는 것이 좋다.

복장은 일단 깨끗하고 단정해야 한다. 여기저기 때가 묻은 옷, 다림질하지 않은 구겨진 옷, 단추가 떨어진 옷, 실밥이 너덜너덜한 옷, 먼지가 잔뜩 묻은 구두 등은 화자의 마음가짐과 준비상태가 충분하지 않음을 나타내는 징표이다. 새 옷을 사 입어야 한다는 말은 아니다. 낡은 헌옷이라도 깨끗하게 세탁하고 다림질해서 입으면 된다.

또한, 화자의 복장은 발표 내용과 현장 분위기와도 잘 어울려야 한다. 진지한 내용을 다루는 프레젠테이션을 하면서 지나치게 캐주얼한 복장을 하는 것을 좋지 않다. 하지만, 중고등학생을 상대로 말할 때는 너무 딱딱한 정장보다 캐주얼한 복장을 갖추는 것도 의미가 있다. 여성 화자의 경우에는 옷 색깔에도 주의를 기울일 필요가 있다. 남성에 비해 여성들의 옷 색깔이 더 다채롭다. 그러나 청중들의 연령층이나 성향, 모임의 성격 등을 고려하여 가급적 튀지 않는 색상을 택하는 것이 무난하다.

복장을 준비할 때 유의사항은 다음과 같다.

㉠ 옷은 세탁하고 다림질을 해서 착용하라.
㉡ 옷이 해지거나 단추가 떨어지지 않았는지 확인하라.
㉢ 남자는 특별한 사정이 없다면 짙은 색 정장을 착용하라.
㉣ 청중에 비해 조금 더 점잖은 복장을 착용하라.
㉤ 와이셔츠나 블라우스는 밝은 색 계통으로 착용하라.
㉥ 넥타이나 리본 색상은 웃옷 색상과 맞추어라.
㉦ 남녀 모두 구두는 검정색 계통으로 착용하라.
㉧ 남자 양말은 검정색이나 감색(紺色)으로 착용하라.(흰색 양말 금지)
㉨ 여자 스타킹은 옅은 색으로 하되 무늬가 없는 것을 착용하라.
㉩ 전신거울에 비춰 보면서 전체적인 복장상태를 최종 점검하라. 넥타이 매듭을 보기 좋게 맸는지, 웃옷의 옷깃(칼라)이 접히지 않았는지, 단추나 지퍼가 잘 잠겨 있는지 반드시 확인하라.

사) 시선(視線 eye contact)

시선은 화자가 어떻게 시선 처리를 하는가 하는 요소이다. 시선은 사람과 사람을 이어주고 결속시키는 중요한 매체이다. 시선이 마주치면 서로에게 호감을 가지게 되고, 점차 관심을 기울이게 된다. 눈은 마음의 창문이라고 한다. 청중들과 눈을 어떻게 맞추는가에 따라서 그들과의 소통이 원활해지고 결속력도 강해질 수 있다.

가장 좋은 것은 화자와 청중이 정면으로 눈을 맞추는 것이다. 그러면 청중들은 화자가 자신감이 있다고 믿는다. 또한, 화자가 진정성을 가지고 청중을 대하고 있으며, 청중들을 존중하고 있다고 생각한다. 이렇게 청중을 정면으로 쳐다보는 것은 긍정적인 효과를 가져 오지만, 실상 발표 현장에서 청중들의 시선을 똑바로 쳐다보는 것은 쉬운 일이 아니다.

화자가 청중의 시선을 정면으로 보지 못하는 이유는 여러 가지이다. 화자가 자신감이 없거나 준비가 불충분할 경우, 화자가 부끄러움을 많이 타는 성격일 경우, 화자의 말하기 경험이 풍부하지 않을 경우에는 화자가 청중을 똑바로 쳐다보지 못할 때가 많다. 의식적이든 무의식적이든 화자가 청중의 시선을 피하게 되면 프레젠테이션을 훌륭하게 진행하기는 어렵다.

그래서 말하기에 미숙한 화자들은 청중이 아닌 다른 곳을 쳐다보면서 말을 계속하기도 한다. 이런 태도는 '청중들이 어떻게 생각해도 괜찮다'거나 '들을 테면 듣고 말 테면 말아라.' 라는 의미로 해석될 수 있다. 또는 '화자는 청중과 소통을 원하지 않는다.' '화자의 성격이 아주 냉정하다.' '화자가 아주 미숙하다.'라고 받아들이기도 한다. 이렇게 되면 화자와 청중 사이의 소통은 단절된다. 청중들은 프레젠테이션에 더 이상 관심을 기울이지 않는다. 이런 지경을 당하지 않으려면 화자는 항상 청중과 눈을 맞추려고 노력해야 한다.

다음은 부적절한 시선 처리의 예이다.

㉠ 화자가 계속 눈을 내리깔고 바닥만 쳐다보면서 말한다.
㉡ 화자가 천장이나 창밖을 계속 쳐다보면서 말한다.
㉢ 화자가 메모지나 발표 자료, 화면만 계속 보면서 말한다.
㉣ 특정한 지점만 계속 바라보면서 말한다.
㉤ 특정한 사람만 계속 바라보면서 말한다.

이와 같은 시선 처리는 발표에 부정적인 영향을 준다. 화자에 대한 청중들의 신뢰도는 급격하게 떨어지고, 그들 사이의 소통과 결속도 끊어지게 된다. 특히, 어떤 한 지점만 계속 쳐다보면 청중들도 그 지점에 주목한다. 특정한 한 사람을 계속 쳐다보면 나머지 청중들의 시선도 그 사람에게 향한다. 이렇게 되면 나머지 청중들은 화자가 특정인만을 편애한다고 생각하여 소외감을 느끼며, 무시당한다는 기분을 가지게 될 것이다. 따라서 화자는 청중 모두에게 골고루 시선을 주어야 한다.

다음은 올바른 시선 처리의 방법이다.

㉠ 상대방의 눈을 정면으로 쳐다보라. 만약, 눈을 똑바로 쳐다볼 자신이 없다면 코나 입을 쳐다보라. 그러면 상대방은 눈을 쳐다본다고 생각한다.

㉡ 안구(眼球)만 돌려 쳐다보지 말라. 청중을 째려보거나 흘겨보는 것으로 오해받을 수 있다. 또한, 눈동자만 돌려 쳐다보면 눈치를 보거나 비열한 사람으로 보인다.

㉢ 시선 방향이 바뀌면 머리와 몸도 그 방향으로 따라가라. 몸은 그대로 두고 머리만 돌려 쳐다보는 자세는 좋지 않다. 눈과 몸이 항상 같은 방향을 향하는 것이 바람직하다.

㉣ 긍정적, 적극적 반응을 보이는 사람과 먼저 눈을 맞추어라. 특히, 서두에서는 안면이 있거나 입장 전에 인사를 나누었던 사람과 눈으로 교감하는 것이 필요하다. 이렇게 하면 프레젠테이션 초기의 심리적 부담감을 줄일 수 있다.

㉤ 중요한 사항을 말할 때는 핵심인물과 눈을 맞추어라. 이를 위해 상급자나 의사결정자처럼 발표 현장에서 중요한 비중을 차지하는 인물을 미리 찾아둘 필요가 있다.

㉥ 지그재그 방식으로 시선을 움직여 청중 전체와 골고루 눈을 맞추어라. 시선을 좌에서 우로, 우에서 좌로 움직이거나, 뒤에서 앞으로, 앞에서 뒤로

움직이면서 청중 전체와 교감을 나누는 것이 좋다.

ⓢ 시선을 옮길 때는 스타카토(staccato)처럼 끊어 가면서 이동하라. 시선을 쉼 없이 계속 움직이면 안 된다는 말이다. 한 사람에게 시선을 주었으면 일정 시간 머물렀다가 그 옆 사람에게 옮겨가는 것이 좋다. 그래야만 청중들은 화자가 자신에게 말을 하고 있다는 느낌을 받는다. 화자가 청중 한 사람 한 사람과 1:1로 대화하고 있다고 생각한다. 그러므로 한 사람에게 시선을 옮기면 최소한 1개 문장이 끝날 때까지 그에게 시선을 멈추는 것이 바람직하다.

2) 정황적 표현

정황적 표현은 발표 현장에 있는 여러 가지 기물(器物)이나 청중과의 거리 등을 통해 표현되는 시각적 요소이다. 또한, 설명지점을 지시하는 포인터도 발표할 때 자주 사용하는 기물 중의 한 가지라고 할 수 있다. 요즘에는 레이저 포인터를 많이 쓴다. 이때 레이저 불빛은 시각적으로 표현요소의 하나라고 할 수 있으므로 여기에서 함께 다루기로 한다. 이러한 정황적 표현 요소들은 프레젠테이션에 직접적, 간접적 영향을 미치기 때문에 이를 잘 활용하면 의외의 효과를 거둘 수도 있다.

가) 기물의 배치

발표 현장에서 자주 사용되는 기물에는 연설대(또는 교탁), 빔 프로젝터, 청중석 의자가 대표적이다. 이들 세 가지 기물은 요즘의 프레젠테이션에서 없어서는 안 되는 필수품이다. 그렇지만 이들 기물의 존재 자체가 프레젠테이션에 의미를 갖는 것은 아니다. 그것보다는 이들 기물을 어떻게 배치하느냐 하는 것이 바로 정황적 표현 요소라고 할 수 있다.

먼저, 연설대는 화자가 메모나 발표 자료 등을 올려놓는 탁자인데, 두 가지 형태가 있다. 하나는 화자의 몸을 가리지 않는 형태이고, 또 하나는 화자의 몸을 완전히 가리는 형태이다. 전자는 화자와 청중 사이를 막는 것이 없어서 열린 느낌을 준다. 하지만 화자의 전신 모습이 다 드러난다는 점에서 화자에게는 다소 부담을 줄 수 있다. 그에 비해 후자는 화자의 하반신을 가린다는 점에서 화자와 청중 사이를 구분해주고, 화자에게는 심리적 안정감을 준다. 이런 점에서 프레젠테이션을 할 때는 교탁형 연설대를 준비하는 것이 더 낫다.

연설대의 위치는 연단의 중앙, 좌측, 우측 중에서 한 곳을 선택할 수 있는데, 이때 빔 프로젝터 화면 위치를 함께 고려해야 한다. 통상 빔 프로젝터 화면은 연단의 정중앙에 위치시키는 것이 일반적이다. 이렇게 빔 프로젝터 화면이 정중앙에 배치되어 있다면, 연설대는 청중이 바라볼 때 연단의 오른쪽에 두는 것이 자연스럽다. 그래야만 연설대와 빔 프로젝터 화면을 동시에 활용하기가 편리할 뿐만 아니라, 오른손으로 포인터를 사용하기에도 편하다.

그림 6 | 발표용 기물들의 올바른 위치

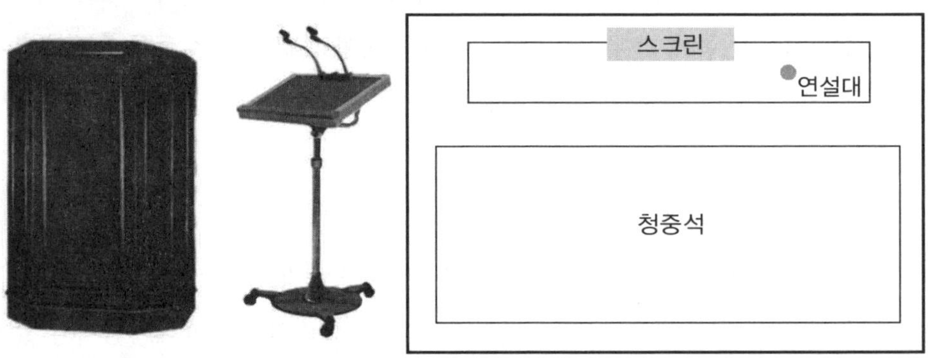

다음으로 빔 프로젝터 화면은 연단의 정중앙에 위치시키는 것이 일반적이다. 이렇게 정중앙에 화면을 비추어야 모든 청중이 편리하게 화면을 바라볼 수 있다. 그러나 강의실에서는 칠판도 함께 사용해야 하기 때문에 빔 프로젝터 화면이 연단의 한쪽에 치우쳐 설치되기도 한다. 빔 프로젝터를 이동시킬 수 있다면, 화자가 이용하기에 편리하고, 모든 참석자가 쉽게 화면을 볼 수 있는 장소에 설치하도록 한다.

마지막으로 중요한 것은 청중석의 의자 배치이다. 청중석 의자는 참석자의 규모, 발표 주제의 성격, 발표 진행 방식 등에 따라 달라질 수 있다. 청중의 규모가 크면 교실형으로 의자를 배치할 수밖에 없고, 규모가 작아지면 다양한 형태 중 하나를 선택할 수 있다. 발표만 하고 해산한다면 어떤 형태로 의자를 배치해도 상관이 없지만, 발표 후 토의, 토론이 이어진다면 ㄷ자형, 원형, 쐐기형, ㅁ자형, 소그룹형, 반원형, 세모형, 대면형 같은 의자 배치가 효율적이다.

그림 7 | 청중석의 의자 배치 유형

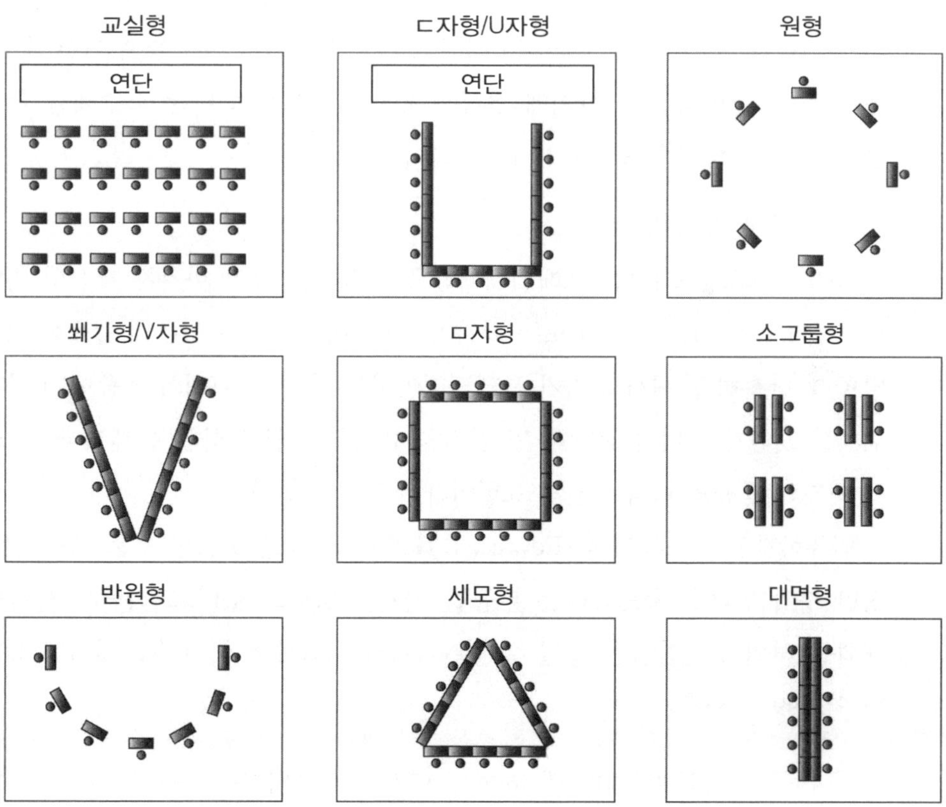

그림에서 보인 바와 같이 의자 배치는 다양한 형태를 취할 수 있다. 이렇게 의자 배치를 바꾸면 화자의 말하기 방식이 달라진다. 화자의 목소리 크기, 톤, 어투, 강세 억양, 제스처, 표정, 마이크 사용 등 여러 가지가 달라질 수 있다. 별도로 연단이 없는 경우에는 어느 위치에 서서 발표할 것인지, 어떤 의자에 앉아서 발표할 것인지도 결정해야 한다.

아울러, 의자 배치는 참석자들의 태도와 마음가짐에도 영향을 미친다. 교실형 의자 배치는 소극적인 청중은 다소 편안하게 여길지 몰라도, 적극적인 청중은 다소 불편하게 여길 수 있다. ㄷ자형, ㅁ자형, 원형, 쐐기형, 세모형, 대면형 같은 의자 배치는 소수의 참석자들이 얼굴을 맞대고 있다는 점에서 심도 있는 논의에 편리하다. 한편, 소그룹형은 각각의 모듬별로 토의시간을 부여할 수 있다는 특징이 있어서, 모듬 사이에 경쟁을 유도하거나 서로 다른 소주제를 할당하는 등 다양한 방식으로 프레젠테이션을 진행할 수 있다.

나) 화자와 청중의 거리

화자와 청중의 거리란 프레젠테이션을 실시하는 동안 화자가 자신의 영역을 확보하기 위해 필요한 거리 또는 화자가 편안함을 느낄 수 있는데 필요한 거리를 말한다. 단순히 말해서 화자가 프레젠테이션을 잘 하기 위해서 청중에게 가까이 위치할 것인가 아니면 적당히 먼 간격을 유지할 것인가 하는 문제이다. 이 때문에 화자와 청중의 거리는 간격 표현이라 부르기도 한다.

인류학자인 에드워드 홀(Edward T. Hall)은 인간을 포함한 모든 생명체는 일정한 자기 영역을 확보하려는 본능을 가지고 있다고 했다. 그러면서 사람들이 대화를 하면서 편안함을 느낄 수 있는 4가지의 의사소통 거리를 제시했다.(임영환 외, 1996, 166쪽)

㉠ **친근한 거리**(intimate distance): 화자와 청자의 손이 닿을 정도로 아주 가

까운 거리로서 대략 30센티미터를 말한다. 친구 사이, 연인 사이 또는 부모 자식 사이에 다정한 대화를 나눌 때 유지되는 거리이다. 공적인 내용보다 사적인 대화를 할 때의 거리이다.

ⓛ 개인적 거리(personal distance): 60~80센티미터 정도로 비교적 가까운 거리를 말한다. 주로 사무실 안에서 다소 사적인 이야기를 나누거나, 길거리에서 우연히 만난 사람들이 대화를 나누는 거리이다. 즉, 보통사람들이 일상적인 내용을 말할 때 쓰는 거리라고 할 수 있다.

ⓒ 사회적 거리(social distance): 1~2미터 정도로 약간 떨어진 거리이다. 주로 업무적인 일로 만나서 이야기를 나눌 때의 거리를 말한다. 아주 소수 인원이 참여하는 토의나 토론, 상담이나 면접, 업무와 관련된 질문과 답변 같이 특별한 형식이 없이 진행되는 말하기에서 쓰이는 거리이다.

ⓔ 공적 거리(public distance): 3미터 이상 멀리 떨어진 거리를 말한다. 적게는 10여 명에서 많게는 수백 명에 이르기까지 비교적 많은 청중이 참석하는 스피치에서 사용되는 거리이다. 회의실에서 실시하는 설명회, 어떤 안건에 대한 제안, 의식행사 중에 포함되어 있는 연설 등을 할 때 공적 거리가 확보되어야 한다.

어느 정도의 간격이 필요한지는 일률적으로 정할 수는 없다. 화자와 청중의 거리는 주제의 성격, 모임의 목적, 청중의 규모, 장소의 크기 등 다양한 요소를 고려하여 결정되기 때문이다. 무언가 결정을 지어야 한다면 청중과 가까이 위치하는 것이 설득하기에 유리하다. 청중이 많을수록, 장소가 넓을수록 간격을 띄우는 것이 좋다. 그래야만 모든 청중을 고루 바라볼 수 있고, 청중들과의 교감의 폭을 넓힐 수 있다. 너무 가까이 위치하면 화자의 시선 범위에서 벗어나는 청중이 생길 수 있으며, 넓은 공간 전체를 포괄하기에도 한계가 있다.

또한, 화자 자신의 특성도 거리를 결정하는 요인이 된다. 발표 불안증이 심하다면 청중에게서 약간 멀리 떨어지는 것도 좋다. 감기로 인해 컨디션이 좋지 않을 때도 조금 더 간격을 두는 것이 좋다. 그래야 기침을 해도 청중에게 침이 튀지 않을 뿐 아니라 콧물을 훌쩍이는 소리도 들리지 않을 것이다. 땀을 많이 흘리는 체질을 가지고 있다거나, 발표 현장에 허겁지겁 도착했을 때도 조금 더 멀리 위치하는 것이 바람직하다.

다) 지시봉과 레이저 포인터 사용법

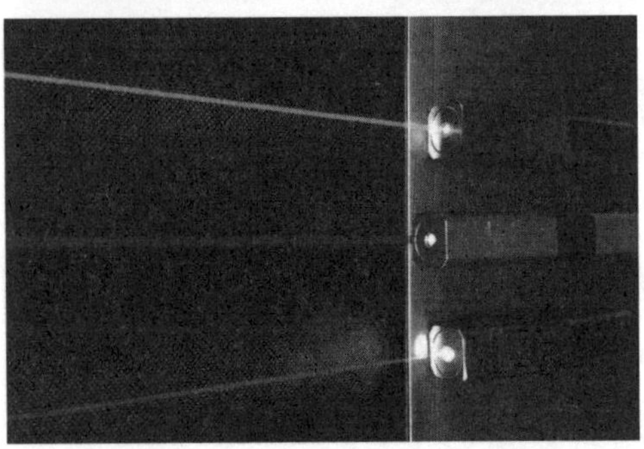

지시봉(指示棒)은 어떤 한 곳을 가리키는 데 사용되는 막대기를 말한다. 선생님이 학생들을 앞에 두고, 도표나 칠판 같은 것의 한 지점을 지적할 때 사용하는 것이 대표적이다. 지시봉은 나무로 만든 것도 있고, 휴대하기 간편하게 접이식으로 만든 것도 있다. 컴퓨터 사용이 일반화되기 전에는 이렇게 지시봉을 사용하여 사진, 도표, 그림 같은 시각자료를 설명하는 것이 예사였다.

그러나 요즘에는 지시봉 대신 레이저 포인터(laser pointer) 또는 레이저 펜(laser pen)을 많이 사용한다. 레이저 포인터는 전원(전지)과 반도체 레이저를 갖추고 있어서 매우 얇은 저전력 레이저 빔의 가시광선을 발산하는 조그마한 휴대용 기기이다. 빔 프로젝터를 이용하여 프레젠테이션을 실시할 때 여러 가지 색상의 빔을 쏘아 설명부분을 지적하거나, 어떤 부분을 강조하여 청중들의 흥미를 유발시키는 도구로 사용한다.

지시봉과 레이저 포인터는 프레젠테이션을 할 때 필수도구이다. 청중들에게 설명부분을 즉각 알려주고, 그들이 화자의 말을 잘 따라올 수 있게 이끌어 준다. 지시봉이나 레이저 포인터를 사용하지 않을 경우, 아무리 경청하는 청중이라 할지라도 화자의 말을 들으면서 화면의 내용을 따라가기 쉽지 않다. 이런 점에서 화자는 지시봉과 레이저 포인터를 잘 사용하는 방법을 알아둘 필요가 있다.

지시봉과 레이저 포인터 사용법은 다음과 같다.

㉠ 의도한 지점을 단번에 정확하게 지적하라.

화자가 지적하고자 하는 부분을 꼭 집어서 가리키라는 말이다. 너무 당연한 말이지만 실제 현장에서 이렇게 하기는 쉽지 않다. 특히, 레이저 포인터는 특정 지점을 지적하는 연습을 해 두어야 한다. 단번에 의도한 지점에 레이저 빛을 쏠 수 있도록 여러 차례 연습하는 것이 좋다. 대부분 엉뚱한 곳을 지적했다가 빛을 끌고 가는데, 가급적 끌고 가는 거리가 짧은 것이 바람직하다.

㉡ 가리킬 문장의 오른쪽 마지막 글자를 지적하라.

해당되는 문장 말미 또는 그 문장의 마지막 글자를 가리키라는 말이다. 현재 말하고 있는 내용이 어디에 있는지 정도만 알려주면 충분하다. 좀 더 구체적으로 지시하기 위해서 지시봉이나 레이저 포인터의 위치를 자주 옮기지 않는 것이 좋다. 레이저 포인터 불빛이 너무 자주 위치를 옮기면 화자의 시선이 혼란스러워지고 내용 자체에 대한 관심도 줄어들 수 있다.

㉢ 한 번 지적할 때 1~2초 정도만 가리켜라.

지시봉으로 계속 가리키고 있거나, 레이저 포인터 불빛을 계속 쏘지 말라는 말이다. 지시봉이나 레이저 포인터를 계속 가리키고 있으면, 청중들은 그곳에만 계속 관심을 기울이는 경향이 있다. 발표자의 설명에 귀를 기울이지 않게 된다는 것이다. 그러므로 지시봉과 레이저 포인터는 필요할 때만 잠깐 사용하도록 한다. 이는 레이저 포인터의 전지를 절약하는 방법이기도 하다.

㉣ 어지럽게 빙빙 돌리지 말라.

어떤 화자는 특정내용을 강조하기 위해 지시봉과 레이저 포인터를 빙빙 돌리기도 한다. 이는 청중들이 발표에 집중하는 것을 방해하는 행위이다. 청중들은 불꽃놀이를 보듯 레이저 포인터 불빛을 바라보게 되고, 심지어 어지러움 증세가 발생할 수도 있다. 또한, 지시봉으로 슬라이드 화면을 탁탁 치기도 하는데 이는 삼가야 한다. 그러면 슬라이드 화면이 흔들려서 화면에 적혀있는 내용을 읽을 수 없게 된다.

㉤ 왼손으로 사용하지 말라.

지시봉이나 레이저 포인터를 왼손으로 사용하면 매우 어색해 보인다. 대부분의 사람들이 오른손잡이기 때문에 왼손을 쓰는 것은 부자연스럽게 느껴진다. 또한, 오른손잡이의 경우 왼손은 도구 작동에 익숙하지 않다. 이렇게 어설픈 왼손으로 레이저 포인터를 사용하게 되면 실수를 저지를 확률이 높아진다.

㉥ 사전에 전지 상태를 확인하라.

프레젠테이션이 시작되기 전에 전지 상태를 확인해야 한다. 일반적으로 많이 범하는 실수 중의 하나는 발표 도중에 레이저 포인터의 전지가 방전되어 사용할 수 없게 되는 것이다. 연습할 때에 레이저 불빛이 크고 선명했다고 해서 실제로 발표가 진행될 때도 불빛 상태가 좋을 것이라고 예단하면 안 된다. 항상 방전될 수 있다고 가정하고, 그에 대한 대비책을 강구해 두어야 한다. 실제 발표 직전에 전지를 교체한다든지 또는 예비 레이저 포인터를 준비해 둔다든지 하는 것이 바람직하다.

3) 시각보조물(視覺補助物)

시각보조물은 청중들에게 프레젠테이션을 더 빠르고 명확하게 이해시킬 목적으로 발표 내용을 시각화하여 만든 보조물을 말한다. 말로만 들을 때에 비해 눈으로 시각보조물을 보면서 들을 때 청중의 이해도는 현격하게 높아진다고 한다. 백문이 불여일견이라는 말이 있듯이, 눈으로 직접 보는 것이 백 번 듣는 것보다 낫다.

예를 들어, 라디오를 통해 여행 경험담을 듣는다고 가정해 보자. 여행지의 경관이 매우 아름답고 장관이며, 그 주변에 있는 역사적 유물이 아주 화려하고 멋있다는 내용이라는 극찬을 늘어놓았다고 해보자. 이렇게 청각적인 말만 들었을 때는 경치가 얼마나 웅장하고 아름다운지, 문화재의 모습이 얼마나 섬세하고 수려한지 감을 잡기 어렵다. 그러나 자연 경관과 문화재를 찍은 사진을 본다고 하면, 단번에 그 아름다움과 멋을 알 수 있다. 이것이 바로 시각보조물이 필요한 이유라고 할 수 있다.

가) 시각보조물의 장점

시각보조물을 활용했을 때의 이점은 다음과 같다.

첫째, 시각보조물은 발표내용을 더욱 명확하게 해준다. 말로는 이해하기 어려운 것도 눈으로 보여주면 금방 이해할 수 있다. 프레젠테이션 내용 자체를 시각화(視覺化)하거나, 내용과 연관된 사진, 그림, 도표 등의 시각자료를 보여준다면 청중들의 이해수준은 급격하게 향상될 것이다. 열 마디보다 하나의 그래프로 많은 메시지를 손쉽게 전달할 수 있다.

또한, 체조 동작, 공을 차는 동작, 수영하는 동작, 태권도의 품새 등은 조교의 시범을 통해 설명하면 이해가 쉽다. 눈으로 직접 확인할 수 없는 인체 내부 구조도 모형을 통해 설명하면 분명하게 이해시킬 수 있다. 이와 같이 적절한 형태의 시각보조물을 잘 활용한다면 청중들에게 쉽고 빠르게 내용을 설명할 수 있다.

둘째, 시각보조물은 청중들의 흥미를 유발시켜 준다. 여행담을 들려줄 때 사진을 슬라이드로 만들어 보여준다면 청중들은 대단히 흥미롭게 이야기를 들을 것이다. 슬라이드를 보면서 유명한 관광지의 아름다움을 두 눈으로 직접 확인할 수 있다. 또한, 인간의 뇌 모형을 활용하여 뇌의 구조를 설명해주면 청중들은 매우 신기하게 여길 것이다.

이처럼 말로만 설명하지 말고 시각보조물을 활용하면 청중들의 이해도도 높아지고, 관심과 흥미를 대폭적으로 이끌어낼 수 있다. 말로만 계속 진행되는 프레젠테이션은 지루하고 효과적이지 않다. 청각과 시각을 동시에 자극할 수 있는 시각보조물은 청중들의 주의를 집중시킬 수 있는 훌륭한 수단이다. 특히, 요즘은 인터넷이나 빔 프로젝터를 활용하여 손쉽게 시각보조물을 생산할 수 있는 시대이다. 따라서 가급적 발표 내용을 시각화하여 '보여주는' 것이 목적 달성의 지름길이다.

셋째, 시각보조물은 발표내용을 오랫동안 기억시켜 준다. 일반적으로 시각적 이미지는 청각적 이미지에 비해 더 오래 기억된다고 한다. 북극곰의 모습을 이야기로 듣는 것보다 사진을 보는 것이 더 오래 기억되고, 나아가 동물원에 가서 직접 실물을 보는 것이 한층 더 오래 기억될 것이다.

나) 시각보조물의 종류

시각보조물은 그 성격에 따라 다음과 같이 구분할 수 있다.

㉠ 사물형: 실물, 모형(축소형 또는 확대형), 샘플 등

크기는 다르지만 실제 모습은 동일한 것을 말한다. 훈련용 방독면, 운전연습용 자동차, 실습용 실제 엔진, 축소된 전차 모형, 확대된 화학 원소기호 모형, 홍보용 샘플, 시험적으로 제작된 시제품 등이 여기에 해당한다.

사물형 시각보조물은 발표 현장에서 실물 자체를 입체적으로 볼 수 있어서 내용을 이해시키는 데 매우 효과적이다. 그러나 실물이나 모형의 크기가 클 경우에는 운반이 용이하지 않다는 단점이 있다.

㉡ 자료형: 사진, 그림, 그래프, 도표, 차트, 슬라이드, 동영상 등

실물 또는 모형은 아니지만 겉모습을 볼 수 있게 평면적으로 만들어진 시각적 자료 일체를 말한다. 확대 또는 축소 촬영된 사진, 그림이나 만화, 다양한 형태의 그래프, 시각적으로 정리된 도표와 차트, 드라마·영화·광고를 편집한 동영상 등이 해당한다.

이는 외국의 사진처럼 직접 가져올 수 없거나, 또는 통계자료를 시각화한 그래프처럼 눈으로 직접 볼 수 없는 현상을 가시적인 자료로 만든 것이다. 또한, 드라마나 영화처럼 현실에서 일어난 일이 아닌 상상 속에서 그려진 사건을 가져온 것이기 때문에 발표 내용을 전달하는 데 큰 도움이 된다. 자료형 시각보조물은 양적, 질적으로 가장 사용 빈도가 높은 편이라고 할 수 있다. 제작도 용이하고 운반 부담도 적기 때문에 사용 또한 매우 편리하다.

㉢ 동작형: 시범

사람이 직접 어떤 동작이나 자세를 선보이는 것을 말한다. 군대 조교의 시범, 체육 선생님의 시범, 태권도 사범의 시범, 인공호흡법 시범, 소화기 사용법 시범 등이 이에 해당한다.

동작형 시각보조물은 연속적인 동작이나 자세를 직접 보여준다는 장점이 있다. 동작이나 자세는 말로만 설명하면 이해하기 어렵다. 하지만 조교나 전문가의 시범 동작을 직접 보여주면 금방 이해하게 된다. 따라서 시범은 신체적인 동작을 가르칠 때 매우 효과적인 방법이다.

다) 시각보조물 사용 시 유의사항

시각보조물을 사용할 때 유의사항은 다음과 같다.

㉠ 사전에 시각보조물을 준비해 두라.

프레젠테이션을 실시하는 도중에 시각보조물을 만들거나 조립하는 경우가

있다. 이렇게 되면 발표 시간을 낭비하게 되고, 시각보조물을 만드는 동안 청중들의 주의는 산만해진다. 발표 현장의 분위기도 어수선해질 뿐만 아니라, 청중들은 화자를 성의가 없고 준비성이 부족한 사람으로 부정적으로 평가하게 된다. 아울러, 사전에 준비한 시각보조물은 실제 프레젠테이션을 할 때 즉각적으로 사용할 수 있도록 필요한 자리에 위치시켜 두어야 한다.

ⓛ 청중이 보기 편하도록 시각보조물을 크게 만들어라.

모형을 만들 때는 청중들이 편안하게 살펴볼 수 있는 크기로 만들어야 한다. 실물이 너무 크면 크기를 줄이고, 반대로 실물이 너무 작으면 크기를 확대해서 제작한다. 다만, 크기를 축소하거나 확대할 때는 동일한 비율을 적용하여 외양이 일그러지지 않게 주의해야 한다. 사진, 그림, 그래프 같은 시각자료 역시 너무 작으면 안 된다. 청중들이 잘 볼 수 있도록 크게 그리는 것이 좋다.

ⓒ 시각보조물은 단단하고 명확하게 설명하라.

프레젠테이션의 중심은 발표 내용이며, 시각보조물은 어디까지나 보조적인 역할을 하는 설명도구일 뿐이다. 청중들은 말을 듣는 것보다 시각보조물을 보는 것을 더 좋아한다. 청중들이 좋아한다고 해서 시각보조물에 매달리는 것은 안 된다. 주객이 전도되지 않도록 주제를 벗어나지 않는 한도 내에서 시각보조물을 활용하는 것이 바람직하다.

ⓔ 시각보조물은 필요할 때만 제시하라.

적시에 시각보조물을 보여주라는 말이다. 너무 빨리 또는 너무 늦게 보여주면 효과가 떨어진다. 연관되는 내용을 설명할 때 시각보조물을 제시하여야 한다. 그리고 시각보조물에 대한 설명이 끝나면, 청중들에게 보이지 않는 곳에 시각보조물을 위치시키거나 가리개로 가리는 것이 좋다. 그래야만 청중들이 신속하게 본론으로 돌아오게 된다. 특히, 시각보조물 사용이 끝난 후에도 그것을 한손에 쥐고 계속 다음 말을 하는 화자도 있는데, 이렇게 하면 청중들의 관심은 그 시각보조물에서 벗어나기 어렵다.

㉤ 시각보조물과 이야기하지 말고 청중들과 이야기하라.

어떤 화자는 시각보조물을 바라보면서 설명하는 경우가 많다. 이렇게 화자의 시선이 청중을 벗어나면 안 된다. 화자의 전달 대상은 시각보조물이 아니라 청중임을 잠시도 망각하지 말아야 한다. 따라서 화자의 시선은 청중에게 주로 향하고, 가끔 필요할 때만 시각보조물을 향하도록 한다.

㉥ 시각보조물을 청중 사이로 돌리지 말라.

실물이나 모형, 사진이나 그림 같은 시각보조물을 청중 사이로 돌리는 경우가 있는데, 이는 바람직하지 않다. 물론, 청중들이 직접 만져보고 살펴볼 수 있는 기회를 갖는 것은 나름대로 의미가 있다. 하지만, 이렇게 하면 청중들은 화자의 말에 집중하지 않거나, 다시 추스를 수 없을 정도로 분위기가 산만해지는 등 더 큰 문제가 발생한다. 따라서 매우 특별한 사정이 없는 한, 청중 사이로 시각보조물을 돌리지 않는 것이 바람직하다.

㉦ 시각보조물 사용방법을 충분히 연습하라.

실제 발표 현장에서 시각보조물을 서투르게 다루거나 잘못 다루면 안 된다. 그러면 분위기를 어수선해지고, 청중들은 화자를 무성의하고 준비가 안 된 사람으로 생각하게 된다. 심지어 청중들의 웃음거리가 되거나 모욕적인 비난을 받을 수도 있다. 따라서 시각보조물을 사용할 계획이라면, 사전에 미리 사용방법을 충분히 숙지해 두어야 한다.

Chapter

06 효과적인 경청의 방법

1. 경청의 중요성

경청(傾聽)이란 상대방의 말을 귀 기울여 주의 깊게 듣는 것을 말한다. 즉, 말하는 사람에게 관심을 집중하고 그가 무슨 말을 하는지, 어떤 내용을 전달하려고 하는지 깊이 있게 파악하면서 듣는 것을 의미한다. 이렇게 귀를 기울여 듣는 것은 화자와 청자 사이에서 일어나는 의사소통의 출발점이다.

그런데 일반적으로 화자는 말하는 사람 또는 전달하는 사람으로 생각하고, 청자는 듣는 사람 또는 전달받는 사람으로 생각하는 경우가 많다. 일방적으로 이루어지는 말하기는 좋은 의사소통이 아니다. 그것보다는 화자와 청자가 서로 원활하게 메시지를 주고받는 쌍방향 의사소통이 이루어져야 한다.

화자와 청자는 하나의 훌륭한 스피치를 함께 만들어가는 협력자 관계이다. 청자는 화자의 말에 귀를 기울이고, 말하는 내용을 잘 이해하며, 화자의 마음까지 헤아릴 줄 알아야 한다. 훌륭한 청자가 되려면 화자의 눈으로 바라보려 노력하고, 화자의 입장에서 생각하려 노력해야 한다. 그래야만 화자와 청자 간의 의사소통이 막힘없이 이루어질 수 있을 것이다.

그럼에도 불구하고 청자로서의 듣기 방법을 가르치는 경우는 많지 않다. 경청이 중요하다고 자주 말하면서도 그에 대한 구체적인 관심은 적은 편이다. 문자언어 생활에서 읽기와 쓰기는 짝을 이루는 활동이다. 많이 읽을수록 또는 깊이 읽을수록 쓰기 능력도 향상된다고 한다. 그래서 쓰기 능력을 기르기 위해서는 많이 읽는 것이 좋다. 다독(多讀)과 함께 정독(精讀)하는 능력이 증진되면 글쓰기 실력도 같이 늘어난다.

읽기와 쓰기의 관계처럼, 듣기와 말하기는 음성언어 생활에서 짝을 이루는 언어활동이다. 그러나 말하기에 대한 관심은 많지만, 그에 비하여 듣기는 별도로 배울 필요조차 없는 것으로 생각한다. 읽기 기술(reading skill)을 배우는 데 많은 시간과 노력을 투자하면서도, 듣기 기술(listening skill)에 대해서는 그렇게 하지 않는다. 듣기는 배우나 안 배우나 차이가 없다고 생각하거나, 듣기 훈련을 해도 그 능력이 향상되는 데 별로 도움이 되지 않는다고 본다. 그러나 이렇게 듣기를 소홀히 하는 것은 잘못된 생각이다. 듣기 기술을 배우고 이를 활용하게 되면 듣기의 효율성을 한층 더 증진시킬 수 있다.

이런 점에서 최근 들어 우리 사회에서 경청의 중요성과 그 방법에 대한 논의가 활발해진 것은 매우 의미 있는 변화라고 본다. 경청을 다룬 책자도 제법 많이 출판되었으며, 초·중·고등학교의 교육에서도 듣기 영역의 비중을 점차 넓히고 있다. 그만큼 우리 사회가 듣기의 중요성을 깨닫고 있음을 말해주는 증거이다. 또한, 이는 그동안 듣기에 대한 인식이 부족했음을 보여주는 단서이기도 한다.

근본적으로 듣기는 의사소통 행위의 필수적인 부분이다. 실제로 일어나는 의사소통의 상당 부분이 듣기로 이루어져 있다. 어떤 연구결과에 따르면 일상적 언어활동 중에서 듣기가 차지하는 비중은 절반에 가까운 것으로 알려져 있다. 이렇게 듣기의 비중이 높다고 할 수 있다. 그런데 만일 듣기 능력이 떨어진다면 의사소통 과정에 커다란 장애가 일어나기 마련이다.

우리는 말을 할 때는 다른 사람들이 집중해서 들어주기를 기대한다. 그러면서도 다른 사람이 말을 할 때는 대충 듣거나 자신과 관련된 부분만 선택해서 듣는 습관이 있다. 화자의 입장에서는 상대방이 경청해주기를 바라면서, 자신이 청자의 입장이 되었을 때는 경청은커녕 초보적 수준의 듣기조차 안하려고 한다. 상대편의 말을 건성건성 들으면서, 그의 말을 앞질러 엉뚱한 상상을 하기도 하고, 다음에 자신이 할 말을 생각하기도 한다. 이런 태도는 바람직한 의사소통 참가자의 자세가 아니다. 훌륭한 의사소통 능력을 갖춘 사람이 되기 위해서는 먼저 훌륭한 청자가 되어야 한다.

잘 듣는 사람이 잘 통한다. 이청득심(而聽得心), 귀 기울여 들으면 사람의 마음을 얻을 수 있다는 뜻이다. 특히, 리더가 될 사람들은 주위 사람들의 말을 잘 들을 줄 알아야 한다. 말로 표현된 내용은 물론, 말과 말 사이에 숨어있는 내용까지 파악할 필요가 있다. 훌륭한 독자가 행간(行間)의 의미를 읽어내듯, 성숙한 청자는 어간(語間)의 의미까지 들을 수 있어야 한다.

2. 듣기의 단계

말하기는 여러 단계로 구성되어 있다. 주제선정, 자료수집, 구상과 개요, 발표자료 작성(차트, 내레이션), 시각보조물 제작, 사전연습(리허설), 실연, 질의응답과 사후조치 등 상당히 복잡한 과정을 거친다. 단계가 많은 만큼 말하기를 준비하는 데 많은 시간과 노력이 소요된다. 따라서 사람들은 성공적인 말하기를 위해서는 많은 노력을 기울여야 한다는 사실을 아주 당연하게 받아들인다.

그에 반하여 듣기는 아무런 준비가 없어도 무방하다고 생각한다. 듣기는 아예 준비하는 단계조차 없는 것으로 인식한다. 그러나 그렇지 않다. 잠깐 동안이라도 사전에 준비를 한다면, 화자의 말에 쉽게 집중할 수 있으며, 발표 내용에 대한 흥미를 지속시킬 수 있다. 그러므로 말하기처럼 듣기에도 준비과정이 선행되어야 하며, 나아가 듣기 중이나 듣기 후 단계에도 바람직한 행동요령이 있음을 알아둘 필요가 있다.

말하기의 단계를 단순화하면 말하기 전, 중, 후로 묶을 수 있다. 이처럼 듣기의 단계도 듣기 전, 중, 후로 삼분할 수 있다. 그러면 듣기 전, 듣는 중, 들은 후 단계로 나누어 차례대로 단계별 유의사항을 살펴보기로 한다.

가. 듣기 전 단계(앞 듣기)

듣기 전 단계는 주제가 정해진 스피치를 효과적으로 듣기 위해 필요한 사전 준비라고 할 수 있다. 듣기 전에 일어난다고 하여 '앞 듣기'라고 부르기도 한다. 듣기 전 단계에서는 듣기 목적 확인, 배경지식 구축, 듣고자 하는 정보 확인, 화자에 대한 정보 확인 등이 이루어져야 한다.

듣기 전 단계에서 준비할 사항은 다음과 같다.

㉠ 발표 자료(원고, PPT)를 구해서 정독하라.

듣기 전 준비사항 중 가장 기본적인 사항이다. 이는 화자에 대한 최소한의 예의이며, 참석자로서의 의무이다. 시간이 충분하면 세부사항까지 읽어본다. 하지만 시간이 부족할 경우에는 핵심사항과 결론만 파악한다.

㉡ 모임의 목적, 화자의 의도를 파악하라.

단순히 설명을 위한 모임인지, 선정·심사·평가·결정하기 위한 모임인지, 최초 발표인지, 중간발표인지, 최종발표인지 등을 확인한다. 또한, 화자가 발표를 통해 얻고자 하는 궁극적 목적이 무엇인지, 이를 위해 어떤 전략과 접근법을 사용하는지 추론해 본다.

㉢ 주제와 관련된 배경지식을 구축하라.

발표내용과 연관된 법규, 기존 문서, 상부 지침 등이 있다면 미리 확보해 둔다. 법규에 위배되는 내용은 없는지, 기존 문서나 상부 지침에 잘 부합하는지 살펴본다. 또한, 인터넷을 이용하여 주제와 관련된 이슈나 현안을 미리 확인한다.

㉣ 질문 목록을 작성하고 핵심질문을 선별하라.

처음에는 의문점을 모두 나열한 목록을 만든다. 그런 다음 중요도에 따라 핵심질문 1~3가지를 선별해둔다. 일반적으로 질의응답 시간은 길지 않다. 따라서 무엇을 먼저 질문할 것인지 우선순위를 정해두는 것이 좋다. 좋은 질문이란 곧 내가 가장 알고 싶어 하는 것이다.

㉤ 문면적 의미와 함께 행간의 의미를 파악하라.

발표 자료는 주요사항 위주로 정리되어 있다. 정작 화자가 하고 싶은 말은 문면이 아니라, 이면에 숨어 있는 경우가 흔하다. 따라서 역지사지(易地思之)의 자세로 화자의 입장에서 행간의 의미를 추론해 본다.

㉥ 화자를 비롯한 주요 참석자가 누구인지 확인하라.

먼저 화자에 대한 정보를 알아둔다. 화자의 학력, 경력, 주요업적, 현재 직업, 최근 언론보도 내용 등을 알아두면 유익하다. 이는 발표내용을 이해하고 화자의 의도를 파악하는 데도 도움이 된다. 또한, 핵심인물을 비롯한 주요 참석자가 누구인지 파악해 두어야 한다. 의사결정권을 가진 임원, 최고관리자, 상급자가 참석하는지 파악한다. 이런 인물들이 참석한다면, 일반적으로 주제의 비중이 높거나 중요한 의사결정이 이루어질 가능성이 높다.

㉦ 전체적인 발표 진행 순서를 확인하라.

질의응답 또는 토의토론 시간이 있는지 확인한다. 이런 시간이 계획되어 있을 경우는 말할 초점(talking point)을 정리해 둔다. 발표도 한 사람만 하는지 여러 사람이 하는지 알아둔다.

나. 듣는 중 단계(본 듣기)

듣는 중 단계는 발표가 이루어지는 동안에 일어나는 듣기 활동을 말한다. 화자의 말을 집중해서 잘 듣고, 그 속에 포함된 의미와 맥락을 파악·추론하는 듣기 활동 일체가 해당한다. 따라서 듣는 중 단계는 듣기의 핵심단계로서 '본 듣기'라고 부르기도 한다.

듣는 중 단계에서 주의할 사항은 다음과 같다.

㉠ 정보 확인, 내용 이해, 평가 및 비판하면서 들어라.

정보를 확인하고 내용을 이해하는 것이 우선이다. 먼저, 정보의 적합성과 내용의 타당성을 따져보고, 사실과 추론을 구분해 보는 것이 좋다. 그런 다음 관점의 차이가 무엇인지, 한쪽으로 치우친 편견은 없는지, 시사점이나 유익한 내용은 무엇인지 추론해 본다.

㉡ 발표 내용을 나 자신과 연결하면서 들어라.

발표에 참가하는 이유는 내가 알고 싶은 것을 듣거나 나에게 도움이 될 만한 것을 듣는 데 있다. 따라서 발표 내용을 나의 관심과 흥미, 나의 생각과 견해, 내가 담당하는 업무, 내가 속해 있는 부서와 연결하면서 듣는 것이 효율적이다. 이렇게 하면 내용 이해도 빠르고, 어간의 의미를 추론하는 데도 도움이 된다.

㉢ 핵심어(keyword 열쇳말) 위주로 재조직하면서 들어라.

듣기에 집중하는 방법 중 하나가 메모하는 것이다. 그러나 들은 내용을 그대로 받아 적는 것은 불가능하기도 하고 의미도 없다. 그 대신 내용을 함축해주는 핵심어 위주로 메모하는 것이 좋다. 나아가 메모된 핵심어를 연결시켜 음미해보면 화자의 의도를 찾아내는 데 효과가 있다.

㉣ 적극적 참여 태도를 표현하면서 들어라.

듣는 중에 화자에게 관심을 표명하라는 말이다. 즉, 화자의 말에 공감 내지 긍정적 반응을 표현하라는 것이다. 고개 끄덕이기, 감탄하기, 박수치기, 질문하기 등 화자에게 적절한 반응을 보여 주어야 한다. 이렇게 긍정적이고 적극적인 청중의 반응이 나타나면 화자는 더욱 열성을 가지고 발표에 임하게 된다.

다. 들은 후 단계(뒤 듣기)

들은 후 단계는 청자가 들은 내용을 종합하여 정리하고, 이를 자신에게 내면화하여 확장적으로 전이시키는 활동을 말한다. 듣기가 끝난 이후에 일어나는 활동이라 하여 '뒤 듣기'라고 부르기도 한다.

들은 후 단계의 유의사항은 다음과 같다.

㉠ 들은 내용을 메모 또는 정리해 두라.

화자가 말한 핵심내용, 현장에서 언급된 새로운 의견, 질문 및 응답한 내용, 상급자가 언급한 내용 등을 메모해둘 필요가 있다. 필요하다면 별도의 문서로 정리하여 보관해 두기도 한다. 가급적 빠른 시간 내에 정리하는 것이 좋다. 하루나 이틀만 지나도 많은 내용들이 망각되기 때문이다.

㉡ 사후 대응할 사항이 있으면 적절히 조치하라.

발표 내용이 나의 업무와 직접적으로 연관되어 있다면 사후에 조치해야 할 일이 발생한다. 이를 그대로 방치하면 안 된다. 재빠르게 대응할수록 문제는 쉽게 해결될 수 있다. 그러므로 발표가 끝나면 곧바로 사후 조치할 목록을 작성하고, 그 사항들에 어떻게 대응할 것인지 방안을 마련해야 한다.

㉢ 자신과 관련지어 내면화하라.

들은 내용을 자기 것으로 만들라는 것이다. 화자의 말을 그저 수용하는 데 그치지 말고, 그것을 내 것으로 전이시켜 확장하라는 말이다. 이를 위해서는 자신에게서 비슷한 사례를 찾아보는 방법, 다른 관점에서 바라보는 방법, 새로운 예시를 찾아보는 방법, 반박하기 위한 질문을 개발하는 방법 등을 쓸 수 있다.(한국화법학회, 2014, 66쪽.)

3. 듣기의 유형

듣기의 유형은 기준을 무엇으로 하느냐에 따라서 다양하게 구분한다. 먼저, 플리포(Edwin B. Flippo)는 청자의 태도에 착안하여 듣기의 유형을 주변적 듣기(marginal listening), 비판적 듣기(evaluative listening), 역지사지적 듣기(projective listening)로 삼분하고 있다. (박연호, 1981, 162~163쪽에서 재인용)

㉠ 주변적 듣기: 화자에게 최소한의 주의만 기울이고, 발표 내용의 변두리만 듣는 방법이다. 즉, 발표 내용의 핵심을 이해하려 하지 않고 사소하고 지엽적인 부분만 선별적으로 듣는 것을 말한다. 건성건성 듣거나 또는 딴생각을 하면서 듣는 척 하는 경우도 포함된다. 이런 듣기 방법은 서로간의 오해를 야기하고 화자에게 모욕감을 준다. 나아가, 화자와 청자 사이에 불신감을 증식시키게 된다.

㉡ 비판적 듣기: 화자에게 전반적인 주의를 기울이기는 하지만 청자의 관점에서 평가하면서 듣는 방법이다. 상대방의 입장에서 내용을 이해하려 하지 않고, 자신의 입장에서 내용을 분석, 평가하는 데 치중한다. 따라서 이러한 청자들은 화자의 말이 끝나기 전에 자신의 말을 하고자 끼어들기도 하고, 심지어 화자에 대한 반박과 비판에 기울어지는 경향이 있다. 따라서 화자와 청자 사이에 심각한 논쟁이 일어나거나 아예 의사소통의 경로가 폐쇄되기도 한다.

㉢ 역지사지적 듣기: 화자의 말을 정중하게 듣고 그의 의도와 입장을 이해하고자 노력하며 듣는 방법이다. 청자는 화자가 말하는 동안 그에 대한 분석과 비판을 의도적으로 억제한다. 그 대신 화자의 관점과 입장을 이해하려고 노력한다.

역지사지적 듣기는 감정이입적 듣기 또는 공감적 듣기(empathetic listening)라고도 한다. 감정이입은 자신을 다른 사람의 입장에 관련시켜 그의 감정과 가치를 경험하는 것을 말한다. 공감이란 남의 감정, 의견, 주장 따위에 자기도 그렇다고 느끼는 것이다. 따라서 공감적 듣기는 "감정과 사고에 있어 대화 참여자는 마치 자신의 세계처럼 느끼며 다른 사람의 세계를 재해석하고, 다른 사람의 판단 준거에 따라 그 사람의 감정과 사고를 동일시하며, 이성적이고 감성적인 거울이 되어 다른 사람의 감정과 사고를 복제하는 것"으로 그 성격을 규정한다.(박재현, 2013, 60쪽.) 이러한 공감적 듣기의 효능은 상대방의 마음의 문을 열게 하고, 화자로 하여금 인간적 가치에 대한 존중감을 느끼게 하며, 화자와 청자 사이에 정서적 친밀감을 형성하는 데 기여한다.(박재현, 2013, 63쪽.)

한편, 듣기는 목적에 따라 사실적 듣기(정보적 듣기), 추론적 듣기, 평가적 듣기로 구분할 수도 있다.

㉠ **사실적 듣기**: 화자가 말한 사실이나 정보, 지식의 습득을 목적으로 하는 듣기 유형이다. 주제와 관련된 정보를 확인하는 데 초점이 있기 때문에 정보적 듣기라고도 한다. 사실이나 사건의 세부내용을 확인하고 들은 내용의 구조를 파악하며, 사실과 의견을 구분하고 핵심적인 메시지를 이해하는 것이 주요 목적이다.

㉡ **추론적 듣기**: 화자가 말한 여러 가지 견해와 주장들 사이의 관계를 논리적으로 추론하는 듣기 유형이다. 이를 통해 화자의 말에 함축된 의미를 비롯하여 암시된 의미를 찾아내고, 예상되는 결론이나 기대효과를 추론한다. 추론적 듣기를 잘 하려면 언어적 표현은 물론 준언어적, 비언어적 표현에 담긴 의미까지 종합적으로 이해할 수 있어야 한다.

ⓒ **평가적 듣기**: 화자의 말을 자신의 가치관이나 신념에 따라 분석, 비판, 평가하는 듣기 유형이다. 들은 내용을 비판적으로 분석하는 것은 궁극적으로 그에 대한 평가를 내리기 위함이다. 화자의 말은 진실인가, 그대로 받아들일 수 있는 내용인가, 논리적 모순은 없는가, 예시·통계·근거는 적절한가 등 발표 내용의 정확성, 타당성, 적절성을 평가한다. 또한 사실과 추론, 가정과 의견을 구분하여 각각에 대한 신뢰성, 타당성, 가치성, 실천 가능성이 있는지 살펴본다.

4. 경청의 방법과 방해요소

경청은 듣기의 한 유형은 아니지만 앞에서 언급한 역지사지적 듣기 또는 감정이입적 듣기, 공감적 듣기와 매우 비슷한 듣기의 형태이다. 이들은 모두 상대방의 입장에서 그의 감정과 가치, 생각과 의견을 존중하면서 듣는다는 공통점을 가지고 있다. 단순히 집중해서 듣는 것과는 다르다. 경청은 주의를 집중해서 내용을 잘 이해하면서, 동시에 화자에 대한 인간적인 존중과 배려가 추가된 형태의 듣기라고 할 수 있다. 따라서 역지사지적 듣기 또는 공감적 듣기의 방법을 잘 활용하면 경청 능력을 키울 수 있다.

가. 경청의 방법

경청은 크게 두 가지로 나눌 수 있다. 하나는 소극적 경청이고, 다른 하나는 적극적 경청이다.

소극적 경청은 화자에게 관심을 표명하여 그가 계속 이야기를 이어갈 수 있도록 맥락을 조절하고 격려해주는 방법이다. 직접적인 피드백이나 반응을 보이지는 않지만, 화자의 말을 인정하는 반응을 지속적으로 표현한다. 소극적 경청의 방법은 다음과 같다.(한국화법학회, 2014, 77쪽 ; 박재현, 2013, 64~67쪽.)

㉠ **침묵하기**: 청자가 아무 말도 하지 않고 화자의 말을 수용하는 방법이다. 이는 화자의 말을 방해하지 않고, 그의 말에 집중하면서 조용히 들어주면 된다. 이런 침묵이 화자에게는 진정성 있게 느껴진다.

㉡ **주의 집중하기**: 화자가 느낄 수 있도록 주의와 관심을 집중시키는 방법이다. 우선 화자를 향해서 앉고, 부드러운 표정을 지으며, 정면으로 눈을 맞춘다. 그런 다음 청자가 화자의 말에 공감하고 있다는 뜻의 인정 표현을 나타내야 한다. 화자에 대한 인정 표현에는 다음과 같은 것들이 있다.

표 9 | 화자에 대한 청자의 인정 표현

긍정적 인정 표현	부정적 인정 표현
• 똑바로 눈맞춤 하기 • 화자를 계속 쳐다보기 • 온화한 표정 짓기 • 고개 끄덕이기 • 관심·동의·감탄·동정 표현하기 • 부드럽게 미소 짓기 • 눈을 크게 뜨고 쳐다보기 • 앞쪽으로 기울여 앉기	• 무표정하게 빤히 쳐다보기 • 다른 곳 쳐다보기 • 하품하기 또는 졸기 • 고개를 좌우로 흔들기 • 얼굴이나 눈썹 찡그리기 • 딴짓하기 • 두 눈을 감고 있기 • 물러나는 자세 취하기

㉢ **격려하기**: 화자가 계속 말을 이어갈 수 있도록 관심, 공감, 동정, 기쁨, 놀라움 등을 표현하여 격려하는 방법이다. 화자 스스로 그의 감정과 생각, 판단을 드러내게 유도하는 효과적인 방법이다. '다음은 어떻게 됐어요?', '계속 말해 보세요.', '참 재미있네요!', '정말 그랬어요?' 등 질문이나 감탄을 통해 화자가 말하고 싶게끔 만드는 것이다.

다음으로 적극적 경청은 화자의 말을 요약하거나 재구성하여 들려주는 등 적극적으로 개입하는 경청 방법이다. 듣기만 하는 수동적 청자가 아니라 적극적인 자세로 개입하는 청자의 역할이 강조되는 경청 방법이다. 이렇게 적극적인 개입을 통하여 화자가 스스로 결론에 도달할 수 있도록 유도하는 것이다.

이때 청자는 화자의 말에 공감·동의한다는 표지로 '—이시죠.', '—이네요.', '이라는 뜻이군요.'와 같은 표현을 사용하는 것이 효과적이다. 예를 들어, 화자가 인문학 교육의 중요성을 말할 때, 청자가 '결국 인문학 교육 콘텐츠를 개발해야 한다는 의견이시죠.', '인문학에 대한 사회적 제도가 필요하다는 의견이네요.', '대학의 교양과정에서 인문학 교육이 증대되어야 한다는 뜻이군요.' 등과 같이 공감의 표현을 해주는 것이 필요하다는 것이다. 이런 표현을 해줌으로써 화자가 말을 계속 진행할 수 있게 도와줄 수 있다.

적극적 경청의 방법으로는 요약하기와 반영하기를 들 수 있다.

㉠ 요약하기: 화자의 말을 요약하여 다시 진술해 주는 방법이다. 이런 방법은 대화, 토의토론, 회의진행, 협상, 질의응답, 브리핑 등의 스피치에 유용하게 사용할 수 있다. 화자의 말을 요약해줌으로써 그의 말을 정확하게 이해하고 공감하고 있음을 드러낼 수 있다.

㉡ 반영하기: 화자의 말에 함축된 의미를 추론하여 이를 재구성하여 들려주는 방법이다. 이를 위해서는 표면적 의미뿐만 아니라 이면적 의미까지 드러내 표현해주어야 하며, 행간에 숨겨져 있는 의미까지 찾아내 말해주어야 한다. 이때 화자의 의견이나 생각과 일치되는 긍정적 의미를 드러내야 화자를 격려할 수 있다. 그렇지 않고 화자의 의견에 대립되는 부정적 의미를 들추어 말한다면, 도리어 화자를 위축시키거나 화자의 말이 단절되게 만드는 부작용을 불러올 수도 있다.

나. 경청의 장애 요소

듣기 능력을 향상시키기 위해서는 우선 자신의 듣기 행위를 진단해볼 필요가 있다. 자신이 인식하지 못한 어떤 버릇이 효율적인 듣기를 방해하고 있기 때문이다. 따라서 훌륭한 경청자가 되려면 청자로서 자신의 단점을 파악하여 고쳐야 할 것이다.

경청을 방해하는 장애 요소를 들어보면 다음과 같다.

㉠ 발표 내용이 아닌 다른 요소에 관심을 기울이는 버릇은 경청을 방해한다.

화자는 일반적으로 청자의 말을 소홀히 하려는 경향이 있다. 화자가 말하는 내용 자체에 관심을 갖기보다 화자의 경력과 직책, 억양과 사투리, 말투와 외모, 옷 색깔과 헤어스타일, 넥타이의 색깔과 문양 등에 더 신경을 쓴다. 이런 것들은 발표내용과 무관한 외적 요소일 뿐이다. '염불에는 맘이 없고 잿밥에만 맘이 있는' 청자가 되면 안 된다. 스피치의 핵심은 화자의 말과 그 의미이다. 항상 발표 내용 자체에 관심을 두는 버릇을 두어야 한다.

㉡ 듣는 척 하는 버릇은 경청을 방해한다.

일반적으로 화자는 청자의 말을 듣는 척하는 성향이 있다. 겉으로는 스피치에 집중하고 있는 것처럼 보이지만, 실제로는 딴생각을 하거나 다른 곳을 쳐다보는 경우가 허다하다.

형식적으로 머리를 끄덕이기도 하고, 가식적인 반응을 보여주기도 한다. 하지만, 이러한 거짓 경청의 태도는 오래가지 못한다. 화자는 청자의 눈만 보아도 그의 반응이 진실인지 아닌지 금방 알 수 있다. 따라서 진실한 마음자세로 집중하는 습관을 들여야 한다.

㉢ 미리 예단(豫斷)하거나 성급하게 판단하는 버릇은 경청을 방해한다.

화자들은 청자의 말을 조금 듣고 나서 자신의 가치관과 입장에 따라 미리 예단하려는 성향을 가지고 있다. 이러한 성급한 예단은 본격적인 내용이 나오기도 전에 부정적으로 판단하는 오류를 가져온다.

따라서 화자의 말 몇 마디만 듣고 나서 곧바로 '나와 상관없는 내용이다.' '별로 중요한 내용이 아니다.', '심도 있게 다루지 못했다.', '내용이 잘못되었다.'라는 단정을 짓지 말라는 것이다. 이와 같은 부정적 예단은 스피치에 대한 무관심과 화자에 대한 적대감, 내용에 대한 거부감을 불러일으킴으로써 화자와 청자 간의 의사소통 통로를 단절시킨다.

㉣ 부적절한 필기 버릇은 경청을 방해한다.

화자의 말을 들으면서 적당히 필기하는 것은 좋은 습관이다. 핵심내용, 추가의견, 질문사항 등에 국한하여 간단하게 필기하는 것은 좋다. 하지만 너무 많이 구체적인 내용까지 다 적으려고 하는 것은 부적절하다.

필기에만 몰두하다 보면 중요한 내용을 듣지 못할 수 있다. 또한, 수첩에만 눈길을 주어 화자와 청자 간의 눈맞춤이 끊어진다. 따라서 쓸데없이 많이 적으려 하지도 말고, 시간을 때우기 위해서 습관적으로 적으려 하지 말라. 그 대신 주요 사항만 간추려 간단하게 필기하는 습관을 들이는 것이 바람직하다.

㉤ 부분적 사실에 집착하는 버릇은 경청을 방해한다.

일반적으로 청자는 화자의 생각이나 논리적 체계를 중시하기보다는 부분적 사실에 경도되는 경향을 가지고 있다. 청자들은 오자나 탈자 또는 통계 중에 잘못된 숫자를 찾는 데 관심을 갖는다. 심지어 덧셈, 뺄셈, 곱셈, 나눗셈이 맞았는지 검산하는 데 시간을 허비하기도 한다. 물론 이런 것도 중요하다.

사소한 것에 매달리다 보면, 화자의 핵심적인 주장이 무엇인지, 논리적 흐름은 어떻게 전개되는지, 최종적 결론은 무엇인지, 결정적 오류는 없는지, 증거는 적절한지, 화자의 궁극적 의도는 무엇인지 파악하기 어렵게 될 수 있다. 숲속에 선 숲이 보이지 않는다. 숲 밖에 멀리 떨어져야 비로소 숲의 전체 모습을 볼 수 있음을 알아야 한다.

ⓑ 공상(空想)하는 버릇은 경청을 방해한다.

청자의 듣기 속도는 화자의 말하기 속도보다 훨씬 빠르다. 또한, 사람은 잠시 동안의 여유라도 무언가 자신에게 효용이 되는 일을 하려는 본능이 있다. 이러한 본능 때문에 화자의 말을 듣는 도중 아주 짧은 시간적 틈새가 생기면 공상이나 딴생각을 하게 마련이다. 그러나 과도하게 공상에 몰입하는 버릇은 청자를 멍하게 만든다. 이렇게 되면 화자의 말을 따라갈 수 없게 되고, 점차 화자에게서 멀어지게 된다.

스피치 도중 시간적 틈새가 발생하면, 그때에는 스피치와 관련된 활동을 하는 습관을 들이는 것이 좋다. 예를 들어, 핵심내용을 반추해 본다든지, 논리적 구조를 재구성해 본다든지, 화자의 의도를 추론한다든지, 핵심어와 핵심어 사이의 위계 또는 상관성을 도출해 보는 것이 바람직하다.

ⓢ 지나친 감정적 반응은 경청을 방해한다.

민감하고 흥분을 잘하는 청자 또는 감정이 급격하게 변하는 청자, 다혈질을 가진 청자는 화자의 말에 감정적으로 반응하기도 한다. 너무 심하게 화를 내기도 하고, 서운함과 불쾌감, 분노와 노여움을 쏟아내기도 한다. 이렇게 이성적인 억제가 곤란할 정도로 감정이 폭발하면, 논리적 판단이 흐려지고 정서적 불안정이 증폭된다. 이러한 불안정한 감정 상태는 경청 자체를 불가능하게 만들기도 한다.

그러므로 스피치를 들을 때는 최대한 감정적 동요를 누르고, 냉정하게 듣고 판단하는 습관을 들이는 것이 좋다. 부러우면 지는 것이라는 말처럼, 화를 먼저 내는 사람이 진다.

한편, 자기 자신이 훌륭한 경청자인가 진단해보는 것도 필요하다. 다음은 경청 태도에 대한 자가진단표이다. 이를 활용하여 자신에게 어떠한 좋지 않은 경청 방해요소가 있는지 파악하고, 이를 개선시켜 보도록 노력해보자.

표 10 | 경청 태도 자가진단표

순번	진 단 항 목	진 단
1	발표 내용보다 화자의 외모와 복장에 더 많이 관심을 가졌던 적이 있는가?	□Yes □No
2	발표 내용보다 화자의 말투와 억양에 더 많이 관심을 가졌던 적이 있는가?	□Yes □No
3	듣는 척했던 적이 많은가?	□Yes □No
4	미리 예단하는 버릇이 있는가?	□Yes □No
5	끝까지 듣지 않고 성급하게 판단하는 버릇이 있는가?	□Yes □No
6	과도하게 필기하려는 버릇이 있는가?	□Yes □No
7	말을 듣다가 공상에 빠진 적이 많은가?	□Yes □No
8	시간적 여유가 생기면 딴생각을 많이 하는가?	□Yes □No
9	말을 듣다가 크게 화를 낸 적이 있는가?	□Yes □No
10	말을 듣다가 크게 흥분한 적이 있는가?	□Yes □No

실습 4

- 강의식 연설 실습

• 방식

• 평가 : 교수와 학습자 모두가 평가표를 이용하여 점수를 부여한다.

• 내용 : 강의식 연설(현장 녹화)

- 강의 보조자료(슬라이드)를 만들어 강의한다.
- 강의는 철저한 준비가 생명이므로 교수는 학습자가 실습하기 최소 한 달 전부터 강의 주제를 확인하고 조언을 한다. 중간에 수정이 가능하다.

• 시간 : 20~30분 정도가 좋다.

• 강평 : 녹화한 영상을 함께 보면서 학습자와 교수 모두 강평한다.

• 착안사항

• 발표 시(학습자)

- 보조자료(슬라이드)를 만드는 법, 발표하는 법, 청중 분석법, 자신의 동선 등 발표와 관련된 모든 내용을 종합적으로 고려하여 준비한다.
- 강의는 발표자가 그 내용에 정통해야 하므로 자신이 감당할 수 있고, 잘 준비할 수 있는 것 중에서 주제를 정한다.
- 먼저 주제를 정한 다음 교수나 주변 사람에게 검증을 요구하여 보완해야 할 점을 적극적으로 파악하고 수정하도록 한다.
- 앞선 발표 실습 시 받은 조언을 반영하려고 노력한다.

• 강평 시(학습자, 교수)

- 효과적인 의사전달법과 관련된 유의사항들을 종합적으로 평가한다.
- 내용 전달에 방해가 되는 요인들을 개인별로 상세히 식별하여 주지시킨다.

- 말버릇이나 부담을 느낄 때 나오는 특이행동, 비논리적인 표현, 주어와 술어의 불일치, 은어 사용 등을 짚어준다.
- 평가표에 메모한 내용을 참고하여 구체적으로 알려주는 것이 좋다.
- 단점 지적 시 가능하면 바람직한 모습을 설명하고 이해시킨다.
- 청중이었던 다른 학습자들이 먼저 강평하고 교수는 마지막에 학습자의 강평에서 빠진 부분을 채우거나 특별히 강조하고 싶은 내용 위주로 실시한다.

※ 평가표(예)

구 분	평가					비 고 (세부사항)
	매우미흡	미흡	보통	양호	매우우수	
발음	1	2	3	4	5	
맞춤법	1	2	3	4	5	
논리성	1	2	3	4	5	
구성	1	2	3	4	5	
말버릇	1	2	3	4	5	
전문성	1	2	3	4	5	
제스처	1	2	3	4	5	
특이행동	1	2	3	4	5	
지적사항 개선	1	2	3	4	5	
강연 내용에 대한 공감 여부						
계						

Communication of the Leader

Part 03

의사소통의 실습

Chapter

07 주제발표

1. 주제 발표의 개념

주제 발표란 공식적인 자리에서 주어진 시간 동안 일정한 주제에 대해 주장을 펼치거나, 발표자가 자신이 아는 바를 그에 대해 잘 모를 것으로 예상되는 남들에게 설명할 목적으로 이야기하는 것을 말한다. 이러한 주제 발표는 일반적인 말하기나 대화와는 성격이 다르다. 일정한 주제를 가지고 청자의 마음을 움직이게 하거나, 청자의 지식을 더욱 확장시킬 목적으로 행하는 특정한 형식의 말하기이기 때문이다.

일반적으로 대학의 화법 교육에서는 말하기 실습으로 제일 먼저 자기소개 실습을 하는 경우가 많다. 자기소개는 자신에 대한 내용을 남에게 설명하는 것으로 다루는 내용 자체가 그리 어렵지 않고 비교적 짧은 시간만으로도 충분히 준비를 할 수 있기 때문에, 화법 교육 및 실습의 전체 과정에서 초반부에 간단하게 몸을 푸는 정도의 의미로 실행되는 경우가 많다. 또한 자기소개를 하는 모습을 통해 학생들의 현재 발표 능력을 진단해볼 수도 있다는 측면에서도 자기소개 실습은 중요한 의미를 가지고 있다. 이러한 자기소개 실습이 끝나면 그 다음 단계에서 주로 실시하는 것이 주제 발표이다. 주제 발표는 자기소개에 비해 발표자에게 더 많은 발표 시간이 할애되고 그 내용과 형식적인 면 모두가 좀더 복잡해지므로 난도가 조금 높아진 화법 실습으로 자주 활용된다.

2. 주제 발표의 준비 과정

이러한 주제 발표의 준비 과정은 앞의 3장에서 설명한 일반적인 의사소통의 준비 과정이나 뒤의 10장에서 설명할 연설의 준비 과정과 매우 유사하다. 따라서 여기에서는 그 과정에 대해 간단하게만 설명하도록 하겠다.

주제 발표를 하기 위해서는 제일 먼저 주제를 결정해야 한다. 이 주제는 발표자가 평소에 흥미를 가지고 많은 공부를 하여 이미 잘 아는 내용이어야 한다. 자신이 잘 모르는 내용을 다른 사람들 앞에서 잘 발표할 수는 없기 때문이다. 또한 주제는 청중들 입장에서 보았을 때 재미있게 들을 수 있는 흥미로운 것이어야 한다. 발표자가 아무리 잘 알고 있는 주제라 하더라도 그리고 아무리 준비를 많이 해서 발표를 잘 할 수 있게 준비를 했더라도, 대부분의 청중들이 호기심을 갖고 적극적으로 들어보려 하는 자세가 이루어지지 않는다면 그 주제 발표는 실패하게 될 가능성이 크다. 이처럼 청중들의 흥미와 관심을 유발하기 위해서는 창의적이고 독창성이 있는 주제를 가지고 진실성 있게 이야기해야 한다.

이러한 주제를 정하는 절차는 일반적인 작문 과정에서의 절차와 유사하다. 즉 먼저 대략적인 주제라 할 수 있는 가주제를 정한 다음 좀더 구체적인 주제인 참주제를 정한다. 그 후에는 발표자가 말하고자 하는 핵심 내용을 하나의 문장인 주제문으로 만들어 보고, 이후에 이어질 모든 과정에서 이 주제문을 염두에 둠으로써 발표의 내용이 일관되게 유지될 수 있도록 해야 한다.

다음으로는 발표 주제를 뒷받침해줄 수 있는 논증 자료를 구해야 한다. 여기에서는 자신이 직접 경험한 내용 또는 독서나 영화, 남으로부터 들은 이야기 등의 간접 경험 내용을 찾아보아야 한다. 그 외에도 전문적인 학술지나 다양한 잡지, 신문의 기사 내용을 검색해보는 것도 좋다.

논증 자료들이 확보되면 이를 가지고 발표 내용을 효과적으로 구성하는 것이 필요하다. 내용의 구성은 논리적이면서 체계적이어야 하며 단순하게 스토리를 나열하는 식의 구성은 지양해야 한다. 먼저 도입부에서는 화제를 간단히 소개하고 날씨나 건강 등을 통한 인사말을 하거나 유명 인사의 말 또는 문헌에서 인용한 말을 통해 자연스러운 분위기를 유도하는 것이 좋다. 본문에 해당하는 전개부에서는 주제에 대한 각종 논거 제시를 통해 자신의 주장이나 설명을 본격적으로 펼쳐나가게 되는데 이러한 논거의 배열 방법으로는 시간적 배열과 공간적 배열 또는 포괄식 배열, 열거식 배열, 점층식 배열 등의 방법을 활용할 수 있다. 이 부분에 대한 내용은 3장의 내용을 활용하기 바란다. 마지막 종결부에서는 발표를 마무리 하는데 여기에서는 새로운 화제나 논점을 제시하지 말고 마치 영화의 엔딩신처럼 주요 논점을 정리해주면서 감명 깊은 인상을 남기도록 하는 것이 좋다.

내용의 대략적인 구성이 끝나면 이를 가지고 세부적인 개요를 짜고 또 이 개요를 바탕으로 구체적인 발표문을 작성하게 된다. 개요 작성 및 발표문 작성 단계에서는 혹시 주제에서 벗어나거나 빠진 내용 또는 필요 없는 내용이 있는지 검토해야 한다. 이렇게 발표문 준비가 완료되면 실제로 발표를 할 때 실수를 줄이기 위해 미리 발표 연습을 하는 것이 좋다. 연습은 실제 발표 현장에 가서 하는 것이 가장 좋지만 사정이 여의치 않을 경우에는 다른 곳에서 해도 된다. 연습 시에는 스마트폰이나 각종 녹화 장비를 사용하여 자신의 발표 모습을 촬영한 뒤 재생해 보면서 부족한 부분을 보완해나가는 것도 아주 효율적인 방법이다. 특히 남들 앞에서 발표한 경험이 많지 않거나 발표에 자신이 없다면 사전 연습을 여러 차례 실시함으로써 발표로 인한 긴장감이나 두려움을 상당 부분 떨쳐낼 수 있으므로, 발표문 작성 후의 자체 연습은 절대로 필요하며 가능한 많이 할수록 좋은 효과를 볼 수 있게 된다.

3. 주제 발표 시 유의 사항

주제 발표 준비를 모두 마치고 실제로 발표를 할 때에는 다음의 여러 가지 사항에 유의해야 한다.

첫째, 정해진 발표 시간을 준수해야 한다. 대개 발표 시간은 짧게는 5분에서부터 10분, 15분, 30분 등으로 주어지는데 이렇게 정해진 시간을 준수하는 것은 발표의 기본조건이라고 할 수 있다. 주어진 시간보다 훨씬 빨리 발표를 마치게 될 경우에는 성의 없는 발표라는 오해를 살 수 있으며, 반대로 시간 초과 시에는 발표가 지루하다는 느낌을 들게 할 수 있다. 또 그렇다고 해서 주어진 시간을 준수하기 위해 발표 후반부에서 성급하게 서둘러 마무리하는 것은 발표의 전체 내용을 용두사미로 만들어 버리고 만다. 그러므로 발표 시간의 적절한 준수를 위해서는 앞서 말한 바와 같이 발표 원고를 작성한 후에 실전과 같은 자체 연습을 여러 차례 실시하면서 시간의 남고 모자람을 확인해야 한다. 시간이 남는 것으로 파악되면 내용을 좀더 보강하고 말의 빠르기도 너무 빠르지는 않은지를 검토해야 한다. 반대로 시간이 부족하다면 발표 내용 중 반드시 필요하지 않은 부분은 적절히 삭제하고 말의 빠르기는 너무 느리지 않았는지 등에 대해 검토해야 한다.

둘째, 말의 속도를 적절하게 유지해야 한다. 말의 속도는 정황에 따라 완급 조절이 필요한데 발표의 진행 과정, 내용의 중요성, 강조 부분 등을 고려하여 속도를 조절해야 한다. 청중들이 아직 발표자의 말에 귀가 익숙하지 않은 상태에서 빠른 속도로 말을 하게 되면 그 내용을 듣고 이해하기가 쉽지 않으므로 발표의 도입부에서는 상대적으로 천천히 정확한 발음으로 이야기하는 것이 좋다. 그리고 중요하거나 강조하고자 하는 부분도 속도를 좀 늦추면서 강세를 주어 크게 말하는 것이 좋다. 또한 발표 분위기에 생동감을 주기 위해 말의 세기를 일정하게 하지 않고 중간 중간에 변화를 주는 것이 필요하고, 청중들의 주의를 집중시켜야 할 부분에서는 휴지(pause)를 적절하게 활용하는 것도 좋다. 그 외에도 준비한 발표문은 발표 중간에 가끔씩 보면서 발표의 진행 과정을 확인하는 것은 좋으나 원고에 너무 지나치게 의존해서 원고를 낭독하는 형태로 발표하는 것은 지양해야 한다.

셋째, 발음은 표준 발음법에 맞도록 정확하게 발음해야 한다. 이를 위해서는 평소에 표준발음법에 대한 이해를 통해서 단어 하나하나의 정확한 발음과 문장 안에서의 변화되는 발음을 익혀 두는 것이 중요하다. 발표 시에 정확한 소리를 내기 위한 발성 훈련 방법으로 볼펜이나 나무젓가락을 물고 말하기를 연습하는 방법이 효과적이다. 책을 읽을 때 볼펜이나 나무젓가락을 어금니 부분으로 물면 턱과 입이 제대로 움직이지 못하고 젓가락 밑의 혀 또한 제대로 움직이지 못하게 된다. 이렇게 약 15분 정도 연습한 후 젓가락을 빼고 말하면 아래턱이 편하게 움직이게 되고 혀 놀림 또한 자유롭게 되어 발음이 아주 정확하게 된다. 이러한 발성 연습을 매일 15분씩 약 한 달가량 하게 되면 자신의 발음이 많이 정확해졌다는 사실을 스스로 느끼게 될 것이다. 발성훈련의 또 다른 방법으로 아래턱을 좀 과하다는 기분으로 많이 움직이며 큰소리를 책을 읽는 방법도 좋다. 발음이 부정확한 사람들 중에는 입을 크게 벌리지 않고 오물조물 말하는 이들이 많다. 발음 교정의 기본은 입을 많이 움직이는 것이다. 입을 크게 벌려서 아래턱을 많이 움직이면 발음이 훨씬 좋아진다. 주제 발표 직전에 정확한 발음을 내기 위해 짧은 시간동안에 걸쳐 간단하게 조음 기관을 풀 수 있는 방법을 제시하면 다음과 같다.

[1단계] : 간단한 준비운동을 하면서 온몸의 긴장을 풀어준다.

사람의 몸은 악기와 같다. 좋은 소리와 정확한 발음을 내기 위해서는 반드시 몸의 긴장을 풀어주어야 한다. 준비운동은 간단한 체조가 좋으며 목, 어깨, 등, 가슴, 배, 허리, 다리의 근육을 골고루 풀어준다.

[2단계] : 하품을 해서 목구멍을 열고 입안의 근육을 풀어준다.

정확한 발음을 하기 위해서는 목구멍을 동그랗게 열어야 한다. 목구멍을 열어 후두를 낮게 하면 힘 있고 안정된 소리가 나오게 된다. 또한 입안의 근육을 풀어주면 맑은 소리와 함께 정확한 발음을 만들어 낼 수 있다. 일반적으로 누구나 말을 하기 전에 "음"하고 목청을 가다듬는데, 이때 목구멍이 뒤로 팽창되는 것을 느낄 수 있을 것이다. 이와 비슷한 방법으로 말을 시작하기 전에 일부러 하품을 해보는 것도 좋다. 훨씬 더 목청이 틔어지는 것을 느낄 수 있을 것이다.

[3단계] : 안면 근육운동을 통해 얼굴 전체 근육은 물론 입과 턱의 긴장을 풀어준다.

특히 턱의 긴장을 풀어주는 것은 매우 중요하다. '아, 에, 이, 오, 우'의 모음을 천천히 연습하다가 어느 정도 익숙해지면 속도를 빠르게 하면서 얼굴 전체 근육과 입 모양 그리고 턱의 움직임을 부드럽게 만들어 준다.

[4단계] : 입술의 긴장을 풀어준다.

평상시 긴장을 하면 입술이 굳어지는 것을 느낄 수 있을 것이다. 정확한 발음을 하기 위해서는 입술을 열고 닫는 과정이 부드럽게 이루어져야 한다. 입술을 풀어주기 위해서는 입술에 힘을 빼고 "푸후~~"하는 입술떨기와 "맘맘맘~~"의 입술소리내기를 각각 30초 이상 2회 실시하는 방법이 효과적이다.

[5단계] : 마지막으로 혀의 긴장을 풀어준다.

발음을 정확하게 하기 위해서는 소릿값에 따라 혀의 위치와 움직임이 정확하고 부드러워야 한다. 혀끝과 혓바닥, 혀뿌리의 긴장을 풀어주기 위해서는 혀끝으로 치아 마사지하기, 뱀처럼 혀 낼름거리기, 혀 둥글게 말기, 혀뿌리로 '케케' 소리내기, ㄱ부터 ㅎ까지의 자음 발음하기 등의 방법을 활용하면 좋다. 혀의 긴장을 풀어주면 소리도 커지고 발음도 정확하게 나오는 것을 느낄 수 있을 것이다.

넷째, 정확한 어휘와 올바른 문장을 사용해야 한다. 이를 위해서는 평소 표준어와 문장의 문법성에 대해 지속적으로 관심을 기울이는 것이 좋다. 예를 들어 "~것이 나의 바램이다."가 아니라 "~것이 나의 바람이다."라는 표현이 옳다는 것을 알고 있어야 하며 실생활에서도 그렇게 발음하는 습관을 들이는 것이 좋다. 또한 자칫 잘못하여 비속어를 부지불식간에 사용하는 일이 없도록 해야 하며, 공식적인 발표 상황이라면 되도록 '해요체'보다는 '하십시오체'의 공손법을 사용하는 것이 좋다. 이 외에도 비문법적인 문장 예를 들어 "제가 아시는 분 중에 ~"와 같이 자신을 높이는 잘못된 경어법을 사용하는 문장을 발화하지 않도록 조심해야 하며 문장의 종결어미 끝까지 분명하고 명확하게 말하는 습관을 들이는 것이 좋다.

다섯째, 시선 및 자세를 올바르게 해야 한다. 우선 발표자의 불안한 듯한 시선은 발표 내용에 대한 신뢰감을 저하시키는 요인이 되므로, 자신감 있는 시선과 웃음 띤 밝은 표정을 보여주어야 한다. 또한 발표 중에 창밖이나 특정한 한 곳만을 바라보는 것 그리고 청중 뒤에 아무도 없는 빈 공간을 바라보는 것을 금해야 하며, 청중들을 무한대 모양(∞)으로 천천히 골고루 응시해야 한다. 특히 이때 중요한 것은 눈동자만 움직이는 것이 아니라 발표자가 바라보는 곳으로 고개와 어깨를 함께 전환해야 한다. 준비해간 원고나 화면을 너무 오래 보지 말고 가급적 청중들을 바라보아야 하며 청중과의 질의응답 시에는 질문자를 정면으로 바라보아야 한다.

다음으로 올바른 자세를 유지하기 위해 우선 옷깃에서부터 넥타이 등을 포함해 복장을 단정하게 해야 한다. 발표 시에는 연단에 기대거나 팔꿈치를 올리지 말아야 하며 다리 떨기나 좌우로 몸을 흔드는 등의 불필요한 움직임은 금하고 어깨와 다리 모두 균형 잡힌 자세로 서 있어야 한다. 발표 중에 약간의 실수가 발생했다 해서 뒤통수를 긁거나 옷을 매만지는 동작은 하지 않도록 조심해야 하며, 손은 원고나 볼펜을 만지작거리지 말고 발표 내용에 따라 적절한 손짓을 조금씩 변화를 주면서 해주는 것이 좋다. 발표 시의 적절한 손짓과 몸동작에 대한 내용은 앞의 4장 프레젠테이션 실행 기법의 내용을 참고하기 바란다.

Chapter

08 토의와 토론

토의는 구성원들이 어떤 부분에서 의견이 대립하는지, 어떻게 사태를 해석하고 있는지 등의 이해가 분명치 않으며 사안에 대하여 시급히 결정을 내릴 상황이 아닐 때, 상대방과 논제에 대한 정의, 목적, 개념, 논증, 함축, 주장, 관점, 상황 등의 요소를 분명히 하기 위하여 이루어진다. 책을 읽고 이에 대한 의견을 개진하는 것 등이 토의의 예이다. 반면 토론은 논제에 대한 의견개진(입론), 질문, 비판 등의 진술로 상대 의견을 가진 구성원과 의견을 나누는 의사소통 방식이다. 토의와 토론은 연속적으로 발생하게 되는 경우가 많다. 토의를 통해 문제, 상황, 관점 등에 대한 윤곽과 구성원들의 인식 차이를 알 수 있을 경우, 자연스럽게 토의에서 토론의 과정으로 넘어 가는 것이 일반적이다. 토의에서는 분석 과정이 보다 중요한 부분을 차지하는 반면, 토론에서는 상대방과 청중에 대한 설득이 중요한 부분을 차지한다.

1. 토의의 개념과 종류

가. 토의의 개념

토의란 어떤 문제에 대한 해답이나 해결책을 마련하기 위하여 그 문제에 대해 관심이나 전문적인 지식을 가진 여러 사람이 모여서 협의하는 집단적인 화법의 한 형태이다.

토의는 문제에 대한 가장 좋은 해답을 가능하게 해 준다. 아무리 현자라 해도 한 사람의 지혜는 일정한 한계가 있게 마련이지만, 여러 사람의 경험과 지혜가 모여 큰 지혜가 이루어지면 거기서 보다 완전한 해답의 도출이 가능해지는 것이다. 만일 문제가 단순하고 쉬운 것이라면 한 사람의 전문가의 판단만으로 해결이 가능할지 모르지만, 어렵고 복잡한 문제라면 여러 사람의 협동적인 사고가 필수적이다. 그것은 마치 거대한 빌딩을 한 사람의 힘으로 지을 수 없는 것과 같은 이치이다. 따라서 국가나 사회의 경영을 위한 정책을 결정한다든가, 군대의 작전 계획을 수립할 때에 지휘관을 중심으로 여러 관련 참모들이 모여 정보와 의견을 교환하며 상호 협의하는 토론 과정을 거친다는 것을 우리는 잘 알고 있다.

토의는 최상의 해답을 얻게 해 줄 뿐만 아니라 그것의 성공적인 수행을 가능하게 한다. 왜냐 하면 토의 과정을 통해서 참가자들은 어떤 사안의 본질과 문제점에 대해서 충분히 이해할 수 있고, 또 결정된 내용을 실천에 옮기는 데 필요한 여러 가지 정보와 지식을 얻을 수 있기 때문이다. 그러므로 비록 발언을 하지 않더라도 자기가 필요로 하는 정보와 지식을 얻기 위하여 토의에 참여하는 경우도 많이 있다.

또한 토의는 성취 의욕을 북돋아 준다. 토의는 집단의 구성원들에게 자발적인 참여 의식과 주인 의식을 가지게 한다는 이점을 가지고 있다. 리더가 일방적으로 결정하고 따르도록 강요한다면 따르기만 하는 사람들의 입장에서는 자연히 소외감과 불만이 쌓일 수밖에 없다. 그리고 그렇게 되면 공동체 목표에 대한 구성원들의 의욕과 관심이 상실되어 집단의 능률이 저하될 수밖에 없다. 과거 자유 민주주의가 승리하고 공산주의가 스스로 멸망한 국제 정치의 모습이 이를 잘 말해 준다 하겠다. 마찬가지 이유로 군대도 민주 군대가 강한 군대이다. 우리가 지향하는 민주 군대란 부대의 운영과 목표의 설정을 지휘관이 독단으로 하지 않고, 충분하고 합리적인 토의와 설득을 통해서 하는 군대이다. 이런 군대는 단결이 잘 되고 사기가 높아 전쟁에서 이길 수 있을 것이다.

나. 토의의 종류

토의는 주제의 성격과 목적, 참가자의 수효, 청중의 유형에 따라서 원탁 토의, 포럼, 배심식 토의, 심포지엄 등으로 분류된다.

1) 원탁 토의

원탁 토의는 10명 내외의 비공식적인 모임에 적당하다. 원탁을 에워싸고(네모진 테이블도 상관 없음.) 윗자리니 아랫자리니 하는 구별 없이 자유로이 토의하는 것을 특징으로 한다. 이 형식은 서로 자유로이 이야기를 나눈다는 장점은 있지만 참가자가 토의의 기술에 익숙하지 않으면 산만하게 되기 쉽고 문제의 해결을 도출하는 데 시간을 낭비하는 수가 많다. 보통은 사회자가 없으나 의장을 따로 정할 수도 있다. 우리의 주위에서 흔히 볼 수 있는 좌담회가 여기에 해당하며, 참가자들의 동등한 위상을 고려해야 하는 몇 개국 정상회담이나 여야 정당 대표 회담 등도 여기에 속한다. 원탁 토의를 효율적으로 진행하려면 다음의 다섯 단계를 밟아야 한다.

제1단계: 문제의 설정

제2단계: 문제의 조사

제3단계: 문제 해결안의 도출

제4단계: 해결안의 평가

제5단계: 해결안의 실행

2) 포럼

포럼이란 원래 고대 로마에서 공개 토의를 행한 광장을 뜻하는 말이었다. 이것이 오늘날 공공의 문제에 대하여 공개 토의를 하는 것으로 의미가 바뀌었다. 포럼은 강연이나 질의 응답의 모임이라고 할 수 있는 형식이다. 보통 전문 지식을 가진 사람이 하나 혹은 둘이 연단 위에서 강연하고 나서 청중이 질문을 하거나 의견을 말한다. 이때 사회자가 질문과 대답을 적절히 조절하고 결론을 내린다. 여러 명의 연사가 나오는 경우는 패널 포럼이라고도 한다.

포럼 토의의 성공적인 진행을 위해서는 다음 몇 가지 사항에 유의해야 한다.

① 주최자의 의향에 따라 청중의 종류와 범위를 정한다.
② 주제는 시기와 그 지방에 적합한 것을 선택한다.
③ 연사는 해당 분야의 전문가이면서 친절한 성격의 소유자가 좋다.
④ 사회자의 역할이 중요하다. 연사의 이야기를 정리하고 질문을 유도하는 능력과 토의 분위기를 부드럽게 유지하는 능력이 요구된다.
⑤ 청중에게도 미리 공부할 수 있도록 참고서적 등을 알려 준다.

3) 배심식 토의

배심식 토의는 의견이 다른 각 파의 대표자 몇 사람이(대체로 사회자를 포함하여 6명 정도) 사회자의 사회 하에 토의하는 형태이다. 이것이 끝나면 일반 청중이 사회자의 승인을 얻어 배심원을 지명하여 질문을 하거나 의견을 교환하며 토의를 한다. 마지막으로 토의의 각 배심원들이 각자의 주장을 정리하여 발표하고, 그 뒤에 사회자가 최종적인 결론을 요약하여 말한다. 배심식 토의에서는 사회자의 역할이 대단히 중요하며 사회자는 다음의 사항을 유의해야 한다.

① 배심원들을 잘 알고 있어야 하며, 그들이 발언할 때는 이름을 불러 청중이

알게 한다.

② 토의의 논제에 대하여 잘 알고 있어서 결론을 향해 잘 이끌고 나가야 한다.

③ 때때로 이야기를 정리 요약하고 자기도 질문을 던진다.

④ 자기의 의견을 내세우지 않는다.

⑤ 항상 청중을 의식하고 청중과 함께 사고하도록 토의를 진행한다.

토의 참가자인 배심원들이 유의하여야 할 점은 다음과 같다.

① 미리 논제의 범위와 방향 등에 대해서 상의하여 그 윤곽을 알고 있어야 한다.

② 발언은 간단하고 명확하게 한다.

③ 토의 상대자는 물론 청중들도 잘 이해할 수 있게 한다.

④ 상대방을 공격하는 토론조가 아니고, 자기의 의견을 개진하는 것이어야 한다.

⑤ 청중의 질문은 다 같이 들어야 하고 답변은 간단하게 한다.

청중이 발언에 참가할 경우에는 우선 손을 들어 사회자의 지명을 얻어야 한다. 지명을 받으면 자기의 이름을 말하고, 논제의 범위를 벗어나지 않도록 하면서 되도록 짧게 발언한다. 발언은 가급적 1회에 한하며, 1분 이내로 질문을 하거나 자기 의견을 말하여야 한다.

4) 심포지엄

공통한 논제에 대하여 3~4인의 전문가가 미리 준비한 원고를 가지고 연구 결과를 발표한다. 그 분담은 동일한 논제에 대하여서도 정치적, 경제적, 사회적, 문화적 측면으로 나누어, 전체로서 하나의 논제를 커버할 수 있도록 해도 좋다. 한 사람의 발표 시간은 10분 내지 20분 정도가 적당하다. 배심식 토의에 비하면, 심포지엄은 전반적으로 전문적인 연구를 취급한다. 청중도 발표가 끝난 뒤에 질문과 자기 의견을 말할 수 있는 기회를 갖는다.

심포지엄을 성공적으로 진행하기 위해서 사회자는 다음과 같은 여러 점을 유의해야 한다.

① 논제를 잘 분석하여 미리 전문적인 연구자에게 할당한다.
② 각 발표자의 범위를 한정한다.
③ 앞 사람과의 관련을 잘 갖게 한다.
④ 발표자의 이야기를 정리하여 서로의 관계와 문제의 소재를 알려 준다.
⑤ 연사로 하여금 시간을 지키게 하고 이야기 도중에도 시간의 경과를 알려 주고 시간이 지나면 이야기를 중단시킨다.
⑥ 연사들의 발표가 끝난 다음에는 청중으로 하여금 발언하게 한다. 청중의 발언 시간은 1분 이내로 한다.
⑦ 끝으로 전체 이야기의 줄거리를 요약하여 그 회합의 의의를 명백하게 한다.

2. 토론의 개념과 형식

가. 토론의 개념

토론은 넓은 의미에서 토의의 일종이고 또 그 속에 포함된다. 토의와 토론은 어떤 문제에 대해 최상의 해답을 얻기 위한 집단적인 공동의 노력이라는 점에서 그 목적을 같이한다고 할 수 있다. 그러나 토의와 토론은 차이점을 가진다. 전자가 문제의 해결을 위한 의견의 일치를 위하여 서로 협동하여 이야기하는 형식이라면, 후자는 그 결과에 있어서 의견의 일치를 구하려는 점에서는 마찬가지이지만 문제의 대립점에 대하여 찬성과 반대로 갈려서 대립을 전면에 나타내는 점에서 다르다. 다시 말해서 토의에서는 양보와 타협을 통한 의견의 조정과 절충이 가능하지만, 토론에서는 끝까지 자기 주장을 굽히지 않는다. 그러므로 토론에서는 공격과 방어가 있을 뿐이고 양보와 타협은 있을 수 없다. 이런 점에서 토론은 운동의 게임과 같다. 토의에서 해답을 결정하는 사람은 토론의 참가자들이지만 토론에서의 해답 결정권자는 토론 참가자가 아닌 제3자이다. 실제 생활에서 토론의 한 전형이라 할 수 있는 재판을 보면 토론자는 검찰과 변호사이지만 판단은 재판장인 판사가 내린다. 국회에서도 여야 국회의원들이 격렬한 토론을 벌이는 경우가 많은데 그럴 때의 최종 판단은 토론을 경청한 국회의원들의 투표로 결정된다.

오늘날 민주 사회에서는 토론이 국제 연합회의에서나 또 국내의 의회에서나 그 밖의 정치, 경제, 법률, 교육 등 여러 측면에서 대단히 중요한 역할을 맡고 있는 것은 누구나 다 잘 아는 사실이다. 따라서 민주 사회의 공인으로서 토론의 정신과 방법에 대하여 훈련을 받아야 하며 사회인으로서 토론의 규칙을 지키며 토론할 수 있는 능력을 갖춘다는 것은 꼭 필요한 일이다.

구미의 예를 들어 보면, 고등학교 시절부터 토론회 형식에 의한 토론 훈련을 받고 있으며, 특히 대학에서는 토론부가 운동부 이상으로 그 대학의 대외적인 명예를 크게 좌우한다. 가령 영국의 옥스퍼드와 케임브리지 대학의 토론부나 미국의 하버드 대학과 예일 대학의 토론부는 전 세계적으로 유명하다. 대학의 토론부가 일반 사회의 토론 문화를 발전시키고, 토론에 능한 지도자를 양성하는 데 크게 기여하고 있음은 물론이다. 그리고 이것이 민주 사회의 건설로 이어진다.

그런데 우리나라는 토론 문화가 아직 정착되지 못하고 있는 실정이다. 고등학교나 대학에 토론부도 없고 토론 대회도 없다. 국회의원들도 논리 정연한 토론을 벌이기보다는 단상 점거나 몸싸움 또는 날치기 통과를 예사로 한다. 가정이나 직장에서의 일상생활을 둘러봐도 토론적인 측면을 찾아보기 어렵다. 부모와 토론하려는 자식은 부모에 말대답하며 대드는 무례한 자식으로 치부되기 일쑤이다. 직장에서도 상관과의 토론은 쉽게 용납이 되지 않는 분위기이다. 군대에서는 더 말할 것이 없다. 이것은 가부장적인 권위를 중시하는 유교 문화의 영향이라고 할 수 있겠는데, 이는 건전한 민주 사회 건설과 합리적인 사고 풍토를 조성하는 데 장애가 되며 개인의 창의력을 억압하는 요인이 된다. 따라서 이제 우리도 토론의 중요성을 인식하고 토론 문화를 꽃피우는 데 많은 노력을 기울여야 하겠다.

토론회에는 여러 가지 형식이 있다. 그러나 어느 형식에서도 다음의 네 가지 요소는 갖추어야 한다.

① 서로 대립하는 토론자들
② 토론의 중심이 되는 하나의 논제(명제)
③ 공평한 진행을 위한 여러 규칙과 형식
④ 청중(심판도 포함)

다음으로 토론자가 유의할 점은 다음과 같다.

① 주장은 충분히 생각한 것이고 원용할 수 있는 증거도 검토된 것이어야 한다.
② 토론자 쌍방이 주장의 대립점을 충분히 알고 있어야 한다.
③ 토론할 수 있는 때와 장소를 갖추어야 한다. 토론은 언제 어디서나 시작하는 것이 아니다.
④ 상대방에게 화를 내는 일이 없이 끝까지 침작하고 친절하게 토론할 수 있어야 한다.

토론의 논제는 다음과 같은 성질을 갖추어야 한다.

① 논제는 '…… 해야 한다'(정책) 또는 '…… 이다'(사실)의 형식으로 제출되어야 한다.

② 논제는 명백하게 긍정, 부정의 양측에 설 수 있는 형식으로 표현되어야 한다. 가령 '대학에서 복수 전공은 가(可)냐 부(否)냐' 하는 식으로 하지 말고, '대학에서 복수 전공은 실시돼야 한다.'라고 내어 걸고, 찬성과 반대로 갈려서 논점이 대립적으로 드러나게 한다.
③ 논제는 그 내용이 분명하여야 한다. 용어 중에서 불명료한 것이 있을 때에는 토론에 들어가기 전에 그 해석에 있어서 일치를 보아야 한다.
④ 논제는 하나의 명백한 주장에 한정되어야 한다. 둘 이상이면 혼란을 가져온다.

토론에서는 사회자의 역할이 중요하다. 사회자의 임무는 다음과 같다.

① 토론 참가자의 좌석을 정한다.
② 토론의 내용을 알리고, 토론이 본 궤도에서 벗어나지 않도록 한다.
③ 문제가 혼란해지면 논점을 다시 정리해서 알려 준다.
④ 질문과 요약을 간간이 삽입하면서 토론의 진행을 돕는다.
⑤ 결론에 이르면 그것을 요약 정리하고, 그렇지 못하면 토론의 범위와 문제점을 정리해서 토론을 종식시킨다.

토론자들은 토론의 규칙을 지켜야 한다. 토론의 규칙에는 다음과 같은 여러 요건이 포함된다.

① 시간의 제약
② 발언 시간과 발언 순서의 규정
③ 긍정측부터 발언시키며, 마지막 발언도 긍정측이 하도록 한다. 이것은 긍정측이 여러 모로 불리한 점이 많기 때문이다.
④ 논제는 하나의 주장을 포함하는 긍정 명제로 한다.

⑤ 논박의 시간은 쌍방이 똑같게 한다.

⑥ 토론이 끝나면 판정한다. 투표로 판정하기도 한다.

⑦ 토론은 원칙적으로 구두로 한다.

나. 토론의 형식

토론의 여러 가지 형식 중에서 다음의 세 가지만 들어 본다.

1) 이인 토론(二人討論)

이인 토론은 두 사람의 토론자와 한 사람의 사회자로 진행된다. 각 토론자에게 할당되는 시간은 대략 15분 정도이다. 먼저 긍정자가 10분간 자기의 주장을 말하고, 부정자가 다음 15분간 긍정자의 주장을 논박하고 자기의 주장을 내세운다. 그리고 긍정자가 다시 5분간 논박하고 자기의 주장을 재강조하고 끝맺는다. 이 형식은 짧은 시간에 토론할 수 있는 단순한 논제에 적합하다.

2) 이인조 토론

이것은 대학에서 흔히 사용되는 형식으로 이인 일조의 팀으로 대항한다. 시간 할당과 발언 내용은 다음과 같은 순서로 한다.

제1긍정자 : 10분간 주장, 용어를 한정하고 긍정적 주장의 이유를 말한다.

제1부정자 : 10분간 제1긍정을 논박하고 부정적 주장을 말한다.

제2긍정자 : 10분간 제1부정을 논박하고 긍정적 주장을 보완한다.

제2부정자 : 10분간 부정적 논박을 계속하고 부정적 주장을 보완한다.

다음과 같이 앞의 것보다 복잡하게 진행되는 방법도 있다.

제1긍정자 : 6분간

제1부정자 : 6분간

제2긍정자 : 3분간

제2부정자 : 3분간

그리고 논박(제2발언)부터는 다음과 같은 순서로 한다.

제1긍정자 : 4분간 긍정적 주장을 보완한다.

제1부정자 : 4분간 제1긍정을 논박한다.

제2긍정자 : 2분간 긍정적 주장을 계속 뒷받침한다.

제2부정자 : 2분간 제2긍정을 논박한다.

제1긍정자 : 2분간 긍정적 주장을 계속하고 이를 요약한다.

제2부정자 : 2분간 긍정적 주장을 논박하고 이를 요약한다.

이 토론의 형식에서는 3인조로 하는 수도 있고 그 시간 제한, 발언 순서 , 발언자 수 등은 협정에 따라 여러 가지가 있을 수 있다.

3) 반대 신문식 토론

반대 신문식 토론은 토론 속에 법정에서 행하는 반대 신문을 가미한 것으로, 청중에게 흥미가 있고 토론자에게는 더욱 충분한 준비가 요구되고 논박도 세밀하여진다. 이것은 처음에 미국의 오리건 주립 대학에서 채택한 방식으로, '오리건식 토론(Oregon style debate)'이라고도 한다. 사회자는 질문과 응답의 적부와 예의를 판정 규정하고 최후에 심판자들이 투표한다. 반대 신문식 토론은 다음과 같이 진행된다.

긍정자 : 10분간 주장

부정자 : 5분간 긍정 주장에 대한 반대 신문

긍정자에 대한 청중의 질문 : 5분간

부정자 : 10분간 주장

긍정자 : 5분간 부정 주장에 대한 반대 신문

부정자에 대한 청중의 질문 : 5분간

부정자의 답변 : 3분간

긍정자의 답변 : 3분간

미국의 미시간 대학과 아이오와 대학에서는 한층 더 공평을 기하기 위하여 이 방법을 다음과 같이 수정하여 시행하고 있다.

제1긍정자 : 6분간 주장

제1부정자 : 5분간 제1긍정에 대한 반대 신문

제1부정자 : 6분간 주장

제2긍정자 : 5분간 제1부정에 대한 반대 신문

제2긍정자 : 5분간 주장

제2부정자 : 5분간 제2긍정에 대한 반대 신문

제2부정자 : 5분간 주장

제1긍정자 : 5분간 제2부정에 대한 반대 신문

제1부정자 : 4분간 부정적 주장의 요약 정리

제1긍정자 : 4분간 긍정적 주장의 요약 정리

신문은 '예'나 '아니오'로 대답할 수 있도록 물어야 한다. 또한 문제 전체를 포괄하며 중심점과 요점이 도출되도록 하여야 한다. 답변도 하나의 문장이나 두 개의 문장으로 짧게 하도록 하여야 한다.

토론자들은 자기의 생각과 자료를 정리하여 질문이나 답변을 마련할 수 있는 능력을 구비해야 한다. 이 토론은 능력 있고 숙련된 토론자들을 위해서는 대단히 효과적인 방식이다. 그러나 미숙하고 훈련이 적고 준비가 부족한 토론자들은 자가당착에 빠지기 쉽고, 논리에 맞지 않는 지엽적인 문제를 갖고 논쟁하며, 불필요한 인신공격을 일삼게 되는 경우가 많다. 토론자들은 상대편에 대해서 갖기 쉬운 적대 의식을 버리고, 시종일관 겸손하고 정중한 태도로 자기 주장 못지않게 상대방의 주장도 존중하여야 한다.

토론이 의회에서 있는 것이면 투표로서 해결책이 강구되고, 선거 유세일 경우 후보자의 당락으로 판결된다. 법정에서의 판결은 재판관이 하며 그 밖의 사업상의 토론에서는 청중에 의해서 결정되기도 한다. 그러나 토론회에서는 토론의 이론과 실제에 능숙한 3명 내지 5명의 심판원을 선정하고 판결은 심판 위원회에서 하는 것이 보통이다. 각 심판이 개인 채점표에 의해서 메모한 것을 자료로 하여 심판회의 결과를 심판 결정표에 기입하고 이것을 밀봉하여 좌장에게 제출하면 좌장이 결과를 보고한다. 또는 심판회의 심판장이 심판의 경과를 청중과 토론자들에게 보고하고 판정을 알리는 수도 있다. 이때에 보고의 방법은 다만 '긍정측의 승리'라고만 말할 것이 아니라, '제1긍정자는 이야기도 똑똑하였고, 청중과 상대편에 대한 설득력도 충분히 발휘된 것으로 인정합니다. 또 제1부정자는 ……' 이런 식으로 구체적으로 그러나 간결하게 발표되어야 한다. 토론의 승패는 심판의 판정에 의하여 결정되는 것이니, 그 판정의 보고도 참가자나 청중에게 다 같이 충분히 납득되는 것이라야 한다.

심판은 공평무사해야 하며, 다음과 같은 점을 심사의 규준으로 고려해야 한다.

① 설득력
② 시종 일관성
③ 결론이 뚜렷한가?
④ 상대방의 토론을 논파하고 있는가?
⑤ 자료의 정확성
⑥ 시간과 횟수의 규칙, 의사법 등을 범하지 않았는가?
⑦ 발성, 용어, 태도 등이 적당한가?

3. 토론의 준비 과정

가. 논제 설정과 분석

1) 논제의 설정

논제란 토론에 있어서 문제 삼고자 하는 사안을 의미한다. 토론을 통해 보다 생산적이고 유익한 판단이 가능한 문제를 논제로 제기하여 토론에 부치는 것이다. 토론은 여러 사람이 모여서 의견을 개진하는 활동이므로 인간의 판단 대상이라 하더라도 개인의 사생활, 종교적 신념, 명예와 관련된 사항은 토론의 대상이 될 수 없다. 토론을 통해서 상대를 비난하거나 사회적 도덕적으로 매도하려는 목적이 아닌 이상 개인이 드러내고 싶지 않은 부분은 토론을 하지 않는 것이 옳다. 그 대신 여러 사람이 그 판단을 공유할 필요가 있을 경우, 예를 들어 개인의 사생활이 공적 목적과 연관되어 있을 경우(공직자의 재산 문제 등) 토론의 대상에 포함될 수 있다.

토론의 대상으로는 집단과 공동체가 해결해야 할 공공성이 강한 문제들이 적당하다. 이러한 주제가 어떤 것이 있을지 생각해 보고 이를 다음 기준에 맞추어 문장으로 생각해 보자.

논제의 조건

① 단 하나의 중심 논쟁점이 표현되었는가?

② 논제는 분명하고 명료하게 제시되었는가?

③ 찬반 어느 한편에 유리하게 작용하는 정서적 감정이 담긴 표현이 있는가?

④ 현상을 변화시키려는 의도가 반영되어 있는가?

⑤ 논제가 긍정적인 형태로 기술되어 있는가?

①의 조건을 살펴보자. 논제를 문장으로 표현할 경우 주어와 서술어가 하나로 구성된 단문 형태가 적당하다. 가령 "호주제는 폐지되어야 한다."라는 논제와 "호주제 폐지는 남성에게도 득이 된다."는 논제를 비교해 보자. 전자는 '호주제 폐지'라는 중심 논쟁점이 명료하게 드러나 있어 찬성과 반대 판단에 도움을 주지만, 후자의 경우는 '호주제 폐지'라는 문제와 '남성에게 호주제 폐지가 득이 되는가?'의 문제 두 가지를 동시에 판단해야 한다. 후자의 경우 논쟁의 초점이 흐려질 수 있다.

⑤의 조건은 논제의 입증 책임과 관련되어 있다. 입증 책임(증명의 부담, burden of proof)이란 사태에 대한 자신의 주장을 합리적으로 뒷받침할 만한 논리적 근거, 자료를 들어야 할 발표자의 책임을 말한다. 만일 "자연보호 정책은 전면 수정이 필요하다."라는 논제를 발전시키려 할 경우를 생각해 보자. 부정의 내용으로 서술된 이 논제는 구체적으로 무엇을 주장하려는 것인지 드러나지 않은 채 현상에 대한 비판으로 주장을 구성할 수 있다. 이 경우 결국 발표조는 입증 책임을 간과하는 실수를 범하게 된다.

그러나 "현행 고교평준화 제도는 폐지되어야 한다."와 같은 논제는 부정의 내용으로 서술되어 있지만 토론에 적합한 논제로 활용할 수 있다. 그 이유는 고교평준화 제도의 폐지란 곧 고교입시제도의 부활을 의미하기 때문이다. 부정의 의미로 서술되었다 할지라도 입증할 사태가 선명하게 드러나는 논제는 발표 및 토론에 활용 가능하다.

2) 논제의 분석

논제의 설정 단계가 끝났다면 선택한 논제의 성격을 파악하고 어떠한 방식으로 주장을 전개할 것인지 구상하는 단계가 필요하다. 토론에 부칠 수 있는 논제는 세 가지 유형이 있다. 첫 번째는 사실판단에 관한 논제이고, 두 번째는 가치판단에 관한 논제이며, 세 번째는 실천방안에 관한 논제이다.

사실판단에 관한 논제는 "내년에는 부동산 가격이 떨어질 것이다."와 같은 논제를 의미한다. 이 유형의 논제로 토론을 벌일 경우 주로 자료에 대한 해석과 새로운 자료 제시, 증언 등 토론 준비 자료에 따라 토론의 성패가 결정되는 경우가 많다.

가치판단에 관한 논제는 세 가지 유형으로 나눌 수 있다. 첫째는 하나의 가치를 주장하는 논제, 둘째는 어떤 가치가 다른 가치에 비해 우선한다고 주장하는 논제, 셋째는 어떤 가치를 부정하는 논제이다. 예를 들어 "국립공원의 자연환경은 보호되어야 한다."는 하나의 가치를 주장하는 논제이다. "국립공원의 자연환경 보호보다 군사시설의 확충이 더 필요하다."는 어떤 가치가 다른 가치보다 우위에 있다고 주장하는 논제 구성이다. "텔레비전은 바보상자다."와 같은 논제는 어떠한 가치를 부정하는 입장을 취하고 있다.

실천방안에 관한 논제는 가치판단의 문제가 이미 합의된 상태에서 이 가치를 실현하기 위한 구체적 방안을 모색하는 것이다. 주로 정책에 대한 논제 설정이 이 경우에 해당한다. 예를 들어 "아동성폭력 전과자의 거주이동 제한이 필요하다."라는 논제로 토론할 경우를 생각해 보자. 이 배경에는 '아동성폭력 전과자의 재범확률이 높으며, 이를 타개하기 위한 대책이 필요하다.'라는 가치판단이 이미 토론 구성원 사이에 공유되어 있을 것이다. 실제 실천방안을 모색하기 위해 다른 대안은 없는지를 토론하는 것이 이후의 활동이다.

논제의 분석을 통해 발표조와 토론조가 논제의 성격을 알았다면, 이에 맞추어 주장을 어떻게 전개할 것인지 구상하여야 한다. 하나의 논제를 파고들어 보면 사실 많은 배경과 전제, 윤리적 문제가 그 안에 개입되어 있다는 사실을 알 수 있을 것이다. 사실에 관한 논제의 경우, 대학의 토론식 수업에서 자주 등장하는 토론 논제는 아니지만 실제 토론이 진행되었을 때 쟁점이 되는 경우가 있다.

예를 들어 "공공주택 공급을 늘려야 한다."라는 논제로 토론을 벌인다고 가정해 보자. 위의 논제는 성격상 실천방안에 관한 논제이지만, 사태에 대한 분석 과정에서 "주택의 매매가격이 작년보다 올해 오를 것이다."라는 주장이 제기되었을 때 사실에 관한 논제에 해당하는 이 주장에 대한 찬반양론이 토론의 도마 위에 오를 수 있다.

실천방안에 대한 논제 역시 다양한 잠재적 논제를 포함하고 있다는 것을 유념해야 한다. 예를 들어 "철도산업을 민영화해야 한다."라는 논제를 살펴보자. 이 배경에는 '철도산업은 산업 채산성이 떨어지며, 이를 타개하기 위한 대안이 필요하다.'라는 가치판단이 이미 토론 구성원 사이에 공유되어 있을 것이다. 실제 토론 상황에서 입론측이 제기한 실천방안 및 대안의 문제 이외에도, '채산성 부족'이 지속적인 현상인지 묻는 사실판단 논제와 '산업 채산성의 가치는 공공서비스의 가치에 우선하는가?'하는 가치판단 논제로 토론이 확대될 가능성이 있다.

이러한 점을 고려하여 논제의 분석 단계에서 발표자, 토론자는 다각적으로 사태에 대한 분석을 수행하고 반론을 예상하여 실제 토론을 대비하는 것이 필요하다.

나. 자료 수집과 검증

1) 발표자와 토론자의 책임 : 입증 책임과 반박의 부담

논제가 정해졌다면 이를 뒷받침할 근거를 마련해야 한다. 토론회의 주장은 어떤 문제를 해결하기 위해 제시된 해결책의 성격을 띠고 있다. 하지만 그런 주장들을 제시하는 것만으로 충분한 것은 아니다. 그 주장이 왜 정당한지 상대방에게 납득시킬 수 있어야 한다. 이러한 근거 제시의 책임은 발표자 입장에서 본인의 주장에 대한 '입증 책임'을 지니고, 토론자 입장에서 '반박의 부담'이라 일컫는다.

입증책임에 대한 정의는 앞에서 제시하였다. 입증책임을 회피한 진술의 유형은 크게 세 가지로 나눌 수 있다. 첫 번째, 직관적 감상에 의존한 경우, 두 번째, 근거가 명확하게 드러나지 않은 채 주장만을 강조하는 경우, 세 번째로 구체적 자료와 근거제시가 결여되어 있는 경우이다. 첫 번째 유형의 경우, 사태에 대하여 직관적으로 파악한 것일 뿐이라는 인상을 주기 쉽다. 두 번째의 경우, 우격다짐으로 '내가 말한 것이 맞다'는 주장만 되풀이하는 느낌을 준다. 세 번째 경우의 진술은 보다 심도 깊은 연구 및 주장의 타당성에 대한 확신이 결여되어 있다는 생각을 갖게 한다.

논제에 대하여 반대하는 주장을 전개할 경우, 반박토론을 준비하는 토론조(반대조)는 반박의 부담(burden of rebuttal)을 진다. 반박의 부담이란 다음의 요소를 종합적으로 판단하여 발표자, 발표조에게 질문해야 하는 토론조의 책임이다.

토론조가 고려해야 할 반박의 요소

① 발표의 내용이 직관적 판단에 머물고 있지 않은가?

② 대부분의 논리는 가정에 근거해 있는데, 이러한 가정이 합당한 것인가?

③ 이것이 집단 한 면의 이해관계에 머무르고 있지 않은가?

2) 자료의 수집과 정리

자료의 수집 과정은 논제에 대한 자료를 모아 이것을 논리 전개에 적합한 방식으로 재구성하는 것을 의미한다. 여기서 '재구성'이란 자료의 왜곡이 아니다. 자료 수집에 있어서 발표조와 토론조, 찬성과 반대 양측은 모두 사실을 기반으로 한 자료를 제시해야 하는 윤리적 책임에서 자유로울 수 없다.

2차 자료, 곧 논문과 관련서적에서 제시하고 있는 자료와 사실, 통계를 이용할 경우 인용자가 어떠한 관점에서 이를 인용했는지, 제대로 인용한 것인지 확인할 길이 없다. 바람직한 태도는 1차 자료, 즉 출처와 통계산출방식, 조사방법과 오차가 정확하게 표시되어 있는 자료를 인용하는 것이다. 경우에 따라 발표조, 토론조가 필요한 자료를 생산해 내는 경우도 있다. 관련자들의 인터뷰, 설문조사 등이 이에 해당한다. 이 경우에도 수집대상의 익명성을 보장해야 하는 민감한 주제가 아닐 경우 표본과 조사절차, 결과에 대한 투명한 공개가 필요하다.

자료를 수집한 이후에는 자료에 대한 정리가 필요하다. 우선 자신이 찬성측에 설 때 필요한 자료인지, 반대측에 설 때 필요한 자료인지 파악한다. 자료의 방향과 주장이 어긋난 경우 반대편의 공격에 쉽게 노출되며 함께 제시한 다른 자료들의 신빙성까지 위협받는다. 중립적인 자료의 경우 상대방에게 유리한 경우도 있어서 상대방의 반박에 이용될 가능성이 크다. 수집한 자료는 다음의 유의사항을 참고하여 정리한다.

자료 정리 시 유의사항

① 확보한 자료를 쟁점에 따라 분류한다. 공통쟁점을 먼저 분류하고 부가적 쟁점에 해당하는 것을 소분류로 나눈다.
② 하나의 자료가 여러 장에 걸쳐 있는 긴 자료일 경우 순서를 정리한다.
③ 출처와 자료의 성격에 대한 상세한 부기를 발표 자료에 명기한다.
④ 자료가 가진 의미를 명확히 문장으로 정리하여 메모한다. 자칫 자신이 제시한 자료를 설명하지 못하여 상대방에게 공격당하지 않도록 주의한다.

3) 자료의 검증

정리가 끝난 자료는 다음과 같은 기준으로 검증할 수 있다.

① 이 자료는 쟁점에 적합한가?

② 충분히 많은 자료가 수집되었는가?

③ 이 자료가 가진 의미는 분명한가?

④ 이 자료는 다른 자료와 일관된 것인가?

⑤ 이 자료는 편향되어 있지 않은가?

⑥ 이 자료는 검증가능하며, 출처는 믿을 만한가?

다. 토론을 위한 논증 전략의 수립

토론을 위한 논제 설정과 자료 수집 과정이 끝났다면 토론회 상황을 가정하여 발표 및 토론 계획을 세워야 한다. 많이 아는 사람이 항상 조리 있게 말을 하는 것은 아니듯, 논제를 뒷받침할 탄탄한 자료를 많이 가지고 있다 하여 우수한 토론을 할 수 있는 것은 아니다. 글쓰기와 달리 말하기에서는 여러 가지 변수, 상대방에 의한 쟁점의 변화, 발표자의 이미지와 언어구사능력, 자료의 누락 또는 실수 등에 따라 결과가 변할 수 있기 때문이다.

글쓰기가 개인의 기술과 능력 여하에 크게 좌우되는 양궁, 사격과 유사하다면, 토론은 축구나 농구와 유사해서 상대방의 기술과 전략 역시 결과에 큰 영향을 미친다고 볼 수 있다.

마치 살아 움직이는 듯 상황이 유동적으로 변하는 토론 현장에서 자신이 준비한 견해와 근거를 조리 있게 전달하기 위해서는 더욱 철저한 사전 준비가 필요하다.

1) 문제 상황의 정의와 재구성

토론장의 첫 번째 발표는 일반적으로 문제 상황을 설명하고 무엇이 문제인지를 청중에게 전달하는 입론발표로 구성된다. 발표자는 입론발표에서 문제 상황이 무엇인지 자신의 논제에 적합한 방식으로 문제 상황을 재구성할 필요가 있다. 이 같은 재구성 과정은 ① 개념의 정의, ② 현재의 문제 상황에 대한 요약적 진술, ③ 위의 개념을 이해시키기 위한 보충설명으로 나누어 설명할 수 있다.

개념의 정의와 문제 상황에 대한 진술은 토론과정에서 입론발표에 꼭 필요하다. 토론자가 토론에 유용하게 사용하는 개념에 대하여 청중이 이해할 만한 설명을 하지 않는 경우, 이는 입증책임을 방기하는 것이 된다. 문제 상황에 대한 진술 역시 이 문제가 왜 중요한지를 설명하는 중요한 요소이다. 문제가 되지 않는 사태라면 토론할 필요조차 없기 때문이다. 지금 이 토론의 논제가 얼마나 중요한 것인지, 자신의 주장이 얼마나 합리적인 것인지 설득하기 위해 토론의 서두에 두 정보를 제시하여야 한다. 이는 반대토론자의 경우도 마찬가지이다. 찬성 입론측의 주장대로 제기되었을 때 어떠한 문제가 발생할 것인지 반박할 책임이 반대토론자에게 있기 때문이다.

입론발표 준비과정에서 개념 정의는 세심하게 다루어져야 한다. 개념을 정의할 때 적어도 두 단계 위의 새로운 개념을 끌어들인다면 발표자는 새롭게 등장한 개념을 설명해야 할 필요를 느낄 수 있다. 최악의 경우 개념 자체가 논쟁의 중심으로 발전할 수도 있을 것이다. 칼 포퍼는 『열린사회와 그 적들』에서 이러한 개념 정의의 위험성을 지적하여 "개념을 정의할 때는 무한퇴행의 과정에 빠지지 않게 한두 단계 이상을 넘어서지 않아야 한다."고 경고하고 있다.

보충설명은 주로 비유, 권위 있는 자료의 제시, 사례 등의 제시를 통해 이루어진다. 예를 들어 "강력 사건에 대한 공소시효규정 폐지가 필요하다."는 주장을 보충하는 설명으로는 해외의 공소시효 이후 사건의 진범으로 체포되었으나 형사처벌을 면한 범죄자의 사례 등을 제시할 수 있을 것이다. 이 경우 청중이 사태에 대하여 쉽게 이해할 수 있으며, 한편으로 공소시효 폐지 주장을 뒷받침하는 근거로 발표조의 주장에 힘을 실을 수 있을 것이다.

2) 필수 쟁점에 대한 탐구

쟁점(issue)에 대한 탐구는 주로 논제를 주장하는, 다시 말해 증명의 부담을 지고 있는 긍정측에서 '논제에 내재된 비판적 부분'을 탐구하고 이에 대한 견해를 주장하는 것을 의미한다. 쟁점에는 필수 쟁점, 잠재적 쟁점, 인정된 쟁점, 실제 쟁점, 최종 쟁점 등이 있다. 인정된 쟁점이란 상대방에 의해 그 타당성이 받아들여진 쟁점으로, 상대방은 이에 이의를 제기하기 힘들다. 실제 쟁점이란 주요 논쟁이 이루어지는 쟁점을 의미한다. 최종 쟁점은 토론 과정에서 서로 동의하지 못한 유일한 쟁점 하나가 남아 있을 경우 그 쟁점을 의미한다. 이 쟁점들 중에서도 필수 쟁점에 대한 근거 개발은 발표, 토론조가 사전에 충분히 준비해야 할 과정이다. 필수 쟁점을 "교사의 체벌은 교육을 위해 필요하다."라는 논제에 대한 분석을 예로 살펴보자.

사례

1. 논제 : 교사의 체벌은 교육을 위해 필요하다.
2. 정의 및 문제 상황 : 체벌이란 '몸에 직접 고통을 주는 벌'이라는 의미이며, 현재 각 지역에서 교육자의 체벌 금지에 대한 논란이 일고 있다.
3. 필수 쟁점 : 교사의 체벌은 교육적 목적을 위해 필수적이다.
4. 근거 ① : 미성숙한 인격체인 청소년에게 체벌은 행동적 학습의 효과를 가진다.
   (이하 생략)

위에서 제시한 논제 분석을 보고 이후 어떠한 토론이 이루어질 것인지 짐작하기란 어렵지 않다. 반대측은 '체벌은 교육적 목적을 효과적으로 달성하지 못한다' 또는 '교육적 효율성보다 학생의 인권이 중요하다', '청소년은 미성숙한 인격체가 아니다' 등의 주장으로 찬성측의 주장을 반박할 것이다.

위의 예시와 같이 가치판단에 대한 논제로 토론이 일어날 경우, 대다수의 토론 쟁점은 필수 쟁점의 영역 안에서 형성된다. 발표자와 토론자, 찬성측과 반대측 모두 이러한 필수 쟁점에 대한 근거 및 자료를 수집하고 이를 통해 효과적으로 상대방의 의견을 반박할 수 있는 준비를 해야 한다.

필수 쟁점은 수많은 잠재적 쟁점을 만들어 낸다. 위의 체벌 논제에서 '몸에 직접 고통을 주는 벌'이라는 체벌의 정의는 체벌 찬성측이 토론 범위를 제한하고 주장을 손쉽게 정의하기 위해 제시한 조작적 정의(operational definition)이다. 만일 이러한 조작적 정의가 없었다면 체벌의 정의 역시 잠재적 쟁점이 되었을 것이다. 위에서도 '교육'의 의미란 무엇인가 등의 정의가 아직 불분명한데, 이는 잠재적 쟁점으로 설정할 수 있다. 발표자 및 토론자는 필수 쟁점에 대한 탐구를 통해 수많은 잠재적 쟁점을 미리 파악하고 이에 대한 토론 준비를 해야 한다.

실천방안에 대한 논제일 경우, 필수 쟁점에 대한 탐구는 다음 세 가지를 고려해서 살펴보아야 한다.

① 정당화

㉠ 제시된 문제가 현 상황 내에 지속적으로 내재하는 문제인가?

㉡ 제시된 문제가 현재는 물론 미래에까지 심각한 결과를 가져올 것인가?

② 방안

㉠ 제시된 방안이 실현 가능한 것인가?

㉡ 제시된 방안이 당면한 문제를 해결할 수 있는 것인가?

③ 이익

㉠ 제시된 방안이 사회적인 이익을 낳을 것인가?

㉡ 정책으로 야기될 이익이 불이익보다 클 것인가?

위의 기준을 바탕으로 "철도산업을 민영화해야 한다."라는 논제를 분석해 보자.

사례

1. 논제 : 철도산업을 민영화해야 한다.
2. 정의 및 문제 상황 : 철도산업 민영화란 현재 공기업의 형태로 운영되고 있는 철도산업 및 철도서비스 전반을 민간기업에 매각하자는 의미이며, 이를 통해 현재 공기업 부실 수위를 달리고 있는 철도산업의 국가부담을 줄이고 산업경쟁력을 확보하자는 것이다.
3. 필수 쟁점 : 민영화된 철도산업이 공공서비스의 역할을 다할 수 있겠는가?
4. 근거 ① : 국가가 철도안전을 지속적으로 관리하고, 민간 사업자에 대한 감시제도를 확충한다면 가능하다.
   (이하 생략)

논제에 내재한 필수 쟁점은 위의 세 가지 기준에 비추어 더 많이 제기될 수 있다. 반박으로 '철도산업의 경쟁력 부실은 현 상태일 뿐, 지속적인 문제는 아니다', '국가채무의 경감이 얻는 이익보다 철도의 공공서비스 성격 약화가 더 큰 불이익을 주지 않는가' 등 다양한 의견이 개진될 수 있다. 찬성측과 반대측은 이러한 필수 쟁점을 탐구하고 이에 대한 근거 및 반박 견해를 개발할 수 있다.

4. 토론의 실제

가. 토론을 위한 표현 요령

1) 토론의 언어

토론의 언어는 정확한 어휘와 간결한 문장 구조를 사용하는 것이 좋다. 구체적으로 어휘와 문장구조의 측면을 살펴보자. 토론 상황에서 모호한 어휘와 다의적 어휘는 청중에게 오해를 불러일으키기 쉽다. 적당한 비유는 이해를 돕기 위해 사용할 수 있지만 비유나 수사 자체를 논리적 근거로 오해하는 듯한 발언은 신뢰를 떨어뜨린다. 다음의 예를 생각해 보자.

철수 : 자연보호의 필요성에 대해 다시 한 번 간추려 설명해 주시겠습니까?

민수 : 자연은 인간의 어머니입니다. 자식이 어머니를 봉양하는 것은 당연하지 않겠습니까?

위의 예에서 민수는 질문에 대하여 그럴듯한 답변을 한 듯 보이지만, 사실은 민수의 말에는 어떠한 논리적 진술도 들어 있지 않다. 유추와 같은 비유법은 합리적인 근거를 제시한 후 이러한 근거를 쉽게 설명하기 위해 활용되는 것이 바람직하다.

문장 구조는 청중의 이해가 쉬운 단순하며 간결한 형태가 좋다. 토론은 구술로 이루어지기 때문에, 글쓰기와는 달리 문장 구조가 복잡해지고 길어지는 경우가 종종 생긴다. 최소한 자신의 주장과 그 주장을 뒷받침하는 발언은 되도록 간결하게 정리하는 훈련이 필요하다.

질문, 반박의 경우 주의해야 할 것이 다중질문의 오류이다. 다중질문의 오류란 복잡한 질문을 하며 간단한 대답을 요구하는 것이다. 상대방이 간결하게 대답하기 위해서는 질문이 단순하고 명쾌하여야 한다. 두 개 이상의 질문을 묶어서 물은 후 하나의 답을 요구하는 경우, 질문자가 다중질문의 오류를 범하는 것으로 판단할 수 있다. 질문자는 자신의 질의발언 시 한 차례에 하나의 논점만을 묻는 것이 좋으며 복수의 논점을 질의할 경우 상대방이 이를 잘 이해할 수 있도록 발언의 말미에 자신의 질문을 정리하는 것도 오류를 피하기 위한 좋은 방법이다.

2) 자료의 활용

군(軍)에서의 토론의 경우, 정책제안을 하는 찬성측은 입론발표 및 토론 과정에서 영상과 간단한 도표 등이 포함되어 있는 프레젠테이션을 많이 사용한다. 물론 반대측 역시 입론발표를 할 때 또는 반론을 제기할 때 청중들과 공유할 수 있는 형태로 자료를 제시하는 것이 바람직하다. 입론발표에서 프레젠테이션 형태로 발표할 경우, 사전에 발표 예행연습을 하여 기기 작동방법과 장내 구조에 대한 이해를 높여야 성공적인 입론발표를 할 수 있다.

자료는 입론발표용, 필수 쟁점에 대한 자료, 잠재적 쟁점에 대한 추가자료 등 단계별로 나누어 준비하는 것이 좋다. 서두에서 찬성측이 준비한 전체 자료를 다 공개하였다 해도 이것을 청중이 전부 이해했으리라는 보장은 없다. 이보다는 반대측 입장을 반박하는 자료나 필수 쟁점에 대한 추가자료 등은 상대방이 그에 해당하는 질문을 제기하였을 때에 맞추어 제공하는 것이 효과적이다. 반대측 역시 마찬가지이다. 토론에서 사용하는 자료의 출처는 정확해야 한다. '며칠 전 어느 신문에 의하면 …….'과 같은 진술은 자료의 신빙성을 의심할 수밖에 없다. 출처와 날짜를 밝혀 자료를 투명하게 공개해야 한다. 전문가의 의견 역시 논거로 제시할 때는 그가 어떠한 저서, 또는 어떠한 자리에서 그러한 발언을 하였는지를 밝혀야 하며, 토론조가 직접 조사한 자료는 조사범위와 일시, 조사 과정, 조사 항목, 조사 결과 전부를 밝혀야 한다. 이는 찬성측이 지는 증명의 부담과 반대측이 지는 반박의 부담, 양자의 윤리와도 연결된다.

3) 토론의 윤리

토론은 민주적인 방식으로 서로간의 의견을 개진하고 더 나은 방향을 주장하거나 설득할 수 있다는 전제하에 이루어진다. 그렇기에 타인의 주장에 대한 토론자의 개방성과 관용은 중요하다. 보다 합리적인 방안이 어떤 것인지 알기 위해서는 자신의 논리에 대한 신뢰만큼 타인의 논리에 대한 합리적 판단이 중요하며, 이러한 태도는 토론에 임하는 토론자의 태도에서부터 드러나야 한다.

토론자는 비도덕적인 진술을 해서는 안 된다. 만일 자연보호 예산 확대에 대한 토론을 할 때, 반론으로 "누구나가 자신의 주머니에서 나온 돈을 자연환경을 위해 써야 한다면 아깝지 않겠습니까?"라고 진술했다고 가정해 보자. 이러한 진술은 반론을 지지하는 진술은 될 수 있겠지만 그 비도덕성에 의해 자신의 주장의 논리적, 합리적 근거의 신뢰도에 치명적인 손상을 입힌다. 특정 계층이나 집단을 폄하하는 주장 역시 삼가야 하며 비속어나 편견이 담긴 용어사용도 자제해야 한다.

토론자는 상호 호혜성 원칙에 의해 상대의 인격을 존중해야 한다. 존칭을 사용하고 토론자의 인격과 논쟁을 동일시하는 오류를 범하지 않도록 주의해야 한다. 이러한 오류를 대상의 특성 및 실수를 이용하는 오류라고 한다. 만일 호주제 폐지에 대한 반론자가 "발표자가 여성이라고 호주제 폐지를 주장하시나 본데……."라는 진술로 발언을 시작했다고 생각해 보자. 주장과 근거의 논리가 아닌, 주장과 상관없는 개인적 공격 및 실수를 이용하는 반박은 오히려 토론자가 펼치는 견해의 신뢰성을 떨어뜨리고, 기회주의적 발상으로 이해되기 쉽다. 또한 지나친 감정 유발을 목적으로 하는 발언, 상대방의 발언을 지나치게 축소하거나 제기된 부작용을 과장하는 것 역시 삼가야 한다.

나. 토론에서 주의할 논리적 오류

① 가정된 의도의 오류

타인의 생각 또는 행동을 비판하면서 그 사람이 애초에 밝히지 않았던 의도 또는 목표를 추정하여 이를 비판의 근거로 삼는 오류

예

지금의 음주운전 처벌법은 아무런 효과가 없습니다. 아직도 술을 마시고 운전하는 사람들이 있다는 것을 생각해 보십시오.

⇒ 음주운전 처벌법은 음주운전자를 보다 강력하게 단속하는 법률이지 음주운전자를 없애기 위한 법은 아니다. 애초에 제시되지 않았던 목표를 마치 처음의 목표인 것처럼 호도하고 있다.

② 대상의 모순을 이용한 공격

화자의 주장이 그의 과거, 현재의 행동과 불일치한다고 해서 그 주장을 인정하지 않는 오류

예 환경보호를 그렇게 주장하시면서 어제는 왜 쓰레기를 ……

③ 대상의 과거 특성을 내재적인 것으로 단정하는 반박

대상이 지닌 과거의 특성을 내재적이고 불변하는 것으로 단정하고 현재의 대상에까지 결부하여 공격하는 오류

④ 권위에 호소하는 오류

해당 분야의 비전문가인데도 권위자의 말을 빌려 논거를 제시하려 하거나, 전문가 한 명의 견해에 의존하는 주장이 지닌 오류

⑤ 공포심에 호소하는 오류

결과가 가져올 부정적 정보를 제공하여 주장을 관철시키려 하는 오류

예 화재 보험에 들지 않으면 얼마 후 당신의 집에 불이 나서 ……

⑥ 다수의 상식, 믿음에 호소

다수의 상식과 믿음이 항상 합리적인 것은 아니라는 사실을 유의해야 함

⑦ 믿음의 결과에 호소하는 오류

하나의 주장을 받아들이는 것이 긍정적 결과를 가져오기 때문에, 또는 주장을 받아들이지 않아야 부정적 결과가 오지 않기 때문에 믿어야 한다는 오류. 논리보다 '편리'에 가까움

예 전쟁은 일어나지 않아. 만일 전쟁이 일어날 수도 있다면 불안해서 잠이라도 자겠니?

⑧ 증거 불충분에 대한 호소

'아니다'라는 증거가 제시되지 않았기 때문에 하나의 명제가 참이라고 주장하

거나, '맞다'라는 증거가 없기 때문에 명제를 거짓이라고 주장하는 경우

⑨ 가설의 오류

과거나 현재에 일어나지 않은 일, 미래에 일어날 수도 있는 일에 대해서 마치 그 일이 일어났던(일어날 수도 있는) 것으로 단정하는 오류

⑩ 성급한 일반화

일부분을 근거로 전체에 대한 결론을 성급하게 내리는 오류

⑪ 잘못된 양자택일

'이것 아니면 저것'이라는 주장으로, 둘 중 하나가 답이라는 것은 아무런 논리적 근거 없이 제시된 전제일 때 생겨나는 오류

⑫ 중점 선택

두 가지의 방안이 대치되는 경우, 그 해결책으로 두 대안의 중점을 선택하는 데서 생기는 오류. 둘의 타협점이 가장 이상적인 대안이라는 보장은 없다.

예 한편은 무상급식 존치를, 한편은 무상급식 폐지를 주장하니, 부분적 무상급식을 고려하는 것은 어떨까요?

5. 토론의 전략

일반적으로 대화는 과제 중심적 대화와 관계 중심적 대화의 둘로 나누어 볼 수 있다. 이 중에서 과제 중심적 대화란 토론이나 수업 또는 협상과 같이 대화참여자들이 자신의 특정 과제를 수행해 나가는 기능을 하는 대화이다. 반면에 관계 중심적 대화는 수다 혹은 잡담과 같이, 특정 과제라기보다는 단지 그 참여자들 사이의 사회적 관계를 유지 또는 발전시켜 나가는 기능을 하는 대화를 말한다. 토론은 주어진 논제에 대해서 찬성과 반대 혹은 긍정과 부정으로 대립되는

양쪽의 대화 참여자들이 주장과 반박을 서로 되풀이하면서 각자 자기 의견의 정당함과 상대방 의견의 부당함을 서로에게 그리고 제3자들에게 경쟁적으로 주장하는 과제 중심적 대화의 가장 대표적인 예라고 할 수 있다.

따라서 토론 참여자들은 그들의 대화 목적이나 여러 가지의 상황적 맥락 등을 고려하여 자신에게는 유리하면서 상대방을 압박할 수 있는 대화 전략을 구사하게 된다. Reardon(1987)에서는 이렇게 대화참여자들이 어떤 특정 전략을 선택하게 되는 과정에 대해서 이른바 ACE 모델이라는 것을 제시하고 있다. 이 모델에서는 대화참여자들이 적절성(appropriateness), 일관성(consistency), 효율성(effectiveness)이라는 세 가지 기초적인 기준을 근거로 대화 전략을 선택하게 된다고 보았다. 여기에서 적절성이란 '다른 사람들이 과연 나의 행동에 대해 어떻게 판단할 것인가' 하는 문제와 관련된 것이다. 즉 다른 사람들의 잠정적인 평가가 나의 행동의 한 가지 기준이 되고 있음을 말해 주는 것이다. 둘째로 일관성은 '나의 행동이 나의 가치 체계나 이미지에 들어맞는 것인가' 하는 문제와 관련된 것이다. 다시 말해, 나와 같은 사람이 취해도 되는 행동인가 하는 기준을 말하는 것이다. 마지막으로 효율성은 '나의 행동이 나의 목적을 달성하는 데 얼마나 효과적일 것인가' 하는 문제와 관련된 것이다. Reardon(1987)에서는 상황에 따라서 이러한 세 가지 기준들은 그 우선순위가 서로 뒤바뀔 수도 있다고 보고 있으며, 전략 선택의 과정을 다음의 그림과 같이 나타내고 있다.

그림 8 | 대화 전략 선택의 일반적 과정

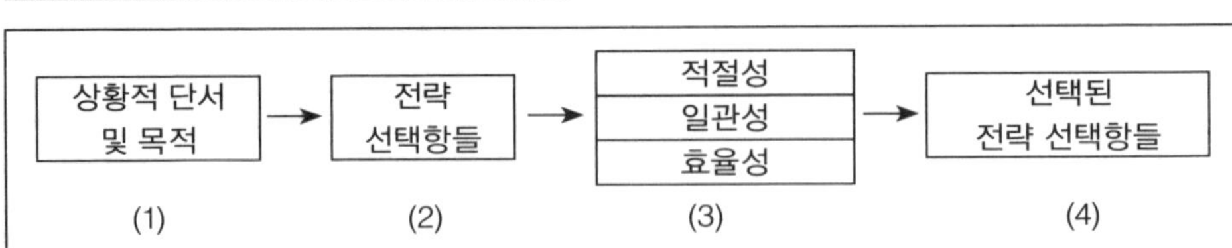

위의 그림에서 상황적 단서(cue)라고 하는 것은 상황적 맥락의 개념과 유사한 것이다. 따라서 (1)의 단계는 대화 전략의 선택에 영향을 주는 여러 가지의 상황적 맥락과 대화 목적에 해당하는 부분이라 할 수 있겠다. (2)는 (1)의 여건에서 대화참여자가 선택할 수 있는 전략들의 총 목록이며, (3)은 (2)의 목록들 중에서 대화참여자가 자신이 사용할 전략을 선택해내는 데 있어서 고려하게 되는 세 가지의 판단 기준을 나타낸 것이다. 그리고 (4)는 (3)의 단계를 거쳐 (2)의 목록으로부터 선택되어진 전략들이다.

가. 대화 구조 지배 전략

토론에서도 이러한 대화 전략이 운영되는 모습을 발견할 수 있는데, 그 첫째는 토론의 대화 구조 지배 전략을 들 수 있다. 토론은 사회적으로 이슈가 되어 있는 주제를 대상으로 하여 서로 상반된 입장을 취하는 양쪽의 토론자들이 논리적인 근거를 가지고 자신의 주장을 내세우는 한편 상대방에 대해 반박을 행하는 상호 경쟁적인 구도의 대화이다. 여기에서 말하는 '상호 경쟁'이란 대화의 일반적인 특성인 '상호 작용'과는 다소 다른 개념으로, 예를 들면 양쪽의 대화참여자들이 목표로 하는 어떤 대상을 더 많이 확보하기 위하여 상대방의 것을 뺏거나 또는 상대방에게 자신의 것을 빼앗기지 않으려고 서로 경쟁하는 행위 구도를 말하는 것이다.

스포츠 경기 중의 하나인 축구에서 선수들이 볼 점유율을 높이기 위해 견고한 패스를 이어나가는 것처럼, 토론 참여자들은 토론 대화의 전체적인 분위기를 자신들에게 유리한 쪽으로 지배해 나가기 위해 화제 구조(topic structure)와 순서교대 구조(turn-taking structure) 차원에서 다양한 전략을 구사한다. 먼저 화제 구조 차원에서 볼 때, 일반적으로 토론 참여자들은 자신의 목적 달성에 유리하다고 판단되는 화제는 적극적으로 도입하여 그에 대한 논의의 진행을 계속 유지하려고 하는 모습을 보인다. 반면에 자신에게 불리하다고 판단되는 화제는 그것이 상대방의 의도에 의해서 화제로 부상되는 것을 처음부터 억제하려고 하며, 이미 그것이 하나의 화제로 부상된 이후라 하더라도 그에 대한 논의의 진행을 억제하려고 노력한다. 예를 들어 의약품 개발을 위한 동물 실험의 실시에 대해 찬성과 반대의 입장으로 나누어 토론을 벌이게 될 경우, 찬성측은 인간 생명의 고귀함이나 실험 결과를 통해 얻게 된 의약품의 긍정적 효과 등에 대한 이야기를 하려고 할 것이고, 반대측에서는 인간과 동물을 모두 아우르는 차원에서의 생명의 소중함 그리고 실험에 희생되는 동물들에 대한 인간의 비윤리적 행위 등에 대한 이야기를 하려고 할 것이다.

다음으로 순서교대 구조 차원에서도, 토론 참여자들은 보다 많은 발언의 기회를 얻기 위하여 일반적인 대화의 순서교대 규칙을 위반하면서 상대방으로부터 말 순서를 빼앗으려고 하고 또한 상대방이 나의 말 순서를 빼앗으려고 하는 시도를 무력화하려는 경쟁적인 모습을 보인다. 이렇게 상대방의 말 순서에 끼어드는 것은 대화의 예절이라는 측면에서 볼 때 무례한 행동이기 때문에 상대방을 불쾌하게 만들 수 있고 제3자에게는 자신에 대해 부정적인 이미지를 안겨주게 될 위험성이 있다. 그럼에도 불구하고 이들이 순서 끼어들기를 과감하게 행하는 이유는 그러한 위험을 감수하더라도 현재 자신에게 불리한 내용을 발화를 하고 있는 상대방의 말 순서를 방해하면서 반대로 상대방에게 불리한 내용의 발화를 구성해 가고자 하기 때문이다.

이상에서 살펴본 화제 구조와 순서교대 구조상의 대화 전략은 토론의 궁극적인 목적 달성이라는 측면에서 보았을 때, 토론의 구조를 전반적으로 지배하고자 하는 목적에서 구사하는 것으로 대화의 주도권을 쟁취하려는 토론의 '바탕 전략'이라고 할 수 있다.

나. 과제 목적 성취 전략

앞의 대화 구조 지배 전략을 통해 자신에게 유리한 화제를 부각시키고 자신이 이야기할 수 있는 말순서를 확보했다면, 이제는 자신의 토론 목적을 성취하는 데 직접적으로 도움이 되는 주 전략들을 구사해야 하는데 이를 과제 목적 성취 전략이라 한다. 토론자들은 이 상황에서 주로 논증(argumentation)과 호소(appeal)의 두 가지 전략을 주로 구사하는데 그것들을 하위 유형들로 나누어 보면 다음과 같다.

Ⅰ. 논증 전략
1. 효과적인 주장
 가. 자문 자답 형식 : 자문+자답+주장
 나. 양보 형식 : 기본적인 원칙 인정 + 실제 문제 제기
 다. 예증 형식 : 구체적 사례 제시 + 의문 제기
 라. 인과 관계 설명 형식 : 자기 주장 + 이유 제시
 마. 가정 원인 부정 형식 : 원인 가정 + 가정 원인 부정 + 실제 원인 제시
2. 효과적인 반박
 가 상대 주장에서의 문제 제기 형식 : 상대 주장 인용 + 문제 제기
 나. 부분 인정 부분 부정 형식 : 부분적인 인정 + 문제 제기
3. 효과적인 어휘 사용
 가. 명명 어휘 선택 : 자신에게 유리한 어휘 사용(족벌체제 vs 친족경영)
 나. 복수주체화 어휘 : "~라고 우리가 알고 있습니다."
4. 효과적인 주장 형식의 사용
 가. 추측 형식 : "~라는 논리는 안 맞는 것 같습니다."
 나. 희망 제시 형식 : "~은 일반적 사실이라는 걸 말씀드리고 싶습니다."
 다. 피동 형식 : "~은 그럴 수밖에 없지 않느냐라고 보여집니다."
 라. 가능성 제시 형식 : "~은 유착된 관계라고 볼 수 있는데요."
 마. 지각 현황 제시 형식 "~라고 저는 이해하고 있습니다."
5. 효과적인 담화 장치(discourse device) 사용
 가. 자격 제시 : "대한민국의 상식 있는 한 사람으로서 ~"
 나. 상대 또는 제3자 지식 환기 : "여러분도 이미 잘 아시겠지만"
 다. 명제에 대한 신뢰도 표현 : "여기서 분명히 말씀드리는데 ~"

Ⅱ. 호소 전략
1. 사태 해결의 당위성에 기반한 호소 : "제도적 장치를 만들자는데 왜 이걸 막는 겁니까?"
2. 권고 형식에 의한 호소 : "제발 그러지 말아주십시오"

앞에서 언급한 바와 같이, 대화 구조 지배 전략이 토론에서의 1차 목표인 '과제 목적'을 달성하기 위한 바탕을 마련하는 바탕 전략이라고 한다면, 과제 목적 성취 전략은 토론에서의 '과제 목적'을 달성하는 것과 직접적으로 관련이 되는 주 전략이라고 할 수 있다. 따라서 과제 목적 성취 전략은 토론과 같은 과제 중심적 대화에서 그 참여자들의 자신의 대화 목적을 달성하기 위해 구사하는 여러 가지 전략들 중에서도 가장 중요하고 핵심적인 전략이라고 할 수 있다.

다. 이미지 관리 전략

토론자들은 토론에서 주 전략인 과제 목적 성취 전략 이외에도 상대방 및 제3자들을 대상으로 자신에 대해서는 긍정적인 이미지를, 상대방에 대해서는 부정적인 이미지를 심어주려고 하는 이미지 관리 전략도 구사한다. 왜냐하면 자신에 대한 긍정적 이미지는 다른 이들에게 토론자 자신의 주장이 옳다고 생각하도록 유도하는 데에 보탬이 되는 동시에, 상대방에 대한 부정적 이미지는 상대방의 주장이 그르다고 생각하도록 유도하는 데에 큰 보탬이 되기 때문이다. 이러한 이미지 관리 전략은 주 전략인 과제 목적 성취 전략이 효과적으로 구사될 수 있도록 측면에서 도움을 주는 보조 전략이라 할 수 있는데 이것들을 하위 유형별로 나누어 보면 다음과 같다.

Ⅰ. 자기 이미지 관리를 위한 전략
1. 긍정적 이미지 유도
가. 지위 내세우기 : "제가 교육법에 관해서는 전문가로 자부하고 있습니다."
나. 지식 또는 경험 드러내기 : "예. 저도 예전에 중학교 선생을 해봤습니다마는, ~"
2. 부정적 이미지 차단
가 사전 해명하기 : "처음부터 이런 말씀 드려 좀 죄송한데요."
나. 사후 정당화하기 : "자꾸 극단적으로 말씀하셔서 저도 극단적인 대답을 드린 겁니다."

Ⅱ. 상대 이미지 손상을 위한 전략
1. 비난하기 : "교수로서 정말 부끄러운 줄 아셔야 합니다."
2. 비꼬기 : "편한 생활을 오래 하셔서인지 많이 행복해 보이시는데, ~"
3. 유감 표명하기 : "그렇게 생각하시는 것에 대해 참 유감스럽다는 생각이 듭니다."

이상에서 살펴본 바와 같이, 토론자들은 일반적으로 자신의 대화 목적을 달성하기 위하여, '대화 구조 지배 전략', '과제 목적 성취 전략' 그리고 '이미지 관리 전략'의 세 가지 대화 전략을 구사한다. 토론자들은 자신의 대화 목적을 달성할 수 있는 가능성을 최대화하기 위하여, 상대방의 말과 행동을 검토하면서 그때그때의 상황에 적합하다고 생각되는 대화 전략들을 선택적으로 구사한다. 결국 토론은 그 참여자들이 토론의 상황적 맥락이나 토론 목적 등을 고려하여, 효과적이라고 생각되는 대화 전략들을 선택하여 구사하게 됨으로써 매우 역동적으로 이루어지는 의사소통의 한 형태라고 할 수 있겠다.

Chapter

09 브리핑(Briefing)

1. 브리핑의 정의와 특성

브리핑은 일반적으로 '요점을 간추린 간단한 보고 또는 보고서'를 의미하며, 기업이나 조직에서는 '특정한 청중에게 데이터를 제공하거나 아이디어를 교환하며 참가자 간의 질문을 통해 정보를 전달하는 행위'를 의미한다. 한편, 군에서는 브리핑을 '지휘관 및 참모 기타 선정된 인원에게 첩보를 제공하기 위해 요점을 간추려 간단하게 실시하는 보고'라고 정의한다. 이들 정의에 따르면, 브리핑은 가장 신속하고 간명하게 정보를 전달하는 의사소통 기술이라 할 수 있다.

브리핑은 정부기관이나 언론, 회사와 군대 같은 조직에서 많이 이루어진다. 정부기관에서는 정책 브리핑, 국정 브리핑, 홍보 브리핑, 사건 브리핑 등을 실시하고 언론기관에서는 실시하는 시사 브리핑, 뉴스 브리핑, 이슈 브리핑 등을 실시한다. 회사에서는 전략 브리핑, 영업 브리핑, 신제품 설명 브리핑, 사업 제안 브리핑 등을 실시하며, 군에서는 상황 브리핑, 참모 브리핑, 결심 브리핑 등을 자주 한다. 이처럼 여러 사람이 동일한 목적을 달성해야 하는 조직체에서는 브리핑이 일상화되어 있다고 해도 과언이 아니다.

특히 군에서는 브리핑을 자주 실시한다. 일과 시작부터 일과를 마칠 때까지 다양한 종류의 브리핑이 실시된다. 이렇게 군에서 브리핑을 많이 하는 이유는 다수의 인원을 대상으로 간단명료하고 신속하게 첩보를 전파하고, 그에 대한 대비책을 최단 시간 내에 마련하기 때문이다. 이와 같이 브리핑은 어떤 일이 갑자기 발생했을 때 인사, 정보, 작전, 군수 참모가 한자리에 모여서 정보를 공유하고, 향후의 대책을 논의하여 결정하는 데 매우 효과적이다.

부대의 지휘관은 제한된 시간 동안 다량의 정보를 섭렵해야 하는 고충을 가지고 있다. 상급부대와 인접부대의 상황, 적의 상황, 참모부별 상황 등 복잡한 정보를 아주 짧은 시간 안에 숙지해야 한다. 이렇게 숙지된 정보를 바탕으로 하여 지휘관은 신속하고 합리적인 의사결정을 내려야 한다. 이 때문에 군에서는 브리핑을 자주 실시하는 편이다. 따라서 지위 고하를 막론하고 모든 장교는 브리핑을 잘 준비하여 효과적으로 실행할 수 있는 유능한 브리퍼(Briefer)가 되어야 한다.

유능한 브리퍼가 갖추어야 할 세부적인 능력은 3가지이다. 주제의 핵심을 꿰뚫어보고 대안을 제시하는 창의적 착상 능력, 발표 내용을 체계적으로 구성하는 논리적 사고 능력, 참석자들의 마음을 움직이게 하는 설득적 말하기 능력이다.

유능한 브리퍼가 되려면 창의적 아이디어를 논리적으로 정리하여 설득력 있게 말로 전달하는 능력을 갖추어야 한다. 이렇게 창의성, 논리성, 설득적 표현력의 3가지 능력을 갖춘다면 조직의 문제를 종합적으로 해결할 수 있는 리더가 될 수 있다.

브리핑의 특성은 다음과 같은 세 가지로 정리할 수 있다.

첫째, 브리핑은 요점에 대한 간결한 양식의 보고이다. 여기서 요점이란 가장 중요한 핵심내용을 말한다. 일반적으로 핵심은 많지 않다. 보통 3가지 내외로 요약할 수 있으며, 이는 최소한의 분량으로 정리되어야 함을 시사한다. 어떤 정보가 핵심인가 하는 문제는 상황과 목적에 따라 우선순위를 따져 결정한다. 또한, 간결한 양식이란 최소한의 양식만 지키면 된다는 뜻이며, 경우에 따라서는 아예 정해진 양식이 없을 수도 있다. 그러므로 브리핑은 핵심내용을 최소한의 분량과 양식으로 요약한 것이라 할 수 있다.

둘째, 브리핑은 짧은 시간에 다량의 정보를 전달하는 보고이다. 브리핑은 한 차례 걸러진 핵심정보만을 압축하여 전달하는 말하기 방식이다. 그렇기 때문에 아주 짧은 시간일지라도 여러 분야의 복잡한 정보를 일목요연하게 소화시킬 수 있다. 이런 점에서 브리핑은 액기스에 비유할 수 있다. 다량의 산만한 정보 중에서 쓸 만한 가치를 가진 것만 뽑아 집약한 것이기 때문이다.

셋째, 브리핑은 요약능력과 발표능력이 동시에 필요한 보고이다. 브리핑을 잘 하기 위해서는 우선 핵심내용을 잘 추출해서 정리해야 한다. 짧게 줄이는 것만이 능사가 아니며, 중요한 것은 핵심을 꿰뚫어 볼 줄 알아야 한다는 것이다. 핵심을 빗나가거나 핵심에서 벗어난 요약은 의미가 없다. 아울러, 정리된 핵심을 설득력 있게 말로 발표하는 능력이 필요하다. 브리핑 자료를 줄줄이 읽는 것은 설득적이지 않다. 중점사항 위주로 구두 발표를 이끌어 나가되, 청중들이 쉽게 결론에 접근할 수 있도록 발표해야 한다. 따라서 브리핑은 글쓰기 능력과 말하기 능력이 동시에 필요한 특수한 의사소통 기술이라고 할 수 있다.

2. 브리핑의 절차

브리핑의 절차는 대략 계획수립, 자료정리, 구상, 발표자료 제작, 실시 및 사후 조지의 6단계로 구분한다. 이러한 6단계 절차는 일반적인 글쓰기 과정 및 스피치 준비과정과 유사한 절차를 염두에 두고 구분한 것이다. 그러나 브리핑은 통상 이미 몸담고 있는 조직 내에서 이루어지는 경우가 대부분이고, 비교적 짧은 기간 내에 준비해서 실시해야 한다는 점에서 그 단계를 축소시킨 것이다.

글쓰기, 스피치, 브리핑의 준비 및 진행 절차를 서로 비교해서 정리하면 다음과 같다.

표 11 | 글쓰기, 스피치, 브리핑의 준비 및 진행 절차 비교

구분	글쓰기(작문)	스피치(화법)	브리핑
1단계	주제 선정	주제 선정	계획 수립
2단계	목적 및 독자분석	목적 및 독자분석	
3단계	자료수집 및 정리	자료수집 및 정리	자료수집 및 정리
4단계	구상 및 개요작성	구상 및 개요작성	구상 및 개요작성
5단계	초고 집필	발표자료 및 시각보조물 제작	발표자료 및 시각보조물 제작
6단계	퇴고	연습 및 리허설	연습 및 리허설
7단계	(출판)	스피치 실시	브리핑 실시 및 사후조치

브리핑의 6단계 절차는 시간적 순서대로 진행되는 경우도 있지만, 그렇지 않은 경우도 흔하다. 주제와 목적은 주어지는 경우도 있고, 정황 및 청중 분석은 하지 않아도 무방한 경우도 있다.

화자와 청자가 이미 같은 조직에 몸담고 있는 상황이라면 정황 및 청중 분석 단계는 아주 간소화하거나 생략해도 된다. 자료수집 및 정리 단계, 구상 및 개요 작성 단계, 발표자료 및 시각보조물 제작 단계는 순차적으로 따로따로 진행되기도 하지만, 거의 동시에 진행되기도 한다.

이처럼 브리핑의 진행 절차는 상황과 여건에 따라 그 단계가 축약되거나 생략될 수도 있다. 결국 브리핑의 절차는 절대적인 것이 아니라 실제로는 유동적이다. 다시 말해서, 브리퍼가 처한 상황과 여건을 고려하여 절차를 더 세분화할 수도 있고, 반대로 절차를 더 줄일 수도 있다는 말이다. 주제의 성격, 물리적·시간적 여건을 가장 잘 알고 있는 브리퍼가 자기 입장에서 가장 효과적인 진행절차를 따르면 된다.

가. 1단계: 계획 수립

첫 번째 단계인 계획수립은 글쓰기와 말하기 절차의 1·2단계를 합친 것이다. 즉, 주제 선정, 목적 및 독자(청중) 분석을 하나로 통합시킨 단계이며, 이때 세부적인 실시사항은 다음과 같다.

㉠ 주제 선정 및 제목 결정하기

가장 먼저 해야 할 일은 주제를 선정하는 것이다. '무엇을 브리핑할 것인가?' 하는 것이 결정되어야 다음 절차를 진행할 수 있기 때문이다. 주제는 브리퍼가 선정해야 하는 경우도 있고, 조직에서 할당될 수도 있다. 그렇지만 조직에서 할당된 주제를 그냥 사용하는 것은 바람직하지 않다. 할당된 주제가 왜 주어졌는지, 어떤 점에서 중요한지, 그 주제 속에 감추어진 의도는 무엇인지 고민해 보아야 한다. 그런 다음 브리핑을 실시할 진짜 주제를 선정해야 한다. 즉, 실제로 다룰 '참주제'는 매우 한정적이고 명확하고 구체적이어야 한다.

참주제를 선정하고 나면 곧바로 제목을 결정하는 것이 좋다. 브리핑의 제목은 주제를 함축할 수 있으면서 브리퍼의 창의적 아이디어, 브리핑의 최종 결론을 암시할 수 있는 것이 좋다. 특히, 조직 구성원을 대상으로 하는 실무적 브리핑이라면, 청중들이 제목을 보고 곧바로 발표내용을 짐작할 수 있도록 직접적이고 구체적으로 붙이는 것이 바람직하다.

㉡ 목적 및 청중 분석하기

목적은 브리핑을 통해 도달하고자 하는 최종목적을 말한다. '어떤 내용을 단순히 전달하고 말 것인가? 청중들을 이해시킬 것인가? 청중들의 생각을 변화시킬 것인가? 아니면 청중들로 하여금 행동하도록 만들 것인가?' 중에서 하나를 택하면 된다. 이렇게 달성하고자 하는 구체적 수준은 브리핑의 준비 및 실시의 전 과정에 영향을 미친다.

한편, 이미 친숙한 조직 구성원을 상대로 브리핑을 할 때는 청중 분석을 생략해도 무방하다. 하지만, 외부에서 온 낯선 참석자가 많을 경우에는 반드시 실시해야 한다. 특히, 평소 접하지 않던 상부의 고위 관리자가 참석할 때는 그분의 지휘방침과 리더십 스타일, 성격과 기질, 기호와 취미 등을 분석할 필요가 있다. 이런 분석결과는 발표 내용의 표현, 구성과 전개방식, 결론의 향방 등을 정할 때 반영하는 것이 좋다.

Ⓒ 시간적·물리적 여건 분석하기

브리핑의 특성 중 하나는 제한된 시간 내에 준비되어야 한다는 것이다. 대부분의 브리핑은 준비할 시간이 충분하지 않다. 따라서 시간적, 물리적 여건을 분석하는 것은 매우 중요한 과정이라 할 수 있다.

먼저, 브리퍼가 사용할 수 있는 '총 가용시간'을 따져 보아야 한다. 내가 브리핑을 준비하는 데 쓸 수 있는 시간이 얼마인지 알아야 한다. 그래야만 허용된 시간을 효율적으로 사용할 수 있으며, 어느 정도의 수준으로 브리핑을 준비할 것인지 결정할 수 있다. 총 가용시간이 충분하면 주제를 심도 있게 다룰 수 있지만, 그렇지 않다면 주제의 범위를 더 축소하거나 내용을 더 간략하게 하는 것이 좋다.

가용시간을 분석한 다음에는 '할당시간'을 분석해야 한다. 여기서 할당시간이란 주변부서 또는 하급자에게 과업 수행을 위해 할당하는 시간을 말한다.

브리핑은 혼자서 준비하기도 하지만, 대부분 주위사람들과의 협업(協業)을 통해 준비한다. 따라서 총 가용시간 중에서 협업자에게 얼마의 시간을 할당할 수 있는지 분석해 보아야 한다.

시간이 촉박한 상황 속에서 브리핑을 준비하게 되면, 흔히 협업자에게 시간을 충분히 부여하지 않은 채 과업 수행을 요구한다. 이렇게 과업을 수행할 시간적 여유를 주지 않는 업무추진 방식은 효율이 떨어진다. 브리핑의 내용도 부실

해질 가능성이 크고, 협업자에 대한 배려가 부족하다는 인상을 심어줄 수 있다. 따라서 주변부서 및 하급자로부터 원활한 도움을 받으려면, 그들이 업무를 정상적으로 수행할 수 있는 시간적 여건을 확보해주는 지혜가 필요하다.

이러한 협업을 효율적으로 진행하기 위해서는 전체적인 '시간 계획표(time table)'를 구체적으로 작성하여 배포하는 것이 바람직하다. 협업자들은 시간 계획표를 보고, 자신에게 주어진 과업이 얼마나 신속하게 진행되어야 하는지 판단하게 되며, 나아가 브리퍼의 요구가 촉박할 수밖에 없음을 이해하게 될 것이다.

한편, 물리적 여건은 주로 브리핑 장소 및 설비와 관련된 요소를 점검하는 일이다. 주로 브리핑 장소가 실내인지 실외인지, 브리핑이 예정된 날짜의 기상은 어떠한지, 발표 현장에는 어떤 설비가 이미 설치되어 있는지, 추가로 설치해야 할 설비는 무엇인지 등을 분석하면 된다.

㉣ 세부준비계획 수립하기

주제와 제목 결정, 목적 및 청중 분석, 시간적·물리적 여건 분석이 어느 정도 마무리되면 '세부준비계획'을 수립한다. 브리핑은 제한된 시간 내에 준비를 마쳐야 하기 때문에 여러 가지 과업을 동시에 진행해야 하는 어려움이 있다. 따라서 과업을 효율적으로 추진하기 위해서는 '세부준비계획'을 만들 필요가 있다. 세부준비계획의 핵심 요소는 세부과제목록, 세부추진일정, 협업자 임무할당 등이다.

필요하다면 협업자들을 집합시켜 세부준비계획을 설명하고 추진일정에 맞추어 할당된 과업을 수행해 줄 것을 요청하는 것이 좋다. 모이는 것이 번거롭다면 세부준비계획 문서를 보내주고, 중요한 사항은 전화나 이메일 등을 통해 알려주도록 한다. 효율적으로 주변사람들의 협업을 이끌어내는 것 또한 훌륭한 브리퍼가 갖추어야 할 요소라고 할 수 있다.

나. 2단계: 자료수집 및 정리

두 번째 단계인 자료수집 및 정리는 일반적인 글쓰기 및 스피치의 그것과 유사하다. 브리핑에 포함시킬 자료를 찾아내고, 그중에서 직접적으로 활용할 가치가 있는 자료를 선별하는 절차이다. 효율적인 자료수집 및 정리를 위한 몇 가지 팁을 정리하면 다음과 같다.

㉠ 과거의 유사한 브리핑 자료를 우선 수집하라.

아주 낯설고 새로운 주제가 아닌 한, 반드시 과거의 유사한 자료가 있기 마련이다. 그것이 보고문서이든 학술논문이든 책자이든 상관없다. 주제가 비슷하거나 내용의 연관성이 높은 자료를 우선적으로 찾아야 한다. 이러한 유사 자료들은 착상과 구상, 배열과 전개, 결론의 향방 등을 결정하는 데 큰 도움이 된다.

㉡ 핵심적인 자료 위주로 찾아라.

자료는 중요도에 따라 핵심자료와 부수자료 또는 중심자료와 주변자료로 구분할 수 있다. 브리핑을 준비할 때는 핵심자료 또는 중심자료 위주로 찾는 것이 효과적이다. 시간이 많지 않기 때문에 부수적, 주변적 자료는 제외하는 것이 바람직하다. 물론 시간이 충분할 경우에는 중요도가 낮은 자료도 찾아볼 수 있지만, 일단 핵심적인 자료에 집중하도록 한다.

㉢ 가급적 최신 자료를 찾아라.

최근에 작성되거나 발표된 자료를 먼저 찾으라는 말이다. 가장 최근에 작성된 보고문서, 주제와 관련된 신문기사와 인터넷 자료, 최근에 발간된 정부간행물이나 회사간행물, 최근에 간행된 학술논문집 등을 찾아보는 것이 좋다. 이들 자료는 가장 최근에 논의된 결과를 담고 있어서 최근의 동향과 미래에 대한 전망을 잘 보여준다.

ⓔ 인터넷 자료는 반드시 검증하라.

요즘은 인터넷이 발달해서 웬만한 자료는 손쉽게 얻을 수 있다. 하지만, 인터넷 자료는 있는 그대로 믿으면 안 된다. 상당수의 인터넷 자료는 개인이 작성한 것이기 때문에 그에 대한 정확성, 타당성, 적절성이 객관적으로 검증되지 않은 경우가 많다. 따라서 인터넷 자료는 정부나 회사 같은 특정기관의 공식 홈페이지에 탑재된 자료, 백과사전에 소개된 자료 위주로 활용하는 것이 바람직하다. 그렇지 않고 개인이 탑재한 자료는 원래의 출처를 확인한 후에 사용하는 것이 위험을 줄이는 방법이다.

ⓜ 출처를 명확하게 메모해 두라.

브리핑에 활용할 전문가의 견해, 통계수치, 도표, 그래프, 그림, 사진 등의 자료를 수집할 때는 출처를 명기해 두어야 한다. 나중에 다시 출처를 확인하려면 또 다른 시간과 노력이 소요되기 때문이다. 자료수집 단계에서 명기해둔 출처는 나중에 브리핑 자료를 작성할 때 매우 유용하게 사용될 수 있다.

다. 3단계: 구상 및 개요 작성

세 번째 단계인 구상 및 개요 작성 역시 일반적인 글쓰기와 말하기의 그것과 유사한 단계이다. 정리된 자료를 어떻게 배열하고, 어떤 논리적 구조로 전개할 것인지를 결정하는 절차이다. 서두, 본론, 결말로 이어지는 3단 논법이 가장 보편적인 논리적 전개방법이지만, 브리핑에서는 그 보다는 4단 또는 5단 논법을 사용하는 것이 일반적이다. 다음은 브리핑에서 자주 사용되는 논리적 전개방법들이다.

ⓐ 서두 – 현실태 – 개선방안 – 기대효과 – 결론
ⓑ 서두 – 문제점 – 해결방안 – 기대효과 – 결론
ⓒ 서두 – 원인분석 – 해결방안 – 결론

ⓡ 서두 – 결과분석 – 개선방안 – 결론

ⓜ 서두 – 사고경위 – 조치결과 – 향후추진 – 결론

ⓑ 서두 – 관련법규 – 문제점 – 해결방안 – 결론

ⓢ 서두 – 연구방법 – 연구결과 – 활용가치 – 결론

이러한 논리적 전개방법은 대표적인 것들로 주제와 상황, 참가자의 의도와 스타일, 브리퍼의 성향 등에 따라 얼마든지 변용이 가능하다. 이러한 기본적인 전개방법을 숙지하고 있으면 브리핑의 논리적 흐름을 결정하는 데 아주 편리하다. 따라서 유능한 브리퍼가 되려면 이러한 기본적인 전개방법에 익숙해질 필요가 있다.

라. 4단계: 발표자료 및 시각보조물 제작

네 번째 단계인 발표자료 및 시각보조물 제작은 글쓰기의 초고 집필에 해당하는 절차이다. 브리핑에서 구두로 발표한 자료를 작성하고, 필요한 경우 이를 효과적으로 설명하는 데 이용할 시각보조물을 제작하는 단계이다.

발표 자료의 형태는 유인물, 파워포인트 형태를 많이 사용한다. 유인물은 한글 파일로 편집한 것으로 보통 세로 직사각형으로 출력·인쇄된다. 경우에 따라서는 한글 파일 그대로 빔 프로젝터로 투사하기도 한다. 그러나 한글 파일보다 더 많이 사용되는 것은 파워포인트 형태이다. 요즈음 실시하는 브리핑은 대부분 파워포인트를 이용한다고 해도 무리는 아니다. 따라서 여기서는 파워포인트 형태의 발표자료 및 시각보조물을 제작하는 데 유용한 몇 가지 팁을 설명하기로 한다. 더 상세한 내용은 4장 '프리젠테이션 자료 작성법'에서 다룰 것이다.

㉠ 핵심 위주의 최소 분량으로 작성하라.

너무 많은 내용을 담으려 욕심내지 말라는 말이다. 브리핑은 간략한 보고라

는 본질을 잊지 말라는 뜻이다. 중요한 핵심사항, 논의를 진행하는 데 꼭 필요한 사항 위주로 작성하는 것이 좋다. 본질적인 내용은 아니지만 말하는 데 필요한 사항은 링크 자료로 준비한다. 한글 문서는 1쪽짜리 보고서가 가장 훌륭한 보고서라는 말도 있다. 파워포인트의 속성 상 1장으로 만들기는 곤란하지만, 가급적 핵심내용만을 집약하여 간단하게 만들어야 한다.

㉡ 개조식 표현을 사용하라.

주어, 목적어, 서술어, 조사를 모두 갖춘 서술식 문장으로 쓰지 말라는 말이다. 형용사나 조사 같은 것은 생략해도 이해하는 데 크게 문제가 없다. 그 대신 짧은 명사구 또는 명사형 줄임 표현을 사용하는 것이 좋다. 그러나 줄이는 데만 급급해서는 안 된다. 참석자가 보았을 때 오해가 생기지 않는 수준에서 문장 성분을 줄여야 한다.

㉢ 슬라이드 1장에 1개의 아이디어만 포함시켜라.

파워포인트 슬라이드 1장에 많은 내용을 담기 곤란하다. 1장에 2~3개의 아이디어를 포함시키면, 내용이 너무 많고 화면이 너무 복잡해서 이해하기 어렵다. 그러므로 슬라이드 1장에는 1개의 아이디어만 포함시키는 것이 바람직하다.(One slide, One idea)

㉣ 요점이나 하고 싶은 말을 먼저 언급하라.

연역적으로 기술하라는 말이다. 각 장의 첫머리에 요점, 하고자 하는 말, 가장 중요한 내용을 먼저 제시하는 것이 효과적이다. 참석자들은 마음속으로 '요점은?', '핵심은?', '결론은?', '하고 싶은 말은?' 하고 기다리고 있다. 따라서 요점이나 핵심, 하고 싶은 말이나 중요한 말을 먼저 언급하고, 그 다음에 그것을 뒷받침하는 근거를 제시하도록 한다. 궁금증을 먼저 풀어주어야 참석자들의 태도도 긍정적으로 바뀌게 된다.

ⓜ 함축된 의미, 예상되는 영향 등도 포함시켜라.

겉으로 드러나는 사실만 나열하지 말고, 행간에 숨겨진 뜻이나 앞으로 예상되는 파장도 언급하라는 것이다. 이러한 뜻이나 파장은 브리퍼가 이면을 분석해서 찾아낸 것으로서 그의 깊은 안목을 보여줄 수 있는 부분이다. 이렇게 브리퍼의 분석결과는 본문과는 다른 글자체를 사용하는 것이 효과적이다. 때로는 참고표시(※), 손가락표시(☞), 화살표(⇒)와 같은 특수부호를 함께 사용하여 중요성을 부각하기도 한다.

ⓑ 상·중·하위 항목에 따라 글자 크기를 다르게 하라.

상위항목은 큰 글씨, 중위항목은 중간 글씨, 하위항목은 작은 글씨를 사용하라는 것이다. 이렇게 하면 글씨 크기가 점차 작아져서 항목 사이의 위계를 시각적으로 드러낼 수 있다. 보통 상위항목은 18~20포인트, 중위항목은 15~17포인트, 하위항목은 12~14포인트를 사용한다.

ⓢ 슬라이드 색상은 3가지 내외로 제한하라.

파워포인트의 장점 중 하나는 글씨 색상을 다채롭게 할 수 있다는 점이다. 초보자일수록 현란한 색상을 좋아한다고 한다. 그러나 너무 다채롭거나 현란한 색상을 쓰는 것은 좋지 않다. 색상 종류가 너무 다양하거나, 색상을 넣은 부분이 너무 현란하면, 오히려 혼란스럽게 느껴진다. 따라서 본문 글씨의 기본색인 검정색을 포함하여 3가지 내외의 색상을 사용하는 것이 무난하다. 예를 들어, 강조할 부분은 청색이나 녹색 글씨, 특이한 부분은 적색 글씨를 사용하는 정도가 적당하다.

아울러, 글씨 색상을 선택할 때는 슬라이드 바탕색을 고려해야 한다. 바탕색이 흰색인데 글씨를 노랑색으로 하면 가독성(readability)이 떨어진다. 따라서 글씨의 색상은 바탕색과 대조되는 색상을 택해야 한다. 이런 이유 때문에 바탕색은 흰색으로 하는 것이 안전하다. 때로는 템플릿에 이미 지정된 바탕색을 쓰기도 하는데, 이 경우에도 글씨 색상과 잘 조화되는지 살펴보도록 한다.

ⓞ 상·중·하위 항목에 따라 공문서 부호체계를 준수하라.

공문서는 정해진 부호체계를 사용하도록 정해져 있다. 즉, 상·중·하위 하목에 따라 '□, ○, •, -' 부호를 순서대로 사용해야 한다. 이런 부호체계는 정부기관 및 군내에서 사용방법이 통일되어 있으므로 이를 준수하도록 한다.

ⓩ 가급적 시각화하여 표현하라.

말하지 말고 보여주라는 말이 있듯이, 발표내용을 최대한 시각화하라는 것이다. 브리퍼의 말을 귀로 듣는 동시에 시각화된 자료를 눈으로 본다면 참석자의 이해 수준도 한층 높아진다. 통계숫자를 그대로 제시하는 것보다 막대그래프나 원그래프로 그려서 보여주자. 논리적 종속관계가 있다면 그 관계를 그림으로 나타내자. 전과 후의 변화가 있다면 이 또한 입체적 도표를 활용하여 표현하자. 대표적인 사례를 보여주는 신문기사나 동영상 자료가 있다면, 이를 편집하여 활용하자.

ⓒ 슬라이드 1장에는 7줄만 써라.

파워포인트의 기본 형태는 가로 직사각형 모양이다. 옆으로 길쭉한 모양이기 때문에 줄을 많이 넣는 것은 적절치 않다. 그래서 일반적으로 7줄 정도를 넣는 것이 가장 편안한 느낌을 준다고 한다. 10줄 이상 넣으면 파워포인트 화면은 너무 복잡하게 보일 수 있어 부적절하다.

ⓚ 다양한 형태의 시각보조물을 준비하라.

시각보조물에는 사물형(실물, 모형, 샘플), 자료형(도표, 그래프, 그림, 만화, 슬라이드, 사진, 동영상), 동작형(시범) 등 여러 형태가 있다. 브리핑을 할 때는 이러한 시각보조물을 다양하게 준비하는 것이 효과적이다. 가장 손쉽게 제작할 수 있는 것은 도표와 그래프, 그림과 사진, 동영상 같은 자료형 시각보조물이다. 그러나 자료형만 준비하지 말고 사물형과 동작형을 혼합시키는 것이 좋다.

ⓔ 예상되는 '질문 목록'을 만들어라.

발표 자료를 만들고 나면 예상되는 질문 목록을 만들어야 한다. 적중률이 높은 질문 목록을 만들기 위해서는 '내가 참석자라면 무슨 질문을 할까?' 하고 자문해 보라. 이렇게 참석자의 입장과 관점에서 바라보면 좋은 질문 목록을 작성할 수 있을 것이다.

마. 5단계: 연습 및 리허설

다섯 번째 단계인 연습 및 리허설은 글쓰기에는 없는 단계이다. 글쓰기에서는 연습 및 리허설이 없는 대신, 원고를 수정 보완하는 퇴고 단계가 있다. 연습 및 리허설은 브리핑이 사람들 앞에서 실시되는 공연의 일종이기 때문에 꼭 필요한 절차이다. 연습 및 리허설 단계에서 유의할 사항은 다음과 같다.

㉠ 연습하고 또 연습하라.

연습만큼 훌륭한 스승은 없다. 그러니 틈나는 대로 반복해서 연습하라는 뜻이다. 연습을 되풀이하면서 잘못되었거나 부족한 부분을 발견하면 그때마다 수정한다. 이렇게 연습과 수정을 반복할수록 발표 자료는 논리적으로 더욱 치밀해지고 내용적으로 풍부해진다. 또한 브리퍼는 발표내용을 완전히 숙지하게 되고, 브리핑에 대한 자신감도 늘어나 발표 불안 증세도 줄어들게 될 것이다.

㉡ 큰소리로 연습하라.

마음속으로 연습하기보다 소리를 내면서 연습하는 것이 더 효과적이다. 발표 자료를 보면서 큰소리로 연습하자. 또는 녹음기로 연습하는 자기 목소리를 녹음하여 객관적 입장에서 들어보자. 이때 음성(억양, 강세 등), 제스처, 몸동작도 함께 연습해보자. 시각적 보조물을 이용하는 방법도 여러 차례 연습하여 숙달해 두어야 한다.

㉢ 내레이션(narration)을 작성하라.

발표 자료에 대한 내레이션을 작성하여 그대로 브리핑을 하듯 말해 보라는 말이다. 내레이션은 브리퍼가 할 말을 방송 대본처럼 정리한 문서를 말한다. 브리핑은 길이가 짧은 대신 말 한마디 한마디의 비중이 크다. 그만큼 실수를 줄여야 한다. 실수를 줄이는 최선의 방법은 내레이션을 작성하여 완전히 암기하는 것이다.

㉣ 자가진단 혹은 동료평가를 받아 보라.

여건이 허락한다면 VTR로 촬영하여 스스로 자가진단을 해보자. 자신의 브리핑 모습을 객관적 입장에서 진단하는 것은 매우 효과적인 방법이다. 또한 동료들에게 부탁하여 강평을 받아보자.

㉤ 브리핑 장소에서 최종 리허설을 하라.

브리핑 장소에서 처음부터 끝까지 리허설을 해보자. 리허설은 현장 분위기를 한번 경험해본다는 점에서 의미가 있다. 그러므로 빔 프로젝터, 노트북, 마이크, 레이저 포인터 등 실제 브리핑을 할 때 사용할 장비도 한번 써보자. 또한 브리핑에 소요되는 시간도 체크해서, 주어진 시간에 소화 가능한지 점검한다. 허용된 시간에 비해 내용이 너무 길면 줄이고, 짧으면 늘리도록 한다.

㉥ 예상되는 질문에 대한 답변을 연습하라.

답변 연습은 브리퍼의 자신감 증진을 위해 꼭 필요한 과정이다. 이미 앞 단계에서 작성해둔 '예상 질문 목록'을 토대로 하나하나 답변해 보자. 답변은 되도록 짧고 간명하게 하는 것이 바람직하다.

바. 6단계: 실시 및 사후조치

마지막 단계는 실시 및 사후조치이다. 이는 브리핑을 실시하고, 그때 나온 이야기를 종합하여 조치하는 것까지 포함된다. 이때 유의사항은 다음과 같다.

㉠ 질의응답 및 토의토론 내용을 정리하라.

브리핑 도중 또는 직후에 제기된 질문과 답변, 토의 토론된 내용을 요약 정리하라는 말이다. 잊어버리기 전에 가급적 빠른 시간 안에 정리하는 것이 좋다. 정리방법은 시간적 순서대로 하는 것이 일반적이며, 때로는 주제별로 정리하기도 한다. 이때 질문한 사람이나 발언한 사람의 이름도 함께 기록해 두는 것이 바람직하다.

참석자의 질문에 답변하는 요령은 다음과 같다.

- 가급적 성실하고 간명하게 답변하라.
- 질문자에게 호의를 표시하면서 친절하게 답변하라.

  예 "정곡을 찌르는 질문이군요."
  "좋은 질문 해주셔서 감사합니다."
  "저의 발표를 집중해서 들으셨군요."
- 질문의 내용이나 의도가 불명확하면 되물어 보라.

  예 "질문하신 내용이 …… 것이죠?"
  "다시 한 번 질문을 말씀해 주시겠어요."
  "생각이 더 있을 것 같은데 더 말씀해 주시겠어요."
- 참석자가 오류를 지적하면 솔직하게 인정하라.

  예 "아! 맞습니다."
  "말씀하신 내용이 정확합니다."
  "자료를 바로 수정할게요."
  (여유 있는 농담조로) "집중하고 계신지 시험해본 건데, 정말 예리하시군요."
- 답변이 곤란한 질문은 직접 대응하지 말라. 기교적으로 우회하거나 피해가라.

  예 "시간이 부족해서 다음에 답변하도록 하겠습니다."
  "그것에 대해서는 공식적인 견해가 아직 없습니다."
  "상부에 물어보고 나중에 답변 드릴게요."
  "혹시 그 문제에 대한 해결방안이 있으신지요?"

"혹시 좋은 의견을 갖고 계신 분 없나요?"
"혹시 다른 분들은 어떻게 생각하시나요?"
"왜 그렇다고 생각하시죠?"

㉡ 미진하거나 추가된 부분이 있다면 보완하라.

브리핑 및 질의응답, 토의토론을 모두 포함하여 미진한 부분이 있다면 보완한다. 또한 새로이 제기된 의견이 있으면 이를 반영하여 자료를 수정해 둔다. 이렇게 해두면 차후에 브리핑 자료를 활용할 때 편리하다.

㉢ 필요한 사후 조치를 실시하라.

브리핑이 끝나면 여러 가지 사후조치할 일들이 생긴다. 브리핑 자료를 수정 보완하여 상급부서와 주변부서에 배포하기도 하고, 앞으로 추진해야 할 과제를 뽑아 임무를 할당해 주기도 한다.

3. 브리핑의 종류

브리핑의 유형은 일반적 유형과 군사적 유형으로 나누어 살펴보기로 한다. 일반적 유형은 원론적인 입장을 중시한 기본적 유형이고, 군사적 유형은 군에서 자주 사용하는 실용적이고 실제적인 유형이다.

가. 일반적 유형

언어를 이용하여 글을 쓰거나 말을 하는 가장 중요한 목적은 무엇을 설명하거나 다른 사람을 설득하기 위함이다. 다른 목적도 있지만, 사실은 설명과 설득의 목적이 핵심이라 하겠다. 이러한 관점에서 보면 브리핑 유형도 설명 브리핑과 설득 브리핑으로 양분할 수 있다.

1) 설명 브리핑

설명 브리핑은 참석자에게 정보를 전달할 목적으로 실시되는 브리핑이다. 어떤 사실이나 정보를 전달하여 참석자를 이해시키기 위한 가장 기본적인 형태의 브리핑을 말한다. 따라서 설명 브리핑을 실시할 때는 브리퍼의 생각이나 견해, 가치판단, 건의사항 등은 포함시키지 않는 것이 일반적이다.

설명 브리핑은 대규모 조직을 대상으로 하여 복잡한 계획이나 체계를 일목요연하게 알려주고자 할 때 매우 유용한 브리핑이다. 조직의 규모가 클수록 그것을 체계적으로 통제하는 일은 쉽지 않다. 이렇게 복잡한 기능이 묶여진 조직을 일사불란하게 움직이려면 원활한 의사소통이 필수적이다. 이런 상황에서 설명 브리핑을 활용하면 아주 효과가 좋다. 설명 브리핑을 통하여 여러 개로 나누어진 하위부서가 단번에 다량의 정보를 공유할 수 있기 때문이다.

설명 브리핑의 양식은 별도로 정해져 있는 것은 없다. 설명할 내용만 이해하기 쉽게 정리되면 되기 때문이다. 예를 들어, 참석자가 같은 부서 또는 같은 조직 내로 한정된다면 인사말이나 배경설명은 최소화하거나 생략해도 무방하다. 이렇게 브리퍼와 참석자가 잘 알고 있는 친숙한 사이라면, 곧바로 본론으로 들어가는 것이 효과적이다.

다음에 제시된 설명 브리핑의 양식은 가장 일반적이고 기본적인 것이다. 이 양식은 브리핑의 목적 및 상황에 따라 얼마든지 변용될 수 있다.

표 12 | 설명 브리핑의 양식

단 계	주요 포함 사항
서 두	• 첫인사 • 브리핑 목적 및 범주 • 브리핑 순서
본 론	• 소주제① · 뒷받침 근거㉠ · 뒷받침 근거㉡ · 뒷받침 근거㉢ · 소결론 • 소주제② · 뒷받침 근거㉠ · 뒷받침 근거㉡ · 뒷받침 근거㉢ · 소결론 • 소주제③ · 뒷받침 근거㉠ · 뒷받침 근거㉡ · 뒷받침 근거㉢ · 소결론
결 말	• 핵심내용 요약(재진술) • 질의응답 • 끝인사

2) 설득 브리핑

설득 브리핑은 참석자를 이해시키는 데 그치지 않고 그들의 생각을 변화시키거나 어떤 행동을 취하도록 하기 위한 목적으로 실시되는 브리핑이다. 설득 브리핑의 궁극적 초점은 상대방을 설득하여 생각과 행동을 변화시키는 데 있으며, 이는 상급자의 결심이나 승인으로 현실화된다.

설득 브리핑은 주어진 정보에 대한 종합적인 평가와 판단을 필요로 한다. 브리퍼는 무엇보다 먼저 수집된 정보를 총망라하여 논리적, 체계적으로 정리해야 한다. 그런 다음 정보의 표면과 이면에 담겨진 의미를 분석하여 최상의 논리를 개발하여야 한다. 그래야만 상급자의 결심과 승인을 얻어낼 수 있다. 이런 점에서 설득 브리핑은 상급자 또는 지휘관의 효율적인 의사결정 과정으로서 의미가 크다.

설득 브리핑의 양식도 고정된 것은 없다. 주제와 상황, 논리적 구조, 배열과 전개방법, 상급자의 성격과 스타일, 브리퍼의 성향 등에 따라서 여러 가지 양식을 사용할 수 있다. 따라서 다음에 제시하는 설득 브리핑 양식은 반드시 지켜져야 하는 것은 아니다. 다만, 일반적으로 사용하는 양식을 보인 것으로, 상황에 따라 적절한 변용이 가능하다.

표 13 | 설득 브리핑의 양식

단 계	주요 포함 사항		
서 두	• 첫인사 • 브리핑 목적 및 문제 제기 • 브리핑 진행 순서		
본 론	• 현상태 - 좋은 점①,②,③ - 고칠 점①,②,③ • 개선방안 · 방안① · 방안② · 방안 비교분석 • 향후추진 · 추진 일정 • 기대효과 · 효과① · 효과②	• 문제점 · 문제점① · 문제점② · 문제점③ • 해결방안 · 해결방안① · 해결방안② · 해결방안③ • 향후추진 · 추진 일정 • 기대효과 · 효과① · 효과② · 효과③	• 원인(결과) 분석 · 세부분석① · 세부분석② · 세부분석③ • 향후대책 · 대책① · 대책② · 대책③ • 향후추진 · 추진 일정 • 기대효과 · 효과① · 효과②
결 말	• 핵심내용 요약(재진술) • 건의 및 결심 요청 • 질의응답 • 끝인사		

나. 군사적 유형

브리핑이 가장 활성화되어 있고 필수적인 조직은 군대이다. 따라서 장교는 군에서 실시되는 각종 브리핑 유형에 익숙해질 필요가 있다. 어떤 종류의 브리핑이 실시되는지, 유형별 브리핑의 목적과 양식은 어떻게 다른지, 특별히 유의할 사항은 무엇인지 숙지하고, 이를 실무에서 잘 활용할 수 있는 능력을 길러야 한다. 장교의 브리핑 능력은 곧 그 사람의 성품과 능력을 보여주는 수단이다.

군에서 실시되는 브리핑, 즉 군사 브리핑은 '정보형 브리핑', '결심형 브리핑', '지시형 브리핑', '임무 브리핑(Back Briefing)', '결합형 브리핑'의 5가지 유형이 있다. 이들 5가지 군사 브리핑 유형은 군에서 흔히 실시되는 경우를 고려하여 분류한 유형으로서 매우 실질적인 분류라고 할 수 있다.

유형별 개념과 특징을 정리하면 다음과 같다.

1) 정보형 브리핑

표 14 | 정보형 브리핑의 양식

단 계	주요 포함 사항		
서 두	• 첫인사 • 브리핑 목적 및 범주 • 브리핑 진행 순서		
본 론	• 기상 · 온도,날씨,바람 • 상급부대 주요활동 · 사단 · 연대 • 당직근무결과 · 결과1 · 결과2 • 금일 부대활동 · 1대대 · 2대대 · 3대대	• 상황 · 기상 · 적 상황 · 아군 상황 • 대대별 훈련내용 · 1대대 · 2대대 · 3대대 • 전투근무지원 · 지원①,②,③ • 지휘 및 통신 · 통신①,②,③	• 사건 개요 · 개요①,② • 주요 경과 · 경과① · 경과② · 경과③ • 상급부대 지침 · 지침① · 지침② • 향후 조치사항 · 조치① · 조치②
결 말	• 핵심내용 요약(재진술) • 질의응답 • 끝인사		

참석자에게 첩보 및 정보를 제공하여 이를 이해시키기 위해 실시되는 브리핑이다. 따라서 첩보 및 정보를 사실적으로 요약한 브리핑이라 할 수 있다. 매일 아

침 실시되는 상황보고, 부대훈련 시 실시되는 시간대별 훈련상황보고, 공방훈련(攻防訓練)시 실시되는 공격상황보고와 방어상황보고, 사고나 사건이 발생했을 때 실시되는 사건상황보고 등이 대표적이다.

2) 결심형 브리핑

표 15 | 결심형 브리핑의 양식

단 계	주요 포함 사항		
서 두	• 첫인사 • 브리핑 목적 및 문제제기 • 브리핑 진행 순서		
본 론	• 문제 제기 · 문제점① · 문제점② • 필요한 가정 설정 · 가정① · 가정② • 관련 사실/상황 · 사실/상황① · 사실/상황② • 해결방안 · 방안①,②,③ · 방안 비교 분석 • 기대효과 · 효과① · 효과②	• 임무 제기 · 임무① · 임무② • 필요한 가정 설정 · 가정① · 가정② • 관련 사실/상황 · 사실/상황① · 사실/상황② • 토의 · 안건① · 안건② • 기대효과 · 효과① · 효과②	• 목적 · 목적①,② • 중점 · 중점①,②,③ • 세부과제 · 세부과제① · 세부과제② · 세부과제③ • 추진일정 (시간계획) • 임무 분담 · 부서① · 부서② • 행정 및 협조사항 · 행정사항 · 협조사항
결 말	• 핵심내용 요약(재진술) • 결론 및 건의 • 질의응답 • 끝인사		

최선의 방책을 결정지어야 하거나 지휘관의 결심을 얻어낼 목적으로 실시되는 브리핑을 말한다. 따라서 결심형 브리핑은 부대활동과 관련된 중요사안을 처

리할 때 통상적으로 행해지며, 주무참모가 브리핑을 하고 나머지 참모들은 협업자로서 참여한다. 결심형 브리핑은 합리적 결론을 이끌어 내기 위해서 지휘관 및 참석자를 설득시켜야 하기 때문에 논리적으로 전개되어야 한다. 부대훈련 시 실시되는 훈련계획보고와 훈련결과보고, 연간사업계획보고와 연말사업성과보고, 주요업무를 실시할 때 실시되는 추진계획보고 등이 대표적인 예에 해당한다.

3) 지시형 브리핑

표 16 | 지시형 브리핑의 양식

단 계	주요 포함 사항		
서 두	• 첫인사 • 브리핑 목적 및 범주 • 브리핑 진행 순서		
본 론	• 상황 · 기상 · 적 상황 · 아군 상황 • 상급부대 임무 · 임무①,② • 예하부대 임무 · 1대대 임무 · 2대대 임무 · 3대대 임무 • 전투근무지원 · 지원① · 지원②	• 현상진단 · 진단결과① · 진단결과② • 개선방안 · 개선방안① · 개선방안② • 예하부대 임무 · 1대대 임무 · 2대대 임무 · 3대대 임무 • 유의사항 · 유의사항① · 유의사항②	• 관련 정보 · 정보① · 정보② • 상급부대 임무 · 임무① · 임무② • 예하부대 지시 · 지시사항① · 지시사항② · 지시사항③ • 지원 및 협조 · 지원사항①,② · 협조사항①,②
결 말	• 핵심내용 요약(재진술) • 질의응답 • 끝인사		

작전상황 하에서 첩보 및 정보를 제공하고, 특정한 과업을 부여하거나 임무를 주지시키며, 관련부대 간의 협조를 강화할 목적으로 실시하는 브리핑이다. 특

히, 지시형 브리핑은 상급 지휘관이 예하부대에 임무를 하달하거나, 특정한 과업을 지시할 때 주로 사용되는 형태이다. 따라서 지시형 브리핑은 상급자가 예하부대에 요구하는 사항을 명시하고, 이를 완수하는 데 필요한 지침을 제공하는 데 초점이 있다. 특히, 중요한 점은 예하부대 입장에서 자신에게 주어진 임무가 무엇인지, 어떤 방향으로 수행되어야 하는지 명료하게 인지할 수 있게 실시되어야 한다.

4) 임무 브리핑(Back Briefing)

표 17 | 임무 브리핑의 양식

단 계	주요 포함 사항		
서 두	• 첫인사 • 브리핑 목적 및 범주 • 브리핑 진행 순서		
본 론	• 현 상황 · 상황①,②,③ • 지휘관 의도 · 의도①,② • 임무 · 임무① · 임무② • 수행방안 · 임무① 수행방안 · 임무② 수행방안 • 전투근무지원 · 지원①,② • 지휘 및 통신	• 현 상황 · 상황①,②,③ • 상급부대 지침 · 지침①,② • 과제 염출 · 명시 과제①,② · 추정 과제①,② • 수행계획 · 명시 과제①,② · 추정 과제①,② • 행정 및 협조 · 행정사항①,② · 협조사항①,②	• 지휘관 의도 · 의도① · 의도② • 과제 염출 · 과제목록 (즉각/단기/중 · 장기) • 수행계획 · 즉각시행과제 · 단기과제 · 중 · 장기과제 • 행정 및 건의 · 행정사항①,② · 건의사항①,②
결 말	• 핵심내용 요약(재진술) • 질의응답 • 끝인사		

상급 지휘관의 명령 또는 지시사항에 대한 시행계획을 보고하는 브리핑이다. 통상 상급 지휘관이 예하부대의 임무수행 준비상태를 확인하기 위해 실시한다. 따라서 임무 브리핑의 초점은 상급 지휘관의 명령이나 지시를 예하부대 입장에서 어떻게 수행할 것인지에 놓이게 된다. 따라서 성공적인 임무 브리핑을 실시하기 위해서는 먼저 지휘관의 의도를 정확하게 파악하고, 이를 실제 현장에서 어떤 방법을 통해 구현할 수 있는지 구체적으로 정리해서 브리핑을 해야 한다.

5) 결합형 브리핑

결합형 브리핑은 앞서 제시한 정보형, 지시형, 결심형 브리핑 중 둘 또는 세 개를 결합시킨 형태로 실시되는 브리핑을 말한다. 이는 첩보와 정보의 교환, 결심, 명령 하달 등에 있어서 상·하부대 및 예하부대 사이에 긴밀한 협조와 노력을 통합되어야 할 때 실시한다.

결합형 브리핑의 양식은 정해진 것은 없다. 앞에서 제시한 정보형, 지시형, 결심형 브리핑 양식을 참고하여 적절히 변용하면 된다. 상급 지휘관의 의도나 상급부대 지침, 사안의 성격, 부대가 처한 상황과 여건 등을 고려하여 브리핑을 구성하면 된다.

실습 5

- 조별 발표·토론 실습

• 방식

• 평가 : 교수가 조별로 점수를 부여하고, 같은 조원 중에서 기여도를 고려하여 일정 부분 개인별로 가감한다.

• 내용 : 조별 주제발표와 토론을 통한 발전된 내용의 주제발표 실습(현장 녹화)
- 학습자들을 4인 1조를 기준으로 조를 나눈다.
- 4명의 조원을, 최초 주제발표자, 다른 조의 주제발표 내용에 대한 비판자, 다른 조의 비판에 대한 답변자, 최종 주제발표자로 역할을 나눈다.
- 최초 주제발표 : 조원끼리 협력하여 준비하고 발표는 담당자가 실시한다.
- 토론 : 다른 조의 발표에 대한 비판은 사전에 정한 순서대로 담당

  예 A조 발표에 대한 비판은 B조가 맡고, B조에 대한 비판은 C조가 담당.
- 최종 주제발표 : 토론 결과를 반영하여 최초 발표 내용보다 발전한 내용으로 발표.
- 발표 보조자료(슬라이드)를 만들어 강의한다.

• 시간 : 주제발표는 10분 내외, 토론은 20분 정도가 좋다.

• 강평 : 녹화한 영상을 함께 보면서 학습자와 교수 모두 강평한다.

• 착안사항

• 최초 주제발표 시(학습자)
- 조원이 모두 협력하여 발표 내용과 보조 자료를 작성한다.
- 효과적인 프리젠테이션을 위한 유의사항을 종합적으로 고려하여 실천한다.
- 자신의 조가 주장하는 내용의 근거와 결론을 명확히 표현한다.

• 토론 시(학습자)
- 비판자의 경우 자신의 개인적인 의사와 상관없이, 상대 조의 발표 내용 중 논리적으로 보완해야 할 점이나 사실과 다른 점 등을 적극적으로 찾고 정확한 근거에 기대어 비판해야 한다.
- 비판자는 비판적 견해를 밝히기 전에 자신이 문제 삼은 내용이 실제 발표자가 발표한 내용을 정확히 파악한 것인지 확인하는 것이 좋다.

  예 "A조는 B를 이유로 C가 D하다고 주장하셨는데 맞습니까?"
- 답변자는 비판자의 비판에 대해 감사를 표하고 논리적으로 대응해야 한다.
- 답변자는 비판자의 주장이 명백히 옳으면 수용하고 보완하겠다고 밝힌다.

- 최종 주제발표 시(학습자)
  - 조원이 모두 협력하여 발표 내용과 보조 자료를 작성한다.
  - 효과적인 프리젠테이션을 위한 유의사항을 종합적으로 고려하여 실천한다.
  - 자신의 조가 주장하는 내용의 근거와 결론을 명확히 표현한다.
  - 앞선 토론을 통해 드러난 보완사항은 내용에 반영해야 한다.
  - 앞선 주제발표와 토론이 없었던 것처럼. 최초 주제발표 때와 같은 태도로 해당 주제에 대한 조의 주장을 발표해야 한다.

    ※ 조원들이 서로 협력하여 혼자 하는 것보다 좋은 결과를 도출하는 것과, 한 조의 주장이 다른 조와의 토론을 통해 발전하는 것을 체험하는 것이 목적이다.
- 강평 시(교수)
  - 효과적인 의사전달법과 관련된 유의사항들을 종합적으로 평가한다.
  - 내용 전달에 방해가 되는 요인들을 개인별로 상세히 식별하여 주지시킨다.
  - 말버릇이나 부담을 느낄 때 나오는 특이행동, 비논리적인 표현, 주어와 술어의 불일치, 은어 사용 등을 짚어준다.
  - 평가표에 메모한 내용을 참고하여 구체적으로 알려주는 것이 좋다.
  - 단점 지적 시 가능하면 바람직한 모습을 설명하고 이해시킨다.
  - 주제발표와 토론 시 각자의 주장이 지닌 논리적 강점과 약점을 평가한다.
  - 시간 관계상 학습자는 별도의 강평문을 작성하게 하는 것이 좋다.(점수 부여)

※ 평가표(예)

구 분	평가					비 고 (세부사항)
	매우미흡	미흡	보통	양호	매우우수	
주장의 참신성	1	2	3	4	5	
주장의 논리성	1	2	3	4	5	
조원간의 협력	1	2	3	4	5	
비판의 논리성	1	2	3	4	5	
답변의 설득력	1	2	3	4	5	
보조자료 수준	1	2	3	4	5	
발표력(음성)	1	2	3	4	5	
발표력(동작)	1	2	3	4	5	
계						

Chapter

10 연설과 의식사

1. 연설의 정의와 특성

연설은 연사가 여러 사람들을 상대로 자신의 평소 지론이나 견해, 정보나 지식 등을 전달하거나 이해시키거나 설득시키기 위해 행하는 화법이다. 따라서 연설은 일정한 형식이 있다는 점, 화자의 일방적 화법이라는 점, 다수의 청중을 대상으로 한다는 점, 다소 공적이고 지적이며 윤리적 성격이 강한 화법이라는 점을 특징으로 한다.

연설이라고 하면 웅변술을 연상하기 쉽지만, 웅변술은 여러 연설법 가운데 하나일 뿐이다. 웅변술은 과거 육성만으로 멀리 있는 사람들에게 메시지를 전달하기 위한 방식으로 발전한 형태이다. 음성 전달 기술이 발달한 오늘날에는 과장된 음성과 수사적 표현에 치중하는 웅변술보다는 일상적이고 자연스러운 담화의 형태에 근접한 연설법이 선호되는 편이다.

오늘날의 연설은 자신의 신념이나 주장을 많은 사람들에게 전달하는 화법이므로, 민주주의 사회에서 없어서는 안 될 중요한 의사전달 방식이다. 훌륭한 지도자의 진실하고 충정 어린 명연설은 국가와 민족의 운명에 큰 영향을 끼치기도 하는데, 이는 초급간부에서부터 지휘관에 이르기까지 일정 이상의 병력을 통솔해야 하는 장교들에게도 연설이 중요하다는 점을 보여준다.

군 생활에서 지휘관으로서 행할 연설 중에 의식사란 것이 있다. 의식사는 각종 경조 의식에서 주최자 혹은 참석자에 의해 이루어지는 연설을 말하며 사관학교에서 연간 거행하는 각종 기념식과 졸업식 등에서 식사, 축사 등으로 행해지는 연설로 이해하면 된다. 의식사는 일반적인 연설과 조금 다를 수 있으나 크게 보면 연설의 일종이다. 의식사의 특징은 다른 연설이 연설 내용에 중점을 둔 것임에 비해 의식사가 속한 의식의 일부분으로 진행된다는 점이다. 의식사의 주제와 내용은 반드시 의식의 목적에 부합해야 한다. 아울러 고유한 격식을 고려해야 하고 시간의 제한을 철저히 지켜야 한다. 연설에 대한 기본적인 지식과 함께, 한 편의 연설을 수행하기 위해서는 어떠한 과정을 거쳐야 하는지를 '연설의 유형', '각종 연설의 준비', '연설의 수행' 순으로 살펴보겠다.

2. 연설의 유형

연설은 대중을 상대로 하는 말하기의 전형적인 방식이다. 특정한 개인인 연사가 불특정 다수인 청중을 상대로 정해진 시간 동안 일정한 주제에 대해서 이야기한다는 점에서는 일방적인 의사전달의 형태에 속하는 것으로 볼 수 있다. 그러나 '발화-수용'의 관점에서는 일방적인 형태일지라도, 연설을 준비하고 수행하는 과정에서 청중을 분석하고 청중의 반응에 따라 발화 방식을 수정하는 피드백(feedback)의 여지가 있다는 점에서는 단순히 일방적인 커뮤니케이션으로 볼 수는 없다.

연사는 연설의 주제와 내용뿐만 아니라, 청중의 취향과 관심에 따라 적합한 연설 유형을 선택해야 한다. 일단 여기서는 '말하는 방법'과 '준비하는 방법'에 따라서 연설을 몇 가지 유형으로 분류해보고자 한다.

가. 말하는 방법에 따른 분류

1) 웅변형 연설

웅변형 연설은 우리가 일반적으로 떠올릴 수 있는, 가장 전형적인 연설 방식이다. 청중을 압도할 만한 권위를 가지고 있는 연사가 거침없고 강한 언변을 구사하여 청중들의 갈채를 이끌어내는 형태의 연설이다. 각종 화법 관련 서적에서 예시로 등장하는 저명한 정치인이나 위인들의 연설(문)은 대부분 이 형태에 해당한다.

웅변형 연설은 아주 많은 수의 청중을 상대로 이루어지며 청중에 대해 연사는 압도적인 권위를 가진다. 연사의 권위에 걸맞게 연단을 청중의 정면 높은 곳에 마련하여 청중의 관심은 연단에 집중되도록 한다. 연사는 홀로 연단에 올라 많은 청중의 시선이 집중되는 가운데 연설을 해야 하므로, 사소한 실수나 머뭇거림도 청중들에게 쉽게 노출되기 마련이다. 따라서 연설에 대한 준비가 부족하거나, 청중을 휘어잡을 만한 권위(charisma)를 가지지 못한 연사는 심리적으로 위축되기가 쉽다. 하지만 거꾸로 이러한 특징을 적극적으로 활용할 수 있을 정도의 실력을 가진 연사라면, 다른 방식의 연설보다 청중에 대해 더욱 강력한 영향력을 끼칠 수 있다는 점에서 오늘날에도 상당한 파급효과를 지닌 방식의 연설이다.

강력한 권위를 지닌 연사가 웅변형 연설을 할 때, 청중은 연설 주제나 내용보다는 군중심리나 분위기에 휩쓸려 연사에 대한 적극적인 호의를 품게 될 수도 있다. 자신보다 물리적·심리적으로 높은 위치에 있는 연설자를 우러러 보듯 연설을 경청하다 보면 연설자에 대한 경외감이 생겨나기도 한다. 연설장에 자발적으로 모이는 청중들은 연사에게 비판적인 입장을 가진 사람들보다는 중립적이거나 호의적인 입장을 취하는 경우가 많다. 많은 수의 청중이 연설 내용에 대해 찬성하는 분위기가 형성될수록, 개개의 청중은 주체적이고 객관적인 관점에서 연설을 받아들이고 평가하기보다는 격정에 휩쓸려 연설의 내용을 감정적으로 받아들일 가능성이 크다.

청중의 이러한 상태를 고려하여 웅변형 연설의 연사는 연설의 주제나 내용적인 측면뿐만 아니라, 연설 과정에서 보이는 몸짓이나 억양, 말투, 심지어는 연단의 분위기 등과 같은 다양한 외적 요소들을 고려해야 한다. 웅변형 연설에서는 단순한 연사(speaker)라기보다는 연극 무대에 오르는 배우(actor)의 자질이 필요한 셈이다. 때로는 연설의 내용이나 연사 자신의 언변보다 연단의 분위기나 연출이 청중을 움직이는 기제로 작용하는 경우도 있다.

나치 독일의 지도자였던 아돌프 히틀러(Adolf Hitler)는 그다지 뛰어난 언변의 소유자는 아니었다. 그의 연설은 몇 안 되는 단어의 반복으로 이루어져 있었으며, 히틀러는 종종 연설 도중에 발작적인 말투로 격정을 있는 그대로 드러내는 까닭에 연설의 내용이 제대로 전달되지 않는 경우도 많았다. 그럼에도 불구하고 그의 연설은 독일 국민들의 열렬한 호응을 얻곤 했다.

히틀러의 연설이 열렬한 호응을 얻은 것은 나치 선전 장관이었던 괴벨스(Göebbels, Paul Joseph)의 연출에 힘입은 바가 컸다. 그가 연출한 히틀러의 연설은 등장에서부터 퇴장까지 철저하게 계획된 내용에 따라 이루어진 것으로 유명하다. 연단의 방향은 해가 뜨는 쪽을 바라보도록 배치되었으며, 연설은 보통 해가 막 지기 시작할 무렵에 시작되었다. 연설이 절정에 달할 무렵이면 해가 연단 너머로 저물기 시작하게 되는데, 청중들의 시점에서는 연단에 올라선 히틀러가 후광을 내뿜는 실루엣의 형태로 보이도록 연출한 것이다.

히틀러의 사례가 연출의 효과를 강조한 것이라면 처칠의 연설은 연설자의 능력을 강조하는 사례가 된다. 영국 정계의 연설에서 중시되었던 것은 음유시인적 자질, 곧 연설의 내용을 인상적인 구절로 정리해서 제시할 수 있는 능력이었다. 2차 세계대전 당시의 영국 수상이었던 윈스턴 처칠(Winston Churchill)은 이런 방식의 연설에 무척 능숙했다. 그는 자신의 생각을 구구절절이 늘어놓는 산문적인 연설보다는 운자(韻字, lime)를 맞춘 어구를 내세우는 운문적인 연설을 즐겨 하곤 했다. 오늘날 성희롱으로 비난을 살 가능성이 있는 표현이지만, 당시 처칠이 직접 "연설과 여자의 치마 길이는 짧을수록 좋다."라는 말을 남겼을 정도였다.

옥스퍼드 대학 졸업식의 축사를 맡은 자리에서, 처칠은 연단에 오른 후에도 한참을 아무 말 없이 청중들을 바라보고 있었다. 그러다가 아주 작은 목소리로 "You, never give up."이라고 말했다. 잠시 뜸을 들인 후에 좀 더 큰 목소리로 "You, never give up."이라고 말하고, 다시 뜸을 들인 뒤에 이번에는 아주 큰 소리로 "You, never give up!"이라고 외친 뒤에 연단을 내려왔다. '절대 포기하지 말라'는 단 한 구절로 이루어진 이 연설은 제2차 세계대전으로 고난에 처했던 영국 국민들에게 희망을 제시했던 연설 가운데 하나로 평가받고 있다.

위의 사례와 달리 청중의 태도가 부정적인 경우를 생각해 볼 수도 있다. 자발적으로 연설을 듣게 되는 상황이 아니라, 억지로 동원되었다거나 연설 내용에 대해 비판적으로 접근하려는 청중들에게는 감정을 자극하는 방식의 연설은 오히려 거부감을 느끼게 만들 수 있다. 예컨대 군 기지 이전을 요구하는 시민들 앞에서 군의 입장을 제시하는 연설을 해야 하는 상황이라면, 웅변형 연설의 특징 중 하나인 '연사의 권위'는 오히려 연사를 압박하는 기제로 작용할 수 있다. 이런 상황이라면 연사는 자신의 권위를 적극적으로 활용할 수도 없을 뿐더러, 오히려 그러한 권위에 반감을 드러내는 청중들을 상대해야 하는 부담까지 안아야 하기 때문이다.

이러한 상황에서는 청중이 연설 자체에 회의를 갖거나 연설 내용 전체를 거부하게 될 수도 있다. 그러므로 연사는 연설을 시작하기에 앞서 주변 상황을 충분히 고려하여, 청중들로부터 우호적인 감정을 이끌어낼 수 있도록 사전에 분위기를 조성하는 방법을 여러모로 탐구해야 한다.

2) 담화형 연설

형식적이고 권위적인 성격이 강한 웅변형과는 달리, 담화형 연설은 비공식적인 석상이나 탈권위적인 분위기에 어울리는 연설 방식이다. 연사는 연단에 올라 청중을 압도하는 권위를 발휘하면서 연설을 수행하는 것이 아니라, 일상적인 대화나 좌담에서와 같이 청중과 동일한 위치에서 편안하고 자연스러운 분위기를 조성한다.

담화형 연설은 그 범주가 대단히 넓다. 어떤 집단에 처음으로 소속되어 집단 구성원들 앞에서 자기소개를 한다거나, 부서의 회식 자리에서 축배 제의를 하는 것 역시 담화형 연설의 범주에 포함된다. 만일 이 방식의 외연을 좀 더 확장한다면, 토론이나 회의와도 연결될 수 있다.

연사는 청중이 친밀함을 느끼고 연설을 쉽게 이해할 수 있도록 구체적인 사실을 예로 들기도 하고, 위트와 유머를 적당히 섞어 자기 생각을 효과적으로 전달하려고 애쓴다. 음성이나 몸짓 역시 되도록이면 자연스럽게 보이도록 유지한다. 웅변형 연설이 '연사-청중'의 엄격한 구분 하에 연사의 권위를 최대한으로 활용하여 청중의 반응을 기대하는 방식이라면, 담화형 연설은 '연사-청중'의 간격을 최대한 좁힘으로써 청중의 동의를 이끌어내는 방식이다.

> 오늘 두 분이 좋은 마음으로 이렇게 결혼을 합니다. 그런데 이렇게 좋은 서로 사랑하는 마음으로 결혼을 하는데, 이 마음이 십 년·이십 년·삼십 년 가면 얼마나 좋겠습니까. 여기 앉아 계신 분들 결혼식장에서 약속한 것 다 지키고 살고 계십니까? 이렇게 지금 이 자리에서는 검은 머리가 하얀 파뿌리처럼 될 때까지 아무리 어려운 일이 있거나, 어떤 고난이 있더라도 서로 아끼고 사랑하며 서로 돕고 살겠는가 물으면, '예' 하며 약속을 해놓고는 3일을 못 넘기고 3개월, 3년을 못 넘기고 남편 때문에 못살겠다, 아내 때문에 못살겠다 이렇게 해서 마음으로 갈등을 일으키고 다투기 십상입니다. 그래서 그렇게 결혼하기를 원해놓고는 살면서는 아이고 괜히 결혼했다, 이럴 줄 알았으면 안 하는 게 나았을 걸 하는, 후회하는 마음을 냅니다.

위 연설은 법륜스님의 주례사 중 일부분이다. 비록 주례사라는 식사(式辭)이기는 하지만, 딱딱하고 권위적인 보통의 주례사와는 달리 편안한 어투로 연설을 이끌어나간다. 도중에 청중(하객)들에게 질문을 던지거나, 일상에서 사용하는 어투를 삽입하는 등의 방법으로 딱딱해지기 쉬운 주례사의 분위기를 부드럽게 하고 연사와 청중 사이의 거리를 좁히는 전략을 택하고 있다.

강한 권위와 감성에 호소하는 웅변형 연설에 비하여, 담화형 연설은 논지 전개만으로 연설의 목표를 달성해야 하는 경우가 많다. 웅변형과는 달리 연설 내용에 대하여 청중이 구체적이고 비판적으로 판단하게 될 가능성이 높으므로 내실 있는 연설을 구성하는 일이 무엇보다도 중요하다. 충실한 정보전달 및 논리적인 설득 과정이 결여되어 있으면 웅변형 연설에 비해 청중을 움직일 수 있는 힘을 가지기 어려우므로, 사전에 충분한 자료조사와 청중분석이 필요하다. 그러나 지나친 정보전달이나 자료제시 등으로 인하여 청중들이 연설 자체에 대한 흥미를 잃을 위험도 있으므로, 무엇보다도 청중의 입장을 고려하면서 연설을 구성하는 것이 중요하다.

나. 준비하는 방법에 따른 분류

1) 낭독형 연설

낭독형 연설은 연설자가 연설할 내용 전체를 원고에 미리 적어두었다가, 연단에서 그 원고를 읽는 것으로 연설을 끝내는 방식이다. 이는 가장 공식적인 연설에 사용되는 방식으로, 청중의 반응이나 주변 상황의 변화에 거의 대응할 수 없다는 점에서 유연성이나 융통성을 기대하기 힘든 방식이기도 하다. 그런 이유 때문에 이 방식은 공식적인 자리에서의 축사나 격려사, 혹은 조사(弔辭) 정도에나 쓰일 수 있는 제한적인 방식이기도 하다. 이 방식은 연설 전에 원고 내용을 충분히 검토할 수 있고, 신중하고 침착하게 정보를 전달하면서 의견을 피력할 수 있다는 장점도 있다.

낭독형 연설은 주로 정확한 발표가 생명인 공식적인 연설장에서 사용된다. 이·취임사, 축사, 조사, 신년사 등의 의식사(儀式辭)가 여기에 해당된다. 대개 의식사는 연설 그 자체가 목적이라기보다는 정해진 계획에 따라 이루어지는 행사의 한 부분으로 간주되므로, 연사의 즉흥적인 언변에 의지하기보다는 사전에 준비한 원고를 낭독하는 방식이 적합하다. 공식적인 자리에서는 아무리 사소한 실수라도 연설 또는 행사 전체의 품위에 손상을 입힐 수 있으므로, 무게 있고 정확한 낭독형 연설을 하게 되는 것이다.

낭독형 연설은 내용의 정확성이 연설자나 청중에게 미치는 영향력이 클 때에도 사용된다. 예컨대 항공기 추락 사고의 조사 결과 내용을 공표하는 목적의 연설이라면, 아주 사소한 표현의 차이나 정보의 오류라 할지라도 그것이 미치는 파급효과는 대단할 것이다. 특히 '정치적으로 올바른 표현(politically correct expression)'이 요구되는 자리에서는 표현상의 사소한 실수나 오류라고 해도 타인 또는 타 집단에 의해 부적절하게 이용될 가능성이 있으므로 정확성에 만전을 기해야 한다.

• 정치적으로 올바른 표현(politically correct expression)

정치적으로 올바른 표현이란, 어떤 표현이 단순한 정보전달이나 문맥상 오류를 범하지 않는 데서 그치는 것이 아니라, 이러한 표현을 접하는 '모든 사람'이 불쾌감을 느끼지 않도록 다듬는 것을 목적으로 하는 표현 방식을 가리킨다.

미국에서는 '흑인'을 지칭하기 위해 과거에는 '니그로(Negro)'라는 표현을 썼으나, 이는 인종차별적인 색채가 짙다고 하여 '블랙 피플(Black People)'이라는 표현으로 바뀌었다. 그러나 이 표현 역시 피부색을 상기시킨다는 지적이 있어서 '아프리카계 미국인(Afro-American)'이라는 표현으로 다시 변경되었다.

우리나라에서는 과거 '장애자(障碍者)'라는 표현을 사용하였으나, '자(者)'라는 한자가 대상을 비하하는 표현이라는 지적이 있어서 '장애인(障碍人)'으로 변경되었다. '청소부'를 '환경미화원'으로, '간호원'을 '간호사'로 변경한 것 역시 정치적으로 올바른 표현의 대표적인 사례들이다.

낭독형 연설에서는 연설문 배포나 공개가 병행될 수 있다. 예컨대 장교 통합 임관식에서 대통령 또는 국방부장관이 행한 축사는 행사 후 공문서의 형태로 공개된다. 이는 공식적이고 영향력 있는 상황에서의 연설이므로 문자 형식으로도 발표하여 신중을 기하기 위해서이다. 단 연설문 배포 및 공개는 필수적인 절차는 아니며, 상황과 필요에 따라 이루어진다.

2) 암송형 연설

연설자가 미리 준비한 원고를 연단에서 읽는 것이 아니라, 연단에 오르기 전에 내용 전체를 암기하여 발표하는 방법이다. 암송형 연설은 연설 내용을 사전에 철저히 준비한다는 점에서 임기응변이 요구되는 상황에 대처하기 어렵다는 단점이 있지만, 연설자의 능력에 따라서는 충분히 이러한 단점을 극복하고 즉흥성이나 융통성을 발휘할 수 있다는 점에서 낭독형 연설에 비해 활용도가 높은 방식이다.

암송형 연설 방식은, 연설자가 원고 대신 청중에게 시선을 둔 상태로 연설을 진행한다는 점에서, 청중의 반응이나 호응 정도를 파악할 수 있다는 장점이 있다. 낭독형 연설의 경우 연설자의 시선은 원고를 향하게 되므로 연사가 사실상 청중과 격리되기가 쉬운데, 암송형 연설은 준비된 원고 내용대로 연설한다고 해도 제한적이나마 청중과의 피드백(feedback) 과정을 수행하는 것이 가능하다. 또한 청중에게 연사의 외형적인 면모에 대한 신뢰감을 줄 수 있으므로 연설의 내용을 전달하는 데에도 낭독형 연설의 경우보다 유리하다.

이런 이유 때문에 오늘날에는 낭독형 연설보다 암송형 연설이 선호되는 편이다. 암송형 연설이 어려운 여건, 이를테면 연설 준비 과정이 부족했다거나 여건상 연사가 연설 내용을 암기하는 것이 어려운 상황에서는 낭독형과 연설형을 절충하는 방식을 통해서 양자의 장점을 모두 수용하기도 한다. 예컨대 연설 대본을 연사의 시선이 향하는 방향, 청중의 뒤편에 스크린 형태로 내보냄으로써 연사는 굳이 내용을 암기하지 않아도 대본 내용을 확인할 수 있으며 청중을 계속 바라볼 수 있어서 암송형 연설의 장점인 청중과의 피드백을 수행할 수 있다.

여기서 한 단계 더 발전한 형태로는 별도의 스크립터(scriptor)가 상황에 맞게 연설 대본을 작성 또는 수정하여 청중 후면의 스크린을 통해 연사에게 전달하기도 한다. 이 방식은 연사에게 큰 부담을 주지 않으면서도 대본을 고스란히 보여줄 수 있다. 이 방식이 사용되는 대표적인 사례가 아카데미상 시상식과 같은 거대 쇼 프로그램이다. 이들 프로그램의 진행자들은 청중 후면의 스크린을 통해 스크립터가 실시간으로 작성한 연설 대본을 보면서 '마치 자연스럽게 대화하는 것처럼' 행사를 진행한다. 심지어는 연설 내용뿐만 아니라 동작이나 표정, 억양까지 지시하기도 하는데, 이러한 내용들을 종합한 것을 '큐시트(cue-sheet)'라고 한다.

3) 즉흥형 연설

즉흥형 연설은 연사가 원고를 준비하지 않고 바로 바로 내용을 생각해서 연설하는 방식이다. 이 방식은 연사가 청중의 반응에 가장 신속하고 유연하게 대처할 수 있는 것이 특징이다. 이 경우 연사는 자유자재로 자신의 개성적인 언변을 구사할 수 있으며, 청중에게 특정한 반응을 유도하거나 혹은 부분적인 참여를 가능케 하는 등의 기교를 발휘하기에 용이하다. 즉흥형 연설은 연설에 능숙한 사람에게는 대단히 활용도가 높은 방식이며, 청중에 대한 기대효과 역시 가장 높은 방식이라고 볼 수 있다.

하지만 연설에 미숙한 사람에게는 가장 활용하기 어려운 연설 방식이기도 하다. 자칫하면 청중에게 준비가 미흡하다는 인상을 주어 오히려 신뢰를 잃게 될 수도 있다. 즉흥식 연설은, 연설을 해야 하는 상황이 아니더라도 평소에 자신의 표현력을 길러두지 않으면 즉흥형 연설을 효과적으로 수행하기는 어렵다.

평소에 뛰어난 언변을 가졌다고 자부하는 사람들은 자신이 즉흥형 연설에 적합하다고 생각하기 쉽기 때문에 실수를 범할 우려가 크다. 이런 사람들일수록 자신의 화술에 도취하여 청중의 반응과는 무관하게 자신의 연설이 성공적이었다고 판단하기 마련이다. 그러나 청중의 입장에서는 주제와 상관없는 내용을 무리하게 늘어놓는다거나, 자신의 현란한 말솜씨를 자랑한다는 인상을 주어 오히려 신뢰도를 떨어뜨리게 될 위험성이 있다. 아무리 즉흥형 연설이라도 연사 개인의 언변만으로는 제대로 수행하기가 어렵다.

즉흥형 연설은 그 특성상 연설하게 될 상황이나 내용을 미리 예측하여 준비하는 것이 어렵다. 대신 복잡한 정보를 전달하거나 치밀한 논지를 내세워서 청중을 설득하는 목적의 연설에 사용되는 경우보다는 회식 자리에서의 축배 제의와 같이 가벼운 목적으로 사용되는 경우가 대부분이므로, 연설을 해야 할 가능성이 있는 상황에 대비하여 미리 간단한 내용을 준비한 상태로 모임에 참석하는 것이 좋다. 좀 더 치밀한 연사라면 상황별 매트릭스(matrix)를 작성하여 모임의 성격이나 종류에 따라 어떤 화제, 어떤 방식으로 연설을 할 것인지 미리 결정해두고 숙지하는 방식으로 사전에 대비하는 것도 가능하다.

교수법으로 유명한 카네기는 '마법의 3단계'로 즉흥식 연설의 성공 공식을 제시한 바 있다. 1단계는 구체적인 실례를 활용하는 방법으로서, 구체적 실례를 들고 그 사례에 대한 자신의 관점을 말한 다음 장점을 피력하는 것이다. 2단계는 설명할 때 '과거-현재-미래' 순으로 구성하여 설명하는 것이다. 3단계는 장소, 이미지, 최신 뉴스, 앞선 발언에 대한 느낌 등 현장의 상황을 활용하여 연설하는 것이다. 카네기의 방식은 즉흥적으로 떠올리기 쉬운 연상기법을 활용하는 것으로 이해할 수 있다.

4) 메모형 연설

메모형 연설은, 연설 내용 중 중요한 사항이나 전체적인 흐름을 연상할 수 있는 핵심 단어를 적은 메모를 대본처럼 확인하면서 하는 연설을 말한다. 메모를 확인하는 시간은 무시해도 될 정도이며 연설 시간의 대부분을 청중의 반응을 살피며 교감하면서 발언하는데 쓸 수 있다.

메모형 연설은 낭독형 연설, 암송형 연설, 즉흥형 연설 각각의 장점을 활용할 수 있다는 점에서 최근 각광을 받고 있다. 프레젠테이션 시 발표자가 슬라이드를 참고하면서 청중을 향해 설명하는 것과 유사하다. 연설에 쓰는 메모는, 낭독형 연설의 장점인 정확성을 제공해 준다. 꼭 필요한 내용이나 정확한 수치를 말해야 할 경우 메모는 완전한 대본과 같은 효과를 내기 때문이다. 메모형 연설은 대본에 종속되는 면이 약하기 때문에 암송형 연설의 장점인 청중과 호흡하는 유연한 연설을 가능하게 해준다. 암송형 연설의 장점을 거의 다 얻으면서도 대본을 사전에 암송하는 부담을 상당 부분 덜어준다. 중요한 흐름을 연상할 수 있도록 핵심 단어와 주요 강조점 등을 메모로 준비하면 일일이 다 암송하지 않아도 준비한 연설 내용을 다 다룰 수 있다. 메모형 연설을 위해 준비한 메모는 온전한 형태의 대본도 아니며 완전히 고정된 내용을 제한하지 않으므로 청중의 반응에 따라 융통성을 발휘하여 즉흥적으로 보완하거나 변조하기 용이하다. 다만 이 경우에도 성공적인 연설을 위해 연사의 능력이 중요하다. 연사의 능력이 부족하면 준비도 부족하고 청중의 호응을 얻지도 못하는 실패를 맛보기 쉽다.

3. 연설의 준비

여러 상황에서 다양한 청중을 대상으로 하는 연설이 소기의 성과를 거두기 위해서는 사전에 철저한 준비가 필요하다. 연설의 성과는 연사의 노력에 비례한다. 다양한 상황, 다양한 청중, 다양한 반응에 대하여 사전에 심혈을 기울인 사람일수록 훌륭한 연설을 할 수 있기 마련이다. 자신의 말솜씨나 즉흥적인 감각에만 의존하려는 사람은 '공적인 말하기(public speech)'의 장에서 살아남기 어렵다.

전쟁론에서 이야기하는 전략(Strategy)과 전술(Tactics)의 관계로 설명할 수 있다. 전투 상황에서 병력을 효율적으로 움직여서 적을 격파하는 기술을 전술이라 한다면, 전투 상황에 돌입하기 이전에 최대한 유리한 조건을 갖추려는 행동을 전략이라 한다. 제아무리 뛰어난 전투능력과 감각을 가진 지휘관이라고 해도 보급이나 병력, 정치적 상황 등과 같은 전략적 조건의 열세 하에서는 승리를 거두기가 어렵다. 평소에 스스로를 가꾸고 이성과의 만남에 대처하는 준비를 게을리 한 사람이라면 몇 번이고 소개팅을 하더라도 마음에 드는 이성을 만나기 힘든 것과 비슷한 이치다.

실제로 연설을 수행하는 것, 곧 '화법'이 전술이라면 준비는 전략에 해당한다. 전투가 시작되기 전에 전략적인 조건을 최대한 유리하게 만드는 일이 중요하듯이, 연설을 시작하기에 앞서서 최대한 많은 준비를 해두는 것 역시 중요하다. 이 장에서는 연설의 기본적인 준비 절차와, 각각의 절차에 상응하는 점검요소들을 확인해본다.

가. 누구에게 말할 것인가?

어떤 방식의 의사전달이든 청자에 대한 분석은 성공의 필수 조건이며 아무리 강조해도 지나침이 없다. 연설이란, 불특정 다수의 대중을 상대하는 공적인 말하기다. 대화에서 상대방을 파악하는 것이 중요하듯이, 연설에서도 청중을 파악하는 것이 중요하다. 사실 이것은 그다지 복잡한 작업이 아니다. 약간의 시간만 투자해도 어렵잖게 수행할 수 있는 과정이다. 청중에 대해 고려해야 할 사항을 다섯 가지로 정리하면 다음과 같다.

① 청중은 어떤 목적으로 이 자리에 모여 있는가?
② 청중의 일반적인 특질은 어떠한가? (성별, 연령, 교육, 직업 등)
③ 연설 주제에 대해 얼마나 관심을 갖고 있으며, 얼마만큼 잘 알고 있는가?
④ 연설의 목적에 대해서 어떠한 태도를 취하고 있는가?
⑤ 특수한 편견이나 신조를 공유하고 있는가?

청중이 모이는 목적은 다양하다. 만찬회나 회식과 같이 친목을 도모하기 위한 모임도 있고, 학회나 세미나처럼 학술적인 목적의 모임도 있다. 위원회와 같이 중요한 결정을 내리기 위한 결의를 목적으로 하는 모임도 있고, 후보 연설회와 같이 연설 그 자체가 목적이 되는 모임도 있다. 연사는 이러한 모임의 성격을 빠르게 파악하고 그 내용에 따라 연설의 주제와 목적을 결정해야 한다.

이러한 모임 파악에서 중요한 점은 두 가지다. ① 연설이 모임에서 차지하는 비중은 어느 정도인가, ② 모임에서 연설이 수행하는 역할은 무엇인가이다. 대선 후보 연설회와 같이 연설 그 자체가 목적인 경우에는 연사에 대한 청중들의 집중력도 높고 호응도 클 것이다. 반면 사관학교 졸업식이나 통합임관식의 축사와 같이 공식행사의 일환으로 이루어지는 연설이라면 청중의 반응이나 집중력보다는 식순으로서의 공식성이 더 중요해질 것이다. 연사는 자신이 놓인 상황과 자신에게 주어진 역할을 빠르게 파악해야 한다.

청중의 성별이나 연령, 교육수준, 직업 등도 고려해야 할 대상이다. 교육수준이 낮은 청중을 대상으로 어려운 용어를 마구 사용한다거나, 젊은 청중들을 상대로 고리타분한 이야기를 늘어놓는 연설은 호응을 얻기 어렵다. 이러한 사항들은 연설의 주제 자체를 결정하는 요소가 될 수도 있으며, 설령 같은 주제를 다루더라도 이야기의 내용이나 방법을 다르게 만들기도 할 것이다. 또한 연설 주제에 대한 이해도에 따라서 내용이나 표현의 수준이 달라질 수도 있다.

연설의 목적에 대한 청중들의 태도는 연설 환경의 분위기를 좌우하는 요소다. 청중들이 항상 연사에게 친밀감을 갖거나 연설에 적극적으로 참여하는 것은 아니다. 예컨대 공군기지 이전을 주장하는 지역사회 주민들을 상대로 연설을 하는 군 관계자의 입장이라면, 청중들은 연사에게 반발심을 품거나 연설의 내용을 비판적으로 들으려 할 것이다. 만일 청중들이 특별한 신념이나 편견 등을 공유하는 집단이라면, 사전에 이러한 사항을 면밀하게 살펴서 연설에 반영하지 않으면 안 된다.

연사는 연설하기에 앞서서 청중에 대하여 되도록 많은 사실을 파악해야만 한다. 연사의 입장에서 청중은 말 그대로 불특정 다수의 대중이지만, 청중의 입장에서 볼 때에는 모든 사람이 다 각각 하나의 인격체이고, 그렇게 대우받기를 바란다. 청중을 분석하고 한명 한명을 개개의 인격체로 파악하는 습관을 들이는 것이 좋다.

나. 무엇을 말할 것인가?

연설은 핵심 메시지가 분명해야 한다. 목적지가 분명해야 목적지에 다다를 수 있듯이 연설의 목적을 분명히 하고 그에 따른 핵심 메시지를 결정하고 하나의 문장으로 만들어 보면서 연설의 목적을 분명히 구체화할 필요가 있다.

연사는 청중을 분석한 내용을 토대로 연설의 주제와 내용을 설정해야 한다. 주제는 연사가 말하려는 중심 사상이나 근본 문제로서, 상황에 따라서는 연사의 의사와는 상관없이 일방적으로 주어지는 경우도 있다. 예컨대 회식 자리에서 축배 제의를 한다면 그 주제나 내용은 당연히 그 자리를 기념하고 참석한 사람들을 고양시키는 것이 될 수밖에 없다. 반면 초청 강연회의 연단에 서게 된다면 강연회의 성격과 관련된 몇몇 기본 사항을 제외하고는 모든 것이 연사의 손에 달리게 마련이다.

주제가 이미 설정된 경우라면 가장 먼저 해야 할 일은 주제의 핵심을 파악하는 일이다. 이는 연설의 목적과 밀접한 관계가 있다. 예컨대 연설의 목적이 기본 군사훈련을 마치고 새로이 입학하는 생도들을 축하하는 데 있다면, 연설의 주제 역시 신입 생도들의 노고를 치하하고 앞으로의 생도 생활을 격려하는 데 그 핵심이 있을 것이다. 주어진 상황과 주제 사이의 관계를 파악하고, 어떤 내용을 말해야 하는지를 신속하게 결정해야 한다.

보통 주제가 미리 결정된 연설의 경우에는 연사 개개인의 독창성이나 구성력보다는 주어진 상황을 신속하게 파악하고 적응하는 능력이 중시되는 법이다. 주제가 미리 주어지는 연설에서는 각각의 주제에 따라 말해야 하는 내용 역시 어느 정도는 미리 결정되어 있는 경우가 많으므로, 미리 상황에 따른 연설 내용을 준비해두는 것도 하나의 방법이다. 이를 다른 말로 '매트릭스(Matrix)'라고도 하는데, 원래는 응급상황 발생 시에 수행해야 하는 절차를 각각의 상황에 따라 미리 정해둔다는 개념에서 나온 용어이다. 연설의 목적과 주제, 그에 따른 핵심내용을 상황별로 정리해서 미리 숙지해두면 즉흥적으로 연설을 하는 상황에서도 침착하게 대응할 수 있을 것이다.

주제가 결정되어 있지 않은 경우라면 연사 스스로 연설의 주제부터 선정을 해야 한다. 연설의 주제는 구체적인 것이 좋다. 연설은 '말'을 매체(media)로 하는 까닭에 수신자가 발신자의 메시지를 심도 있게 해석할 만한 시간적 여유를 갖기 어렵다. 한 번 듣고 바로 그 내용을 이해할 수 있도록 하기 위해서는 추상적인 말보다는 가급적 구체적이고 간명하게 표현될 수 있는 주제를 택해야 한다. 또한 주어진 시간 내에 이야기를 충분히 전달할 수 있는 범위에 한하여 주제를 잡는 것도 중요하다. 지나치게 큰 주제를 잡으면 연설이 산만해지기 쉽고, 지나치게 좁은 주제를 잡으면 비슷한 이야기를 반복하게 되거나 주제와 무관한 이야기를 늘어놓게 되어 청중에게 부정적인 인상을 주기 쉽다.

주제가 선정되면 그에 적합한 제목도 정해야 한다. 연설 제목은 청중에게 주어지는 사전정보 중 가장 중요한 것이다. 청중은 연사를 만나기 전에 먼저 연설 제목을 접하게 되므로, 제목에 따라 연설이나 연사에 대해 가지는 기대감이 달라지기 마련이다. 심지어는 연설 제목만으로 연설을 들을지 말지 결정하는 경우도 있다. 연설 제목은 글의 제목과 마찬가지로 구체적이면서도 간결하게, 연설의 핵심을 쉽게 파악할 수 있도록 정한다. 지나치게 은유적이거나 반전 효과 따위를 노리는 식의 제목 선정은 자칫 연설에 대한 청중의 기대감 자체를 탈색시킬 위험이 있다. 주제와 제목을 선정할 때 유의사항을 정리하면 다음과 같다.

① 연사 자신이 잘 알고 있는 내용으로 할 것.
② 연사 자신이 평소에 흥미를 느끼는 내용에서 찾을 것.
③ 청중 입장에서 재미있게 들을 수 있는 내용을 정할 것.

주제와 제목을 선정한 후에는 본격적인 자료 수집과 연설 구성을 시작한다. 먼저 자신의 연설에서 핵심이 되는 아이디어를 선정한다. 예컨대 육·해·공군 소위로 임관하는 사관생도들을 위한 축사라면 ① 관계자들에 대한 축하 및 격려, ② 오늘날의 안보 상황에서의 육·해·공군의 역할, ③ 육·해·공군의 전통 및 비전과 신임장교들의 의무 정도로 정리할 수 있을 것이다. 보통 한 편의 연설에서 아이디어는 3~4개를 넘지 않는데, 이 수준을 넘어서면 연설이 지나치게 길어지거나 전달하려는 내용이 많아져서 연설의 효율성이 떨어지기 쉽다. 연설의 목적을 고려하면서 반드시 필요한 것들을 중심으로 아이디어를 채택하고 이를 골자로 연설을 구성하면 된다.

아이디어 선정이 끝난 뒤에는 연설을 위한 자료 수집에 들어간다. 연설의 자료 수집 작업은 글쓰기에서 하는 그것과 크게 다르지 않다. 기본적인 원칙은 이미 설정한 주제와 제목, 아이디어에 비추어 조금이라도 관련이 있는 것이라면 최대한 광범위하게 모은다는 것이다.

증거가 불충분하거나 출처가 확실치 않은 것, 연사의 경험이나 지식으로는 제대로 다룰 수 없는 것들은 배제해야 함은 물론이다. 이렇게 모은 자료들 중에서 연설 목적과의 관련성이나 청중 또는 연사의 이해력 등에 따라서 필요한 만큼의 자료를 선정한다. 이때 주의할 것은 모아놓은 자료가 아까워서, 혹은 자신의 지식 수준이나 정보 수집력을 자랑하고 싶어서 '가급적 많은' 정보를 연설에 반영하려고 욕심을 부려서는 안 된다는 점이다. 글쓰기와는 달리 연설은 정해진 시간 안에 전달할 수 있는 정보의 양에 한계가 있으므로, 연설에 많은 정보를 넣는 것보다는 핵심적인 정보를 '확실히' 전달할 수 있도록 그 범위와 종류를 최소화하는 것이 좋다.

자료 수집과 선정이 끝나면 연설을 구성한다. 연설할 내용을 사전에 모두 원고에 작성하는 낭독형 연설이라면 한 편의 글을 쓰는 작업이 될 것이고, 암송형 연설이나 낭독형 연설이라도 필수 개념과 연설의 핵심만을 원고에 기록한다면 글쓰기 이전의 개요 작성과 비슷한 과정이 될 것이다. 연설 구성은 기본적으로는 글쓰기 요령과 크게 다른 점이 없으므로, 별도의 학습을 필요로 하지 않는다. 단 전달 매체가 '글'이 아닌 '말'이라는 점을 고려하여 다음 몇 가지 사항에 유의해야 한다.

먼저 연설에서는 가장 핵심이 되는 내용을 서두에 배치해야 한다. 글쓰기에서는 글쓴이의 의도나 성향에 따라 핵심 단락의 위치가 처음이 될 수도, 중간이 될 수도, 혹은 끝이 될 수도 있지만, 연설에서는 이런 여유가 주어지지 않는다. 인간의 기억력에는 한계가 있어서 연설에서 주어지는 정보들을 계속 머릿속에 담아둘 수는 없는데다가, 연설의 첫 부분에 청중의 이목을 끌만한 내용을 제시하지 않으면 자칫 연설 자체에 대한 흥미를 잃게 할 수도 있다. 연설 구성의 기본 요령은 서두에서 핵심을 제시함으로써 이것이 무엇을 위한 연설인지, 무엇을 말하려는 연설인지 청중들이 쉽게 파악할 수 있도록 하는 것이다. 서두에 제시된 핵심을 부연하거나 증명하기 위한 내용은 그 뒤에 제시하면 된다.

서두에 핵심 내용을 두라고 해서 처음부터 단도직입적으로 결론을 제시하라는 것은 아니다. 핵심 내용을 앞부분에 배치하는 목적이 청중의 이해를 쉽고 빠르게 하는 것인 만큼, 자연스러운 구성으로 본 내용을 제시하는 기술이 반드시 필요하다. 연설자가 성급하다는 식의 인상을 심어주지 않으면서도 우선순위가 높은 내용을 전반부에 배치하여 청중들이 자연스럽게 연설 내용을 이해할 수 있도록 해야 한다.

청중의 집중력이 연설이 끝날 때까지 유지되지 않는다는 점을 감안하여 연설 도중 적절한 시점에서 중요 내용을 정리하고 강조할 필요가 있다. 청중들로 하여금 연설의 흐름이 어떤 것인지 놓치지 않도록 도와주라는 것이다. 서두에 제시된 핵심 내용을 적절하게 반복하고 강조한다면 청중은 연설 내용을 쉽게 받아들일 수 있게 된다. 다만 기계적으로 반복하여 강조하는 방식은 연설을 부자연스럽게 만들 수 있으므로, 핵심 내용과 관련된 비유나 구체적인 일화 등을 적절하게 활용하면서 표현에 다채로움을 부여하는 기술이 필요하다.

연설의 세부적인 구성 방식은 크게 3단, 4단, 5단 구성으로 구분되는데, 이것은 글쓰기에서의 그것과 거의 일치하는 것이다. 따라서 구체적인 서술은 생략하고, 각각의 구성 방식에 대한 간략한 소개만 정리해두고자 한다.

표 18 | 연설의 구성 방식별 특성

종 류	기대효과 및 특징
3단 구성 서론-본론-결론	·'도입-전개-결론'의 가장 보편적인 방법 ·연설에 익숙하지 않은 사람도 쉽게 사용할 수 있음 ·글쓰기와 달리 '서론'에 핵심 내용이 제시됨
4단 구성 서론-전개-전환-결론	·3단 구성의 형식을 일부 변형한 형태 ·전환 단계를 통해 청중에게 신선한 충격을 줌 ·창의적인 해결책 제시에 유용함
5단 구성 환기-제시-해결- 구체화-행동화	·청중의 사고 진행과 심리 추이를 고려한 구성법 ·설득을 목적으로 하는 연설에 적합함 ·청중에게 스스로 배워간다는 인상을 줄 수 있음

구성 방식을 결정한 다음에는 개요서를 준비하는 것이 좋다. 개요서는 핵심 메시지를 문장으로 표현한 주제문, 논점의 주종 관계와 등위 관계, 서론·본론·결론으로 안내하는 이야기, 연설 실행에 도움이 되는 간단한 착안사항 등을 포함해야 한다. 한편 도입부와 마무리가 청중에게 인상적인지 여부도 점검하면 좋다.

다. 어떻게 말할 것인가?

연설은 말하기의 일종이다. 말이란 매체는 글과 달리 발신자가 메시지(message)를 발신하는 작업과 수신자가 메시지를 받아들이고 이해하는 작업이 거의 동시에 이루어진다. 연설의 청중은 연설 내용에 대해 특정 표현이나 용어를 두고 신중한 검토를 한다거나, 연사의 논지 전개에 대해서 다각도로 점검할 시간적 여유를 가지기 어렵다. 연사 역시 전달할 수 있는 정보의 양이나 수준에 일정한 제약을 겪는다. 비유컨대 <춘향전>을 책으로 읽을 때와, 판소리로 볼 때의 차이와 비슷하다고 볼 수 있다.

연설에서는 '무엇을' 말하느냐의 문제만큼 '어떻게' 말하느냐의 문제도 중요하다. 같은 내용이라도 어떤 식으로 말하느냐에 따라서 청중이 받아들이는 양상은 크게 달라지기 때문이다. 글의 경우에도 마찬가지이긴 하지만, 시간적 제약이 없는 글의 경우에는 독자가 숙독(熟讀)을 통해서 글쓴이의 의도를 신중히 탐구하는 일이 가능하므로, 말에 비해서는 발신자와 수신자 사이의 오해가 발생할 가능성이 적다. '어떻게' 말할 것인가의 구체적인 내용은 다음의 4절에서 구체적으로 다룰 것이므로, 여기에서는 전체적인 틀에서 연사가 고려해야 하는 요소에 대해 서술하고자 한다.

연설을 앞두고 연사가 고려해야 하는 요소에는 먼저 '순서'가 있다. 연설을 해야 하는 상황에 직면할 때, 연사가 나 하나인 경우는 생각 외로 그다지 많지 않다. 특히 사관생도나 초급간부와 같이 아직 사회적인 지위가 그리 높지 않은 경우에는 연단을 독차지할 가능성은 대단히 낮다. 의외로 많은 사람들이 간과하는 사실이지만, 어떤 순서로 연단에 오르냐의 문제는 연설에서 꽤 중요하다. 연사 입장에서는 '오직 한 번뿐인' 연설이지만, 청중의 입장에서는 '무수히 많은 것 중의 하나'인 연설인 까닭이다.

연설의 순서를 고려하기 위해서는 다음 두 가지 개념을 알아둘 필요가 있다. 바로 '최초효과'와 '최신효과'이다.

• 최초효과와 최신효과란?

최초효과(primacy effect)는 인간이 정보를 받아들일 때 가장 먼저 받아들인 정보가 전체에 대한 전반적인 인상을 결정하는 현상이다. 인간의 두뇌는 정보를 계열화하여 정리하는 습관이 있으므로, 비슷한 내용의 정보가 연속적으로 전달될 때에는 가장 먼저 제시된 정보를 신뢰하게 된다. 신문의 1면이나 TV뉴스의 헤드라인에 가장 중요한 기사가 제시되는 것도 이런 이유 때문이다. 때로는 언론사의 입장을 대변하기 위해 이 최초효과를 역이용하여 기사의 순서를 의도적으로 바꾸기도 한다.

최신효과(currency effect)는 반대로 가장 나중에 받아들인 정보가 전체에 대한 인상을 지배하는 현상이다. 인간의 기억력에는 한계가 있으므로, 가장 최후에 갱신된 정보가 가장 뇌리에 깊이 각인된다. 최초효과와 최신효과의 차이는 각 순서 사이의 간격에서 발생하는데, 정보가 시차 없이 연속적으로 주어지는 경우에는 최초효과가, 어느 정도의 시차를 두고 전달되면 최신효과가 영향력을 주로 발휘하는 것으로 알려져 있다.

최초효과에 따르면 여러 명이 연달아 연단에 오르는 상황에서는 가장 먼저 연설하는 것이 청중에게 각인되기 쉽다. 예컨대 수업 첫 시간에 자기소개를 하는 상황이라면 중간이나 마지막에 하는 것보다는 처음 하는 것이 다른 수강생이나 담당교수에게 더 깊은 인상을 줄 수 있다는 것이다. 하지만 수업시간 중에 자기소개를 다 마치지 못해서 다음 시간으로 이어지는 경우, 최신효과가 작용하여 첫 수업 발표자보다 다음 수업 발표자가 청중에게 더 구체적으로 기억된다.

연사가 순서를 선택할 수 있는 상황이라면 가급적 처음을 택하는 게 좋다. 최초효과의 문제도 있으려니와, 여러 명의 연설이 계속되면 청중들이 지루해하기 쉽기 때문이다. 연사에게 선택권이 없다면, 자신에게 주어진 순서에 따라서 연설의 내용이나 말하는 방법 등에 수정을 가할 필요가 생긴다. 중간이나 마지막에 연단에 오른다면, 연설 초반에 흐트러진 청중들의 집중력을 유도할 만한 연출 ― 예상외의 행동이나 소도구 활용― 을 시도할 필요가 있을 것이다.

다음으로 고려해야 하는 것은 연설의 방식이다. 연설의 조건이나 연단의 환경, 연사의 역량 등에 따라서 연설 방식을 선택해야 한다. 사관학교 졸업 및 임관식 같은 공식행사의 식사(式辭)라면 미리 원고를 준비하는 낭독형 연설이 적합할 것이고, 강연회나 토론회 같이 비교적 덜 공식적인 자리에서 연설을 하거나 언변에 자신이 없는 연사라면 암송형 연설을 택하는 것이 좋다. 즉흥연설과 암송형의 절충 형태로서, 간단한 키워드나 중요 문구가 적힌 작은 카드를 준비해서 원래 설정했던 연설의 흐름을 유지하면서도 즉흥연설의 유연함을 추구하는 메모형 연설 방법도 있다. 여기에는 정해진 법칙은 없지만, 대체로 공식성이 강할수록 원고에 천착하는 낭독형이나 암송형 연설이 선호되고, 그렇지 않은 연설일수록 즉흥연설과 메모식 연설과 같이 연사와 청중의 심리적 거리를 최대한 좁힐 수 있는 방식이 선호된다.

연설의 방식을 설정하는 것은 낭독형이냐, 암송형이냐, 혹은 즉흥형이냐 메모형이냐를 선택하는 것만으로 끝나지는 않는다. 연사에게 주어진 역할이나 상황에 따라서 같은 형태의 연설이라도 때로는 전혀 다른 '배역'을 맡아야 하는 경우도 있다. 다음의 상황을 보자.

> 서해의 푸른 바다를 가슴에 품고 잠든 천안함의 46용사들이시여!
>
> 고개를 들고 일어나십시오.
> 여기에 사랑하는 당신의 가족, 생사를 함께 했던 전우들이 와있습니다.
> 사랑하는 가족들이 당신들을 기다리고 있습니다. 왜 한마디 말도 없이 누워만 계십니까?
> 살아서 복귀하라는 간절한 명령을 못 들으셨습니까?
>
> 정녕 사랑하는 가족들이 애타게 울부짖는 소리도 돌아오라고 외치는 전우들의 목소리도 들리지 않는단 말입니까? 바다로 나간다더니 하늘나라로 영영 가버리신 것입니까?
> (후략)

보기의 연설문은 2010년 4월 29일, '천안함 46용사 합동영결식'에서 당시의 해군참모총장이 낭독한 조사(弔辭)의 일부분이다. 이 연설은 군의 공식행사에서 흔히 볼 수 있는 낭독형 연설로, 군 당국에 의해 준비된 원고를 연사가 식장에서 낭독한 것이다. 사관생도 졸업 및 임관식의 대통령 축사 역시 이와 마찬가지의 방식으로 준비되고 실행된다.

위 연설에서의 연사는 군에서 흔히 볼 수 있는 식사(式辭)의 연사와는 사뭇 다른 태도를 취했다. 일반적인 식사에서의 연사는 그것이 축사(祝辭)라고 해도 별다른 감정 표현 없이 무미건조하고 고식적(姑息的)인 태도로 원고를 낭독했던 것과 달리, 위 연사는 비분(悲憤)과 애통(哀痛)의 감정을 숨김없이 드러내는 연설을 했던 것이다. 이는 당시 천안함 폭침을 둘러싼 해군 내의 분위기나 사회적 여론, 그리고 '46용사 영결식'이라는 행사의 기본 성격을 감안한 결과였다. 물론 이것은 연사의 즉흥적이고 무절제한 감정의 발산이 아니라, 이미 계획된 방식에 따라 치밀하게 연출된 감정표현이었음에 유의해야 한다. 실제로 당시 해군에서는 연설에 능한 요원들을 소집하여 총장의 연설 리허설을 도왔던 것으로 알려져 있다.

중요한 것은 어떤 방식, 어떤 태도를 택하든 간에 연사는 철저한 준비와 반복적인 리허설을 거쳐야 한다는 사실이다. 아무리 뛰어난 연사라 해도 준비 없이 연단에 올라 성공적인 연설을 할 수는 없다. 사전에 연설에 필요한 요소들을 결정하고 이를 토대로 여러 차례의 리허설을 통해서 미처 파악하지 못했던 문제점들을 발견해야 한다. 원고의 내용이나 머릿속으로 예측한 연출만으로는 실제 연설을 할 때 어떤 형태로 청중에게 비춰질지 알 수 없다. 자신이 서게 될 연단과 비슷한 환경 아래서 리허설을 통해서 문제점들을 점검하고 실제 연설 시에 겪을 수 있는 시행착오를 최소화해야 한다.

연설의 처음을 열 때 적절한 방법으로는 다음 여섯 가지를 활용하면 효과적이다. ① 청중의 장점 칭찬, ② 연설장 상황이나 장소에 대한 언급, ③ 출신지나 배경 공유, ④ 인용구나 유머로 시작하기, ⑤ 역사적 사건과 결부시키기, ⑥ 사실과 수치를 제시하기 등이다.

4. 연설의 수행

가. 어조와 표현

연설의 논리 전개와 더불어 세부적인 언변이나 사소한 행동도 청중에게 많은 영향을 준다. 전체 내용을 원고에 기록하여 낭독하는 방식의 연설이라 해도 어떤 어조를 취하고 어떤 표현을 사용하느냐에 따라 청중이 가지는 인상 자체가 달라질 수 있다. 연사마다 개성적인 화법이 있을 것이고, 이런 장단점을 살리는 데에는 각기 다른 요법이 필요할 것이지만, 다음과 같은 요소들은 한번쯤 고려해봄직하다.

첫째, 자신감 있는 어조를 견지할 필요가 있다. 어눌하고 머뭇거리는 어조는 청중들에게 신뢰감을 주기 어렵다. 경우에 따라서는 오히려 어눌한 태도를 취함으로써 청중들에게 진실된 모습처럼 받아들여지게 하는 경우도 있지만, 이는 '실제로' 어눌한 것이 아니라 '어눌한 것처럼 보이도록' 연출한 결과일 뿐이다. '~인 것 같은데요', '~은 잘 모르겠는데요'와 같이 유보적인 태도를 취하거나 말끝을 흐리는 등의 표현은, 연사의 사전 준비가 미흡했다거나, 연설의 주제에 대해 미숙하다는 인상을 청중에게 주게 마련이다. 물론 그렇다고 해서 구태의연하게 자신을 떠벌리거나 확실하지 않은 내용을 확실한 것처럼 말하는 것 역시 바람직하지 않다.

자신감과 더불어 주의해야 하는 사항은 '어벽'이다. 쉬운 말로 풀이하면 '말버릇' 정도로 바꿔 쓸 수 있는데, 이는 발화자가 긴장한 상황에서 자신도 모르게 반복적으로 동일한 말을 반복하는 현상을 말한다. 예컨대 '~음', '~어', '~에'와 같이 머릿속으로 다음에 할 말을 생각하면서 무의식적으로 간투사를 자주 내뱉는다든가, '그리고', '그러니까' 류의 접속사를 과도하게 사용하는 것 등이 이에 해당한다. 어벽은 보통 화자가 긴장한 상황에서 자주 발생하므로, 준비가 부족한 상태에서 연단에 오르면 어벽을 겉으로 드러내게 될 가능성이 높다. 이를 방지하기 위해서는 철저한 사전연습과 더불어 평소 자신의 연설 장면을 녹화하여 리뷰하면서 자신에게 어떤 어벽이 있는지를 파악하는 작업이 필요하다.

원고를 미리 준비한 상태에서 하는 연설이라면, 사전에 리허설을 통해 어떤 부분에서 어떤 어조를 취할 것인지, 어떤 부분에서 끊어 읽거나 잠깐의 휴지(休止)를 둘 것인지, 말의 완급(緩急)은 어떤 식으로 조절할 것인지를 원고에 메모해두는 것이 좋다. 아래의 예시를 보자.

> 새 정부는 / 건국과 건군 60주년인 / 올해를 / 선진화의 원년으로 선포했습니다. / 창조적 실용주의와 / 국민의 단합된 힘으로 / 경제를 살리고 / 선진 일류국가를 만들어갈 것입니다. / 이를 위해서는, / 우리 사회 곳곳에 / 창의와 / 실용정신이 / 넘쳐나야 합니다. / 고난과 시련에 굴하지 않고 / 변화를 찾는 / 도전정신이 필요합니다.

'/'는 끊어 읽을 부분을 표시한 것이고, 밑줄은 강조해서 제시해야 하는 부분을 나타낸 것이다. 중요한 부분일수록 말하는 속도를 다소 느리게 하고 한 자 한 자를 또박또박 읽을 수 있도록 자주 끊어 읽는 것이 좋다. 반대로 그다지 중요하지 않은 부분이라면 한 호흡 내지는 두 호흡 정도에 빠르게 읽어 내려간다. 강조해야 하는 단어는 다른 부분에 비해 톤(tone)을 다소 높이거나 한 자씩 끊어 읽는 식으로 차별화를 두어 청중이 쉽게 각인할 수 있도록 한다.

표현에 있어서는 일단 구체적이고 쉬운 말을 쓰도록 노력하는 것이 중요하다. 연설은 현장에서 즉각적으로 이루어지는 의사소통의 형태를 취하므로, 발신자가 메시지를 내놓는 순간 수신자가 바로 받아들일 수 있어야 한다. 수신자에게 2차 해석을 요구하는 추상어나 복잡한 논지 제시는 연설에서는 적합하지 않다. 큰 단위의 숫자를 나열하거나 비슷한 층위의 개념들을 연속적으로 제시하는 것 역시 바람직하지 않다.

연사는 이런 작업들을 사전에 완료한 뒤에 연단에 오르기 때문에 별 차이를 느끼지 못하지만, 청중은 아무런 배경지식 없이 연설을 들어야 하는 입장이므로 지나치게 어려운 표현이나 추상적인 개념을 제시하면 연설의 내용을 따라가지 못하고 흥미를 잃기 쉽다. 가급적이면 연설을 들으면서 머릿속에 선명한 이미지를 그려낼 수 있는 묘사의 방식이나, 한 편의 이야기를 구성해낼 수 있는 서사의 방식을 적극 활용하는 것이 좋다. 만일 반드시 전달해야 하는, 그러나 말로 표현하기 힘든 정보가 있다면 파워포인트나 슬라이드 등을 활용하는 것도 한 방법이다.

[A] 젤리와 푸딩의 차이는 젤라틴 성분의 함유 여부에 있다. 젤라틴이 포함된 것이 젤리고, 젤라틴 대신 단백질 성분이 포함된 것이 푸딩이다. 젤라틴은 우묵이나 한천 등에서 추출할 수 있는 물질로, 반투명하며 탄력 있는 성질을 지닌 까닭에 젤리 역시 반투명하며 탄력 있는 상태를 유지한다. 반면 푸딩은 단백질 성분이 다량 함유된 관계로 불투명하며 젤리와 같은 탄력성을 보여주지 않는다.

[B] 비유하자면, 젤리는 메밀묵이고 푸딩은 계란찜이다.

위 두 예문에서 정보를 '정확하게' 전달하고 있는 것은 [A]이다. 젤리의 핵심 성분이 무엇이며, 그 성분에 따라 특성이 어떻게 달라지는지를 구체적으로 설명하고 있다. 그러나 이러한 방식은 글의 형태로는 받아들이기 쉽지만, 막상 말로 듣게 되면 이해하거나 기억하는 데 어려움을 겪을 수 있다. '젤라틴', '우묵', '한천' 등의 낯선 단어들과, '탄력성', '불투명' 등의 관념어들이 즉각적인 이해를 방해하기 때문이다.

[B]의 경우에는 '메밀묵'과 '계란찜'이라는 구체적인 사물에 빗댐으로써 청중들이 머릿속에 선명한 이미지를 떠올리도록 유도하고 있다. 젤라틴이나 단백질에 대해 잘 모르는 사람도 메밀묵과 계란찜이라고 하면 그 차이가 뭔지 '어렴풋하게나마' 바로 이해할 수 있을 것이다. 물론 정보의 정확도를 놓고 따진다면 [B]는 [A]에 비할 바가 아니다. 그러나 청중에게 제대로 전달되지 못하는 양질의 정보보다는 제대로 전달될 수 있는 평범한 수준의 정보가 연설에서는 더 큰 위력을 발휘하게 마련이다. 손자병법에서도 '우직지계(迂直之計)', 즉 '돌아가는 것이 가장 빨리 가는 방법이다.'라고 이야기하는데, 연설 역시 전달하려는 내용을 직접적으로 설명하는 것보다는 적절한 비유나 일화를 제시하는 편이 청중에게 말하려는 바를 전달하기에 더 확실한 방법이 될 수 있다.

[A]를 버리고 [B]를 취하는 것만이 연설의 바람직한 형태라고 말할 수는 없다. 숙련된 연사라면 [B]를 앞에 제시하고 뒤에 [A]의 내용을 일부 수정하여 언급함

으로써 [B]에게 부족한 정보량을 채우려고 시도할 것이다. 연설에서는 핵심을 앞에 제시하는 두괄식(頭括式)이 훨씬 유리하므로 — 앞 장에서 잠시 살펴보았던 최초이론(primacy effect)을 생각해보라 — [B]를 먼저 제시하여 청중들에게 기본 얼개를 이해시킨 뒤 [A])를 언급하여 정보를 보충하는 방식도 가능하다. 또는 메밀묵이나 계란찜과 관련된 개인적인 경험 등을 서두에 제시함으로써 연설 자체에 대한 청중들의 호기심을 유발한 뒤에 [B]→[A]로 이어지는 본론을 제시할 수도 있다.

공식적인 성격이 강한 연설을 해야 하는 상황이라면, 클리셰(cliche)에도 신경을 써야 한다. 클리셰란 원래 음악에서 사용되는 용어로, 멜로디의 진행과 무관하게 해당 화성의 밑음(base note)을 계속 깔아주는 기법을 가리키는 말이다. 연설에서는 연사에게 주어진 역할이나 연설이 이루어지는 행사의 성격에 따라 반드시 포함되어야만 하는 표현을 가리키는 뜻으로 이 용어가 사용된다.

예컨대 군의 회식 문화에서는 대표로 축배 제의를 할 때 연사의 인물됨이나 말하고자 하는 내용과는 무관하게 항상 첫머리에 "먼저 오늘 이 자리를 마련해 주신 지휘관, 참모 이하 모든 분들게 감사의 말씀을 드립니다."라는 말로 연설을 시작하는 것이 보통이다. 사관학교의 공식행사에서 지휘관 식사(式辭)가 항상 "친애하는 사관생도, 그리고 사관학교 장병과 군무원 여러분"으로 시작하는 것 역시 비슷한 사례다.

경우에 따라서는 가급적 해서는 안 되는, 소위 '터부(taboo)시 되는' 표현도 있게 마련이다. 연설을 할 때 주어진 상황에 따라 클리셰나 터부가 어떤 것들이 있는지 파악하는 것은 순전히 연사 자신에게 주어진 몫이다. 이것은 연설의 기술에 앞서서 에티켓에 해당하는 사항이므로, 청중에 대한 최소한의 예의를 지킨다는 차원에서라도 미리 파악해서 실수가 없도록 해야 한다.

나. 동작과 시선

동작과 시선은 비언어적인 요소이지만, 이 또한 연설에서는 중요한 요소이다. 연사는 연단에 올라서 수많은 청중 앞에서 말을 하는 까닭에, 사소한 행동 하나 마저도 청중들의 관심을 끌기 쉽다. 연사가 조금만 불안해하는 모습을 보여도 청중은 쉽게 눈치를 챌 수 있고, 이러한 상황이 반복되다 보면 연사에 대한 신뢰감을 잃을 수도 있다. 또한 연설의 내용과 직접적인 관련이 없는 무의미한 동작은 청중의 집중력을 분산시켜서 연설을 이해하는 데 방해가 될 수도 있다.

사람은 긴장을 하면 자신도 모르게 무의미한 동작을 반복하는 경향이 있다. 이는 앞에서 언급한 '어벽'과 비슷한 것으로, 신체에 과도한 긴장이 주어졌을 때 이를 해소하기 위해서 우리 몸이 반사적으로 움직이게 되는 것이다. 이런 종류의 동작은 사람마다 제각각인데, 목덜미를 쓰다듬는다거나, 손바닥으로 허리를 문지른다거나, 손을 들어 뒤통수를 긁는다거나, 자신의 턱이나 어깨 등을 감싸 쥐는 행동 등이 대표적이다.

사관생도들의 경우에는 이런 행동 양상이 주로 '복장'과 관련된 경우가 많다. 두 손으로 허리띠를 매만진다거나, 바지를 치켜 올린다거나, 손을 뒤로 해서 근무복 상의의 주름을 매만진다거나, 옷깃을 정돈하는 등의 행위가 많이 나타난다. 이는 아마도 평소 용의단정을 강조하는 사관학교 교육의 특수성 때문이라고 추측되는데, 선배 생도나 상관 앞에서 평소 긴장했을 때 나타나던 행동들이 고스란히 재현되는 것이다. 손을 자연스럽게 늘어뜨리지 못하고 열중쉬어나 차렷과 같은 부동자세를 유지한 채 연설을 하게 되는 것 역시 비슷한 이유에서 발생하는 현상이다.

이런 행동들이 파악되면 어벽과 마찬가지로 교정해야 한다. 대처 방법 역시 어벽의 경우와 비슷하다. 자신의 연설 장면을 녹화하여 리뷰(review)하면서 자신에게 어떤 버릇이 있는지 직접 확인하는 것이 좋다. 자신에게 이러한 버릇이 있다는 사실을 정작 본인은 인지하지 못하는 경우가 태반이므로, 타인의 관점에서 자신의 연설 장면을 바라보고 교정해야 할 점을 찾는 것은 매우 효과적인 학습 방법이다.

연설에서의 동작은 사소한 손짓 하나라도 연설의 목적 달성을 위해 사전에 수립된 계획에 따른 것이어야 한다. 자신이 할 연설에 대한 적절한 동작을 찾는 것은 어디까지나 반복적인 리허설과 피드백을 통해 이루어져야 할 것이지만, '일반적으로' 통용되는 동작 몇 가지를 따로 정리해보았다. 이는 어디까지나 참고사항일 뿐, 절대적인 기준이 아니라는 점은 미리 감안하고 보기 바란다.

① 양손을 양옆으로 펼쳐보인다 : 함께, 깊이, 모두, 전체 등의 의미로 사용되며 청중과 쉽게 친근해지는 느낌을 끌어낼 수 있다.

② 양손을 가슴 아래에서 마주 잡는다 : 감사함, 소망, 의지, 정성 등의 상징적 의미를 가지며, 공손하고 예의 바른 인상을 심어준다.

③ 양손을 목 높이에서 마주 잡는다 : 결심, 단호함, 동참, 투지 등을 나타낸다. 전체적으로 열정에 찬 사람이라는 느낌을 갖게 한다.

④ 양손을 위로 향해 편 다음 배에서 가슴 높이까지 올린다 : 성장, 향상, 희망 등을 의미한다. 진실함, 의욕적임, 차분함 등의 느낌을 준다.

⑤ 오른손을 들어 좌 하단에서 우 상단으로 올려준다 : 이 또한 성장, 향상, 희망 등을 의미한다. ④번 동작과 의미는 비슷하지만 좀 더 열정적인 느낌을 줄 수 있다. 더불어 의욕적임, 단호함, 희망적이고 긍정적인 인상을 줄 수 있다.

⑥ 오른손을 주먹 쥐고 눈높이까지 올린다 : 도전, 결심, 자신감, 의지, 희망, 목표달성, 열정 등을 의미한다.

⑦ 한 손을 들어 손끝을 머리의 옆 부분에 살짝 댄다 : 고민, 연구, 아이디어, 전략, 구상, 숙고 등의 의미다. 고민하는 자세, 사려 깊고 전략적인 사람이

라는 이미지를 줄 수 있다.

시선 처리는 연사가 청중과 소통하는 데 필요한 핵심요소이다. 연사가 청중과 시선을 마주칠 때, 청중은 자신이 연사에게 주목받고 있으며 연사와 대화를 주고받는다는 인상을 갖게 된다. 그러나 긴장한 연사는 보통 청중과 시선을 교환하기보다는 허공을 멍하니 응시하거나 불안하게 좌우를 살피는 모습을 보여주게 마련이다. 이러한 시선 처리는 청중에게도 고스란히 전달되어 연사에 대한 신뢰를 떨어뜨릴 수 있다.

안정감 있는 연설을 위해서는 청중의 규모에 따라서 연설장 전체에 고루 시선을 분배하는 것이 좋다. 전체적으로 '∞'자 모양의 궤적을 그리면서 천천히 시선을 움직이는 것이 바람직하다. 이때 시선을 항상 이동시키는 것보다는, 도중에 시선을 멈추어 청중과 서로 시선을 교환하는 것도 좋은 방법이다. 일반적인 경우 특정한 청중과의 시선 교환은 5~10초 정도가 적정선이며, 연설의 흐름이나 연사의 의도에 따라서 이 시간은 좀 더 길어질 수도 있다.

시선뿐만 아니라 몸이 바라보는 방향이나 연사가 서 있는 위치 역시 약간씩 바꾸어가며 자연스러운 태도를 취할 필요가 있다. 단상에 원고를 올려놓고 낭독하는 경우라면 그럴 필요가 없겠지만, 이보다 덜 경직된 환경에서 연설을 할 때에는 시선의 이동에 따라 몸의 방향이나 연사의 위치도 조금씩 변경하는 것이 좋다. 단 책상이나 연단에 비스듬히 기댄 채 연설을 한다거나, 청중과는 전혀 다른 방향을 향한 채로 연설을 하는 등의 행동은 피해야 한다. 전자의 경우 청중에게 불성실하다거나 무례하다는 인상을 심어줄 수 있고, 후자의 경우에는 소리 자체가 지니는 지향성(指向性) 때문에 연사의 말이 청중에게 제대로 전달되지 않을 우려가 있기 때문이다.

5. 연설 시 참고 사항

가. 연설 할 때의 시선, 태도, 주의 사항

① 불안한 시선 처리는 발표의 신뢰감을 떨어뜨린다.

② 창밖이나 출입문은 바라보지 않는다.

③ 한 곳만 바라보고 있는 것도 좋지 않다.

④ 청중을 개별적으로 바라본다.

⑤ 청중의 머리 너머를 바라보지 않는다.

⑥ 시선은 천천히 좌우로 무한대 모양을 그리며 움직이는 것이 좋다.

⑦ 바라보는 방향에 따라 고개와 어깨를 적절히 움직이는 것이 좋으며, 눈동자만 굴려서는 안 된다.

⑧ 질의응답 시 반드시 질문자를 바라보아야 하며, 질문을 충실히 듣고 있음을 알리는 제스처도 필요하다.

⑨ 스크린이나 메모를 바라보며 말하기보다 가급적 청중으로 시선을 돌린다.

⑩ 손으로 탁자나 탁자 위의 물건을 만지작거리지 않는다.

⑪ 뒷짐 지거나 벽이나 탁자에 기대는 방어적인 자세는 피해야 한다.

나. 연설 연습 요령

① 큰 소리로 연습하기

② 말을 길게 하는 연습

③ 반복해서 연습

④ 메모를 보며 말하는 연습

⑤ 전신거울 앞에서 연습

⑥ 적당한 제스처를 쓰며 연습

⑦ 속도의 변화를 주며 연습

⑧ 천천히 또박또박 분명하게 말하며 연습

⑨ 웃으면서 말하는 연습

⑩ 많은 사람 앞에서 연습

⑪ 자신의 연설에 대한 느낌 평가받기

다. 청중의 느낌 판단 평가표

다음 자료는, 청중 역할을 하는 조력자에게 주고, 평가하게 하여 좌자 자신의 발표 연습 과정에서 부족한 부분을 구체적으로 항목별로 확인할 수 있게 하기 위한 것이다.

말이 빠르다	몸을 자주 흔든다	경직된
말이 느리다	다리 떨기	공손한
발음이 명확하다	청중을 고르게 본다	급한
발음이 불분명하다	땅이나 천장을 보고 말한다	회의적인
목소리 크다	머뭇거린다	냉소적인
목소리 작다	말이 계속 이어진다	빈정대는
더듬는다	너무 자주 웃는다	편안하다
단조롭다	표정이 경직되어 있다	불안하다
악센트가 강하다	자신감 있는	재미있는
사투리	부끄러워하는	사려 깊은
손짓 많다	차분함	확신에 찬
포즈 길다	산만함	객관적인
간투사 많다	냉정함	주관적인
떤다	딱딱함	여유 있는
웅얼거림	열정적임	친절한
입맛을 자주 다신다	솔직함	무뚝뚝한

Chapter

11 | 구두보고와 상담

1. 구두보고의 개념과 요령

보고는 하급자가 상급자에게 의견을 전달하는 것으로서 구두(口頭)나 서면(書面)으로 이루어진다. 보고는 군 조직의 임무 특성상 그 내용의 성격에 따라 일정한 형식을 갖춤으로써 명확함과 통일성을 지향한다. 이러한 보고형식의 대표적인 것으로 보고서를 들 수 있다.

보고서는 공문서 중에서 보고를 목적으로 작성하는 문서로서 조직의 임무수행을 위해 필요한 사항들 모두를 포괄한다. '공문서'란 행정기관 내부 또는 대외적으로 공문서 작성 또는 시행되는 문서(도면·사진·녹음·비디오테이프·필름·전자문서 등의 특수매체 기록을 포함한다) 및 행정기관이 접수한 모든 문서를 말한다.

보고서의 형태는 일반적인 종이문서와 전자문서가 모두 해당하지만 최근에는 가능하면 전자문서로 작성하는 것이 원칙이다. '전자문서'란, 컴퓨터 등 정보처리 능력을 가진 장치에 의하여 전자적인 형태로 작성, 송·수신 또는 저장된 문서를 말한다.

보고서의 중요성은 크게 두 가지로 정리할 수 있다. 첫째, 보고서는 사무활동의 기본적인 매체로서 상하급자 또는 주변부서 사이의 의사소통 수단이자, 지휘관과 참모 그리고 참모와 참모 간의 '의사전달' 및 '상호 협조'의 수단이다.

보고서 작성은 특히 참모의 가장 기본적인 임무이다. 참모는 자신이 맡은 분야 내에서 최선의 계획을 수립하고, 이의 추진과정에서 세부적인 사항을 조치하며, 지휘관은 광범위하고 긴요한 문제에 관한 결심을 하여 예하부대를 효과적으로 지휘하고 통제한다.

장교 생활의 절반 이상을 차지하는 참모활동을 원활하게 수행하기 위해서는 높은 수준의 보고서 작성 능력이 필수적이며 지휘관이 되어서도 보고서의 내용을 충실히 완성시킬 수 있는 안목을 갖추고 있어야 한다.

장교는 해당 군의 다양한 임무 분야 중 특정 분야를 중심으로 전문성을 발휘해야 한다. 그러나 보고서 작성 능력은, 어느 영역에서든 필수적인 자질이다. 어찌 보면 장교의 능력을 평가하는 부분에서, 고유한 임무 분야에 대한 전문성보다 보고서 작성 능력이 더 크고 결정적인 영향을 미칠 수도 있다.

둘째, 보고서는 역사적 사료로서의 가치가 크다. 보고서는 군사 업무와 관련된 여러 가지 현황, 특정한 사안에 대한 연구·조사·분석의 결과, 회의 및 토론에서의 의결사항과 그 과정, 지휘관의 지시나 명령 또는 결심사항, 계획되고 실시된 부대활동 사항 등을 고스란히 보존할 수 있는 수단이다. 장교로서 새로운 임무를 맡았을 때 가장 먼저 해야 할 일이 자신의 임무와 관련된 기존의 보고서 내용을 검토하는 일이다. 기존의 보고서를 잘 이용하면서 자신의 발전적 창의력과 현실적 여건을 적절히 조화시킨다면 인간 기억의 한계성을 극복하면서 발전적인 임무수행을 기대할 수 있다.

이상과 같이 보고와 보고서에 대한 기본적인 성격과 의의를 전제로, 구두보고에 대해 살펴보도록 하겠다. 구두보고는 서면보고에 비해 준비시간이 덜 들고, 신속하게 보고할 수 있다는 점에서 서면보고 못지않게 자주 시행되는 보고이다.

구두보고가 필요한 경우는, 사안이 간단하여 상급자가 구두로 보고를 받아도 이해하는 데 문제가 없을 경우, 이미 보고된 내용의 중간 진행상황을 인지시켜야 할 경우, 서면보고서를 작성하는 데 걸리는 시간이 부담스러울 정도로 긴급한 사안일 경우 등이다.

보고는 장교의 업무 중 상당 부분을 차지하므로 자신의 능력 평가에 결정적인 영향을 끼친다는 점을 명심하고 최선을 다해 성공적인 보고를 실행해야 한다.

구두보고 방법은 6하 원칙에 따라 시행하는 것이 일반적이다. 사관학교 생도대 중대장이 담당 중대원인 2학년 생도가 유격훈련을 받다가 발목을 다치는 사고가 났을 때 대대장에게 보고할 경우를 예로 들면 다음과 같다.

> "대대장님, 오늘 오전 10시 15분 경 / 유격훈련장에서 / 8중대 2학년 홍길동 생도가 / 장애물 넘기 훈련 중 넘어져 왼 발목 부상을 당했습니다. / 즉시 현장의 구급차로 병원으로 이송해서 군의관이 검진 중입니다. / 부상 정도와 부상 원인 등 자세한 사항은 추후 확인하고 보고 드리겠습니다."

6하 원칙에 따라 보고내용을 구성하는 것은 개인별로 별 차이가 없다. 오히려 중요한 것은 6하 원칙에 따라 구성한 내용 이전에 처음 말을 꺼낼 때 첫 언급 내용이다. 이는 보고해야 할 내용이 보고 받는 상급자와 어떤 관계가 있는지 정확히 파악하고 있을 때 적절한 내용으로 꾸밀 수 있다. 이 부분이 보고하는 이의 능력을 드러내는 것이고 그렇기 때문에 보고가 보고자의 능력을 평가하는데 크게 영향을 미치는 것이다.

군에서 계급이 올라갈수록 책임이 커지는데 그 증가 폭은 하급자가 상상하는 것 이상이다. 어떤 보고이든 상급자가 하급자보다 더 크게 받아들일 가능성이 크다는 것을 전제로 보고를 시작하는 것이 좋다. 하급자가 구두로 보고를 시작하면 상급자는 여러 사안 중에서 혹시 시급한 사안일 수 있음을 우선으로 여기며 받아들이게 마련이다. 따라서 다짜고짜 보고를 시작하는 것보다는 먼저 큰 일이 아님을 밝히고 보고하는 것이 좋다.

예를 들어 누군가 다쳤을 때 생명에 지장이 있는 것도 아니고 회복이 가능한 정도라면 그냥 "사고보고 드리겠습니다.", "사고났습니다."라고 시작하는 것보다는 "심각한 부상은 아닌데~", "가벼운 부상자가 발생했습니다."라는 식으로 먼저 얘기하면서 본 내용 보고를 시작하면 상급자가 내심 놀라지 않고 보고를 받을 수 있다.

어떤 사고 사항이 아니라 상급자의 관심사항의 진행상황을 중간에 보고할 경우에는 보고를 시작하면서 그 안건에 대한 자신의 이해 정도를 피력하듯 설명부터 시작하는 것이 좋다. 예를 들어 "예전에 강조하셨던 ○○○건 진행상황 보고 드리겠습니다."라고 언급하면서 보고를 진행하면, 상급자는 보고자에 대하여 때맞춰 유효적절한 조치를 시행하는 유능한 장교로 판단할 가능성이 크다.

보고서를 이용하여 보고할 때에도 보고서부터 상급자에게 펼치고 보고하기보다는, 보고할 내용이 어떤 것이고 상급자가 어떤 결심을 하면 되는지를 한 두 문장으로 간단하게 정리하여 구두로 설명하고 보고를 시작하는 것이 좋다. 상급자는 보고자가 문서를 들고 왔지만 그것을 보여주기 전에 구두로 간단하고 이해하기 쉽게 설명할 수 있다면 보고자의 능력에 대한 믿음이 커지며 실제 보고서를 보고 이해할 때 더 빨리 내용을 확인할 수 있다.

어찌 보면 완벽한 보고서를 만들기 위해 글씨 빛깔을 고민하고 글자 간격을 조절하고 표현을 다듬는 시간보다 자신이 준비한 보고서의 내용을 상급자가 알기 쉽게 핵심 내용 위주로 간단히 정리하는 시간이 더 중요하다는 점을 명심해야 한다.

2. 상담의 개념과 상담자의 요건

가. 상담의 개념

상담은 크게 일반상담(면담, 충고)과 전문상담(심리상담)으로 구분할 수 있다. 일반상담은, 상담의 이론과 방법에 대한 전문적 지식이 없으며 체계적인 상담 훈련을 받지 않은 사람들에 의해 이루어지는 일종의 면담이나 충고로서, 내담자를 변화시키는 데 필요한 구체적이고 전문적인 방법을 적용하지 못하고 자신의 개인적인 경험이나 주관적인 판단, 특정한 사례에 의존하는 성향이 있다. 따라서 상담의 효과를 크게 기대하기 힘들다.

전문상담은, 상담의 이론과 방법에 대한 전문적인 지식을 가지고 있으며 실습과 훈련을 거쳐 전문가의 자격을 구비한 사람들에 의해 이루어지는 것으로서 상담의 효율성이 높다. 이를 정의하자면, "도움을 필요로 하는 사람이 전문적인 상담 훈련을 받은 사람과의 관계에서 과제를 해결하고, 사고·행동·감정 측면의 인간적 장을 위해 노력하는 학습과정"으로 정의할 수 있다." 면담, 충고, 상담, 심리치료 등 유사한 것의 정도를 비교하는 데 다음 표가 유용하다.

표 19 | 면담, 충고, 상담, 심리치료의 비교

구분	의미	기법 수준	자아 개입 정도
면담	단순히 이야기	저	저
충고	상호 정보교환	중	중
상담	적응문제 해결	고	고
심리치료	심한 장애 치료	고	고

군에서 이루어지는 상담을 특별히 군 상담이라 하는데 이 경우 상담자는 상담교육을 받은 군 간부와 군 상담 전문가이고 상담 대상은, 장병과 가족이다. 상

담을 통해 개인 차원에서 문제해결을 돕고 업무수행을 향상시키며 잠재력을 개발하고, 조직 차원에서는 군에 상담문화를 정착시켜 병영문화를 개선하고 사고예방을 도와 궁극적으로 군 전투력을 향상시키는 것이다.

군 상담의 성과를 다시 한 번 정리하면 개인 차원으로는 고민해결, 정신건강, 문제 대처능력 향상, 합리적 결정, 대인관계, 적응, 행복한 군생활 등이 있고, 조직 차원에서는 사고방지, 업무능률 향상, 단결, 리더십, 사기 고취 등이 있다.

나. 상담자의 요건

장교는 군 간부이다. 간부는 조직의 문제에 대한 결정을 책임지는 존재로서 '의사결정자'이며, 조직의 의사결정 과정에 참여하여 최선안을 찾는 '의사소통자'이며, 부하들이 직면하는 스트레스를 관리하고 해소시키는 주체로서 '스트레스 관리자'이며, 구성원에 대한 존중과 신뢰를 통해 상담을 실천해야 할 '상담자'이기도 하다. 따라서 장교로 임관할 사관생도는 장차 담당해야 할 상담자로서의 능력을 갖추어야 한다.

상담자가 갖춰야 할 자질로는, 전문적 자질과 인간적 자질이 있다. 전문적 자질은, 상담에서 가장 중요한 요소이다. 상담자의 전문성이 부족하면 내담자의 증상을 더 심화시켜 하지 않느니만 못할 수도 있다. 상담자의 전문적 자질로는 ① 상담이론에 대한 이해, ② 상담 방법에 대한 숙달, ③ 상담 경험 및 훈련 등이 있다.

인간적 자질로는, ① 자신에 대한 이해와 수용, ② 타인에 대한 관심과 존중, ③ 원만한 성격과 인내심, ④ 삶에 대한 열정과 부단한 노력 등이 있다. 이러한 인간적 자질이 중요한 것은, 상담의 효과를 충분히 얻기 위한 필수 조건으로서 상담자가 상담 대상을 문제를 지닌 존재로만 보지 말고 그 이전에 한 인간임을 명심하고 존중할 수 있어야하기 때문이며, 상담자 자신을 보다 심층적으로 이해하고, 자신의 문제를 해결하고 자신의 인간적 성장을 위해 노력하는 자세를 견지함으로써 상담 대상과 교감하는 가운데 성과를 올릴 수 있기 때문이며, 상담자 자신이 본보기로서 자신을 내담자에게 보여야하기 때문이다.

인간적인 자질 중 상담자가 취해야 할 태도를 간단히 정리하면 존중과 배려로 표현할 수 있다. 존중의 태도란, 모든 사람들의 인간적 존엄성과 그 존재 가치를 믿고 인정하는 것을 말한다. 만약 누군가 잘못을 저질렀다면 그에게 인격적인 질타를 하면 안 된다. 문제와 사람을 분리하는 태도가 필요하다. 한 사람이 지닌 가능성과 장점을 찾아 칭찬하는 데 인색하지 않아야 하고 계급과 인격을 동일시하지 말고 동등한 존재로서 존중할 수 있어야 한다.

두 번째는 배려의 태도이다. 진정한 배려는 다른 사람의 생각과 감정을 그 사람의 입장에서 이해하며 나아가 그것을 소중히 여기고 그들의 행복과 성장을 위해 애쓰는 것이다. 배려의 태도를 실천하기 위해서는 역지사지의 자세가 핵심이다.

3. 상담 단계별 진행 과정과 방법

가. 준비단계

1) 준비사항

상담을 준비할 때는 먼저 상담 대상에 대한 충분한 정보수집이 필요하다. 내담자와 관련된 각종 기록이나 검사결과, 주변인의 평가 등을 최대한 자세히 확인해야 한다.

다음으로 상담 대상별 맞춤형 면접계획을 수립해야 한다. 내담자가 자살 징후자인지, 관심병사인지, 전입신병인지 등의 상황에 따라 계획을 세워야 하고, 자발적으로 상담을 요청한 사람인지 비자발적인 사람인지에 따라 별도 계획을 세워야 한다. 아무래도 자발적인 상담자가 문제 해결 가능성이 높고 자신의 개선 의지가 강한 편이다.

다음으로 상담 형식을 결정한다. 장소와 형식을 미리 계획하고 시행하는 상담은 비교적 심각한 문제일 때 필요하고 일상 속에서 비계획적으로 시행하는 상담은 비교적 가벼운 문제로서 상담을 자연스럽게 진행할 수 있다는 점이 장점이다.

마지막으로 상담시간은 1시간 이내로 하는 것이 좋고 서로 피곤하지 않고 쫓기지 않는 시간대에 실시하는 것이 좋다.

2) 장병과 군 문화의 특성

장교로서 상담을 하게 될 신세대 장병의 특성을 미리 파악할 필요가 있다. 어떤 특성이든 긍정적인 면과 부정적인 면이 있는데 먼저 신세대 장병의 긍정적 특성으로는 ① 교육수준 향상으로 과학 기술화에 따른 새로운 업무 수행 능력을 지니고 있다는 점, ② 자존감이 강하여 임무에 대한 당위성과 합리성이 인정되면 적극적으로 수행한다는 점, ③ 기존 관습이나 관행에 얽매이지 않고 새로운 발전을 지향한다는 점, ④ 개방성과 진취성을 지녀서 조직의 변화에 쉽게 적응한다는 점, ⑤ 솔직한 성격을 통해 밝은 병영생활을 지향한다는 점, ⑥ 평등주의적 사고로 전우애를 고취시킬 수 있다는 점, ⑦ 적극성과 도전성이 강하여 어느 정도 동기화만 되면 임무수행 이외에도 주인의식을 발휘하며 일을 찾아서 할 수 있다는 점 등이 있다.

부정적 특성으로는 ① 이기적이고 개인적인 성향이 강하여 공동체 의식을 약화시킬 수 있다는 점, ② 솔직한 의사표현이 상급자에 대한 반발로 보일 수 있다는 점, ③ 강한 평등의식 때문에 군 조직 특유의 수직적 체계에 반감을 가질 수 있다는 점, ④ 법과 규정, 군대예절에 대한 주관적 해석으로 군기 이완적 행동을 할 가능성이 크다는 점, ⑤ 통제 자체를 싫어하여 각종 훈련을 싫어할 수 있다는 점, ⑥ 절약정신이 부족하여 보급품 망실과 파손의 우려가 크다는 점, ⑦ 감성적이고 물질적 가치 지향성이 강하여 일탈행위를 보일 가능성이 있다는 점 등이 있다.

신세대 장병의 특성에 이어서 내담자로서 병사들의 특성도 이해할 필요가 있다. 그러한 특성에 따라 상담자가 착안해야 할 사항을 정리하자면 다음과 같다. ① 부하는 도움을 받고자 한다. 따라서 간부는 어떤 도움을 원하는지 정확하게 파악하고 돕고자 하는 태도를 적절히 보여 주어야 한다. ② 병사는 하급자로서 불안과 초조함을 느끼게 마련이므로 상하급자 사이에서 이루어지는 군 상담의 특성상 내담자의 마음을 잘 헤아려야 한다. ③ 부하는 '상담' 및 '상담자인 군 간부'에 대하여 자기 나름대로 생각과 기대를 가지고 있다. ④ 부하는 자기가 가지고 있는 문제에 대해 주관적으로 느끼고 생각한다. ⑤ 부하는 경제적 여건, 소속 부서의 분위기, 업무 스트레스 등 자신이 처한 환경과 상호 작용한다. ⑥ 부하는 연령과 학력에 따라 독특한 특성을 지닌다. ⑦ 부하는 자신이 기대하는 바와 실제 수행 사이에서 불일치를 경험한다.

군대문화의 특징도 군 상담자가 반드시 알아야 한다. 군대는 궁극적으로 전쟁 수행이 가능한 조직으로서 그에 맞는 특성과 규범, 생활양식 등을 갖추고 있다. 군대문화의 특징을 일반사회의 문화와 비교하여 살펴보면 다음과 같다.

첫째, 일반문화는 자유와 평등을 기본 이념으로 하는 민주주의를 바탕으로 하나 군대문화는 권위주의와 계급주의가 바탕을 이룬다.

둘째, 일반문화는 각자의 개성에 따른 다양성을 추구하면서 사회 전체가 유기적으로 관계를 이룬다. 군대문화는 계급체제에 따른 통합된 질서아래 획일적 생활양식을 특징으로 한다.

셋째, 일반문화는 형식보다 실용성과 실리를 추구하지만 군대문화는 조직 목적이 절대적이어서 규율과 질서를 함양하기 위해 형식과 의식을 중시한다.

넷째, 일반문화는 개인중심주의를 추구하는 반면 군대문화는 집단주의를 추구한다. 군대의 집단주의가 개인의 존엄성을 무시하는 것은 아니지만 집단의 의사에 개인의 의사를 복종시킬 것을 요구한다.

다섯째, 일반문화는 임무수행에 있어서 유연성이 있지만 군대문화는 임무수행에서 완전주의를 추구한다. 승자만이 살아남는 상황에서 완벽함이 필수적이다.

여섯째, 일반문화는 직업적 문화로서 시장 개념에 따른 가치와 규범, 원리 등이 중시된다. 군대문화는 공공 조직적 문화로서 공동 목표를 실현하기 위해 개인적 이익을 초월하는 가치, 규범, 목적성 등이 정당화된다.

이상에서 두 문화의 차이를 강조했으나 중요한 것은, 두 문화가 근본적으로 별개의 것은 아니라는 점이다. 두 문화는 시대와 지역에 따라 차이가 있더라도 상호 관계를 맺으며 성장했고 최근의 개방성에 따라 교류가 더욱 증대되고 있다.

나. 실시단계

1) 진행과정

상담의 일반적인 진행과정은 ① 소개인사 나누기, ② 관심사 파악, ③ 희망사항 탐색, ④ 실천계획 수립, ⑤ 생활의 변화 확인, ⑥ 작별 순이다.

한 개인에 대한 상담의 진행과정으로 보면 ① 초기, ② 중기, ③ 후기로 구분할 수 있다. 초기 단계에서는 내담자의 호소를 경청하면서 서로 관계를 맺는 단계이다. 이 단계에서 가장 중요한 것은 상담자와 내담자 사이의 공감대 형성이다.

중기 단계에서는 내담자의 문제를 탐색하면서 상담 목표를 설정해야 하고 내담자의 행동에 변화가 일어나도록 인도해야 한다. 보통 4~5차례 상담이 진행된 시기이며 문제를 명확히 하고, 어떤 방법과 절차를 적용할 것인지 확실히 해야 한다. 내담자는 이 단계에서 문제에 대한 자각과 합리적 사고가 촉진되고 문제해결을 위한 실천행동이 구체화되고 실천에 들어가는 단계이다.

후기 단계에서는 상담 종결에 따른 사항을 다루는 시기로서 종결 시점을 결정하고 상담의 성과를 평가하고 미진한 부분에 대한 추가 조치를 논의한다. 종결 시기는 목표 달성 여부와 효과성·경제성을 고려하여 결정한다. 어느 정도 긍정적 문제해결 결과가 있어야 한다.

상담 후 관리도 중요하다. 약속한 사항이 있으면 반드시 이행함으로써 내담자가 문제해결을 피부로 느낄 수 있도록 해야 하며 약속을 이행하지 못할 경우 그 사유를 확실히 납득시켜야 한다. 문제가 해결될 때까지 지속적으로 관심을 기울어야 하고 해결된 후에도 결과에 대한 재상담까지 시행하는 것이 필요하다. 끝으로 비밀 유지를 통한 상호 신뢰를 구축해야 한다.

2) 상담방법

가) 반영

한 사람이 거울을 이용하여 자신의 모습을 비춰보듯이 상담자가 거울 역할을 하여 내담자의 태도와 감정을 보여주는 것으로, 상담자가 참신한 언어와 비언어적 수단으로써 표현해 주는 것을 말한다.

가능한 한 다른 말을 사용하고 서로 일치하지 않는 행동과 감정을 반영해야 한다. 내담자의 말에서 표현된 의미를 첨가하거나 삭제하지 않도록 유의하고 비언어적 행동(자세, 몸짓, 억양, 눈빛 등)도 활용한다.

나) 구조화

상담자가 내담자에게 상담의 본질, 상담자와 내담자의 역할, 상담의 제한조건과 방향 등을 알려주며 상담 기관과 비용 등을 결정하는 것을 말한다. 구조화

내용은 최소한으로 하는 것이 좋고 적절한 시점을 놓치지 않도록 유의한다.

다) 바꾸어 말하기

내담자가 말한 내용을 상담자가 다른 말로 바꿔 표현하는 것을 말한다. 전달하고자 하는 요점을 분명히 전하면서 인지적인 측면과 내용을 강조한다. 이야기의 핵심을 쉽게 이해할 수 있도록 간단히 표현해야 한다.

라) 요약

여러 가지 생각과 감정을 매 상담이 끝날 무렵 하나로 묶어서 정리하는 것을 말하는 것으로서 상담 내용 중 핵심 내용과 스토리를 잡아내야 한다. 상담자가 파악한 내용을 정리하되 새로운 견해를 더하지 않도록 유의해야 한다. 가능하다면 내담자가 스스로 요약 정리할 수 있도록 하면 좋다.

마) 명료화

내담자가 한 말 중에서 모호한 부분을 확실히 알도록 해주는 것을 말하며 내담자의 말을 비판한다는 인상을 주지 않도록 조심해야 하며 구체적인 예를 들어 명확하게 해주는 것이 좋다. 내담자의 진술에 대한 상담자 자신의 반응을 나타내어 내담자의 반응도 명료화해야 한다.

바) 해석

내담자의 생활 경험과 행동의 의미를 설명하여 내담자로 하여금 자신의 문제를 새로운 각도에서 이해하도록 하는 것을 말하며, 내담자의 견해와 어느 정도 일치하지 않으면 효과가 없다. 해석은 내담자가 수용 준비가 되었을 때 해야 효과적이다. 마음의 준비가 되지 않은 내담자가 해석을 접하면 상처만 받고 상담을 거부할 가능성이 있다.

사) 질문

상담 과정 중 질문을 할 때는 가능한 개방형으로 질문해야 하며 한 번에 한 가지씩만 질문해야 한다. 간결하고 명확한 질문을 간접적으로 시행하면 좋다. '왜'라는 질문은 가급적 피해야 한다. 질문한 다음에는 내담자가 답변을 준비할 충분한 시간을 줘야 한다.

예를 들어 "병영생활은 불편하지 않니?"라는 질문은 폐쇄적인 질문이고 "현재 병영생활은 어떠니?"라고 물으면 개방형 질문이 된다. "김 병장은 이 일을 어떻게 생각하니?"라는 질문은 직접적인 질문이며, "김 병장은 이 일을 어떻게 생각하는지 궁금하군." 하면 간접적인 질문이다.

아) 직면

직면이란, 내담자의 사고나 행동 등에 대한 모순점과 불일치를 지적해 주어 내담자의 자각을 돕는 것을 의미한다. 내담자 스스로 깨닫지 못하고 있지만 그의 말이나 행동에서 불일치가 발견될 때 불일치를 지적한다. 중요한 것은 내담자가 자신의 욕구에 따라 상황을 볼 것이 아니라 상황을 있는 그대로 볼 수 있도록 할 때 사용해야 한다는 점이다. 부정적 측면에 초점을 맞추거나 내담자의 한계를 느끼게 하는 것은 절대 금물이다.

자) 조언과 지시

조언과 지시는, 전문적인 기술이 있어야 효과를 발휘할 수 있다. 내담자의 문제해결에 도움이 되는 방안을 직접적으로 제안하는 것을 조언이라 하고 지시는 조언보다 강제성을 더 띄는 것으로서 내담자에게 행동의 변화를 유도하며 제시하는 것이다. 구체적이며 명확하게 제시해야 한다.

차) 경청

경청은 단순히 듣는 것 이상의 것으로서, 내담자로 하여금 생각이나 느낌을 자유롭게 표현할 수 있도록 상담자가 적극적이고 능동적으로 반응하는 것을 말한다. 경청을 할 때는 상대방에게 일어난 구체적인 사건을 들어야 하며, 그 사건에 대한 내담자의 주관적인 생각, 감정 및 행동양식에 귀 기울여야 한다. 효과적인 경청을 위해서는 공감, 수용, 질문, 요약 등을 적절히 활용해야 한다.

경청 시 유의해야 할 동작을 보면, 손바닥을 감추면 숨기는 것이 있다는 느낌을 주므로 지양해야 하고 손으로 입을 가리면 거짓말, 코를 만지면 거짓말 위장, 눈을 문지르면 거짓말 은폐, 귀 문지르면 듣기 싫다는 뜻, 옷깃을 잡아당기면 거짓이 들통 났음을 의심하는 것, 손으로 머리를 받치면 지루함, 시선을 피하면 거짓을 말하는 것을 의미하니 주의해야 한다.

팔짱 끼기는 폐쇄적 이미지를 주고, 다리를 꼬거나 발목을 걸면 경쟁의지와 거부적 태도를 의미한다. 이 외에도 여러 동작들을 그 의미와 함께 확인하고 상담자의 의도와 무관한 부작용을 초래하지 않도록 주의를 기울여야 한다.

3) 참고 자료

가) 효과적인 상담을 위한 요령

① 평상 시 신뢰하고 친밀한 관계를 형성한다.
② 상담 전 내담자에 대한 정보를 충분히 파악한다.
③ 내담자가 편안함을 느끼도록 한다.
④ 테이블은 원형이 좋고 대각선으로 앉는다.
⑤ 대명사 대신 이름을 부른다.
⑥ 첫 상담에서 상담의 의미, 상호 관계, 역할, 상담시간 등을 결정한다.
⑦ 비자발적 내담자에게는 현재 심정부터 묻는다.
⑧ 질문공세를 펼치지 않는다.
⑨ 내담자의 감정에 주목하면서 공감하고 공감 내용을 전달한다.

⑩ 가급적 말을 적게 하고 내담자의 말을 경청한다.

⑪ 내담자의 말을 평가하지 말고 수용하는 태도를 보인다.

⑫ 화제 변경은 불가피한 경우 조심스럽게 시도한다.

⑬ 중립적 자세를 유지한다.

⑭ 구체적인 사례를 요청한다.

⑮ 내담자의 진술 자체보다 그 이면에 존재하는 문제나 감정을 의식한다.

⑯ 비밀보장에 대한 믿음을 준다.

⑰ 내담자의 장점과 긍정적 측면을 적극적으로 파악하고 격려한다.

⑱ 문제를 해결해주거나 해결 방안을 제시하지 않고 내담자가 찾도록 한다.

⑲ 모든 문제를 해결할 수 있다고 기대하지 않는다.

⑳ 종결은 유쾌하게 맺는다.

㉑ 상담자 역량이 부족하면 더 적절한 상담자에게 의뢰한다.

㉒ 상담 효과 파악을 위해 추후상담을 실시한다.

나) 초급 간부용 상담교육 시간표(예)

다음 자료는 군에서 하급자에 대한 상담능력을 부여하기 위해 초급 간부를 대상으로 실시하는 교육 시간표의 한 사례이다. 총 4시간 정도의 교육을 통해 상담 과정을 이해하고 상담 기법을 실습식으로 습득하게 하는 내용이다.

주제분야(H)	주요 내용	비 고
상담과정이해(2H)	- 상담에 대한 이해 - 리더의 역할과 태도 : 존중, 배려 - 상담 진행 요령 : 초기, 중기, 후기 - 사례를 통한 상담과정 이해	- 각 군의 특성 고려
상담기법실습(2H)	- 관계형성 기법 - 문제담색 및 이해 기법 - 문제해결 기법 - 사례를 통한 상담기법 실습	- 군에 실제 적용 가능 기법 위주 - 각 군의 특성에 맞는 사례

다) 문제 유형별 상담 모델(김완일, 2006)

다음 내용은 군에서 초급 간부가 접하기 쉬운 상담 사례를 대표적인 8개 유형별로 주요 사항을 정리한 자료로서 각 사례별 증세와 그에 따른 상담 요령을 밝힌 것이다. 충분히 익혀서 임관 후 상담자로서 역할을 잘 감당해야 한다.

① 복무 부적응

- 증세 : 대인기피, 혼자놀기, 정서불안, 분노, 스트레스, 불만토로, 태만, 요령, 의욕 없음, 군무이탈,자살,구타/가혹행위,왕따 등 …
- 기법 : 공감, 심리적 안정감, 내담자 인정, 개인가치 존중(관계형성), 긍정, 격려, 자신감 부여, 상담자 모델링

② 이성문제

- 증세 : 불안, 자포자기, 식욕부진, 체중감소, 의욕 없음, 군무이탈, 자살 등
- 기법 : 공감, 수용(관계형성), 감정 정화, 상담자 자기노출, 비합리적 사고 교정

③ 가정문제

- 증세 : 우울함, 불안(외출/휴가 복귀 후), 타인 의존적 성향, 잦은 청원휴가 신청, 의가사 제대 문의, 집중력 저하, 군무이탈, 자살 등
- 기법 : 공감, 수용(관계형성), 감정정화, 가정문제의 현실적 어려움 이해

④ 대인관계

- 증세 : 좁은 인간관계, 말이 없고 소극적, 자신감 결여, 열외, 편안함 추구, 불평, 불만, 왕따
- 기법 : 심리적 상태 충분한 공감, 자신의 문제점 깨닫도록 함, 대인관계 기술 훈련

⑤ 자살문제

- 증세 : "죽고 싶다" 표명/기록, 불면증, 깊은 생각, 식욕부진·과다, 대인기피증, 과격언행, 감정기복
- 기법 : 관계형성, 공감, 구체적 자살방법 확인, 비합리적 사고, 부정적 사고 논박, 현실적 대안 찾기

⑥ 성격문제

- 증세 : 부정적 언행, 자기 비하, 자기 탓, 불안반응, 피해의식, 사람 기피, 소극적, 흥분,감정기복,잦은 언쟁, 아픔 호소, 열외
- 기법 : 긴장·불안 감소를 위한 근육 이완, 비합리적인 사고 교정, 상상법과 정화, 긍정적 사고 변화, 변화노력 지지/격려

⑦ 건강문제

- 증세 : 고통 호소, 의존적 태도, 우울증, 난폭함, 열외, 군무이탈, 자살, 구타, 가혹행위, 왕따 등
- 기법 : 꾀병 확인, 증상에 따른 최선의 조치, 조치방법 토의

⑧ 전입신병

- 증세 : 긴장, 불안, 신상노출 꺼림, 낯섦, 미숙함, 눈치, 자신감 부족
- 기법 : 따뜻한 환경, 긴장 완화, 신뢰감 조성, 관계형성, 특이사항 집중 파악

Chapter

12 | 회의

1. 회의의 목적과 진행 원리

회의란 공통의 문제를 가지고 구성원들의 의견을 모아 최선의 해결책을 찾고자 하는 의사 결정 과정 또는 그 모임을 말한다. 회의가 생긴 이유는, 어떤 문제를 해결하기 위해 한 사람이 결정하는 것 보다 여러 사람의 의견을 모아 결정하는 것이 바람직한 결정을 내릴 확률이 높기 때문이다.

회의의 방식은 어떤 공통 문제 해결을 위한 집단적 사고를 모색하는 것이기 때문에 반드시 '대화'라는 형태를 그 기본으로 한다. 회의는 언어라는 수단을 통하여 의사를 교환하여 하나의 결론에 이르는 일종의 커뮤니케이션 과정이라고 할 수 있다.

회의에서의 커뮤니케이션은 하나의 목적의식 속에서 무언가를 달성하기 위해 노력한다는 점에서 잡담과 다르며, 한 사람의 발언이 다른 사람의 사고에 영향을 주고 새로운 발언을 창출하고 또 유도한다는 점에서 연설이나 강연과도 다르다. 회의의 생산성은, 회의에 참여하는 참가자들이 서로 활발한 상호 작용을 일으킬 때 기대할 수 있다.

회의를 구성하는 발언들은 한 사안에 대해 의견을 서로 나누거나 특정 사안에 대해 보고하거나 특정 주제에 대해 연설을 하거나 문제 해결을 위해 토의하는 등의 양상으로 나타난다. 회의는 문제의 소개에 머무는 토의와 달리 단순히 의견 교환에 머물지 않고, 의견의 일치를 가져오고 이를 행동으로 연결시켜야 한다. 진정한 회의란 문제 해결 방안과 함께 실제적 행동을 결정하고, 상호 협동을 통해 이를 실행해 나가는 실제적인 행동의 결정 단계까지 나아가야 한다.

회의는 여러 사람이 모여 행하는 의사결정 과정이므로 민주의의와 적법성에 기초하여 진행되어야 한다. 회의는 그 방법에 있어 체계적인 규칙이 필요하다. 자기 멋대로 이야기하는 것이 허용되지 않으며 아무런 소재나 내용이 회의의 안건으로 채택되어서도 안 된다. 회의는 규칙에 따라 합리적으로 진행되어야 하며 이를 위해 사회자(의장, 리더)가 필요한 것이다.

회의란 여러 사람이 하나의 문제를 해결하기 위하여 상이한 의견과 입장을 가지고 서로 의견과 정보를 교환하는 과정이라고 할 수 있다. 회의의 바람직한 진행을 위해서는 '평등', '자유롭고 충분한 발원권', '다수결 원리', '한 번에 한 가지씩 해결하기' 이상 네 가지가 충실히 지켜져야 한다.

군대는 상명하복의 명령체계가 대표적인 특성이라서 상급자가 일방적으로 지시하는 것으로 생각하기 쉽지만, 실제 다양한 회의가 빈번하게 열린다. 장교는 각종 회의에 참여하여 다양한 역할을 수행해야 하며 그 수행의 결과는 당사자에 대한 비중 있는 평가로 이어지는 경우가 많다. 장교는 군 조직에서 리더의 역할을 해야 하므로 회의에 참여할 기회가 많다.

어떤 회의에 참석하더라도 진행자인지 단순 참가자인지 자신이 맡아야 할 역할을 우선적으로 파악해야 하고 다음으로 회의를 여는 사유와 그에 대한 기초자료를, 그 다음으로는 안건과 관련된 현황과 문제 해결을 위한 방안까지 최선을 다해 파악하고 준비한 다음 회의에 참여해야 함을 명심해야 한다.

2. 회의의 유형과 구조

회의는 열리는 시기가 정해진 것이냐의 여부에 따라 정기 회의와 수시 회의로 구분할 수 있다. 정기 회의로는 업무분석 회의, 월간 회의, 주간 회의, 일일 회의, 위원회 등이 있으며 일정 기간 동안 이루어진 업무진행상황에 대한 보고와 파악·공감을 통해 보다 나은 업무를 지향한다. 아울러 지휘관의 지휘지침을 전파하여 원활한 임무수행을 지향한다.

수시 회의는 개념 통일이 필요하거나 특정한 업무 준비를 위해 열리는 경우가 많다. 정기 회의의 참석자가 회의 규칙과 함께 미리 결정되는 경우가 대부분임에 비해 수시 회의의 참석자는 사안에 따라 새롭게 결정된다.

일정한 결과를 제시할 수 있는 성공적인 회의를 만들기 위해서는 회의의 목적과 역할을 명확하게 정의하는 것과 함께 회의의 기본 구조를 상기할 필요가 있다. 참가자 모두가 동의하고 준수할 수 있는, 체계적인 구조를 갖추고 진행되는 회의가 아니라면 대부분의 회의는 아무런 성과도 없이 끝날 것이다.

일반적인 회의의 기본적인 순서는 ① 개회선언, ② 필요 시 출결 점검, ③ 지난번 회의록 낭독/정정/승인, ④ 회계보고, ⑤ 기타 임원의 보고, ⑥ 상임 위원회 보고, ⑦ 특별 위원회 보고, ⑧ 미결 사항 처리, ⑨ 새 의제 처리, ⑩ 산회 순이다.

의결 과정은 ① 동의, ② 재청, ③ 의장의 동의 설명(확인 효과), ④ 찬반 논의, ⑤ 논의 종료, ⑥ 동의내용 확정, ⑦ 표결(무기명 투표, 구두, 박수, 거수, 기립, 개인 호명 찬반 확인 등으로 진행), ⑧ 결과발표 순이다.

참고로 '특별동의'나 '수정 의견'도 정상적인 의견과 유사하게 처리하는 것이 원칙이며 한 건씩 처리하는 것이 원칙이다. 회의의 구조를 살펴보기 위해 '회의 준비', '회의 진행', '회의 평가' 3단계로 점검하도록 하겠다.

가. 회의 준비

1) 회의 기획

효율적인 회의가 되기 위해서는 먼저 철저한 회의 준비가 필요하다. 이것은 단순히 회의 주제를 사전에 알리는 일이나 자료 배포 등에 머물지 않고, 회의에 참여하는 리더나 참석자 모두의 마음가짐까지 올바로 설정되어야 한다. 회의 진행자가 회의 시작 전에 다음의 5W 1H라는 6하 원칙에 입각해 회의 전체를 사전 점검하면 좋다.

① Why : 왜 이 회의가 필요한가, 회의를 열지 않고 해결할 수 있는 방법은 없는가를 모색한다.
② What : 의제가 회의 목적에 맞는지 검토한다.
③ Where : 모두 모일 수 있는 장소가 있는지 확인한다.
④ When : 회의 시간은 언제가 좋은지, 적절한지 확인한다.
⑤ Who : 의제에 맞는 사람을 출석시킨다.
⑥ How : 어떻게 의제에 맞는 결론을 도출할 것인지 검토한다.

2) 회의의 목적에 따른 진행

참석자들이 회의의 목적을 모르거나 오해하고 있으면 활발한 회의는 기대할 수 없다. 참석자들이 '무엇'을 위한 회의인지를 명확하게 파악하고 있을 때 회의에 맞는 성과 있는 발언을 할 수 있으며 그에 따른 노력도 인정받게 되는 것이다. 회의는 회의를 하지 않으면 해결할 수 없는 문제만을 선택하여 목적에 적합한 회의를 하도록 해야 하는데, 이러한 목적에 따른 회의의 형태는 다음과 같다.

가) 정보 전달형 회의

조직이 커지면 담당 임무나 처지가 다른 구성원 간에 정보의 불균형이 생기고 이를 방치하면 조직운영에 지장을 초래할 수 있다. 정보 전달형 회의는 구성원 서로가 무엇을 하고 있는지 알기 위해서 그리고 구성원이 함께 공유해야 할 내용이 있을 때 여는 회의이다.

나) 문제 해결형 회의

이 회의는 현재 존재하는 문제의 원인을 찾고, 그 해결책을 찾는 것을 목적으로 한다. 문제 해결형 회의를 진행할 때는 단계가 있다. 첫 번째 문제를 파악하여 이를 정리·분석하고, 다음으로 해결책을 세우며, 마지막으로 실행계획을 세운다.

다) 계획 입안형 회의

이 회의는 비교적 주제가 명확해서 계획이나 일정을 짜고 혼재된 항목을 정리하는 것이 주목적이라 할 수 있다. 이 회의를 활발하게 진행하려면 필요한 행동 목록을 신속하게 찾아내고 가장 적절한 일정을 처리할 수 있는 능력이 필요하다.

라) 이해 조정형 회의

이해 조정형 회의는 개인이나 조직 간의 이해득실이 다른 데서 생겨나는 알력이나 문제를 조정하는 것을 주목적으로 한다. 이 회의는 자칫하면 감정적으로 흐르기 쉬우므로 가능한 한 냉정하게 논의를 진행해 타협점을 찾는 것이 중요하다.

3) 회의 사전 공지

회의를 열고자 할 때는 반드시 계획을 수립해야 한다. 계획이나 아무런 공지

없이 회의를 해야 할 때도 있지만, 이러한 회의는 가급적 피해야 한다. 효율적인 회의가 이루어지기 위해서는 사전 준비가 필요하며, 이를 위해서는 무엇을 이야기하기 위해 회의가 열리는 것인지, 사전에 어떤 준비가 필요한지 미리미리 알려줘야 한다. 회의 통지는 적어도 회의 시작 1주일 전에 끝내야 하는데, 회의 준비사항을 회의 통지 전에 모두 갖추어 놓아야 한다. 회의에 대해 사전에 통지해야 할 내용은 다음과 같다.

① 회의 이름과 목적
② 회의 주제 및 토의 항목, 회의의 종류
③ 개최일시, 시작 시간과 종료 시간
④ 개최장소(주소, 전화번호, 약도)
⑤ 진행자 이름
⑥ 참석자 명단
⑦ 회의 자료 첨부
⑧ 기타(참석자가 사전에 준비해야 할 자료)

4) 참석자 선정

'회의 시간이 늘어나는 것은 참가자 수와 비례한다.'라는 일종의 법칙이 있는데, 현실적으로 회의를 진행하기 위해서는 회의에 어떤 사람을 참석시킬지 신중하게 결정하여 회의의 목적을 달성하는 데 꼭 필요한 사람만을 참석시키도록 해야 한다. 회의는 참가자가 서로 협력해야 목적을 달성할 수 있다. 참가자의 의식과 기술이 회의의 성공에 직접적인 영향을 미치는 것이다. 그러므로 참가자를 선발할 때 다음과 같은 조건을 고려할 필요가 있다.

① 결정권을 가진 사람을 참석시킨다.

② 다른 부서라도 회의에 관계가 있는 사람이라면 참석시킨다.

③ 회의 주제에 대해 강한 문제의식이 있는 사람을 참석시킨다.

④ 회의 주제와 관련된 전문가를 참석시킨다.

⑤ 자기의 의견을 확실히 밝힐 수 있는 사람을 참석시킨다.

5) 회의 자료 사전 배포

회의 진행자는 회의에 필요한 자료를 적어도 회의 하루 전까지 참가자들에게 배포하여 안건에 대한 충분한 사전 숙지 및 검토가 이루어질 수 있도록 하여야 한다. 회의 중에 자료를 나누어 주면 사람들이 회의 때 자료를 읽고 질문을 받는 추가적인 시간이 소요되고, 일부는 회의 자료를 보기보다는 우선 회의에 몰두하면서 회의 자료에 대해 잊어버리게 된다. 그러므로 활발히 의견을 주고받는 회의를 만들기 위해서는 사전에 의제를 전달하고 회의 검토 자료를 조금이라도 빨리 배포하는 것이 좋다. 사전에 의제를 전달·배포한다고 해서 좋은 의견이 나온다는 보장은 없다. 의제에 따라서 사전검토 및 준비를 하는 데 필요한 시간이 다르기 때문에 의제에 맞춰 사전에 자료를 전달·배포하는 시기를 조정할 필요가 있다.

6) 시간 분배

회의를 효율적으로 이끄는 비결 중 하나는 시간을 잘 분배하는 것이다. 일단 회의 시간이 되면 참석자가 모두 모이지 않더라도 무조건 시작해야 한다. 회의를 늦게 시작하면 늦는 것이 아예 습관화될 수도 있으므로 회의가 시작되는 시간을 정확하게 지키는 것이 중요하다. 또한, 회의가 끝나는 시간도 중요하다. 회의는 정해진 안건을 마칠 때까지 하는 것이 아니라 반대로 마칠 시간을 정하고 거기에 맞게 결론을 내는 것이 중요하다. 그러면 대개 현실적으로 할 수 있는 대안이 나오게 마련이다. 누구나 빨리 회의를 마치고 싶어 하고 이를 위해서는 빨리 결론을 내야 하므로 각자에게 동기 부여가 되는 것이다. 회의의 성공 여부는 참석자들이 얼마나 충실히 회의에 참여하느냐에 따라 달렸는데 참석자의 참여도와 직결된 요인이다.

7) 회의 비용 공지

회의라고 하면 자칫 시간에만 관심을 가지기 쉽지만 사실 경제적인 면에서도 상당한 비용이 든다는 점을 잊어서는 안 된다. 그러므로 시간과 비용이 어느 정도 드는 회의라면 불필요한 요소를 없애거나 내용의 충실을 기하기 위해 한층 더 노력해야 한다.

회의 비용은 참석자와 회의를 준비한 직원의 직급·직책별 인건비에 집기비품 사용료, 장소 대여료 등 기타 비용을 더해 산출한다. 이렇게 산출된 비용내역은 회의 시작 전에 모든 참석자들에게 미리 공지해야 한다. 회의를 돈으로 환산하는 것은 직원들에게 자신이 참석하는 회의가 얼마나 중요한지에 대한 새로운 인식을 심어주기 때문이다.

8) 회의 장소 준비

회의 장소는 일반적으로 생각하는 것보다 회의의 효율성을 높일 수 있는 중요한 요소 중의 하나이다. 회의장 환경이 미치는 영향을 고려해 회의 형태에 적합한 장소를 준비해야 한다. 적절한 회의 장소는 생산성을 향상시키고 커뮤니케이션을 원활하게 한다. 그뿐만 아니라 참석자들이 편안함을 느끼도록 해 회의의 효율성을 높여준다. 또한, 좌석 배치 등을 활용하면 참석자들 간의 접촉이나 대화 등을 쉽게 함으로써 상호 작용에 영향을 주어, 회의의 효과를 증대시킬 수도 있다.

회의 장소 확보는 회의 일정을 조정하는 일과 병행하거나 일정이 정해지는 대로 신속히 수행해야 한다. 장소를 선택할 때에는 당연히 회의 형태나 참석자, 참석 인원 등을 고려하여 가장 적당한 장소를 물색해야 한다.

나. 회의 진행

1) 회의 방향 유지

회의 진행자가 할 일은 회의를 통해 무엇을 얻고자 하는지를 참석자들이 모두 공감할 수 있도록 하는 것이다. 또한, 논의가 일반론으로 흐르지 않도록 해야 하는데, 일반적인 이야기만 주고받게 되면 구체적인 결과를 얻지 못하고 시간을 다 허비하게 되기 때문이다. 따라서 회의 진행자는 토의가 옆길로 벗어나지 않도록 미리 진행 방향을 예견해야 하며, 참석자들이 제시한 의견이나 자료 중에 적절한 것은 기록하고 그렇지 않은 것은 제외하도록 한다.

2) 결론 도출

회의 분위기가 좋고 활발하게 의견을 주고받았다고 하더라도 구체적인 아이디어를 하나도 얻지 못 했다면 그것은 실패한 회의라고 하겠다. 회의에서 가장 중요한 것은 '결정'이다. 그러므로 진행자는 회의 진행 중에 회의의 방향과 목적을 확실히 인식시켜, 회의가 결론을 이끌어 내기 위해 진행되고 있다는 점을 모든 참석자가 확실히 인지하도록 해야 한다. 이와 함께, 회의의 주제도 추상적이거나 신변잡기의 이야기가 아닌 결론을 위한 구체적인 논의가 가능한 것으로 선택해야 하겠다.

3) 좋은 회의 분위기 조성

회의 참석자들이 모두 모여서 회의를 시작할 때, 서로 안면이 없거나 가까운 사이가 아니어서 분위기가 서먹한 경우가 있다. 이럴 때는 경직된 분위기를 풀어줄 필요가 있는데, 참석자들이 긴장을 풀면 친근감이 생기고 두뇌회전이 빨라져서 회의가 더 효율적으로 이루어지기 때문이다. 이를 위해 회의 시작과 함께 3분 정도 의제에 대해 각자 자유롭게 의견을 발표하도록 하는 것도 좋다. 강압적인 회의 분위기는 진행자에 의해 결정되기도 하는데, 의견을 제시한 참석자에게 면박을 주거나 말을 끊는 행위, 화난 얼굴로 회의를 진행하는 행위 등은 회의 분위기를 경직되게 만든다. 참석자들의 회의 참여를 높이기 위해서는 오히려 진행자가 불쑥 질문을 던지는 것도 좋은 방법이다.

4) 토론식 회의 지향

회사에서 회의가 진행되는 경우, 참석자가 관리자와 사원으로 분리된다면 회의는 효과적으로 진행된다고 할 수 없다. 이는 수직적 관계에서 회의가 진행되므로 업무활동이나 계획을 보고하고 보고받는 차원에서 회의가 이루어질 소지가 크기 때문이다. 그래서 새로운 회의 문화에서는 참석자들의 수직적인 관계보다는 수평적인 관계, 지시보다는 자율을 요구하고 있다. 전쟁이나 운동 경기에서는 상대방의 승리, 곧 이익이 자신의 손해로 돌아오게 되지만, 회의에서의 토론은 다르다. 회의 중 토론의 목표는 상대방을 이기는 것이 아니라, 참석자들의 합의를 통해 공동의 이익을 창출할 수 있는 하나의 결론을 내리는 것이다.

5) 건설적인 논쟁 유도

논쟁은 상대방의 관점을 바꾸려고 하는 강압적인 시도로, 한 사람이 이기면 다른 사람은 지게 되므로 좋지 못한 것이다. 그러나 건설적 논쟁은 다르다. 건설적 논쟁은 모든 사람이 가장 좋은 해결책을 찾기 위해 의견을 교환하는 과정이다. 이러한 과정에서 중요한 것은 회의 주제에 관한 정보와 의견을 가능한 한 많이 교환하는 것이다. 의견 차이로 인해 더 큰 문제가 나타나기 전에 미리 해결하는 것이 좋을 뿐 아니라, 때로는 서로 다른 의견들 사이에서 정답을 도출할 수도 있기 때문이다. 그러나 무엇보다 효율적인 회의 진행을 방해하는 개인적이거나 감정적인 충돌은 피해야 한다.

6) 명확한 표현

회의 시간에 말하는 사람이 애매한 표현을 하면, 듣는 사람은 그 부분을 추측해야 하기 때문에 그 사이에서 생겨나는 오해가 생길 수 있다. 그러므로 쓸데없는 오해나 이해 부족을 방지하기 위해서는 모호한 표현을 피하고 의사를 명확히 하도록 해야 한다.

7) 동등한 입장에서 진행

회의의 종류가 단지 내용만을 전달하는 것이라면 상관없지만 창조적인 아이디어를 필요로 하는 회의라면, 참석자들이 동등한 입장에서 회의할 수 있는 분위기를 만들어 주는 것이 중요하다. 부하직원이 자기 생각과 의견을 자유롭게 말할 수 있도록 회의 환경을 만들 수 있는 사람은 다름 아닌 상사뿐이다.

상사는 회의에서 어떻게 부하직원이 토의에 활발히 발언할 수 있게 할 것인가를 염두에 두어야 한다. 특히 고압적이고 권위를 내세운 발언은 절대 삼가야 하며, 상하관계가 개입되면 직급이 낮거나 어린 사원의 기발한 아이디어가 묻힌다는 점을 상기해야 한다. 최근에는 이러한 문제를 방지하고 자유로운 의사소통을 활성화하기 위해 '호칭 파괴'가 이루어지는가 하면, 형식·장소·직급 등에 관계없이 모두가 적극적으로 토론에 참여하는 '난상 토론'도 자주 열린다.

8) 침묵은 금물

회의는 쌍방향으로 이루어져야 한다. 그렇지 않으면 하나의 아이디어를 창출하고자 하는 회의의 목적을 달성할 수가 없다. 하지만 어떤 회의에서나 말하지 않는 사람, 관심조차 보이지 않는 사람이 있기 마련이다. 그것이 한 사람이나 두 사람이라면 회의 전체에 그렇게 큰 지장이 없을지 모르나, 참석자 대다수가 그렇다면 회의는 제대로 진행되지 않는다. 이러한 문제에 대해 침묵하는 사람만을 나무랄 것이 아니라 왜 그런 문제가 발생했는지 살펴볼 필요가 있다. 우리의 회의 문화는 위계적이고 권위주의적인 경향이 강하기 때문에, 최상위 직에 있는 사람에게 회의 분위기가 지배되어 무겁고 딱딱해지는 경우가 많다. 이를 방지하기 위해 회의를 주도하는 사람은 서로 생각하는 바를 충분히 교환할 수 있는 분위기와 장을 마련할 필요가 있다.

9) 상대방에 대한 인정과 존중

회의를 하면서 많은 사람이 실수하는 것 중의 하나는 자신의 의견만 고집하는 경우이다. 우리 대부분이 보통 사람이라고 생각한다면 상대방의 의견도 옳을 수 있다는 점을 염두에 두어야 한다. 회의에서는 상대방이 자신의 의견을 발표할 권리가 있다는 사실을 인정하고 존중해야 한다. 상대방이 말한 의견이 우리 사회의 상식에 배치되더라도 그 의견을 존중할 수 있을 때 회의는 활성화되는 것이다. 기업의 문화는 튀는 아이디어를 충분히 존중하고 받아들여야 한다. 조직원들이 '모난 돌이 정 맞는다.'라든가, '가만히 있으면 중간은 간다.'는 등의 무사안일(無事安逸)한 생각에 빠지지 않도록 하는 것이 중요하다.

10) 회의 중간에 적절한 반응 제시

회의를 잘 운영하기 위해서는 말하는 것만큼 중요한 것이 '듣는 것'이며, 듣기는 말하기보다 몇 배의 집중력을 요한다. 말하는 사람은 듣는 사람이 모두 이해하고 있다고 과신하는 경향이 있는데, 듣는 사람이 아무렇지 않게 이를 방치하면 말하는 사람과 듣는 사람의 이해의 폭은 점점 더 멀어질 수밖에 없다. 이를 막기 위해 듣는 사람은 무엇에 흥미를 가지는지, 무엇을 이해하고 이해하지 못했는지 등에 대해 적절히 반응을 보여야 한다. 이러한 반응에는 여러 가지 종류가 있는데, 가장 대표적인 것이 소리를 내거나, 눈을 마주치거나, 고개를 끄덕이는 것이다.

11) 긍정적인 말로 칭찬하기

회의에서 칭찬으로 발언을 시작하면 회의 분위기도 좋아지고, 서로 자신의 생각을 활발히 발언하게 된다. 칭찬을 받은 사람은 자신에 대한 관심에 부응하기 위해 좀 더 분발하게 되고, 욕심이 많은 사람은 더 많은 칭찬을 듣기 위해 노력하게 되는 것이다. 회의가 부정적인 관계로 악화되어 갈등하는 양상으로 빠지지 않고, 서로 긍정적인 면을 보고 협력할 수 있는 방향으로 나아가기 위해서는 서로에 대한 칭찬이 필요하다.

다. 회의 평가

1) 결정사항 요약

회의 자체는 활발했음에도 불구하고 끝난 후에는 회의 전과 아무런 변화가 없는 경우가 있다. 회의에서 결정한 사항과 보류한 사항이 무엇인지, 누가 언제 무엇을 해야 하는지 등 회의의 결과가 명확하지 않아서 생기는 일이다. 그러므로 회의 진행자는 회의를 종료하기 전에 전체적이 회의 내용을 요약하는 작업을 해야 한다. 이러한 확인 작업은 참석자들 간에 오해가 있는지, 잘못 전달된 사항이 있는지를 확인하는 과정이며, 필요하다면 다음에 다시 다루어야 할 것이 무엇인지를 확인하기 위한 절차이다.

2) 회의록 작성

회의에 참석한 사람들은 대부분 자신이 관심 있는 내용에 대해서만 필기하거나 기억하고, 그 외에 공통의 관심사이거나 자신의 일이 아니라고 판단되는 내용에 대해서는 소홀한 경우가 대부분이다. 그러므로 회의가 끝난 후에는 회의 내용이 정리된 회의록을 작성해야 한다. 회의록에는 회의 내용에 대한 요약과 결과에 대한 정리가 들어 있어야 하며, 또한 어떤 일을 누가 맡았는지, 언제까지 완료하기로 했는지, 어떻게 피드백할 것인지 등에 대한 내용도 포함되어 있어야 한다. 이러한 회의록 작성은 회의에 참석한 사람뿐만 아니라 참석하지 않은 사람들도 회의의 내용을 쉽게 파악하고, 그들이 어떠한 일을 어떻게 처리해야 하는지 분명하게 알 수 있다는 점에서 유용하다.

3) 회의 내용 전파

회의의 성공적인 마무리를 위해서는 회의에서 논의된 다양한 사항과 향후 일정에 관련된 전반적인 내용을 정리한 회의록을 배포해야 한다. 참석자들은 회의록을 통해 자신이 기억하지 못했던 내용을 새로이 발견하게 될 것이고, 참석하지 않은 이들은 회의의 내용과 그들의 임무를 확인할 수 있을 것이다. 또한, 공통의 정보를 나누어 가진 모든 이들은 공통의 목표를 향해 나아갈 수 있게 되는 것이다. 이때 무엇보다 중요한 것이 조직 내의 정보 공유체계이다. 잘 짜인 정보 공유체계를 통해 조직 구성원들이 조직의 상황과 문제를 이해하고 정보를 공유할 때, 목표를 향한 시너지 효과를 거둘 수 있기 때문이다.

4) 회의 평가

회의 평가는 효과적인 회의를 만들기 위한 핵심이다. 회의를 평가하는 가장 일반적인 방법은 참가자들이 평가하는 형태로, 회의가 끝나고 돌아가면서 피드백하는 것이 가장 간단한 방법이다.

회의 결과에 대한 피드백을 통해 회의 결과에 대한 정리 및 보고가 이루어지지 않으면 결정 사항에 따른 진척상황에 대해서도 관리가 되지 않는다. 그러므로 회의 결과에 대한 철저한 피드백 및 실천 여부 점검이 필요하며, 다음 회의 진행자는 앞선 회의의 요점을 정리하여 참석자들에게 상기시키고 그동안의 진척도를 조사해야 한다.

5) 결정사항 실행

많은 사람이 모여서 회의를 하는 것은 그 자체가 부담이다. 물론 효율적이고 확실한 성과가 나타나는 회의라면 충분히 가치가 있지만, 현실적으로 이런 훌륭한 회의만 있는 것은 아니다. 게다가 아무리 훌륭한 결론을 내리더라도 실행에 옮기지 않으면 쓸데없이 시간과 경비만 낭비하고 마는 꼴이 된다. 이를 막기 위해서는 회의 결과를 제대로 업무에 활용할 필요가 있다.

이를 위해서는 우선 회의를 할 때 역할의 분담과 책임체제를 결정해야 한다. 이 부분이 애매해지면 주체적으로 활동하기 어렵다. 또한, 정기적으로 진행상황을 조사하는 것도 중요한데, 가능하면 도중에 결과를 보고하기 위한 모임을 갖는 것이 좋다.

3. 회의 참여자의 역할과 회의 수행 방법

가. 회의 진행자

회의를 성공적으로 이끌어 나가는 것이 회의 진행자의 중요한 임무이다. 회의 일정을 지키고 모든 회의 참가자들이 서로 협력하여 하나의 결론을 도출할 수 있도록 돕는 것이 진정한 회의 진행이라고 할 수 있다. 이를 위해 회의 진행자는 다음과 같은 점에 유의하여야 한다.

1) 회의의 계획과 준비 단계

회의가 지녀야 할 기능이나 목적을 명확하게 이해하고, 회의 참가자들에게 제시할 방법을 생각해야 하며, 필요하면 의제에 관한 정보, 전문가의 의견, 관계자의 의견 등 회의에 필요한 보조 자료를 수집·준비할 필요가 있다. 또한, 그 회의의 목적에 맞는 참석자들을 선정하고 생산적이고 원활한 회의 진행을 위해 참석자들을 분석하는 한편, 회의에 참고가 될 자료나 정보를 참석자들에게 미리 제시하여 회의의 생산성을 높일 수 있도록 해야 한다. 당일 토론 계획을 수립하여 회의가 원활하게 진행될 수 있도록 하는 한편, 회의 형태에 맞는 회의장도 준비해야 한다.

2) 회의의 시작과 진행 단계

회의 진행자는 먼저 자신이 진행자임을 밝히고 자신의 발언권을 확실히 한 다음 진행하는 것이 좋다. 회의 참석자들을 소개하는 동시에 회의의 규칙과 절차에 관해서도 설명한다. 회의가 일정한 방향성을 가지고 진행될 수 있도록 회의의 안건, 즉 논의하고자 하는 문제를 명확하게 제시하고 제한할 필요가 있다. 한꺼번에 여러 개의 주제를 언급하지 않아야 하고 경어를 사용하여 회의의 상호 존중의 분위기를 선도해야 한다.

회의 진행 중에는 참석자 전원에게 균등한 발언 기회를 줄 수 있도록 하며, 자유로운 분위기에서 발언이 이루어질 수 있도록 해야 한다. 회의 참석자들이 서로 동등한 입장에서 상호 커뮤니케이션이 원활히 이루어지도록 해야 하며, 일부 참석자들의 장시간 발언이나 불필요한 발언에 대해 적절한 조치를 취할 필요가 있다.

3) 회의의 마무리 단계

회의의 결과를 참석자 전원 합의를 거쳐 도출할 수 있어야 한다. 회의의 결과가 자연스럽게 행동 실천 단계로 연결되어야 하므로 전원 합의를 거친 결과일수록 행동으로 연결되기 용이하기 때문이다.

실천과정에서 논란이 없도록 하려면 회의 결과를 요약하여 사회자 자신의 말로 표현함으로써 참석자 모두가 동일한 회의 결과를 공유하도록 한 다음, 회의 결정사항에 대하여 역할 분담을 명확히 해야 한다. 또한, 회의가 마무리 되고 참석자들을 통해 회의 진행에 대한 평가를 받음으로써 이후 더 나은 회의 진행을 할 수 있도록 하는 것이 좋고, 회의가 끝나고서는 결정사항이 잘 지켜지고 있는지 지속적인 관심을 가져야 한다.

나. 회의 참석자

회의 참석자는 한 사람 한 사람이 회의에 대한 책임감을 가져야 그 회의가 성공할 수 있다. 참석자 개인은 문제 해결을 위해 회의 진행에 도움이 되어야 하며, 회의의 결과와 결정 사항에 대해 책임을 져야 할 의무가 있다. 이를 위해 회의 참석자는 다음과 같은 점에 유의하여야 한다.

1) 회의 시작 전

회의 참석 전 미리 공지된 안건에 대해 충분히 검토하고 연구해야 하는데, 이를 위해 전문가의 의견을 미리 청취하고 충분한 자료를 수집하는 한편, 안건에 대한 찬반의견과 대안을 반드시 생각해 두어야 한다. 또한, 필요할 때는 자기가 발언할 방법과 다른 사람과의 협력을 모색해야 한다. 회의에 참여할 경우에는 적어도 시작 5분 전에 회의실에 도착해야 하며, 부득이한 사정으로 불참할 때에는 사전에 통보하여야 한다.

2) 회의 진행 중

회의 진행 중에는 무엇보다 상대방을 존경하고 이해하는 태도를 바탕으로 다른 참석자들의 발언을 적극적으로 경청해야 한다. 발언 시에는 발언 시간을 독점하여 다른 사람의 발언 기회를 빼앗는 일이 없도록 하고, 사전에 메모한 요점들을 토대로 논리적이고 간단명료하게 발언하도록 한다.

이때, 개인에 대한 인신공격과 감정적 발언을 피하고 발언 내용이 주제에서 벗어나지 않도록 주의한다. 회의 진행 중에 개인의 감정이나 자기 부서 중심의 사고로 객관적인 사실을 무시하거나 협력적 분위기를 와해하는 일이 없도록 한다.

3) 회의 종료 후

비록 반대했다고 할지라도 이미 결정된 사항에 대해 의문 없이 이해하고, 이를 적극적으로 수용하는 마음의 자세를 가진다. 결정 사항에 따른 역할 분담에 적극적으로 참여하며 협력하는 동시에 이를 적극적으로 실행해야 한다.

4. 회의 참여자의 일반 수칙(공통사항)

회의는 참가자들을 위한 것이다. 회의의 모든 참가자는 누구나 적극적으로 발언을 하고 경청을 해야 하며, 이를 통해 자유롭고 원활한 논의가 이루어질 때 회의는 활력을 얻고 가치 있는 결론을 낳을 수 있다. 정보를 빠르게 전하여 참가자들의 이해를 얻고 효과적으로 의견을 주고받으면서 문제를 정리하고 해결해야 하는 과정에서 필요한 발표와 경청의 몇 가지 요령에 대해 살펴보겠다.

가. 발표 요령

1) 중요한 것부터 말한다.

회의가 길어지고 산만해지는 주요 원인은 서론이 길어지고 회의 주제와 별로 상관이 없는 내용이 계속될 때이다. 회의 참가자들은 발언을 할 때 주제와 관련

있는 내용과 함께 먼저 중요한 것을 이야기해야 한다. 이야기하고자 하는 내용 중에 중요치 않은 것을 먼저 이야기하게 되면 정작 중요한 것은 시간이 부족해서 대충 넘어가거나 다른 사람들의 관심을 끌지 못하게 된다.

발표자는 주제에 미치는 영향이 큰 내용부터 발표하고 시간이 허락하면 다음 주제로 넘어가는 것이 좋다. 사회자 역시 발언이나 논의의 초점이 엉뚱한 곳으로 흘러가지 않도록 조절을 해줌으로써 다음 내용과의 연관성이 유지되도록 해야 한다.

2) 논리적이고 간단하게 말한다.

사람들은 보통 이야기 내용을 전체의 구성을 가지고 이해하기보다는 하나하나의 말이나 문장을 가지고 이해한다. 그래서 이야기하다 보면 자신이 의도하지 않은 방향으로 화제가 옮겨 가는 경우가 있다. 이를 막기 위해서는 내용을 조감하듯 전체 구성을 염두에 두고 몇 가지 주요 내용을 키워드로 정리하는 것이 좋고, 불필요한 정보를 뒤섞지 말고 요점 중심으로 간결하게 표현해야 한다.

회의에 들어가지 전에 발언할 내용을 사전에 준비하면서 간단한 시각자료를 만들어 배포하면 엉뚱한 내용으로 흐르지 않고 참가자들이 집중할 수 있어 좋다. 회의의 목적은 설득이 아니라 최선안(최적안 아님) 도출이다. 자신의 주장을 강조하기 위해 다른 의견을 낸 참가자를 설득하려는 태도는 지양해야 한다.

3) 긍정적인 것으로 시작한다.

보통 문제가 있거나 의견의 대립이 있을 때 회의를 많이 진행하게 된다. 그러나 이러한 분위기에서 자칫 부정적인 부분을 먼저 이야기하게 되면, 긍정적인 부분을 검토하거나 토의할 수 있는 여지가 좁아지기 때문에 부정적인 상황으로 악화될 우려가 있다. 이를 막기 위해서는 긍정적이고 부정적인 면을 균형 있게 표현하는 것이 좋고, 긍정적인 면을 먼저 말하고 나서 부정적인 면을 이야기하는 것이 좋다. 이처럼 본의 아니게 부정적인 인상을 주지 않도록 노력한다면 회의를 더욱 원활히 진행할 수 있을 것이다.

4) 한 번에 하나씩 말한다.

가끔 회의에 참가하거나, 문제의 상황이 복잡해지면 발표자의 말이 길어지거나 중언부언하는 경우가 많다. 그러나 이렇게 많이 이야기한다고 해서 이것이 참가자들에게 전달되는 것은 아니며, 오히려 무슨 말은 하는지 참가자들이 알 수 없게 하여 혼란에 빠지게 하고 판단을 내릴 수 없게 한다. 발언 내용을 정리해서 짧게 전달하기 위해 문장을 가능한 한 짧고 간결하게 만들어 발표하는 것이 좋다. 또한, 발언할 내용이 많을 때는 이야기의 내용을 한정하여 몇 개의 문장으로 나누고 이를 알기 쉬운 순서대로 정리하여 발언해야 한다.

5) 발언의 시나리오를 생각한다.

발언을 할 때 중요한 것은 자신의 생각과 정보를 정리해서 요령 있게 발표하는 것이다. 발언 내용이 정리되지 않으면 두서없이 진행되거나 중요한 내용이 빠진 발언이 될 수 있다. 이를 막기 위해서는 발언의 시나리오를 만드는 것이 좋다.

발언할 내용에 대한 전체적인 개요부터 세부 내용에 이르기까지 중요한 점과 강조할 점을 생각하는 것이다. 이때 말하는 사람의 주제나 듣는 사람의 흥미를 기준으로 하여 이야기의 중요도를 매기고, 이야기나 질의의 중심이 되는 단어나 표현을 메모했다가 이야기를 전개하는 것이 좋다.

6) 듣는 사람이 이해할 수 있도록 한다.

대화나 회의에서 말을 잘하는 사람은 상대방의 입장을 고려하여 말하는 사람이다. 내가 얼마나 많이 말했는가는 중요하지 않다. 오히려 상대가 얼마나 그것을 이해하고 받아들였는가가 대화의 질을 좌우한다. 그러므로 듣는 사람의 이해 수준을 생각하여 상대방이 이해하기 쉬운 언어를 사용해야 한다. 이때, 상대방이 이야기의 흐름을 잘 따라오는지를 고려하여 말의 속도와 이야기의 전개를 조절할 필요가 있다. 또한, 그 내용에서도 이야기를 뒷받침하는 근거나 배경이 듣는 사람에게 명확하게 인식되고 이해될 수 있는 것인지 미리 생각해야 한다.

7) 상황에 어울리는 표현을 한다.

전문적인 분야에서 문제가 심각하고 이해관계가 복잡하게 얽혀 있을 때에는 그 전문적인 내용을 중심으로 빠른 시간 안에 결론을 내려야 한다. 전문적인 내용이 적절한 표현이나 언어로 논의되지 않으면 그 논의의 결과는 상식적인 수준에 머물기 쉽다. 그러므로 전문성을 요하는 회의는 일상어가 아닌 전문적인 언어를 중심으로 참가한 사람들의 수준과 상황에 맞는 표현을 써야 한다.

나. 경청의 요령

1) 성의 있게 듣는다.

회의에 참가하면 발언도 중요하지만 듣는 것도 중요하다. 이는 듣는 것을 통해 얻을 수 있는 것이 많기 때문이다. 먼저, 참가자들이 회의를 위해 준비한 많은 자료와 그들의 발언을 통해 새로운 정보를 얻을 수 있으며, 새롭게 얻은 정보를 기존에 자신이 가지고 있던 정보와 재결합함으로써 새로운 발상을 할 수도 있다. 그리고 발언들을 통해 문제에 대한 각 조직의 입장과 기능을 확인하고 전체 조직의 흐름을 이해할 수 있으며, 서로 정보와 생각들을 나눔으로써 서로를 존경하고 이해할 수 있는 바람직한 인간관계를 형성할 수 있다. 이러한 효용들을 생각할 때 다른 사람의 발언을 성의 있게 듣는 것은 무척 중요하다고 하겠다.

2) 경청하고 있음을 표현한다.

말하는 사람은 듣는 사람의 영향을 강하게 받는다. 자신의 말을 잘 들어주고 수긍하는 표시를 보내 주는 사람과는 대화가 잘 된다. 진지하게 들으면서 찬성의 의사를 보여주면 말하는 사람은 편안한 마음으로 더 열의를 가지고 발언할 수 있다.

경청하고 있다는 것을 상대에게 알리기 위해서는 주로 소리로 맞장구를 치거나, 열심히 메모를 하거나, 고개를 끄덕이는 등의 방법을 이용한다.

3) 적당한 피드백을 한다.

회의가 계속 진행되면 여러 가지 사항들에 대해 여러 사람이 많은 의견을 발표하게 된다. 도중에 지금까지의 회의 내용에 대해 중간 정리를 하지 않으면 내용이 뒤죽박죽이 되는 경우가 많기 때문에 듣는 사람의 피드백이 중요하다.

듣는 사람이 아무 반응을 보이지 않으면, 어떤 경우에는 발언자가 자신의 의견에 동의한 것으로 간주하고 다음 내용으로 넘어가 버릴 수도 있다. 반대의 경우에는 듣는 사람들이 아직 이해하지 못한 것으로 간주하고 같은 내용에 대해 너무 오래 발언할 수도 있다. 그러므로 듣는 사람은 자신이 얼마나 이해했는지 또는 그렇지 않은지 적당한 시점에서 분명하게 표현할 필요가 있다.

4) 새로운 정보를 적극적으로 취한다.

누구나 자신이 알고 있는 것에 대한 믿음이 있고 자신만의 사고방식이 있다. 그래서 대화나 회의를 통해 자신이 알고 있었던 지식이나 정보와 다른 의견을 접하게 되면 쉽게 논쟁이 벌어진다. 회의가 효율적이고 성공적으로 진행되려면, 어려움이 있더라도 참가자들이 새로운 정보와 새로운 의견을 경청하고 서로 의견을 나누면서 갈등을 해소하도록 해야 한다.

이때 주의할 것이 바로 공격적이고 감정적인 표현을 피하는 것이다. 공격적이거나 감정적인 표현은 상대방의 기분을 나쁘게 하여 논리적인 논의가 진행되는 것을 방해한다.

5) 의사결정에 적극 참여한다.

단순히 정보와 의견을 교환하는 가벼운 회의도 있지만 상반된 입장을 조정하여 일정한 결론을 얻어야 하는 진지한 회의도 있다. 의견이 다른 경우는 크게 정보량의 차이, 가치관의 차이, 입장 차이에서 비롯된다.

정보량의 차이가 큰 경우에는 서로가 가진 정보를 모두 교환하고 논의를 진행하는 것이 좋다. 가치관의 차이나 입장 차이에 따른 문제일 때는 서로의 입장을 해치지 않는 선에서 논의하는 방법과 서로의 가치 기준까지 파고들어 논의하는 방법이 있다. 그러나 어느 경우에서든 참가자 모두가 적극적으로 참여하여 의사결정에 영향을 미쳤을 때 그 결정 사항을 실천해 나가는 데 이견이나 문제가 없다는 점을 알아야 할 것이다.

참고문헌

가르 레이놀즈(2011). 프리젠테이션 젠. 에이콘출판사.

김미경(2013). 김미경의 아트 스피치. 21세기북스.

김미성(2012). 백전불패 프리젠테이션. 미르북스.

김병철 외(2007) 커뮤니케이션 이론과 실제. 한국외국어대학교 출판부.

김상규(2013). 말의 기술. 사이다.

김양호(2011). 그 말이 정답. 비전코리아.

김양호(2013). 성공하는 사람은 스피치가 다르다. 비전코리아.

김완일(2006). 군상담의 이론과 실제. 학지사.

김완일 외. 능력육성 상담교육(초급간부용). 국방부.

김재성(2012). 퍼펙트 프리젠테이션. 에이콘출판사.

김현욱(2013). 스토리텔링 스피치. 주니어김영사.

다담(2007). 말하기를 연습하는 책. 상상공방.

로빈 윌리엄스.(2011). 디자인으로 승부하는 프리젠테이션. 에이콘출판사.

레이먼드 다이자조(2008). 단순하게 말하라. 토네이도.

박용한(2003). 토론 대화 전략 연구. 역락.

박정길(2008). 1% 다른 스피치. 비전코리아.

박준영 외(2011). 엔지니어를 위한 글쓰기 및 프리젠테이션. 교보문고.

박혁종(2011). CEO를 감동시키는 프리젠테이션. 미래와경영.

백미숙(2013). 스피치로 승부하라. 교보문고.

백미숙(2007). 스피치특강, 커뮤니케이션북스.

사이먼 마이어(2010). 위대한 연설 100. 쌤앤파커스.

스콧버쿤(2012). 명연사 명연설. 에이콘출판사.

스프라거스(2008). 발표와 연설의 핵심 기법. 박이정.

오쿠시 아유미(2010). 일 잘하는 사람보다 말 잘하는 사람이 이긴다. 예문.

윌리엄 장(2013). 승자의 스피치. 팬덤북스.

윤미선(2013). 평범한 사람을 특별하게 만드는 윤미선의 파워스피치. 미르북컴퍼니.

참고문헌

윤치영(2013). 나를 1등으로 만드는 스피치의 힘. 책이 있는 마을.

이상철 외(2006). 스피치와 토론. 성균관대출판부.

이영권 외(2012). 남자 스피치. 라이온북스.

이케가미 아키라(2011). 90초 스피치. 흐름출판.

이호철(2012). 프레젠테이션과 강의로 어필하라. 비즈센.

임도한 외(2011). 의사전달법. 형설출판사.

임영환 외(1996). 화법의 이론과 실제. 집문당.

임유정(2013). 성공을 부르는 코칭. 원앤원북스.

임태섭(2012). 스피치 커뮤니케이션. 커뮤니케이션북스.

정석교(2012). 힐링 스피치. 두앤비컨텐츠.

정진호(2010). 직장인을 위한 실전 비즈니스 프리젠테이션. 에이콘출판사.

조원환(2012). 스피치 트레이닝. 디프넷.

제리 와이즈먼(2012). 프리젠테이션마스터. 에이콘출판사.

채수창(2013). 내 영혼을 울린 힐링 스피치. 나이테미디어.

페터우르스벤더(2001). 성공을 약속하는 파워 프리젠테이션. 사람과 책.

저자소개

• 박용한

해군사관학교를 졸업하고(1991) 연세대학교에서 국어학 박사학위를 취득하였으며, 현재 해군사관학교 국어교수로 재직 중이다. <토론대화 전략연구(2003)>, <언어와 사회(역)(2009)>, <사회언어학사전(2012)>, <사회언어학; 언어와 사회, 그리고 문화(2014)> 등을 집필하였다.

• 임도한

공군사관학교를 졸업하고(1986) 고려대학교에서 국문학 박사학위를 취득하였으며, 현재 공군사관학교 국어교수로 재직 중이다. <한국 현대 생태시 연구(1999)>, <공군사관생도의 의사소통구조 연구(2006)>, <생태동시의 의의와 가능성(2008)>, <6.25전쟁시 연구와 분단문학 극복(2010)>, <환경위기와 문학(편)(2014)> 등을 집필하였다.

• 정재민

육군사관학교를 졸업하고(1986) 서울대학교에서 국문학 박사학위를 취득하였으며, 현재 육군사관학교 국어교수로 재직 중이다. <한국인의 삶과 구비문학(2002)>, <문예사조 연구(2007)>, <한국 운명설화의 연구(2009)>, <군대유머, 그 유쾌한 웃음과 시선(2011)> 등을 집필하였다.